TOUS DRH

Groupe Eyrolles
61, bd Saint-Germain
75240 Paris Cedex 05

www.editions-eyrolles.com

Déjà parus dans la même collection

Jean-Marie Peretti, *Tous DRH*, 1994.

Jean-Marie Peretti, *Tous leaders*, 2011.

Jacques Igalens (dir.), *Tous responsables*, 2004.

Jean-Marie Peretti (dir.), *Tous reconnus*, 2006.

Jean-Marie Peretti (dir.), *Tous différents*, 2007.

Jean-Marie Peretti (dir.), *Tous talentueux*, 2009.

Jean-Marie Peretti (dir.), *Tous vertueux*, 2010.

TOUS DRH

Les meilleures pratiques par 51 professionnels

Sous la direction de Jean-Marie PERETTI

Préface de Jacques IGALENS

Les auteurs

Jean-Rémy ACAR, David ALIS, Michèle AMIEL, Nathalie ATLAN-LANDABURU, David AUTISSIER, Charles-Henri BESSEYRE DES HORTS, Laurent BIBARD, Frank BOURNOIS, Jacques BOUVET, Jacques BROUILLET, Jean-Luc CERDIN, Anne-Marie de VAIVRE, Raphaël DOUTREBENTE, Marc DUMAS, Mireille FESSER-BLAESS, Tristan FLAVIGNY, Louis FORGET, Pierre André FORTIN, Diane GADAUD, Jean-Michel GARRIGUES, Alain GAVAND, Alexandre GUILLARD, Jacques IGALENS, Jocelyne IENTILE-YALENIOS, Alan JENKINS, Michel JONQUIERES, Michel JORAS, Hubert LANDIER, Michel LE BERRE, Alain LEMPEREUR, Jean Pierre MAGOT, Mohamed MATMATI, Alain MEIGNANT, Youssef MENSOUM, Bernard MERCK, Michèle MILLOT, Virginie MOISSON, Ariane OLLIER-MALATERRE, Jean-Marie PERETTI, Alain ROGER, Olivier ROQUES, Jean-Pol ROULLEAU, Aline SCOUARNEC, François SILVA, Bruno SIRE, Brahim TEMSAMANI, Patrice TERRAMORSI, Maurice THEVENET, Anne VAUCHERET, Jean-Luc VERGNE, Zahir YANAT

Quatrième édition

EYROLLES

Les coauteurs

ACAR Jean-Rémy, dirigeant de filiales et manager de transition dans le secteur des services aux entreprises et aux personnes (médico-social et assistance aux personnes âgées, sécurité et télésurveillance, « facility services » et gestion immobilière, travail temporaire et insertion par l'activité économique). Diplômé de l'Essec où il est intervenant et tuteur. Conseiller municipal à Herblay (Val d'Oise).

ALIS David, professeur des universités, premier vice-président de l'Université de Rennes 1, chercheur au Centre de recherches en économie et management (CREM CNRS), IGR-IAE, directeur du service Orientation insertion entreprise (SOIE), membre de l'AGRH, de la Société française de management (SFM) et de l'American Academy of Management (AoM).

AMIEL Michèle, diplômée de l'ESSEC et docteur en sciences de gestion, DRH LVMH groupe d'activités Mode, membre du comité exécutif. Conseil en conduite de changement et enseignante au sein du groupe ESSEC, elle a ensuite intégré la direction Corporate du groupe LVMH. Depuis quatorze ans, elle exerce dans les affaires de luxe son *leadership* en stratégie, *change management, design* organisationnel et *talent management* et accompagne les changements de culture en mettant en œuvre des initiatives à l'échelle internationale.

ATLAN-LANDABURU Nathalie, diplômée RH de l'ESSEC, chef de projet pour l'Observatoire de la vie au travail (OVAT), directeur ATL conseil, enseignante à l'ESSEC Executive Education.

AUTISSIER David, docteur HDR en sciences de gestion, maître de conférences à l'IAE Gustave Eiffel, Université Paris Est, directeur exécutif de la Chaire ESSEC du Changement, consultant auprès de grands groupes internationaux et auteur de nombreux ouvrages sur la conduite du changement.

BESSEYRE DES HORTS Charles-Henri, professeur associé, groupe HEC. Directeur scientifique de l'Executive MS part-time HEC « Management stratégique des ressources humaines ». Scientific Advisor SIA Conseil, consultant et formateur auprès d'entreprises internationales en Europe, Afrique et Asie. Auteur de nombreux livres et articles dont *L'entreprise mobile*, Pearson, 2008.

BIBARD Laurent, professeur et ancien directeur de l'ESSEC Business School. Consultant en éthique des organisations et processus décisionnels en situation d'incertitude. Il travaille sur le genre, son dernier ouvrage portant sur *Sexualité et mondialisation* (L'Harmattan, 2010).

BOURNOIS Frank, professeur des universités, professeur à l'Université Panthéon Assas Paris II, codirecteur du CIFFOP, membre du comité de rédaction de revues internationales, auteur et coauteur de nombreux articles et ouvrages, il conseille les directions générales de grands groupes pour la préparation de leurs futurs dirigeants.

BOUVET Jacques, président de l'AINF (prévention des risques et santé au travail), ancien président des Charbonnages de France, d'Eco-emballages et de l'Agence nationale pour la maîtrise de l'énergie (ADEME), président du cercle Entreprise et santé.

BROUILLET Jacques, avocat au barreau de Paris, conseil en droit du travail et en droit social communautaire. Intervenant à l'ESSEC et dans diverses universités. Auteur de nombreux articles et de plusieurs ouvrages.

CERDIN Jean-Luc, Chartered MCIPD, professeur à l'ESSEC Business School. Directeur académique du MS part-time « Management des Ressources Humaines ». Il effectue des recherches, publie et consulte dans les domaines de la GRH dans les organisations multinationales, la gestion de la mobilité internationale et la gestion de carrière. Son dernier ouvrage s'intitule *S'expatrier en toute connaissance de cause.*

De VAIVRE Anne-Marie, agrégée de Lettres, docteur en sociologie des communications, est associée de TITANE ITCWS et cofondatrice de l'ARDHD, une association de respect des droits de l'Homme. Ses champs d'intervention sont l'application des « sciences souples », marketing, RH et prospective, aux projets managériaux. Elle est animatrice du cercle Entreprises et Santé.

DOUTREBENTE Raphaël, juriste en droit social, diplômé ESSEC E.E., directeur des ressources humaines et de l'organisation du groupe MONNIER.

DUMAS Marc, docteur en sciences de gestion, maître de conférences à l'IUT de Quimper, chercheur à l'ICI, EA 2652, Université de Bretagne occidentale, membre du comité de rédaction de la *Revue de Gestion des Ressources Humaines*, auteur de travaux sur la qualité de vie au travail, la relation travail hors-travail et l'implication.

FESSER-BLAESS Mireille, docteur en sciences de gestion. Dans la fonction RH depuis 1984, DRH depuis 1997. DRH de Volvo Trucks France, vice-présidente de Génération RH, trophée 2011 du DRH entrepreneur, intervenante ESSEC Executive Education, CNAM, Université de Rennes. Coauteur de divers ouvrages en particulier sur les hauts potentiels.

FLAVIGNY Tristan, fondateur et associé cogérant du cabinet de recrutement Sapiance RH.

FORGET Louis, ingénieur HEI Lille, a occupé différents postes opérationnels et de DRH dans un grand groupe international. Il est enseignant à l'ESSEC Executive Education, consultant, secrétaire général de l'IAS et coauteur de divers ouvrages.

FORTIN Pierre André, DESS RH université de Paris Descartes, consultant senior du cabinet de recrutement Sapiance RH.

GADAUD Diane, diplômée de l'École des psychologues praticiens et du Master Développement et management des Hommes, 30 ans d'expérience du recrutement, enseignante à l'ESSEC Executive Education, l'IAE de Paris, l'ESCP Europe.

GARRIGUES Jean-Michel, HEC, IAE de Bordeaux, directeur associé en charge des ressources humaines et du développement du cabinet BLB Associés après avoir effectué la majorité de son parcours au sein du groupe Lagardère, comme DRH de Giraudy, secrétaire général d'Europe 1 et DRH de NRJ groupe.

GAVAND Alain, président directeur général d'Alain Gavand Consultants, cabinet de conseil en ressources humaines et en recrutement. Président fondateur d'« À Compétence Égale », association de lutte contre les discriminations dans le recrutement.

GUILLARD Alexandre, docteur en sciences sociales, directeur de l'innovation et de l'organisation, CNP assurances, secrétaire général de l'Institut du capital humain, vice-président de l'IAS, administrateur de l'AFOPE.

IGALENS Jacques, professeur des universités, directeur de la recherche de Toulouse Business School, président d'honneur AGRH et IAS. Auteur et coauteur de nombreux ouvrages et d'un grand nombre d'articles.

IENTILE-YALENIOS Jocelyne, doctorante en sciences de gestion, ATER à l'IAE de Lyon.

JENKINS Alan, PhD University of Liverpool. BA (Honours), University of Liverpool, professeur de management à l'ESSEC Business School, directeur académique de l'ESSEC-Mannheim Executive MBA. Auteur de nombreux ouvrages et articles. Son thème de recherche est la réorganisation du travail autour d'équipes autonomes et semi-autonomes à tous niveaux hiérarchiques.

JONQUIERES Michel, conseil et audit dans les systèmes de management (qualité, environnement, santé et sécurité au travail…), membre du comité d'orientation de la norme ISO 26000, auteur de divers ouvrages sur les audits Qualité et Environnement, la norme NF EN ISO 19011, et l'audit des systèmes de management. Président de Prométhics.

JORAS Michel, ESCP, docteur ès sciences de gestion, HDR. Auditeur social certifié, enseignant-chercheur, ESCE Paris, administrateur du Cercle d'éthique des affaires (CEA). Administrateur de l'Académie de l'éthique et du Cercle éthique des affaires. Auteur de nombreux ouvrages sur l'audit social, la RSE, la certification, la sûreté éthique et l'achat responsable.

LANDIER Hubert, vice-président de l'agence Synergence, vice-président de l'IAS et auteur de nombreux ouvrages sur le management des relations sociales.

LE BERRE Michel, professeur des universités, membre du CERAG, (E.D. 275). Parallèlement à ses activités de consultant en PME, il a longtemps dirigé le master de gestion du personnel de l'université Pierre Mendès France de Grenoble (UPMF). Il est directeur de recherche à Grenoble école de management. Il a écrit plusieurs ouvrages et chapitres sur la GRH.

LEMPEREUR Alain, docteur en sciences juridiques (SJD), faculté de droit, Université d'Harvard, mastère de philosophie de l'Université libre de Bruxelles. Spécialiste de la négociation européenne et médiateur en situation de conflits et de crises, professeur titulaire de la chaire Négociation et Médiation à l'ESSEC, il fonde IRENE, Institut européen de négociation. En 2011, il devient professeur à la Heller School for Social Policy and Management (Brandeis University Boston), titulaire de la chaire Alan B. Slifka et directeur du programme MBA « Coexistence and Conflict ».

MAGOT Jean Pierre, master RH CIFFOP, LDP Harvard, partenaire chez MERCER, responsable de l'activité « Reward », directeur de l'activité « Capital Humain », enseignant à l'ESSEC Executive Education et au CIFOP Paris II.

MATMATI Mohamed, professeur au département Management et Comportement de Grenoble école de management, auteur d'articles et d'ouvrages et récemment « Moderniser la gestion des hommes dans l'entreprise ».

MEIGNANT Alain, directeur du cabinet Alain Meignant, conseil en management des ressources humaines, a alterné dans sa carrière des responsabilités dans des centres de formation et de conseil et de DRH dans l'industrie. Il a publié notamment *Ressources humaines ; déployer la stratégie, Manager la formation*, et *Le DRH, partenaire stratégique*. Il enseigne dans diverses institutions (ESSEC, IGS).

MENSOUM Youssef, docteur en marketing et titulaire d'un MBA, ancien responsable marketing dans une société *high-tech*, il a également conseillé et formé plusieurs responsables et dirigeants d'entreprises aussi bien nationales que multinationales. Actuellement, il dirige le groupe eHECT (Hautes études commerciales et techniques) à Tanger.

MERCK Bernard, diplômé HEC, consultant, a été DRH et directeur général dans diverses entreprises et directeur délégué à la DRH Groupe de France Télécom en charge du projet « RH demain ». Intervenant à l'ESSEC, ENOES, IGS. Auteur de deux livres et de plusieurs centaines d'articles sur l'informatisation de la fonction Personnel.

MILLOT Michèle, présidente de l'Observatoire des relations économiques et sociales, association de dirigeants d'entreprise désireux d'anticiper les évolutions sociales. Elle a publié : *L'entreprise et les stratégies syndicales, Transformer l'organisation du travail, Cadres : Bien gérer vos délégués, Les relations sociales en Europe.*

MOISSON Virginie, docteur en sciences de gestion, MCF à l'IAE de La Réunion, ses travaux de recherches portent sur les risques psychosociaux, le stress et le monde de la santé.

OLLIER-MALATERRE Ariane, professeur à Rouen Business School et membre associé du LISE-CNRS. Ses recherches portent sur l'articulation entre vie professionnelle et vie personnelle, aux plans individuel (gestion des frontières sur les médias sociaux comme Facebook), organisationnel (politiques RH et culture employeur) et national (politiques publiques et culture).

PERETTI Jean-Marie, professeur des universités, professeur à l'ESSEC Business School et à l'IAE de Corse, président de l'IAS. Président d'Honneur de l'AGRH et président du conseil scientifique de l'ADERSE. Professeur titulaire de la chaire ESSEC du Changement.

ROGER Alain, diplômé de l'ESSEC, docteur de l'Université d'Aix-Marseille et PhD de l'Université de Northwestern aux États-Unis, professeur des universités, il est directeur du Centre de recherche de l'IAE de Lyon. Ses principaux travaux portent sur la gestion des carrières, la place de la fonction ressources humaines dans les entreprises, et la gestion des chercheurs ou des experts dans les organisations.

ROQUES Olivier, docteur en sciences de gestion, MCF à l'IAE d'Aix-en-Provence, ses travaux de recherches portent notamment sur les risques psychosociaux et sur le stress.

ROULLEAU Jean-Pol, spécialiste de la formation des cadres aux relations sociales, du développement social et du suivi du climat social et de la détection des tensions. Il a publié : *L'Entreprise et les Stratégies syndicales, Transformer l'organisation du travail, Cadres : Bien gérer vos délégués, Les Relations sociales en Europe, Le Syndicalisme autrement.*

SCOUARNEC Aline, professeur des universités, professeur à l'IAE de Caen et à l'ESSEC Executive Education, rédacteur en chef de la revue *Management & Avenir*, vice présidente de l'IAS et de l'AGRH. Auteur d'ouvrages, chapitres et articles, notamment sur la prospective des métiers et la GPEC.

SILVA François, directeur de l'Institut des nouvelles pratiques managériales de l'ESCEM, professeur associé au CNAM, vice-président de l'IAS. Auteur de nombreux articles et ouvrages en particulier sur les SIRH.

SIRE Bruno, professeur des universités, président de l'Université de Toulouse Capitole, *past* président de l'AGRH. A publié ou édité plusieurs ouvrages et de nombreux articles dans des revues internationales.

TEMSAMANI Brahim, docteur en management des organisations, titulaire d'un MBA et de masters en management des ressources humaines, *consulting* et *Business Intelligence*, a exercé la fonction de consultant et de cadre dirigeant au sein d'une grande institution financière marocaine. Il dirige les masters et MBA à l'école HECT (Tanger). Il a été contributeur à plusieurs ouvrages collectifs.

TERRAMORSI Patrice, docteur en sciences de gestion, MCF à l'Université de Corse. Ses travaux portent sur la reconnaissance dans les organisations et sur la diversité.

THEVENET Maurice, professeur au CNAM et à l'ESSEC Business School, *past* président de l'AGRH. Consultant auprès de groupes internationaux, il a publié de nombreux articles et ouvrages sur le management des personnes.

VAUCHERET Anne, diplômée ESC Reims, vice-présidente *Compensation & Benefits* du groupe Publicis après avoir été directeur du développement des ressources humaines chez Plastic Omnium Auto, directeur Développement des RH chez Groupama et directeur Formation chez Atofina.

VERGNE Jean-Luc, maîtrise de droit public, a été successivement DRH de Sanofi (1987-1992) puis du groupe Elf Aquitaine, avant de rejoindre le groupe PSA Peugeot Citroën en 1999 et de devenir DRH du groupe BPCE (2009-2011). Président de l'AFPA et de l'ANACT.

YANAT Zahir, professeur à BEM Bordeaux École de Management, auditeur agréé, président d'honneur de l'IAS, vice-président de l'Association pour le développement de l'enseignement et de la recherche sur la responsabilité sociale de l'entreprise (ADERSE). Diplômé de Sciences Po Bordeaux, titulaire d'un MBA de l'INPED Alger/HEC Montréal, docteur en sciences de gestion, habilité à diriger des recherches. Après avoir été DRH en Algérie pendant 25 ans, il enseigne depuis 1990 la GRH, l'audit social et la responsabilité sociale. Auteur de nombreux articles et contributeur de plusieurs ouvrages.

Sommaire

Partie 3 : DÉVELOPPER LES COMPÉTENCES ET LES TALENTS

Partie 4 : RÉMUNÉRER

Partie 5 : MOBILISER ET IMPLIQUER LES PERSONNES

Partie 9 : UTILISER LE SIRH ET LES NTIC

Partie 10 : VEILLER

Préface

Tous DRH,
la logique du partage de la fonction

Jacques IGALENS

Tous DRH ? Et si la jeune histoire de la GRH, n'était qu'un perpétuel recommencement ? À défaut de rendre compte du présent ou de préfigurer un proche avenir, il est certain que l'accroche qui sert de titre au présent ouvrage plonge ses racines dans l'histoire du management. En France, au XIXᵉ siècle, lorsque la responsabilité et les tâches de ce qui ne s'appelait pas encore la « gestion du personnel » sont apparues, elles ne furent pas confiées à un service ou à une direction spécialisée de l'entreprise. Comme l'écrit J. Fombonne, « à cette époque, les conseils d'administration concevaient mal de déléguer à un tiers une partie de leurs responsabilités »[1]. C'est au siècle suivant qu'apparaissent la fonction et les hommes qui l'incarnent.

Si l'on retient la présentation élaborée à l'occasion du Congrès de Genève de l'Association européenne de direction du personnel en 1972, la gestion des Ressources Humaines a connu trois phases successives : phase administrative, de gestion et enfin de développement. C'est la phase de gestion qui a posé le problème de l'imbrication des responsabilités entre opérationnels et spécialistes de la fonction[2]. Cette phase se distingue de la précédente par l'apparition d'un souci de gestion prévisionnelle et par la recherche de cohérence entre les différentes politiques constitutives de la fonction : recrutement, promotion, affectation, appréciation, formation…

Or, dès cette phase, deux tendances contradictoires coexistent, créer des professionnels entièrement dédiés ou confier aux cadres opérationnels les responsabilités RH. Pour ne prendre que l'exemple américain, de nombreux

---

1. J. Fombonne, *Personnel et DRH*, Éditions d'Organisation, 2001.
2. Voir sur ce sujet « Évolution et perspectives de la fonction personnel », Robert Bosquet, *Pratique de la fonction personnel* sous la direction de Dimitri Weiss, Éditions d'organisation, Paris, 1982.

textes postérieurs au second conflit mondial font état des difficultés d'attribution des responsabilités entre hiérarchiques et spécialistes[1]. Alors que
l'American Management Association produisait lors de son Congrès de
Lancaster un guide détaillé décrivant les responsabilités du cadre spécialiste
du personnel ; à la même époque, R. Saltonstall écrivait dans la HBR[2] : « Il
serait utopique de croire qu'il existe une ligne de démarcation simple entre
les responsabilités de la hiérarchie et celles des fonctionnels en gestion du
personnel » et plus loin « la gestion du personnel ne constitue pas une activité autonome, la conduite directe des individus est, et a toujours été, une
part intégrante de la responsabilité qui incombe à tout titulaire de l'encadrement hiérarchique, du directeur général au plus modeste contremaître ». En
France, le « partage de la fonction » qui fut, un temps, la doctrine de
l'ANDCP (avant qu'elle ne devienne l'ANDRH) participait de la même
idée et soulevait les mêmes problèmes.

Dès lors, peut-on considérer que sous sa formulation quelque peu provocatrice la formule, « tous DRH », évoque l'éternel retour vers des préoccupations aussi anciennes que la fonction elle-même ? Notre réponse sera,
pour l'essentiel, négative. Comme de nombreuses activités humaines, la
gestion du personnel est placée en tension entre des tendances centralisatrices — souvent en période de difficultés — et des tendances contraires.
Mais cet apparent flottement ne doit pas masquer une évolution plus
profonde concernant la nature de la GRH et la qualité des Ressources
Humaines. C'est au vu de cette double évolution (dont les effets sont
parfois masqués ou retardés par de nombreux facteurs de contingence)
que nous fondons notre conviction que le manager peut devenir demain
le véritable DRH de son équipe.

**L'évolution de la GRH conduit inévitablement à une décentralisation des
responsabilités des spécialistes vers les opérationnels.**

L'évolution de la GRH est d'abord quantitative. Elle nécessite des décisions en nombre sans cesse croissant et requiert pour cela de plus en plus
d'informations. Elle est aussi qualitative, elle change de nature, elle franchit un seuil de complexité.

Il serait aisé de démontrer l'élargissement progressif de la fonction à partir
des définitions ou des indicateurs qui lui sont attachés. Le découpage historique auquel il a été fait allusion en introduction entre les trois dimensions,

1. Franck H. Cassel, « La gestion de la main-d'œuvre. Une nouvelle fonction dans l'entreprise », *La gestion des ressources humaines*, choix de textes établis par Paul Pigors, Charles A.
   Myers et F.T. Malm, Éditions Hommes et Techniques, Paris, 1976.
2. Robert Saltonstall, « Définition des rôles et conflits d'attributions dans la gestion du personnel », *Harvard Business Review*, vol. 33, n° 4, p. 75-53, juillet-août 1945.

administration, gestion et développement correspond à une logique d'empilement et non de substitution : les dimensions s'ajoutent.

Sans prétendre délimiter avec exactitude le territoire de la GRH, il est indéniable que cette fonction, plus que d'autres, s'est étoffée car elle a été soumise à de nombreuses évolutions.

Le droit du travail évolue rarement dans le sens de la simplification et il demeure le socle, essentiellement protecteur des intérêts du salarié, sur lequel sont bâties la plupart des politiques de GRH. Le niveau général des connaissances dans des disciplines telles que la psychologie du travail, la sociologie des organisations, l'ergonomie, n'est pas non plus sans influence sur la quantité d'information que la GRH recueille, traite et parfois restitue.

Les exigences de la direction générale – elles-mêmes reflet des pressions concurrentielles – interpellent en permanence la GRH et l'obligent à étendre sinon son emprise du moins son champ de connaissance. Diagnostic social, stratégie sociale, audit social, autant d'outils de gestion le plus souvent importés d'autres disciplines et que le gestionnaire des Ressources Humaines a dû rapidement intégrer à sa panoplie traditionnelle. Tout récemment, la responsabilité sociale de l'entreprise a imposé de nouveaux défis à la fonction : mixité, parité hommes/femmes, respect des conventions fondamentales du droit du travail tout au long de la chaîne d'approvisionnement.

De même, l'administration du personnel a évolué au rythme des progrès dans les connaissances et dans les capacités de traitement automatique de l'information. La gestion de l'emploi, des rémunérations, des conditions de vie au travail, de la formation, des relations professionnelles ont élargi leurs bases conceptuelles dans d'importantes proportions

Pour ne prendre qu'un exemple, celui des rémunérations, les informations nécessaires pour une gestion courante comprennent des évaluations de poste, des données d'enquête salariale, le suivi des postes repères, des études concernant la corrélation entre rémunération et poids de postes, des simulations de masse salariale, des cadrages annuels concernant les augmentations individuelles, des calculs de « rémunération globale » et bien d'autres informations.

La montée en puissance récente du *reporting* concernant la responsabilité sociale de l'entreprise oblige également le DRH à rendre des comptes sur un périmètre plus important qu'autrefois et sur des sujets nouveaux[1], le

---

1. *Tous responsables*, sous la direction de J. Igalens, Éd. d'Organisation, 2002.

décret d'application de l'article 225 de la loi dite « Grenelle 2 » évoque notamment les relations avec les parties prenantes.

Quelle que soit l'importance de son développement, la croissance quantitative de la GRH n'est cependant pas essentielle si on veut bien la comparer à son évolution qualitative. La GRH change de nature, elle franchit un seuil de complexité.

L'histoire de la GRH se confond avec l'histoire de sa complexification. Depuis quelques années cette évolution connaît une discontinuité que l'on peut rapprocher des théories du vivant. Le premier niveau de complexité est lié à la notion d'incomplétude. « Admettre la complexité c'est d'abord admettre que certains aspects de la réalité échappent à notre entendement »[1]. La GRH a tiré les leçons des limites et des échecs du taylorisme et du fordisme en intégrant ce premier niveau de complexité. Plus aucun DRH n'entend comprendre, prévoir et contrôler le comportement de l'homme au travail dans tous ses détails. Les notions qui caractérisent le premier niveau de complexité sont, par exemple, l'abandon de la causalité linéaire, la reconnaissance d'effets de rétroaction et la récursivité. Sur le premier point, l'abandon de la causalité simple ou linéaire, tout DRH sait qu'un effet, un accident du travail par exemple, peut rarement être ramené à une seule cause. Sur le second point, la prise en considération des rétroactions, la nécessité, lors des entretiens individuels, d'une gestion des « feed backs » par des reformulations est largement pratiquée par tous les responsables de RH. Le troisième point, la récursivité, est plus difficile à concevoir, c'est le phénomène de production du processus producteur par les résultats produits. En GRH, la culture d'entreprise fournit un exemple parfait de récursivité puisqu'elle est à la fois la cause et le produit de nombreux comportements organisationnels et qu'ainsi elle se conserve et se reproduit en permanence.

La reconnaissance de ce premier niveau de complexité a conduit à l'intelligence de la DRH, à la sophistication de ses outils, à l'ouverture de son champ plus qu'à la nécessité de sa décentralisation. La complexification de la GRH a précédé la représentation que ses acteurs et ses penseurs ont pu partager à son sujet. C'est à partir du moment où le système même de représentation de la complexité de la GRH s'est transformé que sa décentralisation est devenue nécessaire. L'école de Harvard qui, la première, en a pris conscience[2] part du constat suivant : le travail (intelligent et complexe) que font quotidiennement les spécialistes de la fonction RH n'a rien à voir

1. Dominique Oenot, *Manager dans la complexité*, INSEP Éditions, 1992.
2. *Managing Human Assets*, Michael Beer, Bert Spector, Paul R. Lawrence, D. Quinn Mills, Richard E. Walton, The Free Press, New-York, 1984.

avec les besoins véritables de GRH et les décisions qui ont une véritable influence sur les RH ne sont jamais prises par les DRH mais le sont par les opérationnels. Pour eux la GRH n'est plus l'ensemble délimité par les sous-fonctions classiques d'administration, de gestion et de développement. Qu'est-ce que la GRH consciente de sa complexité ? C'est la gestion du lien entre l'individu et l'organisation. C'est ainsi qu'ils présentent un système de GRH renouvelé dont le centre devient le niveau d'influence qu'une entreprise entend déléguer à ses salariés. Les autres pôles de la GRH sont toujours «sous tension» par rapport à cette délégation préalable

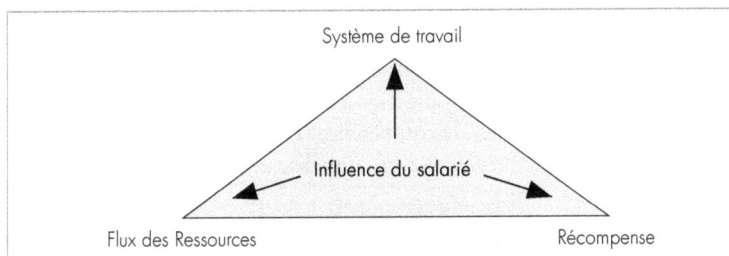

Source : adapté de l'ouvrage cité (Beer et al.)

C'est en plaçant l'homme comme acteur et non plus comme sujet que la GRH a franchi un stade essentiel dans sa représentation de la complexité. La GRH ne se limite plus à l'ensemble des décisions de la DRH, **elle se compose désormais de l'ensemble des décisions qui ont une incidence sur les RH.**

C'est pour cette première raison que la décentralisation de la fonction GRH des spécialistes fonctionnels vers les managers opérationnels peut être qualifiée de mouvement de fond et non d'effet de mode.

La seconde raison tient à la nature des Ressources Humaines. Les femmes et les hommes au travail sont devenus beaucoup plus exigeants qu'auparavant et leurs nouvelles attentes ne peuvent plus être entièrement satisfaites par une fonction centralisée. La population active des pays développés a très rapidement évolué, ce qui entraîne la nécessité du passage d'une gestion collective et discontinue à une gestion individuelle et continue.

Ici aussi l'exemple de la France est significatif. Si l'objectif d'amener 80 % d'une tranche d'âge au baccalauréat n'a pas été atteint, l'élévation du niveau scolaire et universitaire n'en reste pas moins très importante. Le nombre de salariés ayant un niveau universitaire égal ou supérieur à bac+4 aura doublé en vingt ans et parallèlement les salariés sans qualification sont progressivement exclus de la population active. Être mieux formé, c'est aussi devenir plus exigeant par rapport à l'emploi

Les effets de l'élévation du niveau de formation se combinent à ceux de l'exposition permanente de tous au flux d'information en provenance des médias. Mieux formés, mieux informés, les actifs – et nombre de ceux qui sont à la recherche d'un emploi – ont également pris de nouvelles habitudes en prenant des responsabilités de type associatif, en surfant sur la toile ou en fréquentant les réseaux sociaux tels que Facebook.

Toutes ces tendances conjuguent leurs effets. Le premier d'entre eux est certainement l'individualisation. De même que la publicité et les modes de consommation ont abouti à un éclatement des catégories socioprofessionnelles en autant de cas particuliers que de consommateurs, le salarié n'entend plus être géré collectivement. De nombreuses enquêtes ont montré que les augmentations individuelles étaient préférées aux augmentations générales, le droit individuel à la formation est reconnu (DIF) après les bilans individuels de compétence. Les bilans sociaux s'individualisent, la gestion des carrières se personnalise et les exemples pourraient être multipliés à l'infini.

De même que les consommateurs entendent exercer leur choix dans leur acte de consommation, les salariés désirent être étroitement associés à la définition des politiques sociales qui les concernent.

À cette exigence qui suppose une véritable révolution dans les modes d'élaboration et de gestion des politiques sociales, s'ajoute une pression toujours plus forte pour la réduction des délais et des temps de réaction. C'est «en temps réel » que l'on désire être géré. Les circuits d'information, les procédures administratives qui pouvaient être invoquées pour prendre le temps de la décision – ou de la non-décision – volent en éclats.

En brossant un portrait rapide et qui gagnerait à être nuancé on peut écrire que la nouvelle ressource humaine est :

▶ plus exigeante quant au contenu du travail, c'est ce qui conditionne sa motivation ;

▶ plus exigeante quant aux politiques sociales et l'individualisation est le prix à payer pour son implication ;

▶ plus impatiente quant aux délais de réaction de l'organisation.

« Besoin de sens, besoin d'objectif, besoin de *feed-back*, besoin d'encouragement et besoin d'aide »[1] sont les nouveaux besoins fondamentaux que seul un management de proximité peut prendre en charge. Mais un management de proximité ne se limite nullement à un « style de direction » participatif et à une capacité à définir des objectifs ou à évaluer régulière-

---

1. Jacques Igalens, *Audit des ressources humaines*, 2ᵉ édition, Éditions Liaisons, Paris, 1994.

ment ses collaborateurs. Le manager de proximité doit également participer directement à tous les actes de la fonction GRH.

Il gère une part importante – psychologiquement surtout – de la rémunération : l'augmentation individuelle. Il est à la base de la définition des besoins et des désirs de formation. Il est l'élément principal de la gestion de la mobilité, donc de la gestion des carrières. Il devrait prendre une part active à la gestion de l'emploi et en particulier à la gestion prévisionnelle.

Même si la dimension collective des relations professionnelles n'est pas de son ressort, rien ne s'oppose à ce qu'il joue un rôle actif vis-à-vis des délégués du personnel.

Enfin, il est le garant de la qualité du climat social de l'équipe qu'il anime.

En conclusion, si l'on veut bien accepter d'interpréter « Tous DRH » comme un vibrant plaidoyer pour une décentralisation de la fonction, force est de constater que ce slogan n'est en rien provocateur. Il correspond à la fois à une tendance d'évolution des modes de gestion mais surtout il permet de prendre la juste mesure des changements intervenus dans les attentes des hommes et des femmes au travail.

Avant-propos

Jean-Marie PERETTI

La réussite d'un manager, d'un responsable hiérarchique à tout niveau, du responsable de proximité au grand patron, nécessite aujourd'hui une compétence accrue en management des personnes et en gestion des Ressources Humaines. Les entreprises et les organisations exigent beaucoup des responsables dans ce domaine. La maîtrise de la dimension « Ressources Humaines » est un élément clé de leur évaluation et conditionne leur réussite professionnelle. Le succès des trois premières éditions de *Tous DRH* publiées en 1996, 2001 et 2006, maintes fois retirées depuis, témoigne de l'importance des enjeux. Que tous les contributeurs de ces trois éditions trouvent ici notre reconnaissance et nos remerciements.

Quinze ans après la première édition, dix après la seconde et cinq ans après la troisième, il est apparu nécessaire de réaliser une édition profondément renouvelée. Pour apporter les compétences permettant d'agir de manière efficace en Ressources Humaines, les éditions de 1996, 2001 et de 2006 rassemblaient les contributions de spécialistes des grands domaines de la fonction, praticiens, consultants, enseignants et chercheurs. La nouvelle édition bénéficie des apports de nouveaux auteurs.

Au delà de la diversité de leur expérience professionnelle, de leur formation et leurs responsabilités actuelles, quatre convictions rassemblent les co-auteurs :

- les compétences et l'implication des collaborateurs sont une ressource clé pour le développement de l'entreprise dans un contexte de changement, de transformation et de compétition internationale ;
- la qualité de la gestion des personnes est un avantage compétitif déterminant pour créer de la valeur à court et à long terme dans une perspective de développement durable ;
- la qualité de la gestion des personnes repose sur le partage de la fonction entre la DRH et les responsables hiérarchiques (N+1). Les managers et dirigeants, à tous les niveaux, sont appelés à jouer un rôle accru dans le management des hommes ;
- la réussite du partage nécessite une formation renforcée de la hiérarchie dans le domaine des ressources humaines.

Chacun des thèmes de cet ouvrage a été traité par un ou plusieurs auteurs avec leur vécu, leur sensibilité, leur style et leur approche personnelle, contribuant ainsi à construire un ouvrage riche et vivant.

Cet ouvrage s'adresse aux dirigeants et cadres assurant des responsabilités hiérarchiques. Son ambition est de leur apporter le « savoir agir » en matière de RH, avec les connaissances théoriques et pratiques, les savoirs, savoir-faire et compétences leur permettant d'assumer de façon efficace, le rôle de DRH à leur niveau dans le contexte propre de leur entreprise et de leur fonction.

Après le succès de *Tous DRH*, plusieurs ouvrages sont venus compléter cette collection : *Tous responsables, Tous différents, Tous reconnus, Tous talentueux, Tous vertueux, Tous leaders*. Ces ouvrages, fruits d'une collaboration entre responsables d'entreprises et universitaires, ont pour ambition d'aider les acteurs concernés à penser différemment les problématiques du management des ressources humaines.

Cet ouvrage n'aurait pu voir le jour sans la contribution essentielle de Christiane Deshais, assistante du département Management de l'ESSEC Business School. Au nom des coauteurs des ouvrages de la collection, je lui renouvelle l'expression de notre reconnaissance pour son professionnalisme et sa disponibilité souriante.

Chapitre 1

Le manager, premier DRH

Jean-Marie PERETTI

Les compétences managériales de l'ensemble des responsables hiérarchiques, depuis le manager de proximité, le « Petit chef », jusqu'aux cadres supérieurs et aux dirigeants, intègrent de plus en plus leur capacité à être le premier responsable RH de leurs équipes. Car, de même que « la différence entre un jardin et un désert, ce n'est pas l'eau c'est l'homme » (proverbe arabe), la différence entre l'entreprise performante et celle qui végète repose sur la capacité de ses responsables hiérarchiques à développer et mobiliser les compétences, les talents, de leurs collaborateurs. Une politique RH adaptée, mise en œuvre tout au long de la ligne hiérarchique, permet seule de mobiliser pleinement les « ressources humaines » pour relever les défis de la concurrence. Promus premiers responsables ressources humaines, les managers doivent prendre conscience que parler de « ressources humaines », ce n'est pas considérer que les Hommes « sont » des ressources, comme d'autres ressources utilisables dans l'entreprise, mais que les Hommes « ont » des ressources. Le manager responsable RH a donc deux missions :

– développer les ressources (compétences, talents, habiletés, savoir agir…) de tous ceux qui travaillent avec lui ;

– mobiliser dans le cadre des objectifs de son unité et de l'entreprise, l'ensemble des ressources actuelles et potentielles de ses collaborateurs.

Ce développement et cette mobilisation, au-delà des hommes de la fonction RH *stricto sensu*, reposent sur de nombreux acteurs : managers de proximité, responsables hiérarchiques, superviseurs, dirigeants. Tous sont invités à devenir d'authentiques décideurs dans le domaine RH pour accroître et valoriser le capital humain, développer et mobiliser les compétences des salariés.

L'action du manager, premier décideur RH, acteur essentiel du partage de la fonction s'inscrit dans un contexte marqué par de forts enjeux. Les politiques et pratiques de la gestion des ressources humaines ne sont performantes qu'adaptées au contexte.

Le manager, premier RH face aux défis actuels

L'entreprise et ses managers sont confrontés à des défis nombreux. Aujourd'hui, l'entreprise doit répondre aux exigences de nombreuses parties prenantes. Elle doit prendre en compte la diversité des attentes des salariés, de la direction générale, des managers et des représentants du personnel, c'est-à-dire de ses « clients internes ». Elle est également fortement impliquée dans les responsabilités de l'entreprise à l'égard des parties prenantes externes, les clients, les fournisseurs, les citoyens, les actionnaires, les pouvoirs publics. Les organisations sont confrontées à sept défis particulièrement sensibles.

Développer l'engagement, la motivation et l'implication des salariés

Dans un contexte d'après crise et de prudence salariale, il est nécessaire de « ré-enchanter » le travail et l'entreprise. Après les PSE (Plan de sauvegarde de l'emploi) et les réductions d'effectifs de la période 2008/2010, les salariés ressentent le « syndrome des survivants », source de désengagement. Les plus âgés qui n'ont pu bénéficier de mesures d'âge découvrent souvent le SPFVP (Sentiment précoce de fin de vie professionnelle) (Marbot et Peretti, 2006). Le sentiment que « l'emploi jetable » devient la norme se généralise (Lecointre, 2011). Dans ce contexte d'après crise, rétablir la confiance est essentiel. L'engagement des salariés nécessite que les entreprises s'engagent de façon pertinente et crédible. C'est l'objectif du nouveau contrat social. Mettre en place et faire vivre un système de reconnaissance répond au besoin des collaborateurs d'être « tous reconnus » (Peretti, 2008). Les attentes d'équité et de reconnaissance sont fortes chez toutes les catégories de salariés.

Attirer, identifier, développer et fidéliser les talents

Ceci implique d'être un employeur attractif, devenir une « Great place to work » (Burchell et Robin, 2011), un « top employeur » (CRF, 2011) reconnu pour la qualité de ses pratiques de management des compétences, afin d'attirer et de fidéliser les talents externes. Les prévisions de recrutement des entreprises pour assurer la relève laissent envisager une «guerre des talents» dans les années 2011-2015. Au-delà des talents attirés à l'extérieur, l'entreprise doit s'appuyer sur ses talents potentiels en interne pour développer l'engagement de ses salariés. Il est donc indispensable d'identifier et faire grandir les talents ignorés présents dans l'entreprise. La fonction RH doit faire de chaque manager un développeur de talent capable de donner à chaque collaborateur l'envie et les moyens de devenir talentueux (Peretti, 2010).

Conduire les changements et les transformations

Il est nécessaire de mieux prendre en compte l'impact humain du changement. Lorsque l'organisation se transforme, il faut veiller à préserver la santé, la sécurité, le bien-être et le mieux vivre de chacun. Les changements sont sources de stress et de risques psychosociaux (Autissier, 2010). La DRH doit aider chaque manager à contribuer au bien-être de ses collaborateurs car bien-être et efficacité au travail sont étroitement liés. Le rapport Lachman (2010) a souligné l'importance du rôle des managers dans la prise en compte des risques humains dans tout processus de changement. Parce que les trois défis précédents entraînent une implication forte des managers, les entreprises sont confrontées à un quatrième défi.

Préparer et former les managers à leur rôle de manager de demain

La fonction RH doit aider les managers à faire vivre leur groupe humain et atteindre les objectifs fixés. Il s'agit, au-delà des outils et des process, d'acquérir les comportements managériaux appropriés. Le manager efficace de demain pratiquera un management bienveillant, adapté à la maturité de chacun de ses collaborateurs. La fonction RH a la mission d'élever les compétences managériales à tous les niveaux hiérarchiques et, en particulier, celui des managers de proximité. Le *reporting* doit être moins consommateur de temps et d'énergie pour permettre une réelle disponibilité pour l'encadrement des hommes. La proximité avec les salariés doit se développer tout au long de la ligne hiérarchique. Des dirigeants présents sur le terrain obtiennent des performances supérieures à ceux qui recherchent la reconnaissance médiatique externe.

Faire de la diversité une richesse

La diversité des âges, des anciennetés, des sexes, des formations initiales, des parcours professionnels et des qualifications se traduit par de grandes différences d'attentes vis-à-vis de l'entreprise et de ses politiques sociales. Être reconnu, être traité sans discrimination, bénéficier d'un traitement équitable et d'une égalité des chances, sont des attentes largement partagées au-delà des différences. Le rôle de la hiérarchie est essentiel pour prendre en compte la diversité des attentes. Les attentes de reconnaissance sont variées et l'entreprise doit y répondre sans discrimination et avec un souci d'équité. La FRH doit aider chaque manager à prendre en compte la diversité de ses collaborateurs, à éliminer toute discrimination directe ou indirecte.

La diversité des âges avec des pyramides déséquilibrées pose des problèmes nouveaux. Faire coopérer harmonieusement la génération Y, les Yo-yo nés entre 1979 et 1990, et les Baby-boomers, les Yé-yé nés entre 1946 et 1958, n'est pas simple tant les différences socioculturelles sont fortes (Pouget, 2010). La recherche d'une réelle égalité professionnelle femme/homme, l'intégration réussie des personnes handicapées, l'égalité des chances sont des enjeux pour lesquels la DRH doit mobiliser toute l'entreprise (Peretti, 2011). Réussir le management de la diversité associe performance sociale et performance économique et financière.

Contribuer au développement durable

La FRH doit faire en sorte que tous les acteurs, dirigeants, managers, salariés, IRP, contribuent par leurs actions et leurs comportements à ce que l'entreprise assume toutes ses responsabilités sociales, sociétales et environnementales. L'adoption de la norme ISO 26 000 en décembre 2010 apporte un véritable référentiel pour la mise en œuvre des pratiques pertinentes en matière de développement durable. Mettre en place des chartes de relations avec les fournisseurs et les clients, préparer l'obtention de labels, favoriser les engagements citoyens, collectifs et individuels, et rendre compte des actions menées est nécessaire. Le volet humain du développement durable doit être reconnu. Pour affronter de façon appropriée les six défis précédents, la qualité du dialogue social est essentielle.

Faire du dialogue social un levier de progrès et d'innovation sociale

Le dialogue social favorise la performance globale et durable de l'organisation, performance sociale et performance économique étant liées dans la durée. Les thèmes de dialogue et de négociation seront de plus en plus nombreux et impliqueront un nombre accru de personnes pour contribuer au développement durable de l'entreprise. Ce dialogue doit permettre de conclure un nouveau contrat social. La nécessité de ce contrat est aujourd'hui ressentie dans toutes les organisations. Dans le contexte de la sortie de crise, les entreprises ont ressenti le besoin de proposer à leurs salariés un nouveau contrat social (NCS).

France Télécom est l'une des premières à avoir élaboré ce contrat et à l'avoir présenté à tous ses salariés dès le quatrième trimestre 2010. Le préambule en précise l'ambition et les enjeux. Pour Stéphane Richard, directeur général, « le nouveau contrat social (NCS) place les femmes et les hommes au cœur de l'organisation » et traduit « la conviction que performance sociale et performance économique sont indissociables ». Le préambule évoque « une nouvelle ère dans la façon d'envisager la relation de travail » fondée sur « un équilibre entre les droits et les devoirs réciproques entre France Télécom Orange et ses salariés » (Orange, 2010). L'entreprise prend cinq engagements et les initiatives pour les mettre en œuvre sont présentées en distinguant ce qui existe déjà, ce qui est nouveau et ce qui est en préparation. Le NCS insiste sur le rôle des managers et sur celui des DRH en faisant ressortir le rôle de soutien des RH qui doivent « veiller à l'intégration du NCS dans la vie de l'unité et à sa déclinaison par le manager » en soutien des managers au-delà de la gestion des situations individuelles complexes. Le NCS met l'accent sur le rôle clé des managers dans l'équilibre de la relation entre FT et ses salariés. Le RH doit aider le manager à s'approprier la vision de son rôle et à respecter la nouvelle « charte du manager », à adapter l'action locale aux besoins du terrain, à accompagner la progression de chacun.

L'appui du RH de proximité au manager est particulièrement important dans la mise en œuvre de certains engagements du NCS :

– l'engagement de rétribution équitable. Le RH doit aider le manager à « rétribuer l'engagement et la performance » au-delà des « mesures collectives et solidaires » et donc l'aider à mesurer la contribution de chacun définie comme « la réalisation d'objectifs individuels », « la contribution aux objectifs collectifs » et « l'implication dans les processus de coopération ». On peut constater la définition élargie de la contribution au-delà des simples résultats individuels ;

– la Qualité de la Vie au Travail. Le RH doit aider le manager à bien utiliser son « budget convivialité », prendre en compte les contraintes personnelles dans un esprit de responsabilité et de solidarité, concilier souhaits des salariés et bon fonctionnement de l'entreprise, faciliter la vie quotidienne des salariés ;

– la progression individuelle des salariés. Le RH doit aider le manager à être un développeur de talent. C'est d'autant plus important que « le rôle de soutien et de développement des salariés est pris en compte dans l'évaluation des managers ».

Les logiques de la GRH

Pour répondre aux défis, les entreprises ont progressivement adopté de nouvelles logiques qui irriguent de façon croissante les politiques sociales : personnalisation, adaptation, mobilisation, partage, anticipation.

La personnalisation : vers l'entreprise à la carte

La personnalisation concerne tous les aspects de la GRH : la rémunération globale, la gestion des carrières et des compétences, la formation et la maîtrise du temps. L'individualisation des rémunérations s'est développée. Pour étayer les décisions individuelles, les systèmes d'appréciation se développent. L'évaluation des personnes, des comportements et des résultats, la détection des potentiels sont une préoccupation majeure des entreprises. Les entreprises mettent en œuvre des PPP (projets professionnels personnels), des PIF (plans individuels de formation), le DIF (droit individuel à la formation), des BPP (Bilans Professionnels Personnalisés), des entretiens professionnels et des PIDC (plan individuel de développement des compétences). Elles diffusent une information personnalisée (bilans sociaux individuels, bulletins sociaux personnalisés...). La personnalisation se traduit également par l'individualisation des horaires, la maîtrise individuelle de son temps de travail, l'évolution vers le temps choisi. Un choix plus large est offert qui s'efforce de favoriser la prise en compte des attentes et aspirations de chacun et des contraintes de l'entreprise. La nouvelle gestion des temps et des rythmes de travail devient très complexe. Elle implique, là encore, décentralisation des décisions et maîtrise de toutes les informations pertinentes. Elle nécessite une hiérarchie compétente et responsable.

La logique de personnalisation (ou de l'individualisation) irrigue les politiques d'emploi (du recrutement à la gestion de carrière), de rémunération (individualisation des salaires et de la protection sociale complémentaire), de formation (plans individuels de formation), d'aménagement du temps (horaires personnalisés, congés discrétionnaires), de communication... Les NTIC, et en particulier Intranet, ont favorisé l'apparition ou le développement de pratiques individualisées. La GRH devient une gestion des personnes.

L'adaptation : vers l'entreprise agile

L'entreprise doit s'adapter rapidement et de façon optimale à toutes les évolutions de l'environnement et aux sollicitations internes et externes. Pour cela, elle recherche la flexibilité dans cinq directions : flexibilité quantitative externe (contrats à durée déterminée, intérim, CNE, CPE...), flexibilité quantitative interne (heures supplémentaires, chômage partiel,

modulation et récupération, aménagement des temps partiels, heures choisies, CET, annualisation…), flexibilité qualitative ou fonctionnelle (mobilité, polyvalence…), externalisation (sous-traitance interne et externe,
essaimage…), flexibilité salariale (intéressement, rémunération réversible
aléatoire, collective et individuelle…). La flexibilité optimale implique une
décentralisation des décisions. Il faut donc que chaque responsable opérationnel susceptible de prendre une décision dispose des informations nécessaires d'une part, et des connaissances pertinentes de MRH d'autre part.

La rapidité d'adaptation devient une préoccupation majeure des entreprises. Elle implique intelligence, esprit d'initiative, aptitude à communiquer. Elle nécessite aussi un système d'information RH permettant de
prendre à chaque instant la décision adaptée. Ainsi, grâce à des calendriers
et à une gestion des temps sur intranet, connaître les ressources humaines
disponibles par catégories permet des décisions appropriées : recruter un
TT, repousser une action de formation, programmer des HS en cas de
pointe d'activité ou choisir parmi les moyens permettant de faire face à une
baisse d'activité.

La logique de l'adaptation (ou de la flexibilité) concerne tous les domaines
de la GRH. Pour faire face à un environnement cahoteux et chaotique, les
managers explorent et maîtrisent toutes les voies de la flexibilité afin de
créer l'entreprise agile, prompte à s'adapter à toute situation.

La mobilisation des compétences et de l'énergie

Pour une même technologie mise en œuvre, la productivité diffère fortement dans les entreprises du fait des différences dans l'organisation de la
production, dans la mobilisation des salariés et dans leurs qualifications. La
mobilisation repose sur une implication de la hiérarchie et sa capacité à
motiver ses collaborateurs. Pour y parvenir, elle doit être dotée des moyens
nécessaires dans le cadre du partage.

L'homme n'est plus une contrainte mais un gisement de ressources. La
performance de l'organisation résulte de la mobilisation des ressources individuelles. Le constat de Taylor (un homme dépense 90 % de son énergie
dans un match de football mais pas plus de 10 % dans son poste de travail)
ne s'applique plus à l'effort physique mais à toutes les qualités d'intelligence
et de créativité et propose aux entreprises un défi qu'elles relèvent à travers
les multiples formes de management participatif adoptées ces dernières
années. Pour mobiliser l'intelligence technique et la dynamique commerciale de leurs salariés, les entreprises s'appuient sur la révolution organisationnelle. L'intranet favorise l'initiative et la créativité individuelles.

L'innovation participative mobilisant la créativité de chaque salarié devient
un avantage compétitif.

Le partage des décisions RH

La fonction RH éclate et se répartit dans l'organisation générale. Le DRH devient le promoteur du concept de fonction partagée. La décentralisation de la fonction permet l'adaptation rapide et pertinente, la personnalisation réelle des décisions de GRH et la mobilisation des salariés. Ce partage impose un important effort de sensibilisation et de formation de la hiérarchie d'une part, une mise à disposition des informations pertinentes d'autre part. Ce partage nécessite aussi que le DRH soit « proche du business », comprenne les préoccupations des opérationnels pour proposer une charte du partage « gagnant-gagnant ».

Réussir la mobilisation, l'adaptation et la personnalisation impose une nouvelle répartition des tâches. Les entreprises ont redonné à la hiérarchie une responsabilité sociale qui, souvent, leur avait échappé. Tout cadre exerçant une fonction de commandement doit participer à la GRH dans le cadre du partage de la fonction.

Le partage impose un important effort de sensibilisation et de formation de la hiérarchie, d'une part, une mise à disposition des informations pertinentes, d'autre part.

Le partage de la fonction Ressources Humaines est aujourd'hui souhaité et favorisé dans la plupart des entreprises. Il n'est possible que si les moyens alloués à chaque cadre lui permettent d'assurer un rôle réel. Le cadre doit disposer des informations pertinentes pour analyser, comprendre, décider. Les informations personnalisées doivent être complétées par des référentiels adaptés résultant de traitements sélectionnés des informations portant sur des populations de référence dans ou hors entreprise.

L'anticipation

La croissance des Trente Glorieuses (1945-1974) permettait de concilier absence de gestion prévisionnelle et maintien des équilibres. Elle gommait les erreurs de gestion et tolérait une gestion des RH au jour le jour, peu rigoureuse, voire laxiste. Les années suivantes ont fait ressortir les risques liés à une insuffisante anticipation des compétences nécessaires. Aujourd'hui le manque de visibilité exige une démarche anticipatrice favorisant les adaptations aux événements imprévus et à l'incertain. Cette démarche implique l'adoption d'une approche compétence. La réussite de la gestion à court terme de l'emploi s'inscrit dans le cadre d'un management par les compétences.

Le manager, premier DRH

Le responsable hiérarchique est invité à assumer, dans le cadre du partage, la fonction RH dans toutes ses dimensions. Parmi les missions qui lui sont de plus en plus fréquemment confiées, on peut identifier les décisions dans tous les grands domaines.

Les responsabilités RH

Le manager doit donc acquérir les connaissances et les compétences lui permettant de :

▶ **recruter :** connaître le contrat de travail, savoir recruter ses collaborateurs, recruter sans discriminer à toutes les étapes du processus, recruter les dirigeants et des cadres expérimentés ;

▶ **gérer l'emploi et les temps :** contribuer au management prospectif des métiers, adapter l'emploi au quotidien, aménager le temps de travail, veiller à l'articulation vie professionnelle/vie personnelle ;

▶ **développer les talents :** évaluer le potentiel d'évolution ou le talent, suivre les carrières de ses collaborateurs, manager la formation, affiner le savoir-être de ses collaborateurs, accompagner les projets personnels et professionnels et orienter les carrières ;

▶ **rémunérer et reconnaître :** mettre en œuvre la gestion stratégique des rémunérations, évaluer les rôles et les responsabilités, connaître les nouvelles politiques performantes de rémunération, reconnaître ses collaborateurs ;

▶ **impliquer et motiver :** des managers DRH pour l'implication des personnes, renforcer l'engagement des salariés pour une meilleure efficacité du travail, manager la performance des hommes dans l'entreprise, être gestionnaire du changement ;

▶ **contribuer à la qualité de vie au travail :** identifier les principaux facteurs de stress, prendre soin de la santé, de la qualité et de l'équilibre de vie des collaborateurs, redessiner l'organisation du travail ;

▶ **négocier :** connaître les logiques et les modes d'action des syndicalistes ou comment bien gérer ses délégués, faciliter une négociation responsable par un engagement personnel et organisationnel ;

▶ **contribuer au développement durable de l'organisation :** développer compétences et comportements éthiques, imposer l'homme dans la stratégie ;

▶ **utiliser le SIRH et les NTIC :** tous DRH autour d'un SIRH fédérateur, être un DRH virtuel ;

▶ **veiller :** avoir une vision stratégique des RH, activer l'intelligence économique et stratégique dans l'entreprise, auditer le social.

Cette liste de compétences managériales à acquérir et développer n'est pas exhaustive. Chaque responsable hiérarchique est invité à la compléter en fonction des spécificités de son entreprise, du contexte et des hommes dont il a la responsabilité. Former les responsables opérationnels à toutes ces responsabilités n'est possible que si ces managers sont sélectionnés sur leur ouverture à la dimension humaine de leur mission, appuyés par une fonction RH qui les accompagne et les aide et enfin si leur évaluation prend en compte cet aspect de leur poste.

Le titre de cet ouvrage, *Tous DRH*, nous invite aussi à réfléchir au rôle du salarié lui-même dans le développement de ses compétences et de son employabilité. *Tous DRH* aborde chacun de ces domaines avec les regards complémentaires de praticiens et d'enseignants.

Comment rendre les managers DRH

Pour assumer convenablement ses missions de DRH, chaque responsable doit acquérir les compétences RH de base nécessaires et disposer des informations pertinentes pour prendre les décisions. Le partage pose clairement le problème de la formation et de l'information. L'entreprise doit assurer :

– la formation RH des responsables hiérarchiques ;

– leur information dans le domaine des ressources humaines.

Pour que les managers puissent utiliser les informations fournies, il est nécessaire de développer leurs capacités d'interprétation des données RH. Les échecs rencontrés lors de la mise en œuvre de politiques innovantes dans les divers domaines du MRH résultent généralement des difficultés rencontrées par les responsables hiérarchiques à remplir complètement le rôle qui leur est dévolu.

Les audits réalisés dans des domaines divers (individualisation des rémunérations, développement du temps partiel, élaboration des plans individuels de formation, évaluation des postes, définition des référentiels de compétences…) font ressortir cinq causes fréquentes d'échec :

▶ *information insuffisante*, et surtout insuffisamment mobilisatrice, de la hiérarchie sur les objectifs et les enjeux des procédures mises en œuvre. Faire adhérer la hiérarchie est nécessaire et nécessite une communication adaptée. Le DRH devient un DRHC (Directeur des ressources humaines et de la communication) ;

▶ *procédures inadaptées* : l'inadaptation provient fréquemment de l'insuffisance de l'information et/ou de la formation des responsables hiérarchiques. Elle peut provenir aussi de leur lourdeur, incompatible avec la gestion du temps du cadre. Elle peut reposer sur la méconnaissance des réalités en termes de distance hiérarchique et de proximités culturelles entre les N et N1 ;

‣ *partage insuffisant des informations* ne permettant pas au N1 d'étayer ses décisions. Lorsque le N1 ne dispose pas au moment où il prend une décision de GRH de toutes les informations utiles, il privilégie un seul aspect du problème et ne prend pas la décision optimale ;

‣ *formation insuffisante de la hiérarchie* aux techniques de base de la fonction ressources humaines. Les N1 ne peuvent donc pas maîtriser tous les aspects des décisions RH à étudier ;

‣ *prise en compte insuffisante dans les procédures d'évaluation de la dimension RH*, moins valorisée que les critères de la réussite technique. Le rôle en matière de relations humaines du manager est rarement absent mais n'englobe pas l'ensemble de la dimension ressources humaines. La qualité des décisions de GRH prise est peu évoquée. Il est considéré comme très difficile d'apprécier à court terme l'efficacité et l'efficience des décisions prises dans des domaines comme la formation, le recrutement ou les rémunérations. Aussi le manager soucieux de voir sa performance reconnue peut-il négliger cette dimension que le système d'appréciation ne valorise pas suffisamment.

L'analyse des compétences réelles des responsables hiérarchiques dans le domaine des RH fait ressortir de larges zones d'ignorance. Nombreux sont les N1 qui ne savent pas répondre à des questions de leurs collaborateurs, par exemple sur la méthode d'évaluation des postes, le régime des retraites, les cotisations sociales, la prévoyance, la gestion des carrières, le droit individuel à la formation, les différents congés de longue durée en vigueur dans l'entreprise, le Compte épargne temps (CET)…

Trois raisons expliquent ces carences :

– la complexité accrue du cadre réglementaire, la multiplication des textes et le renouvellement des techniques de GRH ;

– un effort souvent insuffisant de communication, de sensibilisation, d'information et de formation et de transfert de connaissances de la DRH vers les opérationnels ;

– la réticence des hiérarchiques à quitter leur domaine d'expertise pour développer des compétences jugées accessoires. Aujourd'hui, des formations courtes coanimées par des intervenants externes et par les responsables internes sont élaborées et mises en œuvre avec des résultats probants.

Les risques du partage

Lorsque les managers, convenablement sensibilisés, formés et informés sont à même d'assurer pleinement leurs responsabilités RH et se voient confier le soin de prendre des décisions, individuelles ou collectives, de nouveaux risques apparaissent et en particulier sur deux plans :

▶ *diversité des décisions selon les managers*, suscitant un sentiment de non-équité. Les comparaisons que font les salariés entre eux leur font prendre conscience de différences de traitement perçues comme injustes. Les audits d'équité font ressortir l'hétérogénéité des décisions managériales lorsque les politiques et les règles n'ont pas été suffisamment explicitées. Les iniquités sont ressenties dans tous les domaines de GRH : rémunération, carrières, formation en particulier ;

▶ *non-alignement des décisions prises sur le terrain avec les politiques RH définies par l'entreprise* : le manager a parfois ses propres critères de décision qui le conduisent à ne pas appliquer les règles définies et affichées par l'entreprise. Un exemple récent concerne la conformité des choix des opérationnels avec les engagements pris dans les « chartes de la diversité » signées par les directions générales. Il existe un risque de contradiction entre certaines décisions et la politique affichée.

La cohérence entre l'ensemble des décisions prises par des acteurs différents dans le cadre du partage de la fonction RH est difficile à garantir. Pour y parvenir les entreprises agissent sur quatre points :

▶ *la construction d'une culture commune forte* favorisant l'adoption de comportements managériaux homogènes,

▶ *la mise à disposition de supports formalisés* pour les principaux rôles et décisions RH du manager et d'un LSRH manager (Libre Service RH dédié aux managers),

▶ *un accompagnement, un suivi et une évaluation des managers*, nouveaux et confirmés dans leur rôle RH,

▶ *le partage d'expérience entre managers.*

Le principal obstacle au partage, souvent souligné, vient des réticences des managers à prendre des décisions personnalisées délicates. Ils considèrent qu'elles présentent des risques de dégradation du climat interne de leur service. Un effort pour élargir et élever le niveau de compétences managériales des managers de proximité est nécessaire. La capacité à assumer la dimension RH des responsabilités managériales devient un critère déterminant de sélection et de promotion.

« Tous DRH » peut être un facteur-clé du succès. Pour que chaque responsable hiérarchique prenne les bonnes décisions en matière de GRH et contribue à développer les ressources de chacun de ses collaborateurs, il est nécessaire de veiller à le sensibiliser, le former, l'informer, l'assister et le valoriser dans ce domaine. C'est là un défi majeur pour les fonctions RH. C'est l'objectif de cet ouvrage d'y participer grâce aux contributions de cinquante et un experts, praticiens et enseignants de la fonction RH.

Bibliographie

AUTISSIER D., VANDANGEON I., VAS A. (2010), *Conduite du changement : concepts clés*, Dunod.

BURCHELL M. et ROBIN J. (2011), *Ces entreprises où il fait bon travailler*, Pearson.

CRF Institute (2011), Top Employeur 2011.

IGALENS J., DE BRY F., PERETTI J.-M. et al. (2010), *Éthique et responsabilité sociétale*, EMS.

LACHMAN, LAROSE et PENICAUT (2010), Bien-être et efficacité au travail, rapport au Premier ministre, CESE.

LECOINTRE G. (2011), *Pour en finir avec l'emploi jetable*, L'archipel.

MARBOT E. et PERETTI J.-M. (2006), *Les seniors dans l'entreprise*, 2ᵉ édition, Village Mondial.

PERETTI J.-M. *et al.* (2008), *Tous Reconnus*, Eyrolles.

PERETTI J.-M. *et al.* (2009), *Tous talentueux*, Eyrolles.

PERETTI J.-M. *et al.* (2011), *Encyclopédie des diversités*, EMS.

POUGET J. (2010), *Intégrer et manager la génération Y*, Vuibert.

Partie 1

RECRUTER

Le recrutement est une activité essentielle à la fois pour la personne concernée et pour l'organisation. Sa réussite influence le bon fonctionnement du service et de l'entreprise. C'est un immense atout que de savoir réunir les énergies et les talents nécessaires. Le responsable hiérarchique est de plus en plus invité à jouer un rôle important dans la démarche de recrutement. Le recrutement comme l'ensemble de la gestion des ressources humaines s'inscrit dans un cadre réglementaire très ancien (les premiers textes sur l'emploi datent de 1841), très riche et en permanente évolution. Il s'est particulièrement renforcé en matière de lutte contre les discriminations. Le responsable hiérarchique doit connaître les principales caractéristiques du cadre réglementaire applicable au contrat de travail.

Cette partie répond à quatre préoccupations des responsables :

Connaître le contrat de travail : définition, durée, conclusion et contenu, période d'essai, suspension ou maintien, démission ou retraite, licenciement et autres modes de rupture du contrat, obligations consécutives à la fin du contrat. C'est Jacques Brouillet, avocat au barreau de Paris, praticien du droit social, qui présente son approche de l'utilisation du cadre juridique au service des objectifs du management et propose, dans un langage simple, une présentation schématique du contrat de travail.

Recruter ses collaborateurs, en particulier les moins de 30 ans qui ont vocation à partager très longtemps la vie de l'entreprise. Nathalie Atlan-Landaburu et Diane Gadeau présentent le processus de recrutement : ses étapes et ses outils, la gestion de l'entretien, la décision, l'accueil et l'intégration afin de bien choisir et réduire les risques d'échec coûteux.

Recruter sans aucune discrimination est aujourd'hui une exigence légale et éthique. Assurer l'égalité des chances à toutes les étapes du recrutement est l'une des clés du management de la diversité. Alain Gavand, fondateur d'À Compétence Égale, présente les règles à respecter pour un recrutement sans discrimination.

Recruter des dirigeants et des cadres expérimentés. Tristan Flavigny et Pierre André Fortin, présentent l'ensemble des démarches permettant de réussir ces recrutements ainsi que le choix du consultant, la négociation avec le candidat retenu et son intégration.

Chapitre 2

Connaître le contrat de travail

Jacques BROUILLET

Les principes fondamentaux régissant le contrat de travail

Définition

Curieusement, il n'existe pas de définition « légale » du contrat de travail : le Code du travail est muet à cet égard. Mais la doctrine comme la jurisprudence s'accordent à le définir comme « une convention, librement consentie, par laquelle une personne s'engage à mettre son activité à la disposition d'une autre, sous la subordination de laquelle elle se place, moyennant rémunération ».

Ainsi, le véritable mot clé de cette définition est **le lien de subordination** qui permet de distinguer le contrat de travail des autres types de contrats (contrat d'entreprise ou contrat de prestation de services) qui reposent eux aussi sur un échange entre une prestation de travail et une rémunération.

L'autre caractéristique du contrat de travail est d'être **un contrat à exécution successive**. C'est-à-dire que, à l'inverse par exemple du contrat de vente, il ne peut avoir d'existence qu'en s'exécutant sur une certaine durée ; ce qui implique que, contrairement à une idée reçue, il ne peut rester un cadre figé du début à la fin de la prestation, mais **doit naturellement évoluer.**

À partir de cette définition, on perçoit assez clairement deux sources principales de malentendus et de contentieux, dès lors que les deux parties (employeur et salarié) ne partagent pas forcément la même conception des mots « subordination » et « contrat à exécution successive », donc naturellement évolutif.

La notion de subordination juridique est par ailleurs sujette à une interprétation différente selon qu'elle est analysée par la Sécurité sociale, le fisc ou le

Conseil des Prud'hommes afin de déterminer si nous sommes dans une relation de travail salarié... ou non salarié ! Les possibilités de requalification sont multiples. D'où l'intérêt de bien préciser dans le contrat de travail la situation impliquant le lien hiérarchique et le pouvoir disciplinaire de l'employeur.

Quant à la notion de « contrat naturellement évolutif », elle se heurte à une confusion, malencontreusement entretenue du sens et du contenu à donner au principe du « maintien de l'avantage acquis individuel ». D'où l'importance de la distinction à opérer entre ce qui relève du contrat (et des avenants) d'une part, et ce qui est du domaine collectif (annexe informative) ou qui ressort du pouvoir gestionnaire de l'employeur (annexe organisationnelle), d'autre part.

Trop de DRH pensent « qu'il vaut mieux ne pas trop écrire » dans un contrat, de peur de ne pouvoir modifier ses prescriptions... alors qu'il convient au contraire d'être plus explicite sur ce qui est contractuel et ce qui ne l'est pas.

Tout contrat de travail doit-il faire l'objet d'un écrit ?

De trop nombreux DRH restent persuadés que l'écrit n'est obligatoire que pour les divers types de contrats pour lesquels le Code du travail le précise expressément : CDD, temps partiel, intérim, apprentissage et autres contrats spécifiques.

Ils en concluent alors que l'écrit n'est pas une obligation pour le CDI... puisque le Code du travail ne le précise pas !

C'est ignorer la directive européenne du 14 octobre 1991 qui impose un écrit pour toute forme de contrat, ainsi que la législation française sur le travail dissimulé qui exige d'apporter la preuve de la relation contractuelle.

C'est aussi ignorer la loi Toubon du 4 mai 2004 qui rend obligatoire, lors de l'embauche, la remise d'une note d'information sur les accords collectifs en vigueur... ce qui suppose un document annexé au contrat.

C'est surtout négliger le respect dû à chaque salarié, sujet (individuel) de droit, trop souvent traité comme un objet de droits collectifs (CCN, accords d'entreprise, etc.) sans suffisamment souligner en quoi sa collaboration implique un engagement personnel.

Les cinq piliers du contrat de travail

Les clauses obligatoires pour toute forme de contrat de travail sont au nombre de cinq :

Le lien de subordination

Il rappelle le pouvoir hiérarchique (et disciplinaire) de l'employeur en fournissant donc les indications nécessaires pour prouver le statut de salarié distinct de celui de « travailleur indépendant »... de plus en plus souvent contestable.

La fonction

Il convient de savoir la distinguer d'autres concepts tels que : qualification, classification, poste...

Mais il faut aussi veiller à renvoyer à une annexe organisationnelle (donc signée par le seul employeur) le détail des tâches et attributions (parfois dénommées « définition de fonctions » ou « job description ») qui sont nécessairement différentes – même pour une fonction identique, par exemple chef comptable – selon la taille, l'organisation et l'évolution de la structure de l'entreprise.

Contractualiser ces éléments constitue une erreur (fréquente) puisque cela laisse supposer que toute modification de ces tâches devrait faire l'objet d'un accord du salarié, ce qui est bien sûr absurde.

La rémunération

Au-delà du choix à opérer concernant la structure du salaire (salaire horaire ou fixe mensuel, ou fixe + variable(s) ou même rémunération annuelle globale – RAG) il convient d'opter pour une distinction plus formelle des « périphériques du salaire » tels que retraite, prévoyance, mutuelle, intéressement, participation, etc. qui, même si ceux-ci sont « ressentis » par le salarié comme des éléments de son niveau de rémunération (en fait « niveau de vie » pour ne pas dire « niveau d'envie ») ne sont pas, juridiquement, des « avantages acquis individuels ».

Ils doivent donc figurer dans l'annexe informative (visée ci-dessus) et non pas parmi les clauses du contrat proprement dit, contrairement à un usage encore fréquent.

La durée

La première distinction vise, bien sûr, celle concernant le CDI ou le CDD, le contrat à temps plein ou à temps partiel. Mais depuis que le servage a été aboli en France, le contrat ne peut être « éternel » car « on ne peut engager ses services qu'à temps ». Ce qui revient à dire que le CDI est, lui aussi, un contrat qui doit avoir un terme ! Il est donc naturel de prévoir les diverses modalités possibles de rupture.

Il convient également de préciser la notion de temps de travail en faisant explicitement référence à la durée hebdomadaire du travail (les 35 heures n'étant qu'une base pour le paiement des heures supplémentaires), étant entendu que diverses formules de forfaits peuvent être mises en œuvre selon le statut (cadre ou non cadre) et les accords collectifs applicables à l'entreprise : forfait mensuel, forfait annuel, forfait jours.

Le lieu

On a longtemps considéré que le siège de l'entreprise figurant sur le bulletin de paie était présumé définir le lieu de travail et qu'il fallait une clause spécifique pour préciser l'affectation à tel ou tel établissement, la possibilité de mobilité entre ces établissements, etc.

Aujourd'hui, la jurisprudence a évolué de telle sorte qu'il est assez difficile de prévoir une clause de mobilité susceptible de s'imposer (si ce n'est dans un rayon géographique assez réduit) en raison de la primauté désormais accordée au respect de la vie privée et familiale.

Autres clauses particulières

En dehors des cinq clauses visées ci-dessus, toutes autres dispositions sont par définition *facultatives*. À ce sujet, il convient de lever deux malentendus assez fréquents :

Tout d'abord, il est faux de croire qu'il serait « obligatoire » de prévoir une période d'essai pour toute embauche

Celle-ci n'est en effet qu'une possibilité, qui ne peut être mise en œuvre, en outre, que si le contrat le précise *explicitement*, une simple référence à la convention collective n'est désormais pas suffisante.

D'autre part, le législateur a cru nécessaire depuis 2008 de fixer des durées maximales selon le statut (loi de modernisation du 25 juin 2008) après que la jurisprudence a fait condamner des usages abusifs tels qu'une période d'essai imposée à la suite d'un CDD ou d'un contrat d'intérim (qui bien souvent ont eux-mêmes comme principale finalité de constituer un « pré-essai » abusif !) ou un renouvellement systématique !

Enfin, et surtout, il apparaît inadapté (sinon même injurieux !) de « proposer » une période d'essai à un salarié ayant plusieurs années d'expérience et de surcroît ayant été « sélectionné » par le service de recrutement interne, si ce n'est par un cabinet spécialisé ! Chacun sait bien qu'une période d'essai, nécessairement de durée limitée, n'apportera jamais la garantie que l'intéressé saura effectivement mettre en œuvre les compétences (qui lui ont été reconnues) selon les conditions particulières qu'il aura à affronter dans une nouvelle entreprise et le niveau d'organisation de celle-ci. D'autres solutions sont préférables, telle celle consistant à *fixer des objectifs concrets* devant être atteints dans des délais raisonnables, successifs et précisés dès l'embauche, ou dans le cadre d'une période probatoire.

L'autre erreur consiste à prévoir le même type de clauses particulières pour l'ensemble du personnel

En effet, en raison même des dispositions de l'article L. 1121-1 du Code du travail, ces clauses risquent d'être annulées dès lors qu'il apparaît qu'elles sont identiques quelle que soit la fonction exercée !

Un exemple de plus confirmant que l'usage d'un « contrat type » est à répudier et qu'il convient « d'individualiser » (au moins selon les catégories de salariés) les clauses particulières telles-que :

– la clause de mobilité ;

– la clause de non-concurrence ;

– la clause d'exclusivité ;

– la clause d'invention ou droits d'auteur, etc.

Exécution du contrat de travail

Certains principes méritent d'être soulignés.

« Pas de travail, pas de salaire »

Ce principe de base et de bon sens a cependant été progressivement atténué par un ensemble de dispositions résultant le plus souvent de négociations collectives, parfois confirmées par le législateur sans toutefois harmoniser « les droits sociaux » de tous les salariés.

Il est étonnant de constater que cette inégalité institutionnalisée entre les salariés, selon la catégorie professionnelle ou la branche professionnelle à laquelle ils appartiennent, ne fasse pas davantage l'objet de critiques !

Ainsi en est-il du maintien du salaire pendant divers congés tels que :

– les congés payés ;

– les congés pour événements de famille ;

– le congé de formation ;

– le congé maladie pour la durée de l'absence autorisée et pour le maintien de salaire (la maternité et l'accident du travail ayant un traitement de faveur) ;

– le chômage partiel ;

– la mise à pied, en distinguant *la mise à pied disciplinaire* (nécessairement pour une courte durée et prévue par le règlement d'intérieur) permettant la suspension du salaire, et *la mise à pied conservatoire* dans l'attente d'une décision de rupture : seul le licenciement de l'intéressé fondé sur une faute grave ou lourde dispense l'employeur du paiement du salaire pendant cette période.

Maintien du contrat en cas de changement d'employeur

En principe, le contrat de travail n'est pas conclu « intuitu personnae » concernant l'employeur. Il en résulte que le changement d'identité de celui-ci ne peut justifier la rupture du contrat, car l'employeur est en fait « l'entreprise » (généralement une personne morale selon les diverses formes de sociétés).

Ce principe a même été étendu en cas de *transfert d'entreprise* (art. L. 1224-1). Il s'agit des cas de vente, fusion, absorption, location-gérance, etc.

Ces diverses situations sont souvent sources de contentieux dès lors que la jurisprudence française est fluctuante en la matière, en exigeant « le transfert d'une entité économique autonome, conservant son identité, dont l'activité est poursuivie ou reprise. »

De ce point de vue, la jurisprudence de la Cour de justice de l'Union européenne (CJUE) s'appuyant sur l'interprétation téléologique des textes (c'est-à-dire selon leur finalité) semble tout à la fois favoriser le transfert du contrat dès lors qu'il paraît possible de maintenir l'emploi, mais aussi permettre au salarié de refuser ce transfert (contrairement au droit français).

Enfin, il est singulier de constater que depuis quelque temps on en arrive à s'interroger sur l'identité du « véritable employeur », c'est-à-dire celui qui détient réellement le pouvoir de décision ! (voir le cas des filiales dans un groupe national, et plus encore dans une multinationale).

Rupture du contrat

On a longtemps considéré qu'il n'existait que six cas de rupture :

– la rupture d'un commun accord, comme pour toute forme de contrat en application de l'article 1134 du Code civil. Mais cette faculté est peu

utilisée en raison du refus de la prise en charge par les allocations chômage et l'absence de versement d'une indemnité ;
– l'arrivé du terme d'un CDD ;
– l'inaptitude (constatée par le médecin du travail) ;
– la démission ;
– le départ en retraite ou la mise à la retraite ;
– le licenciement, individuel ou collectif, pour motif personnel ou pour motif économique.

La jurisprudence et le législateur ont progressivement introduit des distinctions subtiles et complexes telles que :
– la résolution judiciaire sollicitée par le salarié (ou l'employeur) pour non-exécution d'une obligation contractuelle (il s'agit du principe de « l'exceptio non adimpleti contractus ») ;
– la prise d'acte de la rupture par le salarié, le soumettant au risque de requalification en démission par les juges ;
– la rupture conventionnelle instaurée en 2008, parallèlement à l'interdiction de « mettre à la retraite » un salarié avant 70 ans (loi du 17 décembre 2008).

Pourquoi et pour quoi revaloriser le contrat de travail ?

Au terme de ce bref survol, on comprendra qu'il n'est pas souhaitable de se contenter, comme cela reste trop souvent le cas, de la rédaction d'un contrat type de travail, reproduit à l'identique pour l'ensemble des salariés et selon un « modèle » immuable depuis plusieurs années.

Le contrat de travail est en effet le premier et le meilleur témoignage du « contrat de confiance » qu'il convient d'établir entre l'employeur et le salarié[1]. Lors de la première édition de *Tous DRH* (en 1996) nous avions présenté une série d'arguments en faveur d'une réhabilitation du contrat de travail, celui-ci pouvant se révéler un exceptionnel outil de gestion à condition d'être un **véritable contrat**, et notamment (re)devenir un « **contrat de confiance** ». Il nous était apparu préoccupant de constater à quel point cet instrument clé d'harmonisation entre un employeur et un salarié avait progressivement dégénéré en une pure formalité, perdant de fait une grande partie de son utilité.

---

1. « Du contrat de travail au contrat de confiance », J. Brouillet, *Annonces de la Seine* du 11 mai 1992.

Il semble en effet se réduire la plupart du temps à une simple lettre d'embauche (ne comportant guère plus d'indications que celles qui figurent sur le bulletin de paie) renvoyant pour l'essentiel aux dispositions de la convention collective, sans même percevoir ce qu'il peut y avoir de contradictoire et dangereux dans cette pratique (qui transforme un avantage collectif en un avantage acquis individuel qui ne peut dès lors être modifié ou supprimé sans l'accord du salarié).

Il ressemble, dans la plupart des cas, plus à un contrat type uniformisé (jusqu'à l'absurde) pour l'ensemble du personnel (sauf éventuellement pour les cadres dirigeants), sa délivrance étant parfois même retardée à l'expiration de la période d'essai… ce qui ne fait que renforcer son caractère formel de **contrat d'adhésion.**

Il est en tout cas assez rare de trouver dans les entreprises une conception du contrat de travail qui en fasse un réel support de dialogue et de la gestion, en l'intégrant notamment dans une négociation complète, transparente et constructive **dès l'entretien d'embauche** et en favorisant effectivement son évolution périodique naturelle. De telle sorte qu'il n'est pas rare de rencontrer des DRH qui ne savent même plus **pourquoi** ils utilisent ce « type de contrat » plutôt qu'un autre, et **pour quoi** il convient d'introduire tel type de clauses.

Cette apathie résulte peut-être d'ailleurs d'un **premier malentendu sur le sens même du mot contrat.** Combien, en effet, restent persuadés que « contrat » viendrait du latin « contractus » ? Ce qui suffirait à expliquer son caractère contraignant, sa rigidité inadaptée à une époque marquée par la vitesse de ses changements. Plus que jamais, il convient de rappeler que contrat signifie « cum-trahere », c'est-à-dire « tirer ensemble ».

N'est-ce pas une indication suffisante pour inciter les DRH à utiliser le contrat pour mieux associer le salarié à la réalisation de « l'objet social » de l'entreprise qu'il faut tirer davantage vers le bien commun ?

Comment élaborer un contrat de travail évolutif et en faire un outil de gestion ?

Chacun voit bien que du fait même de l'évolution de l'environnement et des comportements, il convient d'adopter une nouvelle approche pour élaborer un contrat de travail.

Une distinction fondamentale entre modifications du contrat ou changements des conditions de travail

S'appuyant sur la distinction qu'il convient de faire entre les formes de pouvoirs de l'employeur[1], il était d'usage de dissocier (jusqu'en 1992) :
– la modification substantielle du contrat de travail qui nécessite l'accord du salarié ;
– la modification non substantielle du contrat, à l'égard de laquelle le salarié devra se conformer et à défaut de quoi l'employeur pourra être amené à le licencier.

Depuis l'arrêt Raquin du 8 octobre 1987 refusant de considérer le fait que le salarié ait continué d'exécuter son travail comme étant une présomption d'acceptation tacite d'une « modification substantielle » de son contrat, cette distinction pourtant expressément reprise par la loi du 2 août 1989 a été progressivement nuancée par la jurisprudence (notamment sous la pression du Doyen Philippe Waquet).

Désormais, il est clairement admis que toutes modifications du contrat, qu'elles soient ou non substantielles, nécessitent l'accord du salarié, alors que les « simples » (!) changements des conditions de travail peuvent être imposés unilatéralement par l'employeur dès lors que celles-ci résultent du pouvoir de gestion de celui-ci !

Une remise en cause des piliers traditionnels du contrat : de l'entreprise éclatée à l'entreprise virtuelle

On ne peut par ailleurs occulter les multiples facteurs qui conduisent à reconsidérer les piliers traditionnellement constitutifs de tout contrat de travail. En effet, les évolutions de la technologie, comme celles liées aux nouvelles formes d'organisation du travail (délocalisation – externalisation) résultant d'une compétition internationale accrue provoquent un véritablement éclatement de l'entreprise – qui tend par ailleurs à devenir elle-même virtuelle.

---

1. Il convient en effet de distinguer trois types de pouvoirs de l'employeur :
   – le pouvoir réglementaire, qui vise à mettre en œuvre des mesures générales et permanentes concernant la vie collective ou l'hygiène et la sécurité. Ce pouvoir disciplinaire, reconnu par la loi d'octobre 1982, est contrôlé par le juge qui dispose, en la matière, du pouvoir d'annuler la sanction ;
   – le pouvoir contractuel, qui se manifeste dans le cadre des accords d'entreprise ou la conclusion des contrats de travail ;
   – enfin (et surtout) le pouvoir de gestion inhérent à la fonction même de dirigeant et l'autorisant à prendre (et modifier) toutes mesures techniques, temporaires, individuelles ou collectives, concernant l'organisation de l'entreprise parce qu'il assume la responsabilité (« Autoritas facit legem »).

La sous-traitance (vraie ou fausse !), le détachement, la mise à disposition, l'essaimage, le temps partagé, les groupements d'employeurs, les sociétés de portage, sont autant de formes nouvelles qui transforment radicalement le lien contractuel.

À tel point qu'il est de plus en plus **difficile de déterminer qui est le véritable employeur** et que l'on peut s'interroger sur la pérennité même de l'entreprise, du moins au sens où on l'entendait habituellement (unité de temps et de lieu).

En tout cas, la notion de **lien de subordination**, fondamentale pour qualifier l'existence même du contrat de travail, s'efface désormais derrière la logique de compétences, surtout depuis que l'on préconise pour tous les salariés plus d'autonomie et d'initiative !

Ainsi, les confusions se multiplient entre le salarié et le travailleur indépendant[1] et l'on voit apparaître les appellations nouvelles (prestataire, *freelance*, vacataire, *self employment*, etc.).

Ce phénomène ne se limite d'ailleurs pas à la France et l'Italie connaît des « diriganti » qui ne relèvent pas du statut de salarié, ou un type de « contrat mixte » pour d'autres catégories tout comme l'Allemagne qui s'est inspirée du « modèle » anglais pour exclure du régime salarié certains emplois en dessous d'un minimum d'heures travaillées.

Le lieu de travail n'est sans doute plus, pour un grand nombre d'emplois, un facteur déterminant, et l'on peut aussi s'interroger sur la pertinence, à l'avenir, de la notion de **lieu de résidence** (qu'il convient en tout cas désormais de distinguer plus nettement).

Il est d'ailleurs assez significatif de constater que la jurisprudence manifeste « un certain flou » sur le caractère déterminant du lieu d'embauche en reconnaissant à la fois la notion de « zone géographique » dans laquelle l'employeur pourrait déplacer un salarié sans que ceci constitue automatiquement une modification du contrat, mais exigeant aussi une attention renforcée concernant l'équilibre de la vie privée !

Le temps de travail ne peut plus avoir la même signification, ni le même contenu dès lors que l'on peut (et doit) travailler en liaison avec des pays situés dans d'autres fuseaux horaires ou ayant d'autres traditions pour le repos hebdomadaire. Le télétravail se développe et les notions d'astreintes ou de trajets ou déplacements professionnels, assimilés à un temps de

---

1. Même si la disposition de la loi Madelin de 1994 établissant la présomption d'emploi non salarié, a finalement été annulée par la loi Aubry de 2000. Sans compter certains types de « salariés chauve-souris » tels que les gérants de stations services (salariés **et** commerçants) ou autres « franchisés ».

travail effectif dès lors que le salarié ne « peut pas vaquer librement à ses occupations personnelles » pendant cette période, n'ont pas fini de provoquer de sérieux casse-têtes ! Il paraît assez clair que ces situations pourraient être plus aisément réglées par des accords (individuels ou collectifs) plutôt qu'une définition légale qui frise nécessairement l'absurde pour bon nombre de cadres ou techniciens non sédentaires.

La rémunération, enfin, est sans doute l'un des éléments pour lequel il convient d'apporter un soin particulier. Au moment même où notre législateur réduisait le temps de travail et la faculté de proposer des conventions de forfait, il apparaissait pourtant de plus en plus évident que **la rémunération au temps passé est dépassée**. Il convient donc impérativement d'imaginer d'autres modes de rémunération que celui traditionnellement fixé à partir d'un taux horaire – de surcroît figé dans une classification collective. De telles références apparaissent en effet de plus en plus inadaptées et devraient être remplacées par celles de valeur ajoutée, salaire différé, participation aux résultats, etc. autant de concepts qui peuvent plus aisément être définis par un accord ou un contrat que par une loi.

Bien d'autres situations justifient la rédaction d'un contrat avec des **clauses spécifiques**. Les domaines pour lesquels il est souhaitable d'innover et de prévoir des clauses particulières sont multiples. On peut évoquer à cet effet, notamment :
– la clause de dédit-formation ;
– la clause de non-concurrence à distinguer de celle de concurrence loyale ;
– la clause de confidentialité à distinguer de celle de secret professionnel ;
– la clause d'exclusivité à distinguer de celle de fidélité ;
– la clause de reprise d'ancienneté ou de garantie d'emploi ;
– la clause d'invention ou d'amélioration d'un savoir-faire ;
– la clause de conscience (en prévision d'OPA) ;
– la délégation de pouvoirs à ne pas confondre avec la délégation de responsabilités ;
– l'essai qui peut être utilement remplacé par une période probatoire ;
– la clause pénale ou le « golden parachute » ou « golden Hello ».

Pour une nouvelle présentation des contrats de travail

Pour conclure, nous voudrions simplement suggérer un schéma d'application pratique.

En premier lieu, il est souhaitable de distinguer le contrat proprement dit de documents annexes à proposer dès les entretiens d'embauche :

▶ le contrat visant à préciser les modalités particulières qui ne pourront être modifiées qu'avec l'accord du collaborateur (par avenant). Voir la fonction, les missions, la durée, le niveau de rémunération, les clauses spécifiques ;

▶ les annexes permettant de présenter au salarié, d'une part, les dispositions purement informatives (régime de retraite et prévoyance et toutes dispositions collectives), et d'autre part, les règles organisationnelles propres à l'entreprise (remboursement de frais, les horaires, période de congés, etc.) ou spécifiques à l'emploi (les tâches et les attributions, la structure du salaire, etc.) qui pourront varier de manière unilatérale, pour autant qu'elles ne modifient pas un élément essentiel du contrat explicitement défini.

Le contrat devrait par ailleurs être précédé d'un préambule ayant pour objet de préciser notamment :

▶ le sens des termes utilisés ;

▶ les finalités et l'éthique de l'entreprise que le salarié s'engage à respecter (exécution de bonne foi) ;

▶ le caractère évolutif naturel de cet accord (parce qu'il est un contrat à exécution successive !) et donc la volonté des parties de prévoir les modalités de son évolution.

Pour le reste… il n'est certes pas indispensable d'utiliser une rédaction standard, décomposée en une série « d'articles » ayant trop souvent une connotation d'obligations pesant sur le seul salarié.

Il est sans doute préférable d'utiliser une forme et un vocabulaire soulignant, de manière plus conviviale et compréhensible, la volonté d'avancer ensemble (« cum-trahere ») vers un objectif défini clairement et conforme au bien commun.

Chapitre 3

Recruter ses collaborateurs

Nathalie ATLAN-LANDABURU et Diane GADAUD

Bien que piloté par le service Recrutement ou le département Ressources Humaines, le recrutement de nouveaux collaborateurs concerne tous les acteurs de l'entreprise. Cette implication de chacun se situe très en amont du recrutement, à travers l'image que chaque collaborateur projette de son entreprise à l'extérieur, comme en aval au moment de l'accueil et de l'intégration d'une nouvelle recrue. Du PDG à l'hôtesse d'accueil, chacun a un rôle à jouer pour que le recrutement soit une réussite.

Bien entendu, c'est à la DRH de définir la stratégie globale avec la Direction générale, mais sans l'implication de tous les collaborateurs dans le processus de recrutement, les risques d'erreurs sont importants : mauvaise maîtrise des coûts, des délais ou de l'adéquation des candidats avec les besoins entraînant dysfonctionnements et/ou *turn-over*. Autant de facteurs qui nuisent à la productivité de l'entreprise, à son climat social et à son image d'employeur.

Voici les étapes importantes du processus de recrutement :

– élaborer l'image d'employeur ;
– anticiper les besoins ;
– mettre en place le plan de *sourcing* ;
– définir le poste et le profil ;
– conduire l'entretien d'embauche ;
– utiliser les outils d'aide à la décision ;
– prendre la décision finale et éviter le risque d'erreurs ;
– accueillir et suivre le nouveau collaborateur.

Élaborer l'image d'employeur

L'image d'employeur est la perception interne et externe du comportement de l'entreprise vis-à-vis de ses salariés. Elle est l'illustration de sa parole d'employeur, c'est-à-dire ses actions de communication à l'attention de ses candidats et de ses collaborateurs. C'est aussi l'expression de sa responsabilité sociétale à travers ses actions liées à la parité, la diversité ou au développement durable.

Une bonne image d'employeur se doit d'être claire et compréhensible, en accord avec les valeurs de l'entreprise et surtout avec le vécu des collaborateurs. Dans cette démarche, la prise de parole de la DRH doit être corrélée par des actions concrètes au quotidien pour être crédible. Par exemple, il est recommandé d'accompagner et de former les managers avant de présenter la diversité comme un engagement ou encore de faire participer les collaborateurs aux actions liées au développement durable.

Anticiper les besoins

Le recrutement s'inscrit dans la vision stratégique de l'entreprise et, à ce titre, se doit d'être centralisé au niveau de la DRH et de la Direction générale pour établir une prospective des métiers, évaluer les besoins et les budgets et élaborer un plan de communication externe.

On sait aujourd'hui la complexité d'une telle démarche dans un monde où la visibilité au-delà de quelques mois est quasi nulle ! Pourtant, il est indispensable de projeter l'entreprise au-delà de ses objectifs purement *business*, pour imaginer les compétences futures et considérer les hommes comme une richesse durable.

Être tous DRH implique que les managers soient intégrés à la réflexion sur l'évolution des métiers, qu'ils participent à l'évaluation des besoins et qu'ils communiquent entre eux pour imaginer les passerelles internes et favoriser la mobilité. Ainsi, ils deviennent partie prenante de l'anticipation des besoins, sont force de proposition et n'utilisent par le service recrutement comme un simple réservoir de candidatures.

Mettre en place le plan de *sourcing*

Le *sourcing* en recrutement consiste à imaginer toutes les sources de candidatures les plus efficaces en fonction des profils. Bien sûr, le premier mode de *sourcing* est l'interne, piloté par la DRH et les managers, mais on a souvent tendance à oublier ce canal précieux qui est aussi un excellent levier de motivation. La cooptation est aussi une bonne manière d'impliquer l'interne mais attention au risque de clonage ! Autre mode de *sourcing* souvent ignoré : la base de données de candidats potentiels. En effet, lorsque l'entreprise est dotée d'un outil de gestion du recrutement, les managers peuvent puiser dans cette base de données gratuite et disponible si l'on a pris soin de l'entretenir.

Enfin, viennent les actions plus connues telles que les relations écoles ou les sites emploi sur Internet, sans oublier la presse qui reste un canal fort pour développer l'image de l'entreprise. Mais aujourd'hui, l'attention se porte vers les réseaux sociaux que l'on sait puissants mais pour lesquels les règles sont encore à découvrir. Les réseaux professionnels tels que Viadeo et Linkedin restent les plus efficaces. Si l'on désire entretenir une communauté de candidats, les jeunes opérationnels qui connaissent bien les postes sont les mieux armés pour se lancer dans l'aventure.

Définir les postes et les profils

La définition de poste et de profil est un outil indispensable au recrutement : il définit clairement le besoin du poste à pourvoir, valide un discours clair entre DRH et managers sur les compétences, informe le candidat sur le poste et les possibilités d'évolution et permet aux collaborateurs de se projeter dans l'entreprise dans le cas de la mobilité interne. Il ne faut donc pas se tromper !

Le risque commun est de survaloriser les compétences nécessaires au poste pour recruter des candidats à fort potentiel qui s'avéreraient vite déçus par la mission. Inversement, mal définir le poste rend la mission peu attractive et fait fuir les bons candidats. Enfin, mal définir le poste ou le profil engendre une mauvaise adéquation entre poste et candidat, entraînant inévitablement une perte de productivité pour l'entreprise…

Voici ce qu'une définition de poste doit comporter :

- **l'intitulé** clair du poste (éviter le jargon incompréhensible à l'externe) ;
- **son origine** (pourquoi recrute-t-on ?) ;
- **sa position** dans l'organigramme (ne pas oublier les interfaces internes et externes) ;
- **la mission** : raison d'être dans l'organisation, rôle, contours, finalité, délégation ;

- **les objectifs** : quantitatifs et qualitatifs en fonction de la stratégie de l'entreprise et leur **évaluation** (moyens de mesure, échelle de performance, évaluation individuelle et/ou collective) ;

- **les moyens** : ressources humaines, matériel et équipements, budgets, information, assistance, formation (expliquer comment ils sont mis à disposition) ;

- **le reporting** : destinataires, forme et fréquence (préciser le style) ;

- **l'évolution** : souhaitée pour le poste, éventuelle vers un autre poste, possible en interne suivant le potentiel ;

- **les éléments du contrat** : lieu de travail, conditions de travail (préciser le mode de collaboration tels que déplacements, télétravail ou *home office*), statut, coefficient, rémunération globale.

Le profil est défini à travers les 3 grandes dimensions de la compétence :

- **le savoir** : formation initiale et continue, connaissances personnelles, culture générale, langues, NTIC… ;

- **le savoir-faire** : expérience professionnelle ou extraprofessionnelle, connaissance du marché, du secteur, des produits ou services ou encore de la technologie ;

- **le savoir-être** : aspects intellectuels (logique, analyse, synthèse…), aspects relationnels (sens du contact, autorité, diplomatie, négociation…) et aspects méthodologiques (organisation, autonomie, rythme, capacité de travail…).

Conduire l'entretien d'embauche

L'entretien d'embauche constitue pour le recruteur un double challenge : affirmer son professionnalisme et, bien entendu, sélectionner le meilleur candidat. Pour mener à bien un entretien, il est nécessaire d'en maîtriser tous les aspects. Nous verrons donc les différents types de conduites d'entretien, puis les thèmes à aborder systématiquement.

Voici les différents types de conduite d'entretien :

- **l'entretien directif** : c'est vous qui conduisez l'échange. Les questions sont plutôt fermées et le candidat n'a pas beaucoup de marge de manœuvre pour s'exprimer : il doit répondre précisément aux questions posées. Cet entretien est plutôt utilisé pour valider des connaissances précises ;

- **l'entretien didactique** : le souci d'information domine. Votre démarche est de donner un maximum de renseignements de façon à ce que le candidat connaisse toutes les spécificités du poste. Il est préconisé dans le cas où le poste est en concurrence avec d'autres entreprises ;

▶ l'entretien non directif : la discussion s'établit à « bâtons rompus », mais attention à n'oublier aucune question ! Il est utile pour une découverte mutuelle ;

▶ l'entretien « impromptu » : il vise à sonder la résistance au stress. Les questions sont volontairement déstabilisantes, conduisant le candidat à faire preuve d'esprit d'à-propos et de contrôle émotionnel. À n'utiliser que dans le cas où la résistance au stress est une composante forte de la mission ;

▶ l'entretien « psychologique » : il s'appuie sur l'investigation de la personnalité Une certaine capacité d'écoute est indispensable et une formation en psychologie est conseillée pour éviter les erreurs d'interprétation.

Les thèmes à aborder obligatoirement sont la formation, le passé professionnel (et plus particulièrement les dernières expériences), les raisons de la recherche d'emploi, les attentes par rapport au poste proposé, les conséquences du changement envisagé, les contraintes et risques de rejet éventuel du poste proposé, la satisfaction par rapport à la rémunération proposée...

Si vous êtes « en panne », ne savez pas comment relancer le dialogue, privilégiez des questions ouvertes qui laissent au candidat le moyen de s'exprimer.

Dans tous les cas, et quel que soit le type d'entretien, apprenez à vous maîtriser et instaurez un climat de confiance pour mettre à l'aise le candidat.

Utiliser les outils d'aide à la décision

Afin de compléter les informations recueillies lors de l'entretien, vous pouvez utiliser d'autres outils qui vous apporteront un regard complémentaire et permettront d'approfondir certains domaines difficiles à évaluer. Il s'agit principalement de tests ou de la mise en situation.

Les tests : ils sont maintenant tous pratiquement informatisés et sont distribués par différentes sociétés d'édition spécialisées dans ce domaine. Attention : certains tests exigent des formations pour les utiliser (MBTI, PerformanSe, etc.). Par ailleurs, méfiez-vous des tests sur Internet dont la fiabilité, pour la plupart, n'a pas été démontrée. Les tests se classent en différentes catégories :

– les tests projectifs : uniquement destinés au secteur clinique, ils ne doivent pas être utilisés en entreprise. Il s'agit entre autres, du test de Rorschach (interprétation de taches d'encre) et du test de Murray (interprétation d'images) ;

– les tests de personnalité : ils évaluent les grandes composantes de la personnalité (introversion/extraversion, stabilité émotionnelle, ouverture d'esprit, ambition…). Les plus connus sont le SOSI, le MBTI… ;

– les tests d'intelligence et d'aptitude : les tests « d'intelligence » mesurent la capacité de raisonnement, de logique et de conceptualisation (dominos à compléter…). Les tests « d'aptitude » évaluent davantage un niveau de connaissances générales (compréhension verbale, calcul…).

La mise en situation : il s'agit de mettre le candidat dans une situation qui correspond aux missions principales du poste. Cette technique a été développée à partir des « assessment centers » d'origine anglo-saxonne et permet d'évaluer le comportement du candidat.

Prendre la décision finale et éviter le risque d'erreurs

Se décider sans risque d'erreurs nécessite d'avoir les idées claires. Tout d'abord, revérifiez la véracité des éléments dont vous disposez : profil du poste et profil du candidat. On a souvent tendance à confondre les deux.

D'autre part, assurez-vous que votre sélection correspond bien à la stratégie de votre entreprise. En effet, plusieurs approches sont possibles pour recruter un collaborateur :

– l'approche des candidats par les connaissances professionnelles : vous optez pour un profil directement opérationnel qui aura, dès le départ, des savoirs différents et variés, utilisables rapidement ;

– l'approche par le potentiel estimé est un choix plus à long terme ou vous « pariez » sur une performance générale plus de l'ordre du « savoir-être », pas forcément décelable immédiatement ;

– l'approche par les savoir-faire opérationnels se réfère à un profil où le candidat a des savoirs étroitement liés à la situation de travail ;

– l'approche par la démarche intellectuelle ou l'accent est mis sur les capacités cognitives.

Se décider, c'est aussi connaître les risques d'erreurs qui entachent tout recrutement. Tout au long de l'entretien, nous subissons à notre insu des biais de perception qui peuvent altérer considérablement l'objectivité de notre jugement. Voici les plus connus :

– l'effet de halo : une des caractéristiques de l'interviewé influe sur l'ensemble de l'impression donnée. Il y a risque de survalorisation d'un trait par rapport aux autres. Par exemple, le candidat s'exprime bien ; on en déduit facilement qu'il est « bon »… ;

– l'effet de primauté : la première impression est souvent déterminante…
et pèse forcément sur l'évaluation globale ;

– l'effet de contraste : attention à l'ordre des candidats ! Un candidat
« moyen » peut vous paraître très médiocre après un candidat excellent,
par effet de contraste ;

– l'effet de similarité : qui se ressemble s'assemble ! Nous sommes instinctivement plus tolérants vis-à-vis de quelqu'un qui partage les mêmes
valeurs et les mêmes centres d'intérêts…

Accueillir et suivre le nouveau collaborateur

La phase délicate de la sélection finale est conclue et votre nouveau collaborateur arrive dans votre entreprise. Il est indispensable que vous mettiez en
place un certain nombre d'outils et de moyens visant à optimiser son intégration.

Veillez tout d'abord à prévenir les salariés de l'arrivée du nouveau venu et
vérifiez qu'il ait tous ses outils de travail dès son arrivée. Sa première
journée pourra être consacrée à la présentation des différents collaborateurs,
la connaissance des spécificités de l'entreprise ainsi que son organisation
matérielle (mutuelle, tickets restaurants…).

Vous pouvez mettre en place, selon l'importance et la stratégie de votre
entreprise :

– le rapport d'étonnement : il est parfois difficile d'avoir du recul lorsque
l'on travaille au sein d'une organisation et l'on ne voit plus nécessairement les dysfonctionnements. Profitez de l'œil « neuf » du nouveau collaborateur, il peut vous être d'un précieux conseil ! ;

– la présence d'un tuteur ou d'un « parrain ». Cette option ne sera efficace
que sur la base du volontariat. Le tuteur ou parrain épaulera votre collaborateur, l'aidera à comprendre et intégrer la culture d'entreprise, et anticipera les difficultés et déceptions s'il y en a ;

– la journée d'intégration. Très utilisée dans les grandes entreprises, elle
permet au nouveau venu d'approfondir ses connaissances sur la société et
d'en maîtriser davantage les spécificités.

Enfin, avant le dernier jour de la période d'essai, veillez à faire le point avec
le nouveau collaborateur et assurez-vous que celui-ci a bien les compétences
requises et qu'il correspond de façon satisfaisante aux exigences du poste
pourvu. Vérifiez aussi que de son côté le nouveau collaborateur est satisfait
et toujours aussi motivé.

Chapitre 4

Recruter sans discriminer à toutes les étapes du processus

Alain GAVAND

Sous la pression du législateur, la démarche de lutte contre les discriminations a bouleversé les pratiques de recrutement au cours des années 2000. Elle a contraint les entreprises à réviser leurs processus de recrutement, lesquels ont accédé à plus de professionnalisme. En outre, ceux-ci sont plus objectifs, plus transparents et soumis à des règles de traçabilité. Les recruteurs, tant acteurs ressources humaines qu'opérationnels, ont été contraints de s'interroger sur leurs propres attitudes et sur la teneur de leurs préjugés, lesquels altéraient leur jugement, en prenant le risque, inconsciemment, d'écarter des candidats (dans un souci de facilité de lecture, le terme « candidat » a été utilisé au masculin dans ce texte. Il regroupe bien évidemment l'ensemble des candidat-e-s à un poste) éloignés de leur « standard ».

L'arsenal législatif a clairement montré ses limites : impossibilité d'en contrôler la stricte application, développement d'une culture de la conformité qui peut entraver toute réflexion et prise d'initiative, et toute adaptation au contexte, d'où la nécessité de développer une éthique du recrutement.

Ainsi, les actions menées par les entreprises ont démontré la nécessité d'entreprendre des actions positives et plus volontaristes dans la recherche de candidatures, ce que l'on appelle communément aujourd'hui le « *sourcing* diversifié » ; le principe de la prévalence de la compétence ou du potentiel devant être garanti.

Respecter la loi

Le recruteur doit connaître et appliquer le cadre légal. En France, la loi n° 2001-1066 du 16 novembre 2001, relative à la lutte contre les discriminations, définit 18 motifs de discrimination : « aucune personne ne peut être écartée d'une procédure de recrutement ou de l'accès à un stage [...] ou faire l'objet d'une mesure discriminatoire, directe ou indirecte, [...] en raison de :

▶ son origine ;

▶ son sexe ;

▶ ses mœurs ;

▶ son orientation sexuelle ;

▶ son âge ;

▶ sa situation de famille ;

▶ son appartenance ou sa non-appartenance, vraie ou supposée, à une ethnie, une nation ou une race ;

▶ ses opinions politiques ;

▶ ses activités syndicales ou mutualistes ;

▶ ses convictions religieuses ;

▶ son apparence physique ;

▶ son patronyme ;

▶ ou, sauf inaptitude constatée par le médecin du travail dans le cadre du titre IV du livre II du Code du travail, en raison de son état de santé ou de son handicap ».

La contravention à ces principes légaux expose le recruteur à des poursuites pénales, avec une condamnation maximale à 3 ans de prison et à 45 000 euros d'amende, ainsi que des poursuites civiles, avec l'octroi de dommages et intérêts.

Le cadre légal français s'inscrit lui-même dans un contexte européen, lequel constitue l'un des dispositifs juridiques les plus sophistiqués au monde en matière de lutte contre la discrimination. Les domaines de l'emploi et du travail sont encadrés par trois directives, que chaque état membre doit transposer dans sa législation nationale (la directive « Race » 2000/43/CE, la directive « Emploi » 2000/78/CE, et la directive « Refonte » 2006/54/CE).

Ce principe doit s'appliquer tant au niveau de la définition de poste que de la sélection des candidats et notamment lors du tri des CV ou lors des entretiens.

En amont des recrutements

Former les recruteurs à la question de la lutte contre la discrimination et de la promotion de la diversité est, sans aucun doute, une étape incontournable et indispensable, préalablement à la conduite autonome de missions de recrutement, étape qui nécessite également une réelle politique en la matière.

Les sensibiliser régulièrement sur ce sujet fait partie des missions de la DRH ou du service Diversité de l'entreprise, s'il existe.

L'idéal est également de former les managers ayant une activité de recrutement significative, afin de permettre l'évaluation la plus objective et professionnelle des candidats, tout au long du processus.

Le processus

1re étape : la définition de poste et des critères de recrutement

Formaliser la définition de poste

En premier lieu, le recruteur doit formaliser la définition du poste à pourvoir et les critères de compétences attendues. C'est l'un des leviers majeurs pour assurer l'objectivité de la sélection et garantir que les candidats sont bien tous comparés à des exigences identiques. Pour réaliser cette analyse plus approfondie du poste proposé et s'assurer que les critères adoptés sont pertinents et en lien direct avec le poste à pourvoir, il est conseillé de structurer la démarche, au moyen, par exemple, d'interviews structurées auprès des titulaires du poste visé ou de leur supérieur hiérarchique (Gavand, 2005). Le recruteur peut également procéder à des observations *in situ* de collaborateurs exerçant leur métier, demander un journal des tâches effectuées, où sont consignées toutes les missions réalisées sur une échelle de temps d'une journée à une semaine, ou encore utiliser la méthode des incidents critiques. Cette méthode consiste à relever avec le titulaire du poste ou le supérieur hiérarchique les comportements associés à la compétence (Flanagan, 1954). Pour obtenir des incidents critiques, le recruteur se concentre sur les comportements efficaces et inefficaces. Dans les entreprises de taille importante, le recruteur pourra également s'appuyer sur un référentiel de compétences ou un répertoire des métiers.

Ouvrir les critères de recrutement

En deuxième lieu, le recruteur peut ouvrir les critères de compétences requises. En effet, quand bien même l'entreprise respecte les dispositions légales, par un traitement égal des candidatures, ceci ne garantit pas pour autant son ouverture à la diversité. Les recruteurs doivent s'interroger davantage sur la pertinence de leurs critères de sélection. Trop souvent, le recruteur est obsédé par sa vision d'un « standard », qui le confine au cliché. Ce manque d'audace s'explique par la volonté de « sécuriser » le recrutement en réduisant la prise de risques. Or, cette quête du profil identique, en référence au titulaire actuel du poste, n'est pas propice à la réussite d'une embauche. Assurément, le candidat qui a déjà occupé le même poste n'a pas la motivation, ni un grand intérêt à se voir confier la même fonction. Cette démarche nécessite, dans certains cas, des actions de formation et d'intégration complémentaires.

2ᵉ étape : la recherche de candidats (sourcing)

Recourir à des associations, afin de capter des candidats plus divers

Au cours des dernières années, les acteurs de la promotion de la diversité ont compris que la seule égalité de traitement était insuffisante pour donner une chance aux candidats issus de la diversité. Par conséquent, les entreprises ont développé des actions en direction de ces candidats, par exemple issus des minorités visibles ou en situation de handicap (Gavand, 2006). Pour le handicap, l'association « Hanploi.com », par le biais de son site Internet, met en relation les candidats et les recruteurs. Des associations comme « AFIP », créée en 2002, accueillent des jeunes diplômés issus des minorités visibles, qu'ils soient français ou de nationalité étrangère et rencontrant des difficultés d'accès à l'emploi. La mise en relation entre entreprises et candidats s'effectue par le biais de forums ou de présélections par les consultants de l'association. De même, l'association « Mozaïk RH » est un cabinet de recrutement et de conseil en Ressources Humaines spécialisé dans la promotion de l'égalité des chances et de la diversité, au service des entreprises publiques et privées. Elle effectue des recrutements de jeunes talents des quartiers populaires.

La passation d'annonces

À ce jour, plusieurs grands médias coexistent : les annonces dans la presse et les sites emploi ou encore le propre site de l'entreprise. À cela s'ajoutent les supports proposés par les associations de lutte contre les discriminations, citées ci-dessus.

La rédaction des annonces ne doit pas comporter de mentions discriminatoires. Les points de vigilance principaux sont à porter sur les mentions suivantes :

▶ ajouter la mention H/F ou F/H (femme/homme) et féminiser les intitulés de poste ;

▶ ne pas mentionner l'âge requis ;

▶ ne pas indiquer de limite maximale d'années d'expérience (ainsi, une mention telle que « vous justifiez d'une expérience de 3 à 5 ans » n'est pas conforme, en revanche un libellé tel que « vous avez au moins 3 ans d'expérience » est légal) ;

▶ écarter les mentions telles que : « homme de terrain », « junior » ou « senior », « langue maternelle anglais » ;

▶ ne pas mentionner qu'un poste est réservé à une personne handicapée (ce qui est illégal).

Dans le cadre du *sourcing*, une entreprise peut également décider d'afficher, dans ses annonces, son engagement en matière de promotion de la diversité ou de lutte contre les discriminations. Cet engagement est aujourd'hui une des composantes de la marque employeur. La référence à cet engagement peut s'exprimer en insérant le logo du label Diversité, si l'entreprise en est titulaire ou celui de la Charte de la diversité, si l'entreprise en est signataire, ou encore par une valorisation de son engagement en matière de promotion de la diversité (ce qui est peu pratiqué par les entreprises françaises).

Les réseaux sociaux et la protection de la vie privée

Avec le développement du « Web 2.0 » et du recrutement sur Internet, le recruteur a accès à un grand nombre d'informations sur le candidat, et ce, bien souvent à son insu. Or, les employeurs doivent s'interdire de traiter des informations de nature discriminatoire et aisément accessibles sur Internet telles que l'âge, le sexe, la vie privée, l'orientation sexuelle, la situation de famille, les opinions politiques, l'appartenance syndicale ou encore les convictions religieuses. Le recruteur doit se focaliser exclusivement, lors du processus de recrutement en ligne, sur les compétences des candidats. À l'initiative d'À Compétence Égale, association de lutte contre les discriminations dans le recrutement, en novembre 2009, la charte « réseaux sociaux, Internet, vie privée et recrutement » a été lancée. Cette régulation « socialement responsable », initiée par la charte, s'inscrit dans la continuité du cadre légal français, et notamment de la loi n° 78-17 du 6 janvier 1978 relative à l'informatique, aux fichiers et aux libertés. Par ailleurs, elle est concomitante à l'adoption du projet de loi sur le droit à l'oubli numérique, au Sénat, à l'initiative des sénateurs Anne-Marie Escoffier et Yves Détraigne.

Choisir des intermédiaires de l'emploi engagés en matière de lutte contre les discriminations

Il serait fâcheux qu'une entreprise engagée en matière de lutte contre les discriminations ait recours à des sous-traitants (cabinets de recrutement et entreprises de travail temporaire) qui ne respectent pas ses engagements. Elles doivent donc définir des critères de sélection de leurs fournisseurs RH lors des appels d'offres. Mais le point de progrès majeur réside dans le contrôle de ces engagements et du caractère effectif de la politique énoncée par l'intermédiaire de l'emploi. Les entreprises doivent contrôler notamment la formation des équipes de chargés en recrutement. Elles peuvent également mener des audits externes auprès de ces cabinets ou rechercher des garanties par des labels (label Diversité). Dans ce courant, l'association À Compétence Égale a initié, en partenariat avec Vigeo, en juin 2011, un dispositif de notation sollicitée, sur le thème de la lutte contre les discriminations pour les cabinets de recrutement.

3ᵉ étape : le tri de CV, une étape à risque

C'est à cette étape que le risque de discrimination est le plus important. Ainsi, la dernière opération de *testing*, datant de 2006, faisait état d'une discrimination bien réelle à cette étape en France. Cette étude fut dirigée par ISM Corum et ce, sous la supervision du Bureau international du travail. Dans ce *testing*, lorsque les employeurs ont exprimé un choix sur les candidatures, ils ont favorisé, près de quatre fois sur cinq, le candidat évoquant une origine hexagonale ancienne, alors que le candidat évoquant une origine maghrébine ou noire africaine présentait rigoureusement les mêmes compétences (Dares, 2008).

La nécessité de structurer la démarche de tri de CV

Cette structuration passe par une action en amont en définissant rigoureusement les critères de sélection et en justifiant la sélection des CV, soit par une mention manuelle sur le CV, soit dans le système de gestion des candidatures au moyen d'un commentaire libre ou d'un classement des candidatures selon des critères préétablis.

Le CV anonyme : davantage un outil de lutte contre les discriminations que de promotion de la diversité

Depuis 2006, la loi sur l'égalité des chances devait rendre obligatoire le recours au CV anonyme pour les entreprises de plus de 50 salariés. Mais le décret d'application correspondant n'a pas été publié. Le Crest (Centre de recherche en économie et statistique) a publié, en 2011, une enquête sur le CV anonyme, en collaboration avec Pôle Emploi (Behaghel *et al.*, 2011). Si le CV anonyme s'avère être un bon outil de lutte contre la discrimination fondée sur le genre, il pénaliserait les candidats issus de l'immigration ou résidant dans les quartiers ZUS ou CUCS. Lors d'un recrutement standard (non anonyme), les candidats potentiellement discriminés ont une chance sur dix de décrocher un entretien, tandis que lors d'un recrutement par le biais du CV anonyme, leur chance ne serait plus que d'une sur vingt-deux. Le CV anonyme serait un frein à la diversité et pénaliserait les entreprises souhaitant mener des actions volontaristes pour rechercher des candidats issus de la diversité. Le CV anonyme, en cachant leur « spécificité » (genre, quartier, handicap…), peut noyer ces candidats dans la masse et réduire leurs chances d'accès à l'emploi. Au-delà de l'étude controversée du Crest, l'efficacité du CV anonyme, pour lutter contre les discriminations, doit s'inscrire dans une démarche globale d'entreprise, par la formation des recruteurs. Les bénéfices de l'anonymisation du CV ne doivent pas être neutralisés par des attitudes discriminatoires au cours des étapes ultérieures.

4e étape : l'évaluation des candidats. Renforcer l'objectivité des méthodes d'évaluation des candidats

Si le risque de discrimination peut se produire en raison d'une définition restrictive de critères, de modes de *sourcing* insuffisamment ouverts à la diversité ou encore de la prise en compte de données privées accessibles notamment sur Internet, il est également important de prendre en compte que le risque peut-être majeur dans toute la phase d'évaluation des candidats.

Le recruteur doit utiliser les méthodes les plus objectives possibles, dont la validité prédictive est prouvée. Celles-ci garantissent que la compétence, seule, est prise en considération et qu'en aucun cas, des critères d'ordre discriminatoire subsistent.

Structurer l'entretien

L'entretien de recrutement, tel qu'il est pratiqué aujourd'hui, est bien souvent réduit à une « conversation de salon » et les techniques d'évaluation manquent de professionnalisme. Les techniques d'entretien sont insuffisamment enseignées en master RH ou en psychologie du travail. Il est impératif d'introduire, dans les entretiens, des techniques telles que la méthode « STAR » ou la méthode de « recherche des faits », qui ont comme fondement la focalisation sur les réalisations du candidat dans le parcours professionnel.

La méthode STAR consiste pour chaque dimension identifiée, lors de l'analyse de poste, à recueillir des exemples de comportements auprès du candidat pendant l'entretien en structurant le questionnement :

S = quelle est la Situation à laquelle le candidat est confronté ?

T = quelle est la Tâche à laquelle le candidat est confronté ?

A = quelles sont les Actions entreprises par le candidat ?

R = quels sont les Résultats ou les changements résultant de ces actions ?

Enfin, il serait judicieux de systématiser l'utilisation de guides d'entretien et de grilles d'analyse, afin de se focaliser sur la recherche de compétences pour réduire le risque de subjectivité.

Écarter toute question discriminatoire

Lors des interviews, les candidats se trouvent trop souvent confrontés à des questions d'ordre privé (À Compétence Égale, 2008). Parmi les questions proscrites, citons principalement :

▶ toute question relative à l'âge, ou qui reviendrait à déduire l'âge, telle que portant sur la durée totale de l'expérience professionnelle ou l'âge du début de carrière : « Quel est votre âge, quelle est votre année de naissance ? » ;

▶ toute question permettant de connaître la nationalité du candidat ou les modalités d'acquisition de la nationalité française : « De quelle origine êtes-vous ? », « Dans quel pays êtes-vous né ? », « Quelle est votre nationalité d'origine ? », « À quel moment êtes-vous entré en France ? », « Comment avez-vous obtenu la nationalité française ? », « Quelle est votre langue maternelle ? » ;

▶ toute question portant sur la vie familiale, la maternité, telle que le mariage, le pacs, le fait d'avoir ou d'envisager d'avoir des enfants, les modes de garde des enfants. En revanche, nous vous recommandons de décrire l'environnement du poste (par exemple exclusivement féminin) ou les contraintes du poste (mobilité, déplacements, horaires de travail, port de charges lourdes) et de s'assurer de la motivation du candidat : « Le poste implique des ports de charges importants », « Êtes-vous mobile ? » ou « le poste implique une mobilité et des déplacements importants », « Le poste implique une grande disponibilité du fait de réunions tardives… » ;

▶ toute question portant sur l'entourage familial du candidat, telle que la profession des parents, du conjoint, des frères et sœurs, leur domiciliation, la société dans laquelle ils travaillent et la fonction qu'ils occupent ou s'ils exercent une activité professionnelle dans une société concurrente ;

▶ toute question portant sur les mœurs et l'orientation sexuelle du candidat ;

▶ toute question sur l'aptitude physique du candidat ou sur son état de santé (passé ou actuel). En revanche, si le candidat évoque son inaptitude constatée par le médecin du travail ou son statut de travailleur handicapé, il est possible d'aborder la question des conditions de travail, notamment si le poste doit être aménagé ;

▶ les questions directes et indirectes, ainsi que les commentaires portant sur les convictions ou pratiques religieuses ;

▶ toute question et tout commentaire portant sur les convictions et activités politiques ainsi que sur l'appartenance syndicale ;

▶ les questions sur le lieu d'habitation ne peuvent être abordées. C'est au candidat de s'organiser, quand bien même son domicile serait éloigné du lieu de travail. En revanche, le recruteur peut insister sur les contraintes horaires du poste, les astreintes éventuelles, les difficultés d'accès en transport du site. Le recruteur peut poser des questions sur la motivation en termes de mobilité géographique, notamment si les mutations sont fréquentes dans l'entreprise ;

▶ toute question directe portant sur les loisirs. À ce sujet, nous vous recommandons de porter le questionnement sur les compétences : « Quelles compétences avez-vous développées dans le cadre de vos activités extraprofessionnelles ? », « Vous avez évoqué ce loisir dans votre CV, quelles sont les compétences que vous avez développées dans ce cadre ? ».

Agir sur les stéréotypes du recruteur

Par ailleurs, les améliorations des processus de recrutement doivent être complétées par d'autres actions relatives à la posture du recruteur et à son jugement ; celui-ci ne doit pas être empreint de préjugés. La sensibilisation des recruteurs est indispensable quant aux stéréotypes et aux préjugés afin de rendre leurs décisions de recrutement objectives. Cela suppose la mise en place de formations et d'outils pour prendre conscience de ses propres stéréotypes. Ainsi, l'Université de Harvard a élaboré un test intéressant permettant de mesurer ses stéréotypes. Le TAI[1] (Test d'associations implicites) mesure les attitudes ou croyances implicites que les personnes ne souhaitent pas exprimer ou ne sont pas capables de rapporter, du fait de leur caractère inconscient. Ce test permet d'identifier ses préjugés sur les thématiques suivantes : le genre, la couleur de peau, l'orientation sexuelle, l'âge, etc. Il est certain que le recruteur doit être vigilant quant aux biais que peut représenter la formation des stéréotypes, pouvant induire des erreurs de jugement lors de l'évaluation des candidats. Il est à noter que ce mécanisme de formation d'impression est particulièrement actif en début d'entretien (les psychologues appellent cette influence de la première impression « effet de primauté » ou « de première impression »).

Utiliser des méthodes prédictives de la réussite professionnelle centrées sur les compétences

Enfin, les dispositifs de recrutement seraient plus performants s'ils étaient dotés d'outils tels que des *assessment centers*, méthode d'évaluation comprenant des mises en situation, des exercices de simulation, des tests d'aptitudes ou encore des inventaires de personnalité. Cet apport méthodologique a pour principale vertu de renforcer l'objectivité de l'évaluation. Sous l'éclairage de nombreuses études scientifiques, il apparaît

---

1. https://implicit.harvard.edu/implicit/france/background/index.jsp

que les méthodes d'évaluation ne prédisent pas, de façon équivalente, la réussite professionnelle. Beaujouan (2001) synthétise deux études : l'une menée par Salgado (1999) et l'autre par Schmidt et Hunter (1998), qui révèlent que les tests, les entretiens structurés et l'*assessment center* sont dotés d'une bonne validité prédictive.

5ᵉ étape : le processus de décision

Le processus de décision doit être structuré et il convient de créer des outils d'aide à la décision. Il s'agit notamment d'une grille multicritère de compétences, assortie d'une échelle d'évaluation. Cette grille est renseignée par les différents recruteurs et fait l'objet d'une synthèse. Elle nourrit l'échange entre les différents décisionnaires, RH et manager, et étaye la décision. Cela génère également une plus grande traçabilité des décisions par un enregistrement des motifs de sélection des candidats dans les fichiers de l'entreprise. Au demeurant, cette exigence de traçabilité constitue une condition pour l'obtention du label Diversité, auquel un nombre croissant d'entreprises se portent candidates.

6ᵉ étape : la clôture de la mission avec le candidat

Les dispositifs de recrutement doivent renforcer la transparence des pratiques souvent perçues comme opaques de la part des candidats. Ils doivent indiquer aux candidats les critères retenus pour le poste, réaliser un *feed-back* sur les entretiens conduits et motiver les réponses négatives. Cette démarche contribue à rééquilibrer la relation candidat/recruteur, en ouvrant la voie à un dialogue plus nourri entre les acteurs.

Un dispositif de réclamations ouvert au candidat, par exemple sur le site Internet de l'entreprise, viendra consacrer l'esprit de dialogue et de transparence que l'entreprise souhaite instituer avec le candidat.

En aval des recrutements

Pour accentuer cet effort de professionnalisation, il convient de mener des analyses approfondies des processus de recrutement et des pratiques réelles des recruteurs par le biais d'audits internes ou externes. Le but étant de garantir des pratiques plus objectives qui ne cèdent pas à des tentations discriminatoires individuelles ou systémiques.

Bibliographie

À Compétence Égale (2008), Comment recruter sans discriminer ?, www.acompetenceegale.com

BEAUJOUAN Y.-M. (2001), « Quel est l'apport des assessments centers à l'évaluation des personnes ? » in *RH, les apports de la psychologie du travail*, sous la direction de C. Levy-Leboyer *et al.*, Éditions d'Organisation, Paris.

BEHAGHEL L, CREPON B., LE BARBANCHON T. (2011), *Évaluation de l'impact du CV anonyme*, rapport final, mars.

DARES (2008), *Discriminations à l'embauche fondée sur l'origine à l'encontre des jeunes français(es) peu qualifié(e)s. Une enquête nationale par tests de discrimination ou testing*, Dares, premières synthèses et premières informations, n° 06.3, février.

FLANAGAN J.-C. (1954), *The Critical Incident Technique (la technique de l'incident critique)*, psychol. Bull., n° 51, p. 327-359.

GAVAND A. (2005), *Recrutement, les meilleurs pratiques*, Éditions d'Organisation.

GAVAND A. (2006), *Prévenir les discriminations à l'embauche*, Éditions d'Organisation.

MERCIER S. (2004), *L'éthique dans les entreprises*, Repères, La Découverte.

PERETTI J.-M. et *al.* (2006), *Tous différents*, Eyrolles

PERETTI J.-M. et *al.* (2011), *Encyclopédie des diversités*, EMS.

Chapitre 5

Recruter des dirigeants ou des cadres expérimentés

Pierre André FORTIN et Tristan FLAVIGNY

Qu'il s'agisse de lever une armée ou de recruter son futur directeur général, l'entreprise donne corps à son projet, à son ambition par le recrutement. Le recrutement de cadres expérimentés et de dirigeants est en ce sens stratégique dans la mesure où il influence directement la marche de la firme. Ainsi posé, il s'agit donc de s'adjoindre le meilleur collaborateur capable d'incarner cette ambition et développer ainsi l'organisation pour laquelle il est recruté.

En ce sens, le recrutement reste donc l'un des éléments clés du management. Trouver la perle rare, voilà donc la quête du recruteur… et parfois sa gageure !

Construire un projet de recrutement

L'un des premiers enjeux qui renforce la complexité d'un projet de recrutement est très souvent lié au manque de temps et d'anticipation qui peuvent développer une forme d'incertitude auprès des équipes et des dirigeants. En effet, on recrute en général au dernier moment lorsque la nécessité l'impose. S'il peut être facile de devancer un besoin lié à une décision de mobilité, l'annonce du départ d'un collaborateur expérimenté ou dirigeant est souvent plus anxiogène. Dans notre pratique, nous privilégions une approche tournée vers la gestion de projet pour répondre à un besoin de recrutement. Il s'agit en effet de réunir, fédérer et responsabiliser différents acteurs de l'entreprise concernés directement par le recrutement. Ces derniers interviendront de la phase amont de la définition du besoin jusqu'à la prise de décision. Il s'agit en effet d'éviter les erreurs classiques de recrutement, quand on ne sait pas ce que l'on veut recruter, que l'on n'est pas suffisamment conscient de ce que les tensions du marché de l'emploi peuvent imposer, ou que l'interviewer n'attache d'importance qu'à certains détails pensant qu'ils ont été validés par d'autres.

Si chaque recrutement est stratégique pour l'entreprise, celui d'un dirigeant ou d'un cadre expérimenté peut induire une phase de flottement facteur de déstabilisation en interne et en externe et naturellement source d'attentes fortes.

La pénurie des talents

L'ensemble des enquêtes menées depuis plusieurs années sur le sujet met en avant une même réalité : la difficulté à pourvoir les postes vacants et notamment pour les cadres expérimentés. Loin d'être isolé, le phénomène est mondialisé. Les faiseurs de croissance que sont les BRIC (Brésil, Russie, Inde, Chine) sont notamment touchés sur leurs populations de cadres expérimentés qui manquent de compétences, d'expériences ou font le jeu d'un *turn-over* très élevé. Ces mêmes populations sont structurellement touchées en France par un positionnement de plus en plus difficile, notamment parce que l'entreprise les considère assez souvent comme des exécutants et ne les valorise pas suffisamment dans la stratégie.

Pour les cadres dirigeants, le sujet est différent. Il ne s'agit plus uniquement aujourd'hui de savoir faire du chiffre d'affaires. Le management interculturel, savoir fédérer et rassurer l'ensemble des parties de plus en plus nombreuses, réagir vite face à la volatilité de nos économies, donner du sens et construire sur le long terme sont devenus des éléments clés de la recherche.

On a souvent tendance à considérer par facilité, manque de temps ou d'expertise que les critères de ressemblance sont gage de succès sous condition que les résultats du collaborateur qui quitte l'entreprise aient été satisfaisants. Dans le cadre de tout recrutement et notamment pour les cadres dirigeants, il faut se donner les moyens de recruter le meilleur des candidats pour le poste. L'entreprise qui est aujourd'hui créative dans son projet de recrutement identifiera et séduira plus facilement les candidats idoines. S'ouvrir à la diversité permet en partie de répondre à ces pénuries.

Respecter le cadre légal

De plus en plus, un projet de recrutement nécessite de construire avec les contraintes et les opportunités qu'impose le cadre légal. Le législateur a renforcé ce dernier depuis quelques années. Un certain nombre de textes concernant la promotion de la diversité existent pour certains depuis très longtemps, d'autres accompagnent les évolutions de notre société. La création de la Halde permet de faire émerger un organisme de mesure et de contrôle de la discrimination dont le sujet phare est le recrutement. Le développement de la RSE et les engagements des entreprises vers des projets de labellisation (labels Égalité, Diversité) ou de signature de chartes (Charte de la diversité, À Compétence Égale…) sont censés responsabiliser chaque acteur du projet de recrutement au regard de la loi avec un risque pénal et financier. S'il convient donc d'offrir à chacun une égalité de traitement des candidatures, il est important de s'imposer les mêmes règles avec les dirigeants et les cadres expérimentés de l'entreprise. Ces derniers sont en effet de plus en plus sensibles à l'engagement sociétal de leur futur employeur mais surtout à la sincérité des engagements pris.

Analyser et comprendre le contexte

Il est souvent dit que l'on ne peut pas bien recruter si l'on ne sait pas ce que l'on cherche. Si cela est évident, encore faut-il le partager, le préparer, et le formaliser. Pour mener à bien ce projet et éviter un échec, il est fondamental de prendre le temps et d'apporter l'attention nécessaire. Il convient tout d'abord d'analyser et de comprendre le contexte du recrutement et de savoir répondre à un certain nombre de questions non exhaustives :

– Comment expliquer que le poste actuel soit vacant ?

– Quelle est la finalité de ce poste ?

– Doit-il s'inscrire dans la continuité ou bien alors challenger les organisations existantes ?

– Quel est le devenir du poste, son évolution en fonction de la stratégie de l'entreprise ?

– Quelles sont les caractéristiques de la culture d'entreprise ?

– Quelles potentialités peuvent offrir le marché de l'emploi au moment présent ?

– Une connaissance du secteur d'activité est elle indispensable ?

– Quels sont les enjeux ?

Une fois la problématique générale décortiquée, il faut exprimer le plus précisément possible le recrutement dans son cadre en restant vigilant et attentif sur les facteurs clés qui permettront au recrutement d'être un succès. Pour ce faire, il faut résumer l'objectif clé du poste en quelques lignes, définir les missions précises et l'ensemble des moyens mis à disposition dans le cadre de la collaboration (dimensionnement et responsabilité sur les équipes, pouvoir de décision et autonomie, budgets…), et le profil (nombre d'années d'expérience minimum nécessaire, diplôme s'il est indispensable…).

Du besoin à la compétence

Une fois les informations précédentes identifiées, la rédaction du descriptif de poste et celle d'un profil deviennent possible. Pour autant, et pour agir en bon professionnel, il est indispensable de les traduire en termes de compétences qui seront les éléments clés d'un échange objectif avec les différents candidats à rencontrer.

La compétence est souvent exprimée en termes de savoir, savoir-faire et savoir-être. Quelle que soit la définition qu'on lui apporte, l'enjeu majeur réside surtout dans la capacité à identifier ces compétences et à les évaluer. La compétence doit pouvoir être observée en entretien et posséder une valeur prédictive. Apprendre ou développer son expertise de recruteur par le prisme de la compétence permet de sécuriser au maximum son évaluation. Pour répondre à une pénurie du marché sur les cadres expérimentés, cette approche développe l'identification et le recrutement des talents au-delà des frontières sectorielles, accroît les moyens de recruter le meilleur des candidats et facilite bien entendu le *sourcing*.

La notion de projet et d'équipe intervient encore à cette étape de façon prépondérante car chacun doit évaluer les compétences recherchées en fonction d'une répartition liée à la maîtrise d'une expertise ou d'une relation particulière avec le futur collaborateur. L'important n'est pas de multiplier les étapes mais d'être sûr que l'ensemble des éléments seront bien validés.

En fin de processus, le choix du candidat devra idéalement s'imposer comme le révélateur d'une réelle adéquation entre ses attentes et votre besoin.

Choisir son *sourcing*

De la mobilité interne à la recherche externe

Par son faible coût d'exécution et le confort qu'il peut procurer, le recrutement interne de collaborateur est souvent une solution primairement envisagée par l'organisation et préférée des gestionnaires RH.

Ce recrutement permet de réduire la zone d'incertitude relative à l'acculturation de la nouvelle recrue et ainsi d'éviter les déconvenues liées aux prises de poste. Pour autant, cela ne doit pas faire oublier qu'il s'agit d'un recrutement à part entière et garder en mémoire la nécessité d'un processus afin de sécuriser et accompagner au mieux l'impétrant.

Outre l'évident levier motivationnel, cette solution est un élément important d'une politique RH car il démontre par l'exemple la possibilité d'évoluer au sein de l'organisation.

C'est aussi pour un dirigeant l'opportunité de constituer une équipe de « fidèles parmi les fidèles »…

Au-delà de la promotion interne, le réseau est un canal important dans le recrutement et ce, parce que nous connaissons tous quelqu'un qui connaît quelqu'un qui...

Réseau, connivence et accointance

Ce mode opératoire va de la recension spontanée de son réseau proche à la mise en œuvre d'une véritable stratégie de cooptation au sein de l'organisation parfois même rémunérée.

Ce mode de recrutement peut se montrer efficace parce qu'il favorise la proximité, la connaissance, c'en est aussi la limite.

La difficulté ici est directement liée aux attentes qu'engendre la connaissance, voire la reconnaissance, pour les parties, et au-delà pose le problème de la motivation du refus.

Outre cette limite liée à la pression sociale, directe ou indirecte, le recrutement affinitaire comporte aussi un risque de clonage important car *in fine* l'affinité, élective par essence, nous porte en général à recruter notre double et obère notre discernement.

En ce sens, le recruteur devra faire preuve de recul et d'indépendance afin de pouvoir objectiver au mieux ses critères de sélection.

L'annonce

Au-delà d'une démarche liée peu ou prou au réseau, que cela soit de l'application d'une politique RH de promotion ou le recours au réseau personnel informel ou formel comme dans le cas de la cooptation, la publicité de l'offre reste le moyen le plus classique de recrutement.

Par sa mise en œuvre, son impact, ce moyen reste le préféré d'une large partie des recruteurs. Selon l'APEC, l'offre d'emploi est utilisée dans 8 recrutements sur 10 et elle permet le recrutement dans 54 % des cas.

À ce jour, la tendance de fond est la diffusion sur le canal Internet, préférée à celle de la presse papier (coût, qualité, délai).

L'arbitrage de diffusion quel que soit le support choisi devant se faire au regard de l'objectif poursuivi, de la cible et du lectorat recherché.

Aujourd'hui, pour autant, on observe une évolution amenant les entreprises à recourir à l'annonce presse surtout pour faire savoir qu'elles recrutent et construire ainsi leurs marques employeurs. À ces modes de *sourcing* traditionnels, où l'entreprise faisait connaître publiquement son besoin en compétences, s'est développée une forme moins attentiste et plus offensive : l'approche directe.

L'approche directe

Longtemps réservée à l'univers des conseils en recrutement, l'approche directe se démocratise progressivement à l'entreprise.

Afin de faire face à la guerre des talents, certaines entreprises se sont dotées d'outils et de méthodologies issues de cabinets. Ainsi, il n'est plus rare qu'à peine un CV en ligne, un candidat soit contacté par 10, voire 15 employeurs potentiels en une journée…

Il ne s'agit plus d'attendre où d'espérer que le candidat vienne à l'entreprise, mais cette fois de venir directement au candidat. La démarche s'apparente en cela au marketing direct.

Dès lors qu'un candidat s'enregistre sur une CVthèque ou sur un réseau social, il devient approchable.

L'approche directe ira dans le cas de cabinets jusqu'à la définition de stratégies de recherches élaborées visant à approcher exhaustivement l'ensemble d'une population cible.

Par ailleurs, outre une capacité d'investigation et d'évaluation du marché, le recours au cabinet permet en certains cas le respect de la confidentialité du recrutement. En ce sens, il s'agira pour le consultant et l'entreprise de travailler sur les éléments communicables aux candidats potentiels afin de ne pas « passer à côté » du candidat faute d'informations suffisantes à lui communiquer…

Quelle que que soit l'approche, le recruteur aura dans ce cas, outre son rôle d'évaluateur, un rôle commercial dans lequel il devra argumenter et séduire une population courtisée, donc exigeante…

Le recrutement, un sport de contact

Les recruteurs que nous sommes assistent ainsi à la multiplication des supports de diffusion et de communication et dans un même temps à un éclatement de l'audience et un candidat toujours plus averti, versatile et surtout rare.

L'ère du multicanal est une réalité et exige du recruteur la multidiffusion de son offre afin d'espérer pourvoir son poste de manière efficiente.

Si la réussite du recrutement dépend certes de la capacité à trouver et évaluer les bonnes compétences pour l'entreprise, elle est intrinsèquement liée aussi à la nature du projet communiqué au candidat.

Chez Sapiance RH nous sommes convaincus que la qualité d'un recrutement et son succès sont liés tout autant à la qualité de l'évaluation qu'à la faculté du recruteur à communiquer le projet au candidat.

© Groupe Eyrolles

Le recrutement s'inscrit après tout dans les préoccupations de son temps, et n'échappe donc pas à une « certaine quête de sens ».

Plus qu'une fiche de poste détaillée, le recruteur doit pouvoir replacer le poste dans une perspective et une dynamique d'organisation représentative de la réalité ! Il ne s'agit pas ici d'enjoliver la réalité mais de mettre l'ensemble des éléments en perspective afin que le futur collaborateur puisse se projeter dans l'organisation en ayant conscience des opportunités mais aussi des écueils.

C'est à ce prix qu'il pourra remporter l'adhésion pleine et entière de ce candidat si difficilement identifié. Ainsi, outre le processus d'évaluation des compétences, il s'agit donc de valider la cohérence du projet professionnel du candidat au regard du projet de l'entreprise, et ainsi de s'assurer de leur conciliabilité.

Plus que jamais, le recrutement reste avant tout un acte de communication de l'entreprise qu'il convient de cadrer afin de rendre efficient le processus.

Optimiser son projet de recrutement

La gestion de projet

Au-delà de l'identification des rôles de chacun, il convient tout au long du processus de mettre en œuvre des outils afin de piloter le projet et par là même de sécuriser les différentes phases du recrutement.

En ce sens, la mise en place de documents simples permettra d'une part un meilleur suivi du projet et, d'autre part, un partage pertinent de l'information à l'ensemble du groupe projet.

Nous insistons sur le fait de formaliser la recherche, et plus particulièrement la recherche de compétences, en un document avec une définition se référent au contexte du recrutement.

Choisir son conseil

Si vous souhaitez faire appel à un conseil externe, votre choix doit être influencé par votre problématique de recrutement. Pour simplifier, les grandes familles de conseil en recrutement pour les cadres expérimentés et dirigeants sont le spécialiste, le généraliste et le multispécialiste. Il faut être vigilant sur les engagements contractuels, la méthodologie…

Ce qui peut vous aider à choisir : l'expertise métier ou sectorielle, votre expérience en tant que candidat, la marque ou la notoriété, les références clients, le contact avec le consultant qui va vous accompagner, le réseau international…

Ce qui fera la différence : la créativité, la capacité de votre interlocuteur à « bousculer » vos certitudes dans votre projet, à créer des relations constructives, la qualité du *reporting*, sa conviction par rapport à votre projet…

La négociation avec le candidat

Étape finale, elle nécessite d'être sécurisée au maximum. Dans un marché du recrutement très régulièrement sous tension, il peut rester une incertitude au moins jusqu'au démarrage de la nouvelle collaboration. Il est bien entendu impératif dans un premier temps d'avoir récolté l'articulation précise de la rémunération du candidat auquel vous souhaitez faire une proposition, ainsi que ses attentes. Les cadres dirigeants se font souvent accompagner d'un conseil pour la négociation. Ce dernier peut servir notamment de pare-feu afin d'éviter d'altérer la qualité de la relation construite pendant le process.

Si la rémunération en tant que telle est importante, il existe d'autres leviers significatifs correspondant en général aux attentes de votre futur collaborateur et qui pèsent dans la négociation : le véhicule de fonction, le « welcome bonus » et le « golden parachute », les jetons de présence, les actions gratuites, la suppression de la période d'essai, la retraite chapeau, l'augmentation de la rémunération définie par écrit en amont, la garantie du versement de la partie variable les premiers mois ou la première année, les avantages fiscaux divers…

Cette négociation doit amener une réponse rapide du candidat. Plus son délai de réflexion s'allonge, plus l'espoir de le voir rejoindre votre entreprise s'amenuise.

L'intégration du nouveau collaborateur

Après plusieurs semaines ou mois de recherche, de discussions interminables, de négociations serrées ; ça y est, nous y sommes ! Ce candidat rêvé tant désiré accepte enfin de nous rejoindre. Soulagement pour notre recruteur qui voit alors le fruit de son travail porter ses fruits. Et pourtant, les premières semaines de prise de fonction d'un nouveau collaborateur sont délicates et déterminantes pour le succès du recrutement.

Si le recrutement aboutit à l'acceptation du collaborateur de rejoindre son nouvel employeur, le recruteur ne doit pas perdre de vue que la pérennisation de ce recrutement ne se fera qu'à l'issue de la période d'essai. Il lui appartient durant cette période de rester en éveil afin de s'assurer de la bonne acclimatation du nouvel arrivant.

Par conséquent, le recruteur devra assurer un suivi régulier et formalisé avec le candidat et ses managers. Il aura aussi le rôle de médiateur et de temporisateur lorsqu'un ajustement se révèlera nécessaire.

Recruter n'est pas uniquement sourcer, sélectionner et évaluer ; c'est aussi accompagner une prise de poste. En ce sens, recruter est donc le premier acte de management. Aussi préconisons-nous de préparer la prise de fonction par la mise en place d'un parcours d'intégration, de jalons et/ou d'objectifs intermédiaires.

Conclusion

Le marché du recrutement est en constante évolution, à la fois dans ses outils, ses acteurs mais également fortement sensible aux évolutions sociétales. Celui des cadres expérimentés et dirigeants s'inscrit bien entendu dans cette tendance, même s'il est en général plus traditionnel et codé dans son fonctionnement. Un recrutement idéal doit permettre une belle rencontre entre un projet professionnel d'un côté et un projet d'entreprise de l'autre. Afin d'y parvenir, il faut développer sa vigilance mais aussi son intérêt pour l'autre. Bien recruter aujourd'hui, c'est également se donner le temps minimum nécessaire à la construction d'une confiance réciproque permettant à chacune des parties de donner le meilleur d'elle-même pour construire l'avenir.

Partie 2

GÉRER L'EMPLOI ET LES TEMPS

Réussir une adéquation à la fois quantitative et qualitative entre les besoins de l'organisation et les compétences disponibles est essentiel à court, moyen et long termes. Une adaptation réussie prend en compte les attentes des salariés, à court terme et à long terme, et les contraintes de l'organisation. Une approche prospective des métiers favorise cette adaptation dans la durée. La flexibilité à court terme repose sur la qualité de la gestion de l'emploi et des compétences à moyen et long termes. Elle passe aussi par une gestion des temps de travail qui respecte les attentes des salariés en matière d'équilibre entre leur vie professionnelle et leur vie personnelle. Cette partie traite de l'implication des managers dans quatre aspects fondamentaux de la gestion des emplois et des temps.

- **Contribuer au management prospectif des métiers :** Aline Scouarnec apporte au manager quelques grilles de lecture pour faciliter son appréhension du management des RH et l'aider dans son rôle d'accompagnateur du changement. Elle propose des pistes de développement pour le manager quant à sa contribution possible au management prospectif des métiers.

- **Adapter l'emploi au quotidien :** Jean-Rémy Acar et Jean-Marie Peretti présentent les conditions de la flexibilité et les moyens à mettre en œuvre pour la réussir. Ils définissent les conditions de sa mise en œuvre, le choix des outils et les mesures d'accompagnement.

- **Aménager le temps de travail :** les nombreuses possibilités d'aménagement des temps offrent aux responsables un large choix de possibilités. David Alis présente le cadre actuel et les opportunités d'aménagement en précisant quel est aujourd'hui le rôle de la hiérarchie pour concilier les attentes des salariés et celles de l'organisation.

- **Veiller à l'articulation vie professionnelle/vie personnelle :** parmi les attentes des nouvelles générations et notamment celles de la « génération Y » née entre 1978 et 1990, l'E2VP (équilibre vie professionnelle/vie personnelle) apparaît croissante. Ariane Ollier-Malaterre, Marc Dumas et David Alis en analysent toutes les dimensions et proposent aux managers des pistes d'action.

Chapitre 6

Contribuer au management prospectif des métiers

Aline SCOUARNEC

Dans un contexte de plus en plus incertain et complexe, les questions de management des ressources humaines ne sont plus les seules préoccupations des équipes RH. Les managers voient alors leur rôle évoluer. Au-delà du changement de vocabulaire, le chef devient manager et se doit de prendre part au pilotage de ses équipes, tant sur le plan des objectifs à atteindre, des missions à réaliser, etc. que de l'accompagnement de ces dernières quant à leur développement de compétences, à leurs besoins de formations, à l'amélioration de leur environnement de travail ou encore aux choix de leurs trajectoires professionnelles. Si le terme de « Tous DRH » a lieu d'exister, c'est justement du fait de cet élargissement des activités et des compétences du manager à qui on demande d'accompagner, beaucoup plus que par le passé, le développement des hommes et des organisations.

L'objectif de ce chapitre est d'apporter au manager quelques grilles de lecture pour faciliter son appréhension du management des ressources humaines et l'aider dans son rôle de plus en plus stratégique d'accompagnateur du changement. Dans une première partie, nous nous intéresserons aux évolutions managériales en cours pour ensuite proposer des pistes de développement pour le manager quant à sa contribution possible au management prospectif des métiers.

Vers un management prospectif des métiers

Compte tenu de l'ensemble des mutations internes et externes qui affectent aussi bien les individus que les organisations contemporaines, les équipes RH et les managers ont de plus en plus à partager leurs responsabilités RH.

Dans ce chapitre, nous nous intéressons en particulier aux rôles des managers – tout acteur organisationnel ayant à piloter une équipe – qui sont de plus en plus contraints de jouer un double rôle : leur rôle de pilotage technique ou métier (orientation *business*) et leur rôle de pilotage RH (orientation management). Même si depuis les travaux de Fayol, on sait que le chef d'équipe passe plus de temps à des activités dites de management que des activités proprement liées à la technicité de son métier, il semblerait que dans nos organisations contemporaines, cette répartition se confirme, voire s'accentue. Cependant, ces managers sont encore trop peu accompagnés dans le développement de leurs compétences managériales. Nous nous proposons donc dans un premier temps de fournir une première grille de lecture permettant de faciliter la compréhension des changements en cours dans les organisations et des enjeux RH actuels et à venir auxquels les managers devront de plus en plus faire face.

Dans nos travaux précédents (2009, 2010), nous avons pu poser trois modèles de management des ressources humaines pour les organisations de demain : le modèle de la vulnérabilité ; le modèle de la fusion ; le modèle de l'opportunité ; et en déduire quatre réalités professionnelles pour les individus ou les organisations : l'exclu ; le modèle de la « pénurie » ou des tensions ; le nouveau marchand, acteur de sa vie professionnelle ; le modèle de la compétence.

Les trois modèles ont été construits en croisant deux axes :
– le premier distinguerait une logique du *choisir* et une logique du *subir* ;
– le second distinguerait l'individu de l'organisation.

Par « modèle de la vulnérabilité », nous entendons des individus ou des organisations qui, faute de réflexion sur le futur se retrouvent en situation de difficulté. À ce niveau :
– l'organisation peut être vulnérable : cela correspondrait au modèle de la « pénurie » ou des tensions. Autrement dit, faute d'anticipations, l'organisation se retrouverait en situation de manques plus ou moins forts de main-d'œuvre. C'est en particulier le cas aujourd'hui pour des entreprises du bâtiment et pour le personnel médical ;
– l'individu peut également être vulnérable : c'est le type identitaire d'exclu ou de bloqué au sens de Dubar (1992). C'est en particulier la situation des ouvriers suite à un plan de sauvegarde de l'emploi qui, encore trop souvent, ne peuvent que très difficilement se repositionner sur un marché de l'emploi externe.

Le « modèle de la fusion » correspondrait, quant à lui, au modèle de référence, celui de la grande entreprise dans laquelle il était possible de faire carrière. Il s'agit d'une logique gagnant/gagnant interne : l'individu fait carrière et l'organisation se soucie peu des problèmes de main-d'œuvre et de compétences. Ce modèle est de plus en plus questionné.

Figure 6.1 – D'une logique du choisir à une logique du subir

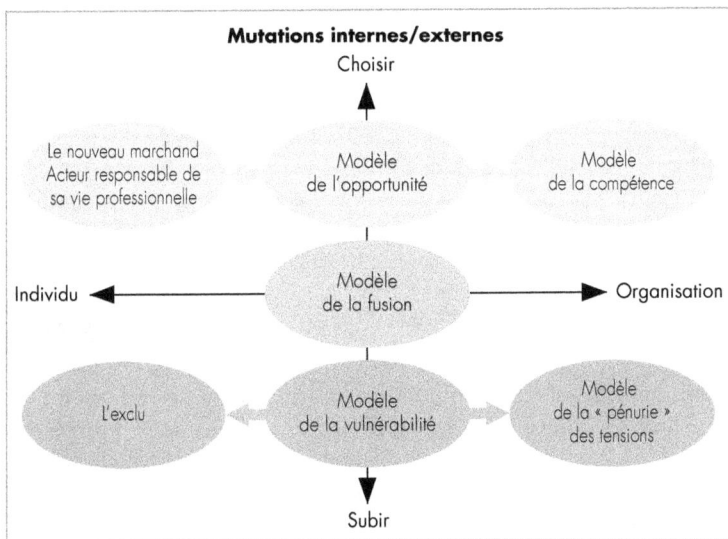

Mutations internes/externes
Choisir

Le nouveau marchand
Acteur responsable de
sa vie professionnelle

Modèle
de l'opportunité

Modèle
de la compétence

Individu

Modèle
de la fusion

Organisation

L'exclu

Modèle
de la vulnérabilité

Modèle
de la « pénurie »
des tensions

Subir

Le « modèle de l'opportunité », s'il s'applique aux individus, correspond à cette logique de nouveaux marchands, mercenaires ou « acteurs de sa vie professionnelle »[1]. Il s'agirait d'individus en capacité de se gérer eux-mêmes, conscients que la complexité du marché du travail leur impose une nouvelle posture d'acteur devant en permanence actualiser et valoriser leur portefeuille de compétences. S'il s'applique aux organisations, c'est le modèle de la compétence, issu d'une optimisation des ressources internes et externes. Dans ce modèle, nous prônons une articulation bienveillante entre une approche dite de prospective des métiers qui permettrait d'anticiper à la fois les mutations internes et externes de l'organisation, et leurs conséquences tant sur le métier de l'organisation que les métiers individuels, et le déploiement d'une GPEC telle que le législateur[2] le propose en reprenant la définition historique, à savoir : « la GPEC, c'est la conception, la mise en œuvre et le suivi de politiques et de plans d'actions cohérents :

– visant à réduire de façon anticipée les écarts entre les besoins et les ressources humaines de l'entreprise (en termes d'effectifs et de compétences) en fonction de son plan stratégique (ou au moins d'objectifs à moyen terme bien identifiés) ;

---

1. Voir les travaux du Lab'ho sous la direction de Pascale Levet à ce sujet.
2. Lois de cohésion sociale du 18 janvier 2005.

– et impliquant le salarié dans le cadre d'un projet d'évolution professionnelle » (Thierry, Sauret, 1993).

Cette nécessaire anticipation des compétences et des métiers nous a permis de valoriser depuis une dizaine d'années (Boyer, Scouarnec, 1999 ; 2009), le concept de prospective des métiers et de retenir comme définition les éléments suivants : la prospective des métiers est une démarche d'anticipation des futurs possibles en termes de compétences, d'activités, de responsabilités d'un métier. Elle permet ainsi d'imaginer les possibles savoirs et qualifications, expertises ou savoir-faire professionnel, comportements et savoir-être, qui seront demain les plus à même de servir l'individu et l'organisation. Elle nécessite pour cela une coconstruction par les acteurs-experts du ou des métiers analysés du devenir possible de ce ou ces métiers. Elle englobe ainsi une réflexion sur le métier individuel et sur l'organisation du travail.

Cette approche dite de « prospective des métiers » nous permet de mettre en évidence des métiers en émergence, en transformation et en obsolescence. Il nous semble en effet important de montrer la dialectique possible individu/organisation par l'intermédiaire d'exercices métier réalisés de manière intra ou interorganisationnelle. Les motivations qui nous poussent à engager depuis plus de dix ans des travaux de recherche en prospective des métiers peuvent finalement s'exprimer de la façon suivante :

- la rupture avec une tradition de prévision : les démarches dites de « gestion prévisionnelle » semblent avoir démontré leur inadaptation dans un environnement concurrentiel de plus en plus global et changeant. L'idée même de prospective au sens de Berger (1964) semble plus pertinente : « voir loin, voir large, analyser en profondeur, prendre des risques et penser à l'homme » ;

- un accent mis sur « des possibles » : la prospective des métiers ne s'inscrit pas dans une logique déterministe mais au contraire dans la possibilité d'imaginer les évolutions possibles d'un métier donné. Elle ouvre un spectre de réflexion et d'action quant aux différentes possibilités d'apparition, de transformation ou de disparition de métiers ;

- une coconstruction par les acteurs-experts : la prospective des métiers repose sur une méthodologie active reposant sur la participation des personnes qui exercent le ou les métiers analysés – les acteurs-experts. Ces derniers, à la différence des démarches de gestion par les compétences, sont alors acteurs des changements à venir. De ce fait, les risques de désocialisation mis en évidence précédemment avec la logique compétence seront probablement minimisés ;

- une revalorisation du concept de métier : la prospective des métiers permet aussi une identification au métier. La problématique de l'identité au travail discutée précédemment, et résultante d'une difficulté à abandonner la notion de poste de travail, disparaît avec la prospective des métiers qui permet au salarié une prise de conscience beaucoup plus forte de ses compétences individuelles, et surtout de leurs possibles évolutions et valeurs dans le temps ;

▶ une conception « élargie » de la gestion des ressources humaines à l'espace et au temps. En effet, nous postulons que la gestion des ressources humaines doit « sortir » de l'entreprise et qu'il est possible au travers d'études métier réalisées de façon transversale sur plusieurs organisations, de servir par la suite la construction des politiques RH internes aux organisations données. La dépendance interne/externe est ici primordiale : la sollicitation d'acteurs-experts appartenant à des organisations de secteurs d'activités différents permet de mettre en évidence au-delà des divergences ou convergences de vues, la réelle dépendance des ressources internes et externes. Une vision « élargie » de la gestion des ressources humaines, dépassant le strict cadre d'une organisation donnée, semble donc possible.

Cette approche renouvelée de l'anticipation des compétences et des métiers, articulant habilement la prospective des métiers et la GPEC, permet aux équipes RH de déployer un schéma directeur adapté :

– à l'organisation et au *business* – *via* la prospective mettant en évidence les scénarii externes liés au métier ;

– aux individus – *via* la combinaison entre la prospective et ses scénarii internes et leurs conséquences sur les orientations de la GPEC.

Cette approche nous conduit à retenir le terme de « management prospectif des métiers ». Ce terme nous semble être nécessaire pour redonner du sens au pilotage des organisations en veillant à une meilleure articulation stratégie/management RH et à reconnaître la nécessité de repenser un temps plus long en organisation. Le recours au concept de métier permet cette double lecture *business*/RH et le concept de management donne une tonalité plus stratégique aux plans d'actions RH et montre – s'il en était besoin – la nécessaire complémentarité de l'ensemble des acteurs au succès de telles démarches.

Le rôle du manager et ses responsabilités RH

En effet, dans notre approche de management prospectif des métiers, tous les acteurs de l'organisation se trouvent impliqués. La littérature adossée au concept de GPEC l'a toujours mentionné clairement. Cependant, compte tenu des échecs à répétition des démarches dites de GPEC dans les organisations depuis les années 1990, il y a lieu de le rappeler : un projet type GPEC ne peut réussir que s'il est considéré par l'ensemble des acteurs de l'organisation comme le schéma directeur RH conjoint au plan stratégique.

Cette condition de départ étant remplie, tous les acteurs se trouvent alors concernés. Compte tenu de l'orientation donnée à ce chapitre, nous nous centrons particulièrement sur le rôle des managers, même si le rôle de la Direction générale, des équipes RH internes ou externes, des représentants du personnel, etc. mériteraient également des développements.

Le rôle des managers est primordial et ce à plusieurs niveaux :

– dans les exercices de prospective des métiers pour participer à la construction du champ des possibles et retenir les scénarii les plus probables. La connaissance « business » des managers est indispensable à la construction des scénarii externes et leur connaissance de leurs équipes est indispensable à la construction des scénarii internes liés à des changements organisationnels, à des besoins de compétences ou de métiers nouveaux ou différents, etc. ;

– dans les plans de déploiement GPEC pour articuler les réflexions prospectives avec les choix de développement et de besoins de compétences dans les équipes ; pour accompagner leurs équipes dans leurs choix de trajectoires professionnelles, pour anticiper les évolutions de conditions de travail et d'environnement d'exercice des métiers, etc.

Dans ce cadre, le manager participe au développement de l'organisation et de ses équipes et correspond bien à la nouvelle posture exigée dans la cinquième période de la GPEC : le MPM (Management prospectif des métiers). Le tableau ci-dessous permet de comprendre l'historique de la GPEC et des orientations nouvelles.

**Figure 6.2 – De la GPE au MPM,
adapté et enrichi de Gilbert (1999 ; 2006), Cadin et al. (2002)**

Modèles	Gestion prévisionnelle des effectifs GPE	Gestion prévisionnelle des carrières GPC	Gestion prévisionnelle des emplois GPE	Gestion prévisionnelle des emplois et des compétences GPEC	Management prospectif des métiers MPM
Période	Années 1960	Années 1970-1975	Années 1980	Années 1990-2000	Années 2000-2020
Situation de l'emploi	Plein emploi	Plein emploi	Crise de l'emploi	Crise de l'emploi	Crise sociétale
Objectifs	Atteindre les ajustements quantitatifs	Conjuguer satisfaction du travail et efficacité	Éviter les situations de crises	Déployer l'employabilité dans et hors de l'entreprise	Accompagner les organisations et les personnes (internes/externes)
Théories sous-jacentes	Organisation scientifique du travail	École des relations humaines	Entreprise citoyenne	Flexibilité du travail	Théories des ressources

Modèles	Gestion prévisionnelle des effectifs GPE	Gestion prévisionnelle des carrières GPC	Gestion prévisionnelle des emplois GPE	Gestion prévisionnelle des emplois et des compétences GPEC	Management prospectif des métiers MPM
Démarches et outils	Modèle de simulation et d'optimisation	Plan individuel de carrière	Répertoire des métiers, cartes des emplois	Référentiels de compétences	Démarches et outils simples et adaptés aux contextes puisant dans les outils précédents et en les combinant avec des exercices de prospective des métiers
Acteurs	Service du personnel	Service du personnel	Direction des ressources humaines/ consultants	Direction des ressources humaines/ consultants	Toutes les parties prenantes : DG, DRH, managers, salariés, représentants du personnel, consultants, chercheurs, clients, partenaires d'affaires, etc.

Notre approche de MPM (Management prospectif des métiers) permet :

– à l'organisation, d'éviter le modèle de la pénurie ou des tensions en ayant un balayage du champ des possibles en matière de main-d'œuvre disponible sur le marché de l'emploi, voire de pouvoir anticiper et construire des partenariats avec des institutions de formation pour préparer les profils dont elle aura besoin demain, d'anticiper qualitativement l'évolution de ses métiers et compétences mais également des environnements de travail dans lesquels ces métiers vont évoluer. Nous considérons à ce niveau que le rôle du manager, de par sa connaissance du terrain, sa proximité avec les équipes, peut fortement contribuer à l'amélioration permanente des conditions et environnements de travail ;

– à l'individu, de prendre conscience des risques d'exclusion et de se préparer à une nouvelle posture de changement et d'adaptation permanente : l'acteur responsable de sa vie ou trajectoire professionnelle. Nous retrouvons ici le concept de prospective de soi que nous avons développé depuis 2009.

Nous considérons en effet que la prospective des métiers et sa concrétisation managériale – le MPM – permet une combinatoire constructive entre une prospective organisationnelle et une prospective de soi. Du côté de l'organisation, la prospective permet de penser et de construire l'organisation de demain en ayant une vision la plus large possible du devenir de ses métiers (au sens stratégique et individuel). Cet éventail des possibles est, selon nous, un outil d'aide à la décision pour orienter des plans d'actions RH performants et durables. À ce niveau, nous soulignons l'importance d'articuler les réflexions métier aux environnements de travail. Il n'est plus suffisant aujourd'hui de limiter la réflexion métier aux aspects classiques de la GRH (activités, missions, compétences, etc.). La dimension environnement de travail intégrant les conditions de travail et l'organisation du travail en particulier doivent être intégrées à toutes les réflexions métier. Du côté de l'individu, la prospective des métiers doit servir de sources d'informations constructives pour penser les trajectoires professionnelles.

Cet aspect « accompagnement individuel » est bien entendu utile pour les équipes RH et managériales, mais également pour n'importe quel individu dans ou hors de l'organisation qui a besoin de réfléchir beaucoup plus qu'avant à son devenir professionnel. Une approche ainsi renouvelée de la GRH démontre que tous les acteurs internes et externes à l'organisation doivent de plus en plus être sur une posture dynamique.

Le manager se trouve au cœur de ce renouveau paradigmatique : passage d'un modèle de gestion (réservé aux gestionnaires) à un modèle de management (ouvert à l'ensemble des parties prenantes). Souvenons-nous de Drucker qui, déjà en 1973, considérait que : « le management c'est l'art d'organiser les ressources pour que l'entreprise réalise des performances satisfaisantes », et insistant sur le fait suivant : « bien que le management doive avoir une grande autorité, son travail dans l'organisation moderne n'est pas de commander, mais d'inspirer » (Drucker, 1973). Nous espérons alors que ces quelques lignes prônant un management prospectif des métiers permettront d'inspirer quelques managers !

Bibliographie

BERGER G. (1964), *Phénoménologie du temps et prospective*, PUF.

BOYER L., SCOUARNEC A. (2009), *La Prospective des métiers*, Éditions EMS.

CADIN L., GUÉRIN F., PIGEYRE F. (2002), *Gestion des Ressources Humaines*, 2ᵉ édition, Dunod.

DUBAR C. (1996), *La Socialisation. Construction des identités sociales et professionnelles*, Armand Colin [1992].

DRUCKER P. (1973), *Du management*, Éditions.

GILBERT P. (1999), « La gestion prévisionnelle des ressources humaines », *Revue française de gestion*, n° 124, p. 66-74.

GILBERT P. (2006), *La Gestion prévisionnelle des ressources humaines*, La Découverte.

PERETTI J.-M. et al. (2009), *Tous talentueux*, Eyrolles

PERETTI J.-M. (2011), *Ressources Humaines*, 13ᵉ édition, Vuibert.

SCOUARNEC A. (2010), *Management et Métier – Visions d'experts, mélanges en l'honneur de Luc Boyer*, Éditions EMS.

THIERRY D., SAURET C. (1993), *La Gestion prévisionnelle et préventive des compétences*, L'Harmattan, Paris.

Chapitre 7

Gérer l'emploi au quotidien

Jean-Rémy ACAR et Jean-Marie PERETTI

Chaque organisation doit être agile et capable de s'adapter à court terme pour réagir aux mutations de son environnement et disposer des compétences appropriées pour répondre à l'évolution et aux fluctuations de la demande des clients. Adapter l'emploi au quotidien constitue un enjeu majeur de la gestion des ressources humaines. Chaque responsable opérationnel doit être capable de choisir et mettre en œuvre les moyens appropriés. Il est directement impliqué car la qualité de l'adaptation des hommes et des emplois dans son unité a un impact majeur sur son résultat.

Le besoin de « flexibilité » répond à l'accélération des changements technologiques et à leurs répercussions sur les métiers des entreprises, à l'évolution du contexte socio-économique (approvisionner un client en « juste à temps », par exemple, c'est répondre en termes de service à une exigence qui traduit une attente du marché, cela induit une organisation spécifique que l'entreprise demandera à son tour à ses fournisseurs d'adopter) et aux fluctuations souvent brutales de la conjoncture. Enfin, en période de crise, adapter l'emploi est un moyen de faire les gains de productivité nécessaires à la survie de l'entreprise. Par étapes, on est passé d'adaptations à la marge, par ajout d'emplois « flexibles » aux emplois « stables », à une adaptation structurelle, où c'est l'ensemble des emplois dans et autour de l'entreprise qui garantit l'agilité. Le manager doit décider les adaptations nécessaires et déterminer les formes et les outils. La gestion des ressources humaines et l'organisation elle-même sont modifiées par cette recherche constante de l'adaptation.

Décider les adaptations nécessaires

Anticiper ou réagir à court terme ?

Traditionnellement, on distingue quatre sources de flexibilité. La « flexibilité interne » regroupe la flexibilité quantitative interne (FQI qui est la modification des horaires du personnel permanent) et la flexibilité qualitative appelée flexibilité fonctionnelle (FF avec la mobilité interne et la polyvalence). La « flexibilité externe » se décompose en flexibilité quantitative externe (FQE) qui repose sur la variation du niveau d'emploi, et la flexibilité par recours à l'externalisation (FE). Les interactions de l'entreprise avec son environnement et l'interpénétration croissante des activités rendent la distinction traditionnelle entre flexibilité interne et externe moins pertinente :

– d'une part, chaque organisation est de plus en plus dépendante de son environnement pour assurer sa pérennité (bassin d'emplois, structures de formation initiale et permanente, relais sociaux, équipements urbains, etc.). L'insertion professionnelle de personnels extérieurs, même à durée déterminée, peut ainsi primer provisoirement sur une plus grande polyvalence interne ou une recherche de productivité accrue. Des grandes surfaces, par exemple, recrutent localement des personnes non qualifiées qu'elles forment, dans un but d'insertion professionnelle, d'intégration locale et de responsabilité sociale ;

– d'autre part, la spécialisation toujours plus grande et l'interpénétration des activités des entreprises elles-mêmes font émerger de nouveaux modes de fonctionnement : des départements sont externalisés, les rapports de sous-traitance débouchent sur des partenariats formalisés, les échanges temporaires de personnels se multiplient et une plus grande mobilité en général est demandée aux personnels permanents.

L'exemple d'une entreprise de production de crèmes glacées illustre les contraintes de l'adaptation. La demande, concentrée sur les mois d'été, varie presque quotidiennement en fonction des caprices de la météo. Les capacités de fabrication sont mises à rude épreuve. L'expérience des saisons passées permet cependant de planifier la production pour une part. Aux moyens actuels s'ajoute la possibilité de mettre en place une deuxième, voire une troisième équipe de production. Pour cela, des fichiers de saisonniers et de stagiaires d'été sont tenus à jour toute l'année. Contrats saisonniers, travailleurs intérimaires, annualisation des horaires, heures supplémentaires, permettront de faire face aux pics de production. Cette entreprise peut se préparer au renouvellement d'une situation dont les caractères saisonnier et aléatoire des fluctuations sont un phénomène connu. La capacité de l'organisation à réagir en situation peut être optimisée. La performance se mesurera au niveau d'adéquation des moyens à la demande, donc à la façon dont la demande aura été anticipée. Cette anticipation permettra *in fine* un recours maîtrisé à une combinaison optimale des quatre sources de flexibilité. Dans d'autres cas, la transformation des besoins, aussi bien qualitatifs (changement des compétences nécessaires) que quantitatifs (sur-effectif ou sous-effectif, globalement au niveau de l'organisation ou localement dans certaines unités), est plus brutale et imprévisible et l'urgence impose des réactions rapides. La combinaison entre flexibilité interne (FQI et FF), et flexibilité externe (FQE et FE) est alors différente.

La capacité de l'organisation à s'adapter en termes d'emploi, son degré de flexibilité et le choix des modalités de l'adaptation, sont fonction de ses possibilités d'anticipation. Les solutions internes ou externes seront d'autant plus efficaces pour une adaptation rapide qu'elles auront été intégrées en amont.

Ajuster ou transformer durablement ?

On distingue souvent les adaptations conduites par l'entreprise dans une perspective de long terme, qui relèvent d'une vision stratégique, au détriment de solutions plus immédiates qui traduiraient surtout des défauts d'anticipation et seraient à éviter (« flexibilité à court terme égale précarité »). L'accélération des changements durables auxquels sont confrontées les entreprises implique des réactions rapides, ce qui contribue à rendre cette distinction obsolète. Par ailleurs, on constate que même les ajustements à court terme sont fréquemment le signe de transformations en profondeur des organisations et donc des emplois.

Dans certains cas, la nature du métier est en cause et ce sont les emplois eux-mêmes qui doivent changer. L'éventail des actions pour adapter l'entreprise à cette nouvelle situation devra cependant d'abord tenir compte des nécessités du court terme. Il devra ensuite permettre de dégager du temps sur le moyen terme pour poursuivre la transformation en profondeur avec les solutions plus lourdes à mettre en œuvre.

Dans le cas de l'usine de production de crèmes glacées, seul le volume des emplois doit être ajusté et sur une période limitée. Le caractère aléatoire de la demande engendre une flexibilité proportionnelle des emplois et de l'organisation. C'est une combinaison de plusieurs solutions, d'abord conjoncturelles puis structurelles, qui constituera une réponse efficace à la situation. Par exemple, l'embauche des saisonniers fera progressivement l'objet d'une gestion à part entière (priorité aux parents du personnel permanent, opérations de parrainage en amont, fidélisation des employés des années précédentes, adoption de contrat d'intermittence, etc.). Le recours ponctuel au travail temporaire évoluera vers des accords de partenariats négociés à l'avance pour permettre aux prestataires de constituer leurs propres fichiers d'intervenants. Toujours dans le but d'accroître sa capacité d'ajustement, l'entreprise pourra aussi engager une mutation des emplois permanents en introduisant une part d'annualisation ou en créant directement des postes à temps partiel annualisé.

La nature des changements à conduire et leur niveau de priorité conditionnent la façon d'adapter les emplois au quotidien. Suivant que l'ajustement à réaliser est ponctuel ou qu'il s'agit d'une transformation structurelle, on privilégiera des solutions de flexibilité immédiate, on les organisera sur le moyen terme ou on engagera des actions dont les résultats se mesurent sur le long terme.

Adapter selon les situations

L'analyse des besoins de « flexibilité » peut se faire d'une part en mesurant le degré et le champ des anticipations stratégiques, d'autre part en s'interrogeant sur la portée des évolutions souhaitées, conjoncturelles et réversibles ou structurelles et durables. Il est possible de distinguer, d'une part, les situations d'urgence par opposition à celles qui ont été anticipées et, d'autre part, les réponses s'échelonnant de l'ajustement ponctuel jusqu'à une transformation de la nature des emplois eux-mêmes. Quatre cas de figure peuvent être identifiés :

– situation anticipée et ajustement ponctuel : c'est le cas précédent de l'usine de production de crèmes glacées. Il s'agit de se mettre en situation de pouvoir faire face à une demande exceptionnelle, directement liée aux aléas du temps. L'ajustement porte sur le volume des effectifs et on privilégiera des solutions à court terme (quotas d'heures supplémentaires, travail temporaire…), d'autant plus efficaces que la situation est anticipée et peut donc être préparée ;

– situation anticipée et transformation durable : la situation est anticipée mais est aussi récurrente. Il y a possibilité d'adapter durablement le fonctionnement de l'entreprise. Cette adaptation débouche sur une transformation de la nature et de la structure des emplois ;

– situation d'urgence et ajustement ponctuel : ceux-ci n'ont pas pu être anticipé. C'est dans l'urgence qu'il faut engager des mesures d'adaptation sans conséquence sur le moyen ou le long terme, car réversibles dans un délai bref ;

– situation d'urgence et transformation durable : l'entreprise est contrainte d'agir à court terme pour assurer sa pérennité car son environnement change d'une façon irréversible sans qu'elle ait pu l'anticiper. C'est à une transformation de la nature des emplois que l'entreprise est confrontée.

Choisir les formes et les outils de l'adaptation

L'adaptation aux besoins peut se faire en volume (nombre de personnes et d'emplois d'une part, temps de travail individuels et collectifs d'autre part), en valeur (masse salariale, coût des prestations acquises à l'extérieur) et enfin en qualité (niveaux de compétences, de polyvalence, localisation géographique).

Adapter le volume des emplois (flexibilité quantitative externe)

Augmenter ou réduire les effectifs employés doit se faire dans le respect du cadre règlementaire présenté dans le chapitre 2, avec l'objectif de choisir parmi la multiplicité des formules les meilleures solutions à court et moyen termes.

Le CDI (Contrat de travail à durée indéterminée) est la référence en matière de droit du travail. Au-delà de la période d'essai, sa rupture doit être justifiée par des motifs réels et sérieux. Le motif peut être économique mais les licenciements économiques ont fait l'objet de dispositions règlementaires qui en ont réduit l'usage. Une baisse temporaire d'activité ne justifie pas le recours à des licenciements économiques. Après le pic d'utilisation durant la crise en 1992 et 1993, leur nombre a diminué et ils ont été nettement moins utilisés pendant la crise 2008-2010. Les licenciements individuels pour motif réel et sérieux sont devenus également un mode d'ajustement de l'effectif, dans la mesure où ils s'accompagnaient fréquemment d'une transaction et leur nombre a augmenté durant ces quinze dernières années. La rupture conventionnelle créée en 2008, plus souple, a connu un vif succès (136 000 ruptures au premier semestre 2011) et s'inscrit parfois dans le cadre d'une politique d'adaptation à long terme avec transformation de la nature des emplois et des compétences et rajeunissement de la pyramide des âges.

L'entreprise peut faire varier son niveau d'emploi à court terme en modulant le recours aux différentes formes d'emplois temporaires et notamment les CDD (Contrat à durée déterminée) et l'intérim. Le recours à des salariés sous contrat à durée déterminée (CDD) est organisé par la loi du 12 juillet 1990 qui a réduit les différences qui existaient au plan du droit du travail entre CDD et contrat de travail temporaire (CTT). Dans les deux cas, l'utilisation de ce contrat (CDD ou CTT) est subordonné à un motif légitime de recours et « il ne peut avoir ni pour objet ni pour effet de pourvoir durablement un emploi lié à l'activité normale et permanente de l'entreprise utilisatrice ». Intérim et CDD représentent en cumul plus de 10 % des effectifs salariés dans les années 2000. Dans la crise des années 2008-2009, leur baisse a été forte et a limité la réduction de l'emploi permanent.

Les contrats en alternance sont des contrats le plus souvent à durée déterminée, qui alternent des périodes de formation avec l'activité en entreprise. Ils sont ciblés sur certaines catégories de salariés (jeunes en particulier) et les entreprises de plus de 250 salariés ont aujourd'hui l'obligation d'avoir un quota de contrats en alternance (3 % en 2011) et leur utilisation modulée ne peut servir d'ajustement conjoncturel. Les stages d'élèves ou d'étudiants dans l'entreprise sont également très encadrés et ne peuvent servir d'outils d'ajustement.

Utiliser des solutions d'appoint extérieures à l'entreprise (flexibilité par externalisation)

Le recours à la sous-traitance constitue un moyen efficace de flexibilité qui repose sur un contrat commercial dont le volume peut être rapidement adapté. On constate ainsi que de nombreuses entreprises « externalisent » une part de leur production et des services annexes qu'elles ne savent ou ne veulent plus gérer directement. Des rapatriements d'activité en période creuse sont envisageables pour préserver l'emploi interne.

Le recours à la sous-traitance inclut les contrats passés avec des consultants et des prestataires dont l'entreprise a pu encourager la création. L'essaimage est un outil d'adaptation dans la mesure où il permet, en aidant des salariés à créer leur propre entreprise, d'externaliser aussi certaines activités. L'essaimage préserve au moins à court terme l'emploi des salariés dont l'entreprise se sépare, car les aides à la création sont assorties le plus souvent d'engagements de commandes pour assurer le démarrage de ces entreprises nouvelles. La multiplication des statuts possibles (Entreprises individuelles de toutes sortes, EURL, SAS, autoentrepreneur), l'organisation progressive de réseaux de consultants, de GIE de travailleurs indépendants ou l'émergence de sociétés de portage salarial, témoignent du développement de ces modes d'adaptation et de leur pérennité.

Adapter les temps de travail (flexibilité quantitative interne)

Pour protéger les travailleurs, les lois de 1936 avaient encadré de façon rigide la durée du travail (horaire collectif affiché, heures supplémentaires soumises à autorisation…). Progressivement, le cadre règlementaire s'est assoupli avec la loi sur les horaires individualisés (1993), le contingent libre d'heures supplémentaires et la modulation annuelle (1982), le Compte épargne temps (CET) en 1993. Les possibilités d'aménagement du temps de travail sont aujourd'hui très nombreuses. Elles sont étudiées dans le chapitre suivant. Elles permettent une réelle flexibilité quantitative interne (FQI), c'est-à-dire une variation du nombre d'heures travaillées par les salariés permanents en fonction des fluctuations de l'activité. Depuis trente ans, le cadre règlementaire a favorisé la FQI pour éviter le développement de la précarité qu'induit la FQE.

Avec l'annualisation de la durée du travail, le temps de travail est apprécié sur une année et non plus au mois et à la semaine. Des limites horaires quotidiennes, hebdomadaires et pour plusieurs semaines consécutives restent fixées par le législateur, comme les délais de prévenance des salariés. L'annualisation permet de faire face à des variations de charge de travail anticipées en limitant le recours aux heures supplémentaires lors des périodes d'activité intensive ou le chômage partiel en période creuse.

Augmenter le volume de travail sans modifier le nombre d'emplois repose largement sur le recours aux heures supplémentaires. Depuis 1982, l'organisation dispose d'un contingent libre annuel fixé par la loi ou par les conventions collectives. Le recours aux heures complémentaires est possible pour les salariés à temps partiel dans certaines limites. Au surcoût direct des heures supplémentaires peut, dans certains cas, s'ajouter le coût du repos compensateur (temps de récupération rémunéré prévu par la loi). La loi TEPA (Travail, emploi et pouvoir d'achat) a favorisé le recours aux heures supplémentaires grâce à des exonérations.

Pour réduire rapidement, et pour un temps limité, le volume de travail, le principal outil est le recours au chômage partiel. Il prend la forme d'une réduction d'horaire sans rupture des contrats de travail et avec un maintien partiel de la rémunération. Une part de la rémunération des salariés peut être prise en charge par l'État. Dans la crise, l'État a favorisé le recours au chômage partiel en augmentant le nombre annuel d'heures chômées possible et leur taux d'indemnisation. D'autres mesures ont également favorisé l'adaptation face à la récession : prise anticipée des congés payés, actions de formation, récupérations anticipées...

Adapter les charges

L'objectif d'adaptation au quotidien peut aussi être atteint, au moins partiellement, par le développement d'éléments variables de rémunération. Les bonus, commissions et primes individuelles, qui constituent le « salaire de performance », sont réversibles en fonction des résultats réels du salarié et reflètent la conjoncture. De même, le « variable collectif » – participation aux résultats, intéressement, abondement, actionnariat – est directement dépendant des résultats de l'entreprise et apporte une autre forme de flexibilité : la flexibilité salariale.

Le coût des prestations de main-d'œuvre achetées à l'extérieur (conseil, travail temporaire, sous-traitance) est par nature négociable. Il s'agit de contrats commerciaux qui dans les faits remplacent un ou plusieurs contrats de travail. La relation du donneur d'ordre à son fournisseur et la gestion de frais généraux remplacent la relation de l'employeur à son salarié et l'accroissement de la masse salariale. La législation tend d'ailleurs à encadrer cette plus grande facilité d'utilisation en responsabilisant le donneur d'ordre, en cas d'accident du travail (dans le cas du travail temporaire), de travail dissimulé ou clandestin en particulier. Celui-ci doit s'assurer que ses prestataires respectent leurs obligations d'employeurs et que les conditions de la négociation le leur permettent.

Adapter par la polyvalence et la mobilité (flexibilité fonctionnelle)

La mobilité fonctionnelle, c'est-à-dire la possibilité qu'un salarié change de poste de travail pour permettre de répondre à des besoins immédiats au sein de l'entreprise, est une source considérable de souplesse. Dans l'entreprise fluide, la circulation des travailleurs pour répondre à des besoins localisés constitue des opportunités pour une réactivité en interne. Les distinctions classiques entre travail de production et de conception, entre *front office* et *back office*, entre maîtrise et techniciens, etc. ont tendance à se réduire. Pour servir leur objectif d'adaptation, les entreprises investissent dans la formation et développent la polyvalence, adoptent une information et une communication internes incitatives, mettent en place des parcours professionnels. La capacité des salariés à se redéployer en fonction des variations d'activité est une clé de la performance. Ce redéploiement peut être spatial (les salariés changent de site en fonction du volume d'activité) ou fonctionnel (les salariés changent d'activité : par exemple, des employés du *back office* viennent au *front office* en cas de pointe d'activité). Cette flexibilité fonctionnelle repose sur une forte implication des salariés et sur la capacité des managers à mobiliser leurs collaborateurs.

Adapter les pratiques de GRH

Une adéquation optimisée entre les compétences nécessaires et celles disponibles est une mission essentielle de la gestion des ressources humaines de l'entreprise. Tous les domaines de la GRH sont concernés.

Gérer l'adaptation des emplois

L'adaptation des emplois au quotidien est multiforme. Les critères d'analyse et l'éventail des moyens décrits précédemment permettent de fixer des priorités, en termes d'efficacité, de facilité de mise en œuvre, de coût mais aussi en termes de compatibilité avec des valeurs et une pratique d'entreprise. Ces priorités dépendent ainsi des orientations prises dans les autres domaines de la gestion des ressources humaines. Les politiques d'aménagement du temps de travail, de rémunération, de gestion des parcours professionnels et des emplois, facilitent ou non une meilleure réactivité à court terme, entretiennent ou non un état d'esprit favorable au changement. En retour, la nécessaire adaptation des emplois, ajustements rapides ou transformations plus profondes, modifie la gestion des ressources humaines pour la rendre à la fois plus réactive et plus anticipative.

L'aménagement des temps de travail individuels et collectifs est devenu un des enjeux principaux de la GRH et de la négociation collective. Le chapitre suivant lui est consacré.

Les politiques de rémunération constituent un second champ d'action pour préparer une plus grande adaptabilité de l'emploi à l'environnement et aux performances de l'entreprise. Pour cela, elles prévoient de plus en plus les conditions d'accompagnement de la mobilité des salariés, elles intègrent la rémunération des contraintes de la plus grande flexibilité du travail, elles prennent en compte l'intensification temporaire des efforts ou limitent l'impact de la baisse d'activité. Elles favorisent l'implication des salariés, condition d'une acceptabilité des inconvénients nés des exigences d'adaptation. Les mesures peuvent s'étendre aux salariés extérieurs à l'entreprise pour limiter entre autres les iniquités.

Les politiques de gestion des parcours professionnels et des emplois intègrent la mobilité fonctionnelle et géographique comme outil de sécurisation en améliorant les niveaux de polyvalence. Les dispositifs de développement des compétences contribuent à l'amélioration de la réactivité de l'organisation.

Renouveler la négociation dans l'entreprise

L'évolution durable qu'implique la nécessité d'adapter l'emploi au quotidien a contribué au renouvellement des thèmes et des formes du dialogue social. De nouveaux niveaux de consultation ou de concertation se développent. Les accords d'entreprises se multiplient qui nécessitent une mise en œuvre sur le terrain et donc une implication forte des managers dans le dialogue local. À l'échelle des services, des ajustements pour une plus grande flexibilité sont discutés et mis en œuvre directement.

Manager et animer les équipes

Avec les mutations de la GRH, de l'organisation du travail et des rapports sociaux, c'est le management des équipes dans l'entreprise qui doit à son tour s'adapter. Pour faire comprendre la brutalité des changements en cours, pour obtenir la participation de chacun pour intégrer les nouvelles techniques, prendre en compte les attentes des clients, prévoir les évolutions de l'environnement, la relation hiérarchique se transforme dans un sens plus participatif et plus propice à l'expression des individus. Celle-ci est à la fois une richesse pour mieux cerner les adaptations nécessaires, pour imaginer les solutions adéquates, et un facteur essentiel de motivation pour les personnels eux-mêmes. Dans le même temps, il s'agit de faire partager des objectifs communs à des individus dont les statuts dans l'entreprise sont de moins en moins homogènes, salariés à durée indéterminée comme déterminée, travailleurs temporaires, personnels détachés par des prestataires, consultants individuels...

L'accroissement des responsabilités assumées par ces équipes, l'autonomie de fonctionnement et donc leurs propres capacités d'adaptation, l'espace de concertation ainsi créé, contribuent à augmenter massivement la capacité d'adaptation de l'ensemble de l'entreprise. Le rapport des individus à l'entreprise intègre ainsi de nouvelles formes de contribution d'une part, contre de nouveaux champs de réalisation professionnelle d'autre part.

On l'a vu, la gestion « flexible » des emplois dans l'entreprise met en jeu le court et le long terme, anticipation et réaction, ajustements et transformations, mais aussi solutions internes et partenariats externes de plus en plus imbriqués. Pour cela, les relations de l'entreprise et de son environnement, socio-économique et politique, se font plus étroites. On pouvait craindre, dans un passé récent, que se constitue une frange de travailleurs dits « flexibles » dont les caractéristiques seraient l'emploi précaire et des temps de travail atypiques. Ces facteurs d'exclusion existent mais, dans le cadre de leur responsabilité sociétale, les liens de partenariat entre l'organisation et ses prestataires se développent et assurent aux salariés extérieurs de meilleures perspectives. Les coopérations nouées entre entreprises et avec leurs prestataires de services extérieurs, les organismes de formation, les associations, les collectivités et les pouvoirs publics, favorisent une gestion territoriale de l'emploi au quotidien avec deux priorités dans le domaine social :

– éviter l'exclusion par le développement économique, d'une part, et l'insertion, d'autre part ;

– contribuer, par la formation et l'expérience professionnelle, à l'élévation globale du niveau de compétence.

Ces priorités s'inscrivent dans le cadre de la politique de RSE (Responsabilité sociale des entreprises).

Chapitre 8

Aménager le temps de travail

David ALIS

La durée légale du travail en France a été réglementée par plusieurs lois célèbres : la journée des huit heures, la semaine de quarante heures et les congés payés en 1936, la semaine de 39 heures en 1982, les lois sur les trente-cinq heures en 1998 et 2000, et les nombreux décrets et lois passés qui ont réformé cette durée. La réduction de temps de travail (RTT) à 35 heures par semaine au début des années 2000 s'est accompagnée d'un développement de l'aménagement du temps de travail (ATT). Dans l'acronyme ARTT, le A d'aménagement compte plus que le R de réduction. Cet aménagement correspond aux régimes de production flexible (Kan Ban, juste-à-temps) et au développement de la concurrence fondée sur le temps (« time-based competition »). Ainsi, depuis début 2000, dans de nombreux pays :

- la réduction du travail laisse la place à l'aménagement ;

- les initiatives centralisées sont davantage décentralisées ;

- l'entreprise devient moteur pour l'ATT.

L'aménagement du temps de travail peut être défini comme « l'ensemble des modalités d'organisation du temps de travail permettant de répondre à des besoins d'adaptation à l'activité de l'entreprise ou aux attentes des salariés ». La mise en œuvre de l'ATT constitue une opportunité de développement pour l'entreprise, mais aussi un risque important en cas de non-respect de la législation ou de mauvaise gestion. Dans ce contexte, le manager doit connaître et respecter les règlementations en vigueur pour agir sur le temps de travail en tenant compte des besoins de l'entreprise et de ses clients, d'une part, des attentes des salariés, d'autre part. Il doit mettre en place des outils de suivi de ces nouvelles organisations, prévenir les tensions et soigner le bien-être au travail.

Connaître le cadre règlementaire du temps de travail

Durée légale, temps de travail effectif, heures supplémentaires, contingent : de quoi parle-t-on ? Quel est cet obscur objet du débat : le temps de travail ?[1] Nous nous focaliserons sur le cadre juridique à connaître par le manager de proximité[2]. Ces informations doivent être approfondies et actualisées : le droit du travail évolue particulièrement vite et les lois se succèdent en matière de temps de travail.

Durée légale

La durée légale du travail effectif est fixée à 35 heures hebdomadaires pour toutes les entreprises. Il s'agit d'une durée de référence qui correspond au seuil de déclenchement des heures supplémentaires.

Cette durée n'est ni minimale (il est possible de travailler moins que 35 heures par semaine, par exemple à temps partiel), ni maximale (il est possible de travailler plus que 35 heures en recourant aux heures supplémentaires). Rappelons que la durée légale du temps de travail a été réduite en 1936 de 48 heures à 40 heures par semaine, mais que la durée réelle a été pendant des décennies bien supérieure aux 40 heures. Ce qui compte pour l'entreprise, ce n'est pas uniquement la durée légale, mais bien le contingent et le taux de majoration des heures supplémentaires.

Temps de travail effectif

La durée légale ne se confond pas avec le temps de travail effectif, c'est-à-dire « toute période pendant laquelle le salarié est à la disposition de l'employeur, dans l'obligation de se conformer à ses directives sans pouvoir se consacrer librement à des occupations personnelles » (article L. 3121-1 du Code du travail). Qu'est-ce que le temps de travail effectif et qu'est-ce qui n'en est pas ?

Il faut rigoureusement se reporter à la définition. Les temps de restauration et de pauses ne sont pas considérés comme temps de travail effectif sauf accord le stipulant ou s'ils répondent à cette définition. De même, sauf disposition contraire d'une convention ou accord, le temps consacré à l'habillage et au

---

1. Nous empruntons ce titre à E. Ballot, P. Le Masson, F. Pallez, B. Segrestin (1999), « Cet obscur objet du débat : le temps de travail », *Gérer et Comprendre*.
2. http://www.travail-emploi-sante.gouv.fr/informations-pratiques,89/fiches-pratiques,91/ Ces fiches pratiques du droit du travail fournissent une information synthétique sur la législation.

déshabillage ne constitue pas un temps de travail effectif. Toutefois, lorsque le port d'une tenue de travail est imposé par la réglementation, le temps consacré doit faire l'objet de contreparties (repos, primes…).

Heures supplémentaires

À la demande de l'employeur, le salarié peut travailler au-delà de la durée légale. Les heures supplémentaires se décomptent par semaine civile (du lundi 0 heure au dimanche 24 heures). En cas de modulation du temps de travail, les heures supplémentaires correspondent aux heures effectuées au-delà de la durée maximale hebdomadaire fixée par l'accord.

La majoration de salaire au titre des heures supplémentaires est fixée à un taux de 25 % pour les 8 premières heures supplémentaires et 50 % au-delà. Une convention ou accord collectif peut prévoir de remplacer le paiement des heures supplémentaires par l'attribution d'un repos compensateur de remplacement (RCR).

Contingent d'heures supplémentaires

Le contingent annuel d'heures supplémentaires est défini par une convention ou accord collectif. À défaut, il est de 220 heures par salarié.

Les salariés bénéficient d'une contrepartie obligatoire en repos (COR) pour toute heure supplémentaire accomplie au-delà du contingent annuel, en plus des majorations prévues au titre des heures supplémentaires. Les salariés ayant conclu une convention de forfait annuel horaire ou en jours sur l'année, ainsi que les cadres dirigeants, n'en bénéficient pas.

Limites à la durée légale du travail

La durée du travail fait l'objet de limites légales à connaître par les managers :

▶ 10 heures par jour et 8 heures par jour pour les travailleurs de nuit (dérogations conventionnelles possibles, dans la limite de 12 heures) ;

▶ 44 heures en moyenne sur une période de 12 semaines consécutives (ou 46 heures dans le cadre d'un décret pris après conclusion d'un accord de branche) et 48 heures au cours d'une même semaine ;

▶ repos quotidien de 11 heures au minimum et repos hebdomadaire de 24 heures auxquels s'ajoutent les heures de repos quotidien, ainsi que 20 minutes de pause lorsque le temps de travail quotidien atteint 6 heures.

Les dérogations à la durée du travail sont accordées par l'inspecteur du travail (durée maximale journalière) ou par la direction régionale des entreprises, de la concurrence, de la consommation, du travail et de l'emploi (Direccte).

Le manager est ainsi amené à gérer le temps de travail de ses collaborateurs en respectant ce cadre règlementaire. Il doit aussi concilier deux dynamiques d'ATT.

Concilier les dynamiques de personnalisation et d'adaptation

Les politiques d'ATT ont pour objectifs de concilier des objectifs différents : les aspirations individuelles de salariés – horaires individualisés, planification des congés, temps choisi, épargne temps – et les besoins des entreprises – accroître la réactivité de l'entreprise et la réponse aux fluctuations d'activité en développant notamment la durée d'utilisation des équipements et d'ouverture à la clientèle – comme le note Peretti (2006). Nous détaillerons ces deux dynamiques à l'œuvre : personnalisation au service des attentes des salariés, d'une part, et adaptation aux besoins de l'activité, d'autre part.

Une dynamique de personnalisation des horaires

L'objectif est de donner aux salariés davantage de choix pour les horaires quotidiens, hebdomadaires, mensuels et annuels. Par exemple, les salariés sont consultés pour leurs dates de congés, même si la fixation de la période de congé relève de la responsabilité de l'employeur. Le temps partiel et le Compte épargne temps constituent des outils de cette personnalisation.

Le temps partiel a fortement progressé en France depuis 1992 et concerne 17,8 % des salariés, à plus de 80 % des femmes (enquêtes Emploi INSEE 2008 et DARES). Il correspond à une durée inférieure à la durée légale (35 heures par semaine) ou aux durées conventionnelles ou pratiquées. Le temps partiel peut être mis en place de plusieurs façons : en application d'un accord collectif, sur décision de l'employeur, à la demande du salarié. Ce temps partiel ne constitue pas une catégorie homogène. Ainsi, en 2008, alors qu'un tiers des femmes déclarent être à temps partiel pour s'occuper de leurs enfants, un autre tiers le sont faute d'avoir trouvé un emploi à temps complet. « La durée, les rythmes hebdomadaires de travail, ainsi que le statut de l'emploi diffèrent selon les types d'emplois : les temps partiels réguliers et de longue durée côtoient des emplois aux horaires atypiques et de faible durée hebdomadaire occupés par des salariés qui cumulent parfois plusieurs emplois » (Ulrich et Zilberman, 2007). En 2005, 30 % des salariés à temps partiel déclaraient vouloir travailler davantage.

Le manager doit veiller à la qualité de l'emploi à temps partiel et chercher des solutions au bénéfice de tous. D'abord, la modalité du temps partiel peut être organisée à la semaine, au mois ou à l'année (dans le cadre du temps partiel lié à la vie familiale ou d'un accord d'aménagement du temps de travail). Ensuite, la durée fixée n'est pas maximale : les salariés peuvent effectuer des heures « complémentaires » ouvrant droit, sous conditions, à une majoration de salaire. Enfin, les salariés à temps partiel qui souhaitent occuper ou reprendre un emploi à temps complet (et les salariés à temps complet qui souhaitent occuper ou reprendre un emploi à temps partiel) sont prioritaires et doivent avoir connaissance de la liste des emplois disponibles. Ce caractère prioritaire compte pour faire de ce temps un temps véritablement choisi.

La personnalisation des temps porte aussi sur un cadre pluriannuel. Le principe du Compte épargne temps (CET) est de permettre au salarié d'accumuler des droits à congé rémunéré ou de bénéficier d'une rémunération, immédiate ou différée, en contrepartie des périodes de congé ou de repos non prises ou des sommes affectées. Le CET est mis en place par convention ou accord collectif.

Une dynamique d'adaptation aux logiques techniques et commerciales

Cette logique de personnalisation doit être articulée avec une logique d'adaptation. D'une semaine à l'autre, l'activité de l'entreprise peut être irrégulière, du fait de son caractère saisonnier, de la fluctuation des commandes...

Pour adapter le rythme de travail des salariés à celui de l'activité – et éviter les heures supplémentaires en période de haute activité ou le chômage partiel en période de basse activité – l'entreprise peut répartir la durée du travail sur une période supérieure à la semaine et au plus égale à l'année : il s'agit de la modulation. Une condition : une convention ou un accord collectif doit l'y autoriser et en prévoir les modalités, notamment les conditions et délais de prévenance des changements d'horaire de travail ; les limites pour le décompte des heures supplémentaires ; les conditions de prise en compte en termes de rémunération des absences, arrivées et départs en cours de période.

Cette dynamique d'adaptation s'inscrit dans un mouvement de réorganisation profonde du travail. Elle est ainsi l'occasion d'approfondir le développement de la polyvalence des salariés, le recours aux technologies de l'information et de la communication (travail en réseau), les démarches de qualité totale et de juste-à-temps... L'ATT s'inscrit dans un mouvement déjà enclenché de réorganisations (développement de la polyvalence, modulation de l'activité en fonction des besoins du client, augmentation des amplitudes horaires...), mais il accélère ces évolutions.

Tableau 8.1. – Les modalités de réorganisation du travail (Gavini, 2001)

Type de dispositif	Pourcentage d'entreprises concernées
Dispositifs faisant fluctuer les horaires (modulation, horaires variables…)	47,5 %
Redéploiement des compétences (polyvalence, spécialisation…)	24,4 %
Augmentation de l'amplitude d'ouverture	20,5 %
Augmentation de la durée d'utilisation des équipements (travail par équipes…)	16,0 %
Développement de certaines fonctions de l'entreprise (commercial, R&D…)	16,0 %
Rééquilibrage de la pyramide des âges	7,4 %
Autres modalités (réaménagement des sites de production, changement des modes de gestion, démarche qualité, mise en place de nouveaux équipements, informatisation, développement des actions de formation…)	13,7 %

Pour repenser l'organisation du travail et améliorer leur productivité, plus de 30 000 petites et moyennes entreprises ont eu recours au moment de la mise en place des 35 heures au dispositif d'appui conseil cofinancé par l'État et coordonné par l'ANACT (Agence nationale pour l'amélioration des conditions de travail).

« L'ATT ne signifie pas pour les entreprises une fin en soi, mais un moyen au service de la réalisation d'autres objectifs : l'augmentation des gains de productivité, l'amélioration de la flexibilité des entreprises, la réduction du coût du travail, la satisfaction du client » (Jacquot, Setti, 2002). La polyvalence apparaît comme un mode d'organisation du travail qui permet de résoudre à la fois les problèmes d'évolution de la charge de travail et d'adaptation à un fonctionnement en effectif tendu. L'accent est mis sur la coopération et le développement de nouvelles compétences comme la disponibilité, la participation ou l'autonomie, dans un objectif d'efficience.

Le manager joue un rôle clé dans la mise en place de ces nouvelles organisations au service du développement de l'entreprise et de la satisfaction des clients internes et externes.

Bien gérer l'adaptation des horaires, prévenir les tensions et soigner le bien-être au travail

C'est au manager de s'assurer du bon fonctionnement du dispositif d'ATT et de la maîtrise des variations d'activité, tout en soignant le bien-être des salariés.

Bien gérer l'adaptation des horaires

L'annualisation peut générer des difficultés : la référence à la semaine est fortement ancrée dans les esprits et les managers doivent apprendre à distinguer périodes hautes et périodes basses comme le notent A. Masson et M. Pepin (2000), experts à l'ANACT.

L'objectif est de programmer les activités dans un cadre collectif avec des règles claires (délais de prévenance, répartition du temps de travail en période haute – allongement quotidien ou travail en fin de semaine) mais aussi de gérer les urgences de court terme (heures supplémentaires, intérim, CDD...). À cet égard, les managers ont également intérêt à ne pas se focaliser uniquement sur l'annualisation, mais à mieux prendre en compte l'ensemble des dispositifs : annualisation, CDD ou intérim, polyvalence, constitution de stocks... Nous illustrerons certains de ces dispositifs dans le cadre de la gestion des horaires dans une activité de services (parc de loisirs).

La gestion des horaires dans un parc de loisirs

Ce grand parc de loisirs compte plus de 1 000 salariés. L'organisation du travail varie selon les services ou les catégories de salariés :

* à l'accueil (guichets d'accueil des visiteurs), les permanents travaillent 9 heures en haute saison et 6 heures en basse saison ;

* dans les boutiques, les salariés prennent une demi-journée de repos (volontariat). Le travail est organisé par cycles de 3 semaines (21 jours) : 7 jours de repos, 7 journées de 10 heures, 7 journées de 5 heures ;

* pour les employés des restaurants, le capital temps libéré peut représenter jusqu'à 3 semaines complètes.

Les plages de repos sont définies par la direction et fixées à l'année. Les salariés ont la possibilité de s'arranger entre eux. Certains salariés ne travaillent pas pendant les vacances scolaires et sont remplacés par des vacataires. Toutefois, il n'y a pas de jours de congés pendant la période de pointe (l'été). *In fine*, chaque salarié a 5 semaines de congés payés, plus 2, voire 3 semaines de capital temps libéré. Le capital temps libéré peut être « stocké » pendant un an (maximum).

Le calendrier est communiqué pour toute l'année, mais les horaires peuvent être modifiés en cas de maladie, d'absence. Si le délai de prévenance est trop court, le salarié ne travaille que s'il en est d'accord. Les responsables hiérarchiques établissent un calendrier indicatif par salarié, qui peut indiquer 35, 38 ou 48 heures de travail au maximum par semaine.

Le délai de prévenance est d'environ un mois pour une modification importante et d'une semaine dans les autres cas. Pour une journée de repos, le salarié peut être prévenu la veille.

Les heures de travail réalisées sont saisies au jour le jour, pour chaque salarié, à l'aide d'un « compteur individuel d'heures », ce qui permet d'établir des calendriers prévisionnels et de rationaliser la gestion du temps de travail.

.../...

La négociation de l'accord a été longue et a nécessité en amont un diagnostic approfondi pour analyser les fluctuations d'activité et les besoins du personnel, ainsi que des rencontres entre les partenaires institutionnels (directions et instances représentatives du personnel) et opérationnels (managers et équipes). La période haute a lieu l'été, alors que l'entreprise compte beaucoup de jeunes parents avec des enfants en bas âge qui souhaitent profiter des vacances durant cette saison. La négociation des horaires s'est révélée difficile et les gains espérés n'ont pas tous été obtenus. Les managers ont demandé à être bien formés et associés à la mise en place de nouveaux horaires pour prévenir les difficultés.

La direction de l'entreprise profite souvent de la mise en œuvre de la modulation pour s'adapter aux variations de l'activité, élever le niveau d'exigence en matière de réactivité et imposer des objectifs plus contraignants aux salariés, mais cette mise en place est source de tensions pour le manager : « D'une part, elle est centrée sur une dimension gestionnaire (élaboration de calendriers, suivi des décomptes, etc.) qui place les managers dans une position de relais de la direction, de régulation de contrôle et d'application des règles de l'accord ; d'autre part, elle comporte une dimension relationnelle forte avec les salariés pour conserver une certaine souplesse, au cas par cas, en matière de réponse aux besoins de la production et de la prise en compte des souhaits individuels » (Pepin, 2005).

Les tensions peuvent survenir : « La conscience du décalage entre l'obligation théorique de respecter les règles et la nécessité de les transgresser pour pouvoir gérer la production tout en assurant une réponse aux « attentes sociales » se révèle inconfortable » (Pépin, 2000). Les managers doivent être attentifs aux besoins de personnalisation, mais aussi de justice et d'équité : attention aux arrangements informels non généralisables.

Prévenir les tensions et soigner le bien-être au travail

L'intensification du temps de travail est aussi source de tensions.

La focalisation sur le temps de travail « effectif » s'est effectuée au détriment de certaines composantes du temps de travail. Le sociologue P. Zarifian (1995) distingue ainsi quatre catégories :

– le temps de la communication sociale, qui permet de donner une orientation commune à l'activité productive, aux échanges de savoirs ;

– le temps de la réflexivité sur l'action, c'est-à-dire l'ensemble des temps qui permettent d'étudier, de réfléchir, d'améliorer, d'innover, de préparer les actions concrètes à conduire ;

– le temps de formation ou d'apprentissage, qui s'accroît avec la complexification des situations de travail, notamment liée à l'évolution des technologies mises en œuvre ;

– le temps immédiatement nécessaire à la production matérielle, conditionné souvent par le rythme et la fiabilité des systèmes et des moyens informatiques.

Lors du passage aux 35 heures, la focalisation sur le temps de travail effectif se fait au détriment des autres types de temps : « 40 % des salariés déclarent avoir moins de temps pour effectuer les mêmes tâches ; de même, 22 % des salariés devant respecter des délais ou normes de production strictes ont vu ces délais raccourcis » (Méda et Orain, 2002). Un DRH témoigne : « Avec les 35 heures, les salariés sont censés ne parler que du travail effectif, sauf que l'entreprise ne peut pas fonctionner comme cela. La fin des rituels – saluer, accueillir – et de la communication informelle mène à une impasse ». Trois effets pervers liés à la mise en œuvre de l'ARTT on été mis en évidence (Gavini, 2001) :

▶ la densification entraîne, à rendement égal, la réduction des temps de préparation, de pauses et d'échanges ;

▶ l'intensification du travail se manifeste par l'accroissement du rendement sans embauche compensatrice et sans changement d'organisation du travail ;

▶ la rigidification entraîne la diminution de l'autonomie et des marges de manœuvre du fait des nouvelles organisations.

Ces changements s'inscrivent dans les évolutions récentes de l'organisation du travail marquées par le morcellement et l'incertitude. Sous l'effet de logiques techniques et commerciales, une part croissante des salariés doit s'accommoder de périodes de travail non programmées. Certains salariés ne connaissent leurs horaires que pour la semaine à venir, d'autres que pour le lendemain seulement (Gollac et Volkoff, 2000).

Le manager doit être attentif à ces effets pervers de l'intensification du travail ainsi qu'aux besoins de maîtrise, d'autonomie, de soutien et de reconnaissance exprimés par les salariés. La maîtrise qu'ont les salariés de leur organisation du travail ainsi que la régularité et la prévisibilité des temps dégagés par l'ATT conditionnent la satisfaction et le bien-être au travail. Cette satisfaction et ce bien-être au travail sont une priorité dans un contexte d'accroissement des risques psychosociaux (stress, *burn out*) générant absentéisme et démotivation.

Conclusion

Le développement de l'ATT transforme le rôle du manager de proximité, favorisant la prise de nouvelles responsabilités et générant de nouvelles tensions avec les collaborateurs. Dans la mythologie grecque, Chronos dévore ses enfants. Le culte de l'urgence (Aubert, 2003) produit de nouvelles pathologies et les risques sur les conditions de travail et de vie ne doivent pas être négligés.

Pour limiter ces risques, ouvrir deux chantiers nous semble indispensable pour les managers de proximité et la DRH (Duyck et Villette, 2010) :

▶ développer l'ergonomie des postes de travail pour éviter une trop forte intensification et densification du travail source de stress, d'absentéisme et de démotivation. Les exigences de productivité très élevées renforcées par les 35 heures (« vous me ferez le même travail en 35 heures qu'en 39 heures ») se révèlent contre-productives et sources de coûts cachés ;

▶ améliorer la qualité de vie au travail. Le bien-être et le plaisir de travailler sont remis en cause par le chronométrage des tâches et la focalisation sur le temps de travail effectif. Les entreprises doivent se préoccuper de la qualité de vie et des conditions de travail des managers de proximité et de leurs collaborateurs, accompagner leur développement professionnel et personnel pour développer l'implication au travail. Ce développement passe par la prise en compte des attentes et des projets des personnes et de la diversité des valeurs attribuées au travail (Colle, Cerdin et Peretti, 2005).

Bibliographie

AUBERT N. (2003), *Le Culte de l'urgence, la société malade du temps*, Flammarion.

DUYCK J.-Y., VILLETTE M.-A. (2010), *Temps du travail et GRH*, Vuibert.

GAVINI C. (2001), *La Métamorphose du travail. Gagnants et perdants des 35 heures*, Liaisons.

GOLLAC M., VOLKOFF S. (2000), *Les Conditions de travail*, La Découverte.

JACQUOT L., SETTI N. (2002), « Réduction du temps de travail et pratiques de gestion des ressources humaines », *Travail et Emploi*, n° 92, octobre, p. 116.

MASSON A., PEPIN M. (2000), « Réduction du temps de travail et enjeux organisationnels », *Travail et Emploi*, n° 83.

PERETTI J.-M. (2006). FAQ : Ressources Humaines, Dunod.

Ulrich V., ZILBERMAN S., (2007), Six figures de l'emploi à temps partiel, Première synthèse, octobre 2007, 39.4.

CERDIN J.-L., COLLE R. et PERETTI J.-M. (2005), « La fidélisation des salariés par l'entreprise à la carte », *Revue de Gestion des Ressources Humaines*, 55, 2-21.

Chapitre 9

Veiller à l'articulation vie professionnelle/vie personnelle

Ariane OLLIER-MALATERRE, Marc DUMAS et David ALIS

Le nouveau contexte démographique est caractérisé par la montée massive des femmes sur le marché du travail, la montée des couples à double carrière, la prise en charge croissante de parents dépendants... Le taux d'activité des mères n'a fait que croître au cours des dernières décennies. En France, le taux d'activité des femmes entre 25 et 49 ans atteint aujourd'hui 85,6 % en moyenne, en augmentation constante depuis quatre décennies. Le taux de natalité est un des plus forts d'Europe[1], obligeant les entreprises à prendre en compte ce contexte démographique. De plus, les normes sociales évoluent : les hommes ont accru leur participation au travail domestique et beaucoup d'entre eux sont très investis dans leur rôle de père et de grand-père, et dans leur rôle de fils lorsque leurs parents prennent de l'âge. Lorsqu'un arbitrage entre le travail et la famille était nécessaire, il était fréquent, dans le modèle de l'homme « gagne-pain » (*breadwinner*), que la famille soit la variable d'ajustement et que la question de l'articulation entre vie professionnelle et vie personnelle repose sur les femmes. C'est moins le cas aujourd'hui, et cela se traduit très concrètement dans le management au quotidien et dans la gestion des carrières. Les entreprises conscientes de leur image, notamment dans le cadre de la « guerre des talents », ont intégré les aspirations des jeunes générations à un meilleur équilibre comme un puissant levier d'attraction. C'est la première raison que les entreprises citent pour justifier la mise en œuvre de pratiques d'harmonisation vie professionnelle/vie personnelle aux États-Unis. Ces politiques d'articulation vie familiale/vie professionnelle se développent aussi

1. INSEE, Enquêtes annuelles de recensement 2004 à 2007.

en France : 64 % des employeurs et 60 % des salariés pensent que leur établissement à un rôle à jouer en matière d'équilibre vie privée/vie professionnelle (Pailhé et Solaz, 2009).

Ces politiques visent aussi à réduire les coûts cachés (absentéisme, démotivation, tensions) et à améliorer les performances de l'entreprise.

L'investissement d'un nombre croissant de salariés, par envie et par nécessité, dans le domaine personnel et familial, réduit de fait leur disponibilité au quotidien : tous les managers ont été confrontés à de la résistance aux déplacements et aux heures supplémentaires non planifiées, et plus globalement au stress et à la fatigue générés par les multiples responsabilités assumées. Les refus de mobilité, et même de promotion, sont également souvent induits par des aspirations et des contraintes liées au hors-travail telles que l'emploi du conjoint, la scolarisation des enfants ou la proximité des parents âgés, qui aident ou ont besoin d'aide. Ainsi, 34 % des femmes et 21 % des hommes, aux États-Unis, disent avoir revu leurs ambitions de carrière à la baisse pour ne pas sacrifier leur vie personnelle (Bond *et al.*, 2005). On sait également que même lorsque le collaborateur accepte une mobilité ou une expatriation, le succès de son adaptation dépend pour beaucoup des conditions dans lesquelles son conjoint et ses proches s'adaptent eux-mêmes. Par ailleurs, une articulation entre vie professionnelle et vie personnelle devenue trop tendue peut inciter un collaborateur à prendre un congé parental ou sans solde, à passer à temps partiel ou même à démissionner : c'est une perte sèche pour le manager qui doit recruter et former une nouvelle personne et pour l'entreprise qui voit son vivier de compétences se réduire. Quand on sait que ce sont souvent les salariés « à haut potentiel », c'est-à-dire les plus qualifiés et impliqués, qui ressentent le plus de conflit entre travail et famille (Thévenet, 2005), on comprend que l'articulation entre vie professionnelle et vie personnelle soit désormais sur l'agenda des managers et des RH.

Dans ce contexte, les motivations qui sont le plus couramment évoquées pour la mise en place de ces dispositions en matière d'articulation des temps sont l'attraction de la main-d'œuvre féminine, la fidélisation du personnel et l'amélioration du moral des salariés (Ollier-Malaterre, 2008). En s'intéressant de plus près au bien-être de leurs employés, les entreprises soignent leur image sociale en interne pour fédérer, et en externe pour attirer (Ollier-Malaterre, 2010).

Le rôle clé du manager de proximité

Les politiques RH formelles, telles que les accords de télétravail et de flexibilité des horaires et des carrières, ou la mise à disposition de services aux salariés (programme d'assistance, services sur site, etc.) sont nécessaires, mais ne sont pas suffisantes pour veiller à l'articulation vie personnelle/vie professionnelle. En fait, les managers sont le maillon essentiel de l'articulation entre vie professionnelle et vie personnelle dans les équipes. On sous-estime volontiers leur tâche : il leur suffit d'appliquer le Code du travail et les politiques définies par les RH ! Pourtant, les politiques sur papier glacé ne servent à rien en l'absence de soutien des managers, car ce sont eux qui informent les collaborateurs, donnent leur accord pour utiliser les politiques RH et surtout évaluent les collaborateurs et leur font supporter, ou non, des pénalités à court ou à long terme (en termes d'évaluation de performance, d'opportunités de développement, de progression de carrière).

La flexibilité du travail dans le temps et l'espace est ce qu'il y a de plus complexe à gérer pour les managers car il s'agit de faire confiance et de manager des collaborateurs qu'ils voient moins souvent et qui leur échappent. Nous formulons quelques conseils pour développer cette nouvelle compétence de management (Dumas, 2008).

Il s'agit d'abord de se départir de la norme du salarié idéal, disponible 24/7. Les longues heures de travail sont encore vues par beaucoup de managers comme un gage d'implication et de loyauté. Lorsque la culture de l'entreprise et des équipes n'est pas favorable à l'articulation, les salariés ne croient pas aux efforts affichés par les RH, et continuent à penser que l'employeur les encourage à s'investir dans le travail aux dépens des autres domaines de vie. Certains deviennent cyniques : par exemple, ils voient les équipements portables comme un moyen déguisé de les faire travailler en tout lieu et à toute heure.

Pour éviter cette montée du cynisme organisationnel, le manager gagne à éviter les normes du salarié idéal et à prendre exemple sur la gestion des équipes virtuelles : par exemple, le fait d'énoncer des objectifs professionnels explicites et d'évaluer les collaborateurs sur les résultats qu'ils obtiennent plutôt que sur le temps passé au bureau.

Soutenir ses collaborateurs

D'un point de vue éthique, ce qu'un manager doit à son équipe, c'est de l'information, de l'écoute, de la reconnaissance et de la bienveillance. Un de vos collaborateurs perd soudainement en performance ou refuse des responsabilités, il montre des signes de stress au travail (perte de concentration, irritabilité, anxiété, fatigue…) : l'accumulation des changements familiaux et professionnels survenus récemment dans sa vie (charge parentale, rythme d'activité, déplacements professionnels…) rend difficile l'articulation vie personnelle et vie professionnelle. Ainsi, cette assistante confie ses difficultés liées à son changement de poste : « Mon passage d'assistante à responsable "hot line" a augmenté mon amplitude horaire et j'ai des responsabilités plus importantes donc j'ai de moins en moins de temps le soir pour m'occuper de mes enfants… Cela implique plus de stress, de fatigue et donc moins de patience ».

Réagissez à temps pour aider le salarié avant que les problèmes ne s'accumulent et qu'il ne perde pied ou décide de partir. Veillez à ne pas être intrusif, mais identifiez ses besoins en discutant régulièrement avec lui. Ce manager témoigne : « Si une personne me répond en arrivant au travail qu'elle est stressée, je ne m'en moque surtout pas et je veux en savoir plus… Surtout, il ne faut pas rajouter de la pression ». Il ajoute qu'on « n'a pas à poser de question personnelle, à moins que le salarié n'*évoque lui même le problème* ».

Commencez par informer le collaborateur sur les pratiques d'aides et de services que l'entreprise propose (crèche, conciergerie, prestation de services domestiques…). Il est fort probable qu'il ne se soit pas renseigné par manque de temps… Si la situation l'exige, orientez-le vers un spécialiste : le médecin du travail, l'assistante sociale… « Des brochures sont adressées aux collaborateurs, des numéros spéciaux sont consacrés aux services d'aide aux salariés, les salariés peuvent se documenter sur l'Intranet, mais je ne pense pas qu'ils aient le temps de les parcourir. C'est donc à nous d'informer nos équipes ».

Pour aider les salariés, les managers doivent ainsi connaître les outils mis à leur disposition par les RH. Ils peuvent ainsi s'en faire les relais, et orienter un collaborateur vers le service d'assistance juridique, expliquer ce qu'est un partage de poste, ou encore rappeler l'existence des formations de prévention du stress.

Le soutien du management de proximité en situation : l'annonce de congés de maternité et paternité

L'observatoire de la parentalité en entreprise assure la promotion de la charte de la parentalité. L'objectif de la charte signée par de nombreuses entreprises est triple : d'abord faire évoluer les représentations de la parentalité en entreprise, ensuite créer un environnement favorable aux salariés parents, en particulier la femme enceinte, enfin respecter le principe de non-discrimination dans l'évolution des salariés parents. L'observatoire a édité un guide pratique à l'usage des managers[1] à partir de situations réelles auxquelles les managers sont régulièrement confrontés. Nous présenterons quelques recommandations.

…/…

1. Ballarin J., Salomon Pomper J., « Guide du manager de proximité en entreprise », téléchargeable sur le site de l'observatoire de la parentalité en entreprise : http://www.observatoire-parentalite.com

Une coéquipière vous annonce sa grossesse : « Évitez de culpabiliser votre collaboratrice à cause de sa grossesse. En revanche, accueillez l'annonce de la grossesse sans porter de jugements et tenez compte des changements physiologiques et psychologiques de l'état de grossesse. D'après une enquête SOS Prema, 4 femmes sur 10 seraient stressées à l'idée d'annoncer leur grossesse à un employeur. Être enceinte n'est pas une maladie. »

Un de vos collaborateurs souhaite prendre un congé de paternité : « Évitez d'ignorer le nouveau statut de père de votre collaborateur mais félicitez votre collaborateur dès que la naissance est connue et encouragez le père dans son projet parental. La conciliation vie professionnelle/vie personnelle n'est pas un sujet réservé aux femmes. Le congé de paternité permet aux hommes de bénéficier de nouvelles qualités dont l'entreprise est aussi bénéficiaire. »

Respecter les différences individuelles

Si nous parlons dans ce chapitre d'articulation ou d'intégration, plutôt que d'équilibre, c'est parce que l'articulation entre vie professionnelle et vie personnelle ne consiste pas nécessairement à assurer 50 % de son temps et de son énergie dans chacune des sphères. L'équilibre est défini par chacun, en fonction de ses aspirations individuelles, des normes sociales dans son milieu socio-culturel et professionnel, de ses contraintes et ressources. De plus, il évolue en fonction du cycle de vie. La règle d'or pour le manager, comme pour les RH, est le volontariat. Il ne fait aucun sens d'imposer les mêmes normes à tout le monde dans une équipe ou une organisation telles que partir à 18 heures, ne pas envoyer d'e-mails le week-end, prendre toutes ses vacances, etc. Certaines personnes désirent en effet s'investir à plein au travail et en ont la disponibilité physique et psychologique. Il serait contre-productif que le manager se montre normatif et moralisateur car ces personnes pourraient fort mal accepter qu'on leur prescrive leur mode de vie.

Les managers de proximité, sur qui beaucoup de responsabilités reposent, pourront être soutenus dans l'acquisition de ces nouvelles compétences par les RH, notamment grâce à des formations qui leur permettent de comprendre les enjeux de l'articulation vie professionnelle/vie personnelle en termes de bien-être des salariés mais aussi de performance de l'entreprise et de simuler des situations concrètes, et aussi grâce à une cellule d'assistance qui leur expliquera par exemple comment négocier le télétravail avec un nouveau collaborateur, comment expérimenter des nouvelles solutions en utilisant des périodes d'essai.

Soyez ouvert à des arrangements informels et à des mesures ponctuelles : absences occasionnelles, absences pour événements urgents, télétravail occasionnel, flexibilité des horaires.

Aider les salariés à s'organiser en planifiant l'activité

Pour aider tous vos collaborateurs à mieux articuler vie personnelle et professionnelle, soyez clair sur les priorités du service et les projets afin qu'ils puissent définir leurs priorités de vie.

Ainsi, cette assistante reconnaît qu'elle a appris à mieux travailler pour mieux articuler sa vie personnelle et sa vie professionnelle : « J'ai appris à travailler plus vite, mieux m'organiser, lister les impératifs, les obligations de chaque jour, m'imposer des horaires pour ne pas faire déborder le temps de travail sur le temps familial ».

Engagez une réorganisation du travail au sein de votre service, supprimez les activités dévoreuses de temps non créatrices de valeur, remodelez les postes pour réduire les surcharges de travail de certains collaborateurs. Vos collaborateurs gagneront en efficacité et auront plus de temps à consacrer à leur vie personnelle.

Respectez une double exigence d'aide et d'équité

Limitez dans le temps ces mesures afin de garantir une distribution équitable des arrangements et que les collègues ne ressentent pas une injustice. Rappelez le caractère ponctuel des mesures, afin que vos collaborateurs ne soient pas déçus lorsqu'elles prendront fin. Le retrait d'une mesure peut être perçu comme un signal négatif. De l'avis de cette responsable, « des collaborateurs peuvent ne pas comprendre pourquoi on l'accorde à l'un et pas à l'autre. Il est donc préférable que des arrangements soient trouvés au sein de l'équipe, sans arbitrage de ma part ». Si le manager met en place un arrangement, il doit être attentif à l'équité et à la définition que cet arrangement donne de la justice dans l'entreprise.

Charité bien ordonnée...

Les managers ont tout à gagner en se montrant eux-mêmes comme des personnes impliquées dans plusieurs domaines de vie, et en racontant des anecdotes personnelles s'ils sont à l'aise pour cela. Ils doivent émettre des messages clairs valorisant la conciliation (par exemple en termes de ressourcement) et les apports de la vie personnelle à la vie professionnelle (compétences, créativité, réseau social, etc.). Au-delà des discours, les comportements des dirigeants signalent ce en quoi ils croient et ce qu'ils considèrent légitimes. Un dirigeant qui sait déléguer et partir en vacances, ou bien planifier les comités exécutifs en respectant les dates les plus importantes sur le plan personnel pour ses collaborateurs, inspire ses collaborateurs en montrant que la conciliation est possible, et valorisée, à haut niveau.

Conclusion

Le conflit qui caractérise souvent les relations entre travail et hors-travail n'est pas inéluctable (Alis et Dumas, 2010). Des solutions innovantes sont à la disposition des managers pour une meilleure performance individuelle et collective. Ces pratiques de conciliation recèlent un énorme potentiel en termes de fidélisation et d'implication des salariés. Il importe que les RH, les managers et les dirigeants les mettent en œuvre de façon concertée, créative, et intègre.

Bibliographie

BOND J.T., GALINSKY E., KIM S.S., BROWNFIELD E. (2005), The National Study of Employers, Families and Work Institute.

DUMAS M. (2008), *Vie personnelle et vie professionnelle : vers un nouvel équilibre dans* l'entreprise, Éditions EMS, coll. « Questions de société ».

OLLIER-MALATERRE A. (2008), « Comment les employeurs appréhendent-ils la vie hors-travail de leurs salariés ? Une comparaison entre le modèle français et le modèle anglo-américain », *Recherches et Prévisions*, 92, 47-60.

OLLIER-MALATERRE A. (2010), « Les pratiques work-life des employeurs anglo-saxons favorisent-elles l'implication ? », *Revue de gestion des Ressources Humaines*, 78, 2-16.

PAILHÉ A., SOLAZ A. (dir.) (2009), *Entre famille et travail : des arrangements de couples aux pratiques des employeurs*, La Découverte.

THÉVENET M. (2001), « Vie professionnelle, vie privée et développement personnel », *Revue française de gestion*, n° 134, p. 106-119.

Partie 3

DÉVELOPPER
LES COMPÉTENCES
ET LES TALENTS

Les organisations ont besoin de salariés compétents et même, dans la mesure du possible, talentueux. Ces compétences et ces talents peuvent être recherchés à l'extérieur par le recrutement ou par le recours à l'externalisation. Ils doivent aussi être développés en interne et fidélisés. Dans un contexte de pénurie des talents, les entreprises doivent veiller à identifier les potentiels, accompagner les parcours professionnels et développer les compétences par la formation. Cette partie est consacrée aux politiques et aux pratiques qui permettent de développer le capital humain de l'organisation.

Évaluer le potentiel d'évolution ou le talent ? Il est nécessaire de suivre le potentiel d'évolution de chacun dans un contexte de mutation des métiers et de compétition et de valoriser une notion clé dans l'approche des entreprises : le talent de chaque salarié. Mireille Fesser-Blaess revient sur les différents termes utilisés : compétence, performance, potentiel, talent. Elle apporte un regard sur les diverses méthodes d'évaluation et aborde la question de la mesure de ce potentiel.

Suivre les carrières de ses collaborateurs. Les attentes des salariés en matière d'évolution professionnelle sont fortes. Alain Roger et Jocelyne lentile-Yalenios analysent la coresponsabilité du salarié, de la hiérarchie et de la DRH dans la gestion de carrière et son adaptation aux caractéristiques de l'entreprise et de la population considérée.

Manager la formation. La formation est l'un des moyens pour que le niveau de compétence des hommes et des équipes soit au niveau des exigences des clients. C'est le moyen pour les salariés de réussir leur projet professionnel personnel. Intégrer la formation à la fois dans les projets professionnels personnels des salariés et dans le schéma directeur des RH nécessite une forte implication de la hiérarchie. Alain Meignant présente le rôle du manager dans la formation.

Former des managers. Le rôle des dirigeants et des superviseurs est essentiel pour que les sommes consacrées par les entreprises à la formation soient un investissement créateur de valeur. Louis Forget et Raphaël Doutrebente présentent les compétences du manager et les outils, notamment le coaching permettant de les développer.

Affiner le savoir-être de ses collaborateurs. Laurent Bibard nous invite à réfléchir sur l'éthique au quotidien et nous propose des modalités pour affiner le savoir-être de nos collaborateurs.

Accompagner le développement international des organisations et de leurs salariés. Jean-Luc Cerdin présente le rôle des managers dans l'accompagnement du développement international des entreprises et des salariés.

Chapitre 10

Évaluer le potentiel d'évolution ou le talent ?

Mireille FESSER-BLAESS

Parler de potentiel d'évolution, quinze ans après la première édition de *Tous DRH*, nécessite de se concentrer sur le potentiel d'évolution de chacun dans un contexte de mondialisation ou, avec plus de modernité, de consacrer et valoriser une notion désormais entrée dans l'approche des entreprises : le talent de chaque salarié.

En quinze ans, les lignes hiérarchiques se sont réduites, les durées possibles de carrière se sont allongées, figeant et limitant les possibilités d'évolution. Alors la gestion des talents prend tout son sens. Il nous paraît nécessaire de revenir sur les différents termes utilisés (compétence, performance, potentiel, talent), de porter un regard sur les méthodes d'évaluation et de se poser la question de la mesure de ce potentiel.

Le potentiel et la compétence

La compétence et son évaluation

Le concept de compétence a évolué avec l'apparition de nouvelles pratiques de RH : recrutement, formation, rémunération... L'importance d'une performance accrue des entreprises a nécessité de valider en permanence les savoir, savoir-faire et savoir-être des salariés. Si, dans les années 1970, on parlait de qualification, la nécessité croissante de flexibilité, de polyvalence et d'implication différente des salariés a assis le concept de compétence (Zarifian, 1988) dans la gestion des ressources humaines.

On a glissé de la certitude liée à la qualification et à l'emploi vers des hypothèses telles que la compétence, l'employabilité... L'emploi n'est plus l'affaire de l'entreprise et le capital humain se décrit à travers le marché du travail plus qu'en interne. Peut-être la guerre des talents prédite depuis quelques années modifiera-t-elle ce modèle et cette répartition interne/externe.

En 1982, R. Boyatziz (1982) définissait, en pionnier, la compétence comme « l'ensemble des caractéristiques d'une personne qui la rend capable de fournir un travail excellent ou de tenir parfaitement la fonction donnée parce qu'elle adopte les comportements adéquats ». Nous avons retenu la définition de Joras et Ravier (1993) qui parlent de l'ensemble dynamique des savoirs, savoir-faire, savoir-être (acquis, requis) mis en œuvre pour mener à bien une activité professionnelle ou extraprofessionnelle. À travers cette définition, nous retenons :

– que la compétence est une forme de capacité ;

– qu'il y a en face d'un emploi une capacité de réponse d'un individu à une exigence requise par une situation professionnelle et dont l'articulation est la compétence ;

– que ces savoirs résultent d'un « processus d'amélioration continue de l'individu » ou plus classiquement d'un processus continu d'apprentissage ;

– que la compétence est contingente, relative à une situation de travail. Elle est révélée par la réussite de l'activité menée à bien. La compétence est ce qui permet d'être performant.

Nous retiendrons en synthèse que la compétence est une mise en œuvre de savoirs, savoir-faire et savoir-être dans un contexte de travail donné, une culture, un style de management. Elle est donc contextuelle. Elle est à ce titre mesurée par une performance.

Des outils servent à compléter cette approche et à mesurer la compétence, notamment dans sa dimension comportementale. Mais leur valeur prise isolément en matière d'évaluation reste à démontrer. C'est le croisement des méthodes et entretiens qui améliorent la validité du processus de recrutement et d'évaluation.

Le potentiel et son évaluation

Le terme potentiel vient du latin *potens*. Selon le *Larousse* (1995), le qualificatif potentiel « se dit d'une chose qui existe en puissance, virtuellement mais non réellement (*qualité potentielle*) – contraire : actuel ».

L'étymologie en est le latin *potentialis*, *potens*, puissant. L'expression « en puissance » désigne bien des phénomènes qui existent mais ne se manifestent pas encore. La GRH a transformé en substantif l'adjectif potentiel pour désigner les capacités professionnelles qui n'ont pas encore fait la preuve de leur performance. On parle de compétences dès lors qu'elles deviennent visibles au travers d'un niveau de performance, mais de potentiel quand elles n'ont pas encore eu l'occasion de se manifester. Le concept s'est dégagé peu à peu de la pratique.

Les rares définitions du haut potentiel recueillies lors d'un travail de recherche sur le même sujet furent les suivantes : « On parle ici de battre les standards de performance dans son poste actuel et de la capacité à évoluer rapidement. On parle ailleurs de population disposant d'un suivi particulier et bénéficiant d'un programme de formation qui vise à étendre les capacités mais aussi à forger les ambitions. D'autres, dans les comités de direction, dressent la liste des personnes dont ils ont remarqué la performance et leur font subir les épreuves d'un « assessment center ». Enfin, autre pratique, un mentor rend, en interne, les services d'un coach auprès des salariés à qui vont être confiées, à terme, des responsabilités importantes ainsi qu'à ceux qui viennent d'y accéder » (Fesser et Pelissier-Tanon, 2007).

Peu d'informations, mais déjà l'essentiel : l'expression « haut potentiel » concernerait des (jeunes ?) collaborateurs, faisant la preuve de leur performance, pour qui l'entreprise organise des programmes de développement professionnel spéciaux, dans l'espoir d'y puiser ses futurs dirigeants. La performance serait donc le critère décisif, du moins la condition *sine qua non* du bon déroulement du processus.

L'ambiguïté du concept de potentiel transparaît cependant à travers la diversité de ses acceptions. P.-G. Hourquet et V. de Saint-Giniez en ont fait la synthèse et relèvent sept définitions du potentiel, qu'ils regroupent en trois catégories selon la forme d'évaluation à laquelle chacune d'entre elles correspond, diagnostic, pronostic ou prévision (Hourquet et de Saint-Giniez, 2001).

Tableau 10.1 – Les différentes conceptions du potentiel et leurs enjeux

Forme d'évaluation	Définition du potentiel	Horizon temporel retenu	Personnes concernées par l'évaluation	Finalité recherchée
Diagnostic	Non atteinte du seuil d'incompétence	Présent	Tous les cadres	Éventuelle promotion
	Excellence dans une filière	Présent	Cadres confirmés	Confirmation dans la filière
	Étendue du champ des possibles	Court-moyen terme	Tous les cadres	Orientation
Pronostic	Capacité à occuper un poste précis	Court-moyen terme	Tous les cadres	Recrutement interne
	Capacité à exercer des responsabilités plus importantes	Court-moyen terme	Cadres performants	Suivi de l'évolution dans le poste ou promotion
Prévisionnel	Niveau hiérarchique maximal atteignable	Long terme	Tous les cadres	Rémunération Gestion de la mobilité verticale
	Cadres à haut potentiel	Long terme	Tous les jeunes cadres	Détection des futurs dirigeants

D'après Hourquet et de Saint-Giniez

Cette diversité de définition correspond, selon Hourquet et de Saint-Giniez, à une diversité de finalités. L'évaluateur s'interroge sur « la non-atteinte du seuil d'incompétence » quand il doit décider d'une promotion. Il scrute « l'excellence dans une filière » s'il s'agit de confirmer quelqu'un dans cette filière. Il fait le tour « du champ des possibles » pour affiner une orientation. Voilà pour le diagnostic.

Quant au pronostic, pour un recrutement interne, l'évaluateur s'intéresse à « la capacité à occuper un poste précis ». Pour le suivi dans l'évolution du poste ou pour une promotion, il juge de « la capacité d'exercer des responsabilités plus importantes ».

Et enfin, concernant la prévision, l'évaluateur s'interroge sur « le niveau hiérarchique maximal atteignable » quand il s'agit de fixer une rémunération ou de gérer une mobilité verticale. Et on parle de « cadres à haut potentiel » pour détecter les futurs dirigeants.

Finalement, peu importe la diversité des finalités recherchées par l'entreprise car cela mène de toute façon à une promotion, à savoir la nomination à un certain poste d'une personne qui n'a pas encore démontré des compétences requises par ce poste. La question reste de faire un pronostic sur sa « probabilité d'être performante dans telle ou telle fonction ». C'est dans ce contexte de promotion que se pose donc la question du potentiel.

Et la définition du potentiel se modifie aussi au fur et à mesure du glissement de la finalité de l'évaluation :

– c'est de plus en plus, pour l'entreprise, le souci de ne plus s'engager dans l'urgence mais de procéder avec méthode à l'ensemble des décisions de promotion de l'entreprise ;

– c'est de moins en moins, pour le salarié, une opportunité qui se présente comme un effet du sort, mais la satisfaction de faire partie du petit nombre de ceux qui ont toutes les chances de faire carrière dans l'entreprise.

En bref, le concept de potentiel a été opérationnalisé sans qu'on ait eu vraiment besoin de savoir ce qu'il recouvre. On comprend que les entreprises cherchent à procéder avec méthode à ces décisions de promotion et, notamment, à évaluer les potentiels.

Il s'agit aussi, de plus en plus, de communiquer aux salariés la possible appartenance à un groupe social constitué pour lesquels l'entreprise développe une gestion différenciée similaire aux approches marketing « élitistes » existant hors ressources humaines. Il s'agit parfois aussi d'y associer des programmes de rétention et de fidélisation.

Selon l'entreprise et ses valeurs définies ou intrinsèques, la mesure du potentiel va différer et sera souvent peu explicite tant en interne qu'en externe. À ce titre, l'ouvrage de Frank Bournois sur les pratiques des entreprises du CAC 40 est un véritable exemple. Les monographies décrivent les données essentielles de la politique RH de ces groupes et sociétés. Sur la question du potentiel, finalement peu de choses apparaissent.

La lecture de la presse et des promotions nous indique cependant que deux éléments sont de manière courante et souvent inadaptée dans les entreprises des éléments récurrents de mesure de potentiel : la mobilité, essentiellement internationale et le diplôme de la personne promue. Il s'agit d'estampiller de manière certaine lorsque l'on justifie d'un choix d'une personne à un poste dans une entreprise et ces éléments sont peu remis en question en la matière. Nous pensons pour notre part qu'ils sont insuffisants et d'autres éléments relatifs à la contribution à l'entreprise et à une expression modeste de sa performance sont plus significatifs de potentiel mais moins courants dans les pratiques à ce jour.

Le rôle de la performance

La compétence recouvre la capacité à être performant dans tel emploi ou tel contexte donné. Ce sera le marché ou des instances extérieures à l'individu qui jugeront de la performance, voire qui l'évalueront si possible sur des éléments objectifs.

Les compétences ne peuvent être mesurées objectivement hors du temps et de l'espace dans lesquelles elles s'inscrivent et elles prennent leur sens en fonction de la réalité du travail effectué et de son contexte.

Le potentiel lui ne peut être mesuré par une performance. C'est un élément majeur que le management doit intégrer. C'est en cela que les attentes de l'entreprise vers les managers directs doivent s'attacher à faire mesurer la compétence des collaborateurs à travers une performance identifiée. Il n'est en revanche pas du ressort du management direct de mesurer le potentiel de ses collaborateurs. Ce ne peut pas être son rôle. Il doit se concentrer sur l'évaluation de la performance. Le potentiel et sa mesure nécessitent en effet une distance par rapport à l'action que, sauf cas très exceptionnel de « sages » managers, la plupart ne sont pas en mesure de réaliser. Ainsi va la nature humaine.

L'articulation des différents éléments

Figure 10.1.

Objectifs, ressources
Compétence
Savoir/savoir-faire/savoir-être

Potentiel

Culture
Performance

Situation de travail
Éléments extérieurs : contexte économique... + implication, engagement

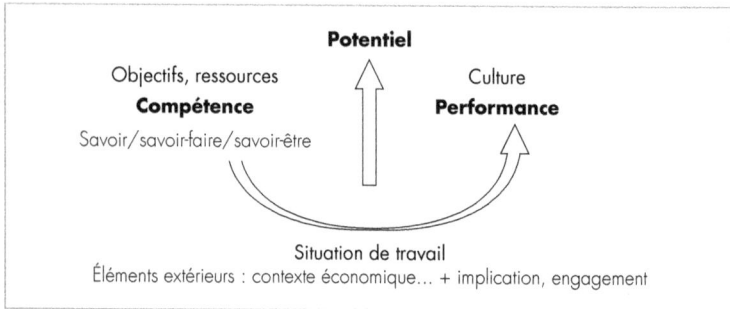

Ce schéma nous amène à porter l'attention au fait que si la compétence et la performance ne sont pas présentes, il ne convient pas de rechercher le potentiel. Ces deux éléments sont fondamentaux et préliminaires selon nous à la notion de potentiel.

Cette approche diverge d'autres approches du potentiel qui sont résumées dans la synthèse et le tableau précédent (voir plus haut) que nous pourrions résumer en « une gestion du potentiel pour tous ».

Une nouvelle approche : la notion de talent

Dans un contexte où la gestion des talents est à l'ordre du jour de la plupart des sociétés à travers la désormais habituelle guerre des talents, qu'en est-il du lien avec la notion de potentiel ? Parle-t-on des mêmes notions ?

L'origine du mot talent ne relève pas de la même logique. Il vient du latin *talentum*, mot qui désignait un poids et une somme d'argent en Grèce. *Talentum* était employé dans une parabole évangélique (« parabole des talents », Matthieu, XXV) et a donné les sens figurés « état d'âme » et « aptitude ». En ancien français et jusqu'au XVIe siècle, après avoir eu le sens d'« humeur » et « état d'esprit », *talent* a signifié « désir », « volonté », sens qu'on retrouve dans les locutions *avoir en talent* (« désirer »), *faire son talent de* (« agir à son gré »), *dire son talent* (« donner son avis »). Le sens moderne, « don », « aptitude », est présent dans le latin scolastique (essor au XIIIe siècle) *talentum*.

Par rapport à l'emploi classique, « disposition naturelle ou acquise pour réussir en quelque chose », l'usage moderne met l'accent sur l'idée d'aptitude particulière dans une activité appréciée par le groupe social. En emploi absolu, *le talent* se dit d'une aptitude remarquable dans le domaine intellectuel ou artistique.

Par métonymie, le mot sert à désigner la personne qui a un talent particulier, la qualité ou l'ensemble des qualités d'une œuvre dénotant le talent de son auteur.

Il est défini aussi comme une aptitude distinguée, capacité, habileté donnée par la nature ou acquise par le travail (ainsi dit, comme l'a montré M. de Rémusat, par une métaphore tirée des talents de l'Évangile). M. Buckingham et C. Coffman ont pu définir le talent comme un mode stable de pensée, de sentiments ou de comportement susceptible d'engendrer des résultats positifs (2001).

Convergences des notions

Que l'on parle de talent ou de potentiel, les deux aspects sont évoqués dans la littérature comme devant être développés. Ils ne sont pas à l'état brut, même si on rapproche parfois le talent du don. Les deux notions sont considérées dans les ouvrages sur le sujet comme des notions supérieures à la compétence qui, elle, ramène, nous l'avons vu, à l'emploi, au poste.

Manager les hommes revient, pour une bonne part, à gérer leurs talents, notamment mettre à jour et développer leurs capacités. Parler de talent, c'est s'orienter sur les points forts, les compétences validées. C'est aussi admettre l'imperfection. C'est prendre les hommes comme ils sont, riches d'un potentiel que le manager se doit de détecter et de développer.

Divergences

Le potentiel dans les entreprises correspond à une dimension globale, une intégration à la norme sociale, aux valeurs exprimées par l'entreprise dans laquelle le potentiel s'exprime. Le potentiel correspond à une capacité à évoluer dans l'organisation au poste au moins supérieur au poste actuel et, en principe, avec une visibilité sur un deuxième poste au-delà de celui-ci.

On peut parler alors d'attribution de potentiel, au sens de chance d'obtenir une promotion, plus que de détection du potentiel, au sens de probabilité de réussir dans le nouveau poste. Mais la réussite n'est pas une conséquence systématique de la promotion, sauf à dire qu'appartenir à un groupe identifié par des caractéristiques extérieures suffit pour réussir. L'appartenance à une communauté est, de fait, un des critères possibles de toute promotion.

Le talent apparaît plus ciblé. On le reconnaît à sa mise en œuvre immédiate, répondant à un besoin ciblé, à une utilisation particulière par l'entreprise.

Au regard des éléments précédemment évoqués, quelles sont les distinctions à établir entre talent et les autres vocables tels que compétence ? Le talent est-il de l'ordre du don ou de l'acquis ? Telle est la question essentielle posée par Pierre Mirailles (2007).

De son côté, Robert Salais (2006) reprend et développe le concept de « capacités » (issu des travaux du prix Nobel Amartya Sen), fondé sur la liberté réelle des individus et sur l'esprit d'innovation de l'entreprise.

Ce qui compte, ce n'est pas l'évaluation de la situation sociale et économique d'un individu, qui peut se faire à partir de ses résultats financiers, mais c'est de savoir ce que chacun peut concrètement arriver à faire, du point de vue de sa liberté de choix et avec les ressources qui lui sont données[1].

Il nous faudrait donc davantage prendre en compte l'être humain en sa qualité de personne enracinée dans ses collectifs de travail, politiques, associatifs, familiaux. Il ne s'agirait pas de promouvoir l'individualisme au sens libéral, mais de reconnaître le sujet de droit au lieu de le réduire à un objet collectif de droit. Il s'agit de retrouver le sens de sujet donné par Kant « à la personne considérée comme le support proprement dit du droit » et non pas en rester à la notion de *subjectus* (soumis) (Brouillet et Fesser, 2008).

Ces références visent à inciter chacun à se forger sa propre conception, afin de mieux aborder les questions telles que :

– pourquoi s'accorde-t-on désormais à considérer que nous sommes effectivement engagés dans une guerre des talents et pourquoi faut-il se préoccuper de gérer le talent dans l'entreprise ?

– pourquoi faudrait-il le reconnaître et le stimuler ?

Pourquoi et pour quoi se préoccuper de la gestion du talent dans l'entreprise ?

Dans un système de « flexicurité » où l'autonomie, l'initiative, la polyvalence s'imposent désormais comme des atouts, la notion de lien de subordination inhérent à la définition même du contrat de travail doit nécessairement être révisée. Il nous faut savoir réinventer le contrat de travail pour en faire un outil de gestion des talents, ce qui implique nécessairement une dose d'individualisation de la convention, une acceptation de la négociation des clauses déterminantes – sans pour autant dériver vers les pratiques discriminatoires (Brouillet, 2001).

Le salarié considéré comme un talent donne dès signature de son contrat la preuve de sa faculté d'autonomie, du sérieux de la compétence proclamée et le gage de la performance face aux clients, fournisseurs, collègues, etc. mais aussi, de sa volonté d'investissement dans l'entreprise ou, du moins, d'acceptation de sa finalité et ses valeurs.

---

1. Voir la notion de talent depuis Virgile (70/19 avant J.-C.) dans l'Épilogue « À chacun ses talents » en passant par la Bible et certaines fables de Jean de La Fontaine, où l'on retrouve cette vision du « talent donné » à l'origine et à chacun, mais qu'il convient de faire fructifier…

Dans la compétition internationale accrue entre les entreprises mais aussi en raison de la concurrence désormais instaurée entre les salariés eux-mêmes, il importe de stimuler chacun à faire valoir sa capacité de développer son propre talent, dès lors qu'il contribue à la progression de l'équipe.

Un talent strictement individuel n'aurait *a priori* ni sens ni utilité dans une activité impliquant un objectif par nature collectif. À l'inverse, l'absence de reconnaissance du talent propre à chacun est non seulement une perte de « valeur ajoutée » pour la collectivité, mais se révèle une nouvelle forme de frustration et de démotivation pour des collaborateurs qui cherchent de plus en plus à le faire valoir… en dehors de l'entreprise.

C'est cette finalité visant à assurer à la fois le développement de la personne et de l'équipe qu'il convient de privilégier.

L'évaluation des talents et les outils

La période d'essai telle qu'elle existe aujourd'hui correspondait aux nécessités d'une époque où il convenait de démontrer qu'on avait la qualification (formation, expérience, savoir-faire…) requise pour le poste. Le talent se démontre dans le résultat spécifique, non de manière générale. Lors de l'exécution du contrat de travail, il n'est pas sans intérêt d'organiser des tests spécifiques et/ou des bilans de compétence, voire des *assessment center* permettant d'apprécier l'évolution des capacités. Savoir évaluer le talent c'est aussi désormais savoir rémunérer les talents et savoir malgré les obligations légales faire une différence entre des salariés occupant le même poste. La Cour de cassation l'a toujours admis dès lors que l'employeur peut faire valoir des éléments objectifs concernant « la différence de qualité de travail invoquée »[1]. D'où l'importance de bien formaliser les entretiens d'évaluation et ne pas feindre d'ignorer leur impact sur la classification ou la rémunération.

Conclusion

En conclusion, ces notions de compétence, potentiel, talent, sont des fondamentaux de la gestion des hommes et des femmes de l'entreprise et de leur évaluation soit à travers leur performance soit dans la valeur prédictive de la notion de potentiel. Il n'y a pas d'entreprise pérenne sans cette gestion des individus et l'examen de leur contribution. Il ne faut cependant pas oublier de mettre cela en regard des postes et de leur évolution au fil du temps.

---

1. Cass. Soc., 8 novembre 2005.

C'est de la responsabilité du management et donc de l'entreprise de réaliser cet ajustement permanent entre l'évolution des besoins en compétence liés au marché et l'adaptation des ressources. Parfois, nous oublions que nous effectuons, à travail égal et sans promotion aucune, différemment notre travail d'aujourd'hui au regard d'hier et *a fortiori* de demain. Et que chaque individu, quels que soient les standards mis en place, y met sa touche personnelle, sa patte ou son supplément d'âme selon son engagement personnel.

Nous mesurons là en quoi la modestie, par exemple, en ce qu'elle a de non-nécessité de paraître et d'indépendance donne au salarié évalué comme potentiel une vraie force pour le futur. Le courage managérial ainsi facilité reste l'atout des meilleurs. La prise de responsabilité et de risque qui en découlent sont des éléments de l'avantage concurrentiel. La capacité de remise en question permanente est un vecteur de réussite. Ne pas chercher à paraître mais à être véritablement reste à l'instar de tout ce qui a été développé par les philosophes anciens, la source du potentiel.

Bibliographie

ZARIFIAN P. (1988), « L'émergence du modèle de la compétence », *in* Stankiewicz F., *Les Stratégies d'entreprise face aux ressources humaines. L'Après taylorisme*, Economica.

BOYATZIZ R. (1982), *The Competent Manager*, John Wiley, New York 1982.

BROUILLET J. (2001), « Savoir réinventer le contrat de travail », *Cahiers du DRH*, 9 mars 2001.

BUCKINGHAM M. et C. COFFMAN (2001), *Manager contre vents et marées*, Village Mondial, 2001.

FESSER-BLAESS M. et BROUILLET J. (2008), « Les politiques et pratiques face au contexte juridique », *in Tous talentueux* (dir. J.-M. Peretti), Éditions d'Organisation, 2008.

JORAS M. et RAVIER J.-N. (1993), *Comprendre le bilan de compétences*, éd. Liaisons, Paris.

LÉVY-LEBOYER C. (2000), « L'évaluation des compétences dans le monde du travail », *Personnel*, n° 412, août-septembre 2000.

MIRAILLES P. (2007), *Le Management des talents « Talents et compétences »*, L'Harmattan.

SALAIS R. (2006), *Développer les capacités des hommes et des territoires en Europe*, Anact.

Chapitre 11

Suivre les carrières de ses collaborateurs

Alain ROGER et Jocelyne IENTILE-YALENIOS

La gestion de carrière est l'un des domaines de la gestion des ressources humaines dans lequel les responsables hiérarchiques ont un rôle essentiel. Les services de GRH s'appuient sur eux pour identifier, notamment à l'occasion des entretiens annuels, les possibilités d'évolution de leurs collaborateurs. Beaucoup de carrières n'auraient jamais connu la réussite qu'elles ont connue sans les encouragements et le soutien d'un responsable qui considère que le développement de ses collaborateurs fait partie de son rôle et qui s'implique pour l'aider à progresser.

Inversement, des carrières sont parfois bloquées par un responsable privilégiant son intérêt personnel pour garder dans son service une personne performante dont il cache le potentiel d'évolution de manière délibérée. Si la personne est consciente du blocage auquel elle est confrontée, elle prendra alors en main sa propre carrière et cherchera à l'extérieur un emploi correspondant à ses compétences et à ses aspirations. L'entreprise risque donc de voir partir un salarié qu'elle aurait souhaité fidéliser. Une DRH ouverte, à l'écoute du personnel peut éviter ce type de situation en sensibilisant la hiérarchie et en proposant aux salariés de les guider dans leur projet professionnel.

La complémentarité des rôles de la personne, de sa hiérarchie et de la direction des ressources humaines ressort donc clairement : l'individu, pour bien piloter sa carrière, a besoin du soutien de sa hiérarchie, mais aussi des conseils de la direction des ressources humaines qui lui fournit des informations et des outils de développement. La gestion des carrières suppose un équilibre difficile à trouver entre une coopération favorisant le climat social, mais aussi une certaine compétition, source de dynamisme, entre la prise en compte des souhaits individuels, mais aussi des contraintes organisationnelles.

Une recherche d'équilibre entre coopération et compétition

La fidélisation du personnel est un des soucis de nombreux responsables désireux d'assurer la pérennité de leur activité. C'est notamment le cas dans des entreprises où l'ambiance, les relations humaines, sont au cœur des préoccupations, où la loyauté, l'esprit d'équipe sont fortement valorisés. L'accent est mis sur l'acquisition et le développement de la culture interne, l'accueil dans une « grande famille ». La coopération, les relations de confiance entre les salariés sont au centre des préoccupations. La hiérarchie participe alors largement au choix de ses collaborateurs et facilite leur intégration avec l'aide de « parrains ». Des « mentors » veillent à la transmission des savoirs et des savoir-faire en perpétuant l'esprit et les traditions de l'entreprise. Le souci est plus de maintenir un bon climat social que de développer les carrières, mais l'accent porté sur les relations humaines fait que la hiérarchie est très à l'écoute des besoins et des aspirations de ses collaborateurs et cherche à prendre en compte les souhaits exprimés dans la mesure des possibilités de l'organisation.

La coopération est également très développée dans les entreprises centrées sur le développement individuel. La volonté de favoriser la réalisation des potentiels répond au souci de prendre en compte les aspirations des individus, mais aussi d'améliorer le fonctionnement de l'organisation en valorisant ses ressources humaines. Le développement individuel se traduit alors par des évolutions internes sous forme de mutations ou de promotions, mais il n'exclut pas une mobilité externe lorsque la structure organisationnelle ne permet pas de faire évoluer les gens selon leurs capacités et leurs souhaits. L'entreprise favorise alors l'acquisition de compétences nouvelles pour améliorer l'employabilité interne et externe de ses salariés. Des entretiens d'orientation ou des bilans professionnels permettent de mieux cerner les aspirations et les potentiels, et les responsables hiérarchiques jouent un rôle essentiel en matière de suivi de carrière.

La concurrence internationale et la pression des marchés poussent cependant certaines entreprises à développer une compétition interne et à répercuter sur leurs salariés la pression qu'elles connaissent en externe. Les gens disposent d'une grande autonomie, mais ils sont condamnés à réussir, à suivre le rythme pour rester parmi les meilleurs. Les plus méritants sont promus, et ceux qui n'atteignent pas les résultats attendus s'en vont. Le principe de base est alors que l'individu est le principal responsable de la gestion de sa carrière. Le parcours professionnel est déterminé par l'expérience individuelle de « victoires » ou de « défaites » dans une succession de « tournois » auxquels ils participent pour changer d'affectation et qui déterminent pour une grande part les chances d'évolution future[1].

Le fait de porter l'accent sur la compétition et les résultats n'exclut cependant pas des visées de développement individuel. Le responsable peut manifester une forte préoccupation managériale à l'égard de ses collaborateurs dans la mesure où il est conscient qu'il a besoin d'eux pour obtenir lui-même des résultats. Il leur donnera les moyens de se perfectionner et d'être plus efficaces, il favorisera l'évolution salariale et la promotion des meilleurs, quitte à tomber dans le piège du principe de Peter en les faisant évoluer jusqu'à ce qu'ils atteignent leur « seuil d'incompétence ». Ceux qui réalisent à temps leur situation peuvent quitter l'entreprise et retrouver un emploi dans de bonnes conditions. S'ils attendent trop longtemps, ils risquent de partir sur un échec, voire en situation d'épuisement professionnel. Leurs responsables se préoccupent rarement de ce qu'ils deviendront par la suite lorsqu'ils auront dû quitter l'entreprise du fait de résultats insuffisants. Ils peuvent toutefois se soucier du suivi de ces personnes en considérant une vision plus large de leur carrière au-delà du cadre restreint de l'organisation ou en réponse à des incitations liées à une politique de Responsabilité sociale de l'entreprise incitant à l'adoption de comportements éthiques.

Le fait de valoriser la compétition et les résultats n'exclut pas des préoccupations de coopération, d'ambiance ou de développement individuel, mais le système de gestion des carrières doit être cohérent avec les normes et la culture de l'organisation sous peine d'être rejeté, ignoré ou détourné de ses buts.

Une recherche d'équilibre entre souhaits individuels et contraintes organisationnelles

Un responsable soucieux de suivre ses collaborateurs veillera à ce qu'ils aient le sentiment de réussir leur carrière. Cette notion de réussite est interprétée différemment par ceux qui privilégient des critères objectifs (rémunération, mobilité verticale…) et par ceux qui prennent en compte des critères

---

1. Cette théorie des tournois a été développée par James E. Rosenbaum en 1979, dans l'article « Tournament Mobility: Career Patterns in a Corporation » publié dans la revue *Administrative Science Quarterly*, vol. 24, June, p. 220-241.

subjectifs (qualité du travail, épanouissement personnel, reconnaissance…). Les enquêtes réalisées sur ce sujet montrent que l'épanouissement personnel, l'intérêt au travail, les possibilités de développement ou l'équilibre entre des activités professionnelles et les aspirations de la vie privée sont celles qui ressortent le plus dans la conception que les cadres se font de leur réussite de carrière, même si elles n'excluent pas les critères habituels d'évolution de salaire ou de statut. Un cadre interrogé sur sa réussite de carrière expliquait par exemple qu'il remplissait toutes les conditions pour être considéré comme quelqu'un qui a réussi sa carrière, mais que personnellement, il n'aurait l'impression de l'avoir réussie que lorsqu'il aurait plus souvent la possibilité de voir ses enfants et de s'occuper d'eux. La recherche d'un équilibre de vie permettant de concilier la vie privée et la vie professionnelle semble jouer un rôle accru dans le sentiment de réussite de carrière, notamment chez les jeunes générations. Un responsable hiérarchique ne peut considérer qu'il suit la carrière de ses collaborateurs sans prendre en compte ces attentes.

Cette dimension d'équilibre de vie est une dimension à laquelle sont attachés aussi bien les hommes que les femmes, mais elle ne se pose pas dans les mêmes termes pour chacun d'eux[1]. Ils ont des visions différentes du lien entre leurs souhaits et les contraintes organisationnelles : les femmes interrogées disent avoir à gérer et à « subir » en quelque sorte l'influence de leur vie privée sur leur vie professionnelle. Par contre, les hommes interrogés ont plutôt à gérer et à « subir » l'influence de leur vie professionnelle sur leur vie privée. Les responsables qui souhaitent prendre en compte cette dimension parmi les préoccupations de carrière de leurs collaborateurs doivent cependant le faire avec précaution car ils risquent d'être perçus comme trop inquisiteurs en s'ingérant dans leur vie privée. Certains outils peuvent toutefois faciliter la réflexion tout en la guidant : une grande entreprise de BTP inclut par exemple dans son support d'entretien annuel individuel une case de commentaire libre sur « équilibre vie privée/vie professionnelle ». Si les outils de gestion comme les systèmes d'appréciation du personnel stimulent l'échange sur les besoins d'évolution et les aspirations personnelles, leur impact reste limité : une enquête nationale du Centre d'étude sur l'emploi montre que 51 % des salariés estiment que les démarches d'évaluation sont suivies de conséquences concrètes sur leur carrière[2].

Les nouvelles formes d'organisation du travail (travail à distance, mobile…) peuvent permettre de concilier les contraintes organisationnelles avec les

---

1. Par Fabienne Bastid et Alain Roger, « Sentiment de réussite de carrière, qualité du travail et équilibre de vie », Congrès AIPTLF, Laval, août 2008.
2. Enquête COI (Changements organisationnels et informations) : Centre d'études de l'emploi, 2006.

souhaits des individus qui recherchent un équilibre entre leur vie privée et leur vie professionnelle. La participation aux forums de communautés de pratiques, l'accès aux réseaux sociaux contribuent à rompre l'isolement de l'individu, mais ils peuvent également conduire à des comportements autogestionnaires de la carrière favorisant la « fuite » des individus les plus performants. Dans ces conditions, le suivi de la carrière risque d'échapper au contrôle de l'organisation.

La gestion des carrières doit s'adapter aux caractéristiques de l'entreprise et aux diverses populations qui la composent. Pour répondre à ces besoins, nous proposons trois principes de base : identifier les compétences et les potentiels, anticiper et innover.

Trois principes de base

Identifier les compétences et les potentiels

Même si, dans quelques organisations centrées sur les résultats, la tendance est encore à promouvoir les plus performants et à les laisser faire leurs preuves, beaucoup, pour éviter le principe de Peter, cherchent aujourd'hui à identifier les potentiels d'évolution. La tâche n'est pas facile car, au-delà des compétences actuelles maîtrisées par un individu, la notion de potentiel inclut les compétences qu'il est susceptible d'acquérir dans l'avenir. C'est une estimation, un pari qui porte à la fois sur ses capacités intrinsèques et sur sa volonté de les mettre en œuvre à une échéance donnée.

L'analyse de la carrière des cadres peut donc se faire en croisant les deux dimensions : performance et potentiel (voir figure 11.1). Les personnes à fort potentiel sont parfois affectées à un poste où elles sont encore peu performantes (les « réserves »). Il s'agit souvent d'un tremplin ou d'une période de formation qui leur permettra d'améliorer leur performance et de passer dans la catégorie des « étoiles ». Les personnes à faible potentiel (plafonnées) peuvent être des « piliers » de l'organisation si elles maintiennent leur performance à un niveau élevé, ou au contraire devenir des « branches mortes ». Les organisations innovantes sauront mettre en place des mesures adaptées permettant de mobiliser suffisamment les énergies pour limiter ce risque. Ce n'est pas parce qu'une personne ne peut pas progresser vers des postes de niveau supérieur qu'il ne faut pas se préoccuper de sa carrière. Elle peut avoir des attentes d'évolution en termes de contenu de son travail ou de reconnaissance de sa contribution, et la prise en compte de ces attentes peut permettre de la fidéliser en maintenant son niveau de performance et de contribution à l'organisation.

Figure 11.1. – Modèle d'analyse de carrière[1]

		Potentiel	
		Faible	Élevé
Performance	Élevée	Piliers	Étoiles
	Faible	Branches mortes	Espoir

Anticiper

La gestion des carrières est une partie intégrante de la gestion prévisionnelle des emplois et des compétences. Elle suppose un minimum de visibilité pour envisager différentes hypothèses d'évolution professionnelle. Certaines organisations sont en mesure de définir des scénarios d'évolution de leurs besoins en effectifs par catégories avec une assez grande précision. La gestion des carrières consiste alors pour une large part à rechercher la meilleure adéquation possible entre ces besoins et les projets des individus. Les responsables hiérarchiques sont encouragés par exemple à mettre en place des organigrammes de remplacement pour envisager les affectations possibles et prendre à temps les mesures adéquates.

Cette situation est de plus en plus rare dans le contexte actuel caractérisé par l'incertitude et la rapidité d'évolution. L'anticipation consiste alors à prévoir des mesures pour développer la flexibilité, encourager la polyvalence et la mobilité interne ou externe. En fondant la gestion des ressources humaines sur une logique de compétence, l'entreprise sort du schéma classique, fondé sur les qualifications requises par les fonctions effectivement exercées, pour s'appuyer sur les compétences développées par les individus. Elle cherche à créer les conditions nécessaires, notamment au niveau des parcours de carrière, pour qu'ils puissent mettre en œuvre ces compétences.

Innover

De nombreuses marques de reconnaissance peuvent, sinon remplacer, du moins compenser une limitation des perspectives de promotion. Confier à quelqu'un des projets intéressants permet ainsi parfois de redonner des perspectives d'évolution à des personnes qui se sentaient plafonnées. Certaines entreprises utilisent des symboles tels que le parking, l'emplacement et la

---

1. D'après T. P. Ference, J. A. Stone et E. K. Warren, « Managing the Career Plateau », *Academy of Management Review*, Vol. 2, n° 4, 1977.

taille du bureau, ou bien attribuent des titres considérés comme valorisants, et qui répondent à des besoins de reconnaissance personnelle.

D'autres mettent en place des filières créées de façon plus ou moins artificielle : ainsi, dans une entreprise pétrochimique, les opérateurs frustrés de ne pas avoir de perspectives de carrière se sont vu proposer de valider des compétences, notamment dans le domaine de la qualité ou de la communication[1]. Leur horizon de carrière a ainsi été ouvert avec la possibilité de progresser d'un coefficient supplémentaire dans la grille de la convention collective et d'acquérir un statut plus valorisant qui vient compenser les contraintes d'un travail qui offre peu de perspectives.

La condition principale du succès de ces politiques est l'harmonisation des efforts de chacun des acteurs intéressés : la personne elle-même, bien sûr, la direction des ressources humaines, mais aussi et surtout la hiérarchie aux différents niveaux de l'entreprise. L'expérience montre que la confiance que peuvent avoir les responsables hiérarchiques dans le développement de leurs collaborateurs est un élément clé pour favoriser leur développement professionnel et leur progression dans l'organisation.

---

1. Situation évoquée par Ewan Oiry dans sa thèse, « De la gestion par les qualifications à la gestion par les compétences : une analyse par les outils de gestion », soutenue à l'université d'Aix-Marseille II en janvier 2001.

Chapitre 12

Manager la formation

Alain MEIGNANT

Pour un chef d'entreprise, pour un manager, la compétence des salariés est un facteur clé de la qualité du service rendu au client, de la rentabilisation des investissements, de différenciation concurrentielle. A. de Geus, ancien dirigeant d'un grand groupe international, écrivait dans la Harvard Business Review que « la capacité à apprendre plus vite que ses concurrents était peut-être le seul atout compétitif durable ». C'est vrai pour les entreprises, sur les marchés des biens et services. C'est vrai aussi pour les individus. Leur compétence professionnelle, si elle est reconnue, est un facteur clé de leur positionnement sur le marché du travail, qu'il soit externe ou interne à leur employeur actuel (maintien dans l'emploi, promotion, mobilité, etc.). La formation est évidemment en bonne place parmi les moyens permettant l'acquisition et le développement de ces compétences. C'est un atout à jouer.

En France, un dispositif légal et conventionnel régissant la formation des adultes s'est développé, depuis 1971, pour aboutir à la loi du 24 novembre 2009. Il est sans équivalent dans des pays comparables, dont les entreprises consacrent néanmoins, sans obligation administrative, des ressources du même ordre[1] à la formation de leurs salariés. L'atout que constitue pour les entreprises françaises un dispositif réglementaire qui, malgré des rigidités, offre de nombreuses possibilités, n'est pas toujours joué comme il le pourrait. Dépenser n'est pas investir. Il ne suffit pas de consacrer des ressources, en argent, et en temps, à la formation, pour que celle-ci

---

1. Les entreprises françaises ont consacré, en 2009, 12,6 milliards d'euros à la formation de leurs salariés (2,9 % de leur masse salariale, alors que l'obligation légale est de 1,6 % pour les entreprises de plus de 20 salariés). Ces chiffres les placent, selon les études disponibles (CEREQ, Eurosat), dans une bonne moyenne des entreprises européennes, sans plus.

soit efficace. L'observation des entreprises, et les études conduites sur le sujet, montrent que beaucoup reste à faire.

Dans l'esprit de Tous DRH, nous nous attacherons ici à fournir à ces managers quelques clés pour savoir jouer l'atout formation[1], et pour bien utiliser l'expertise des spécialistes de la DRH.

Le rôle du manager dans la création d'un climat favorable à la formation

Trois exemples illustrent ce rôle :

▶ une étude réalisée en 2005 dans une chaîne de magasins de vêtements a montré très clairement que les magasins les plus performants étaient ceux pour lesquels le directeur régional ne se contentait pas de visites d'inspection sur les chiffres de l'exploitation, mais jouait également un rôle de conseil sur la présentation des articles dans le point de vente, l'explication des qualités des textiles, la présentation des argumentaires sur les articles vendus. Les vendeurs estimaient que ces visites étaient déterminantes sur leur capacité à développer le chiffre d'affaires et les différents indicateurs d'exploitation (nombre d'articles vendus par client, taux de transformation, par exemple). Ils les estimaient beaucoup plus efficaces que des formations en salle réunissant les vendeurs de différents magasins ;

▶ dans une autre chaîne de distribution, de mobilier et équipement de la maison, qui souhaitait développer la proposition de crédit aux clients, une étude a montré que les résultats les plus significatifs étaient obtenus quand la formation était ciblée sur les vendeurs des rayons sur lesquels le potentiel d'intérêt du client pour l'obtention d'un crédit était le plus fort, quand la formation s'accompagnait de la fixation d'objectifs individuels et de stimulations matérielles (primes) ou immatérielles (reconnaissance), et quand le vendeur était coaché par un collègue expérimenté ou un spécialiste extérieur. Dans cette « grappe » de moyens, la formation elle-même ne constituait qu'un élément, essentiel, mais dont l'efficacité passait par une implication réelle du management du magasin dans la création des conditions de réussite. La formation était la même dans tous les magasins (elle utilisait des supports pédagogiques d'excellente qualité mis à disposition par le service formation central), mais, dans ceux qui s'étaient contentés d'inscrire des vendeurs aux stages, sans créer ces conditions de réussite managériales, l'efficacité était faible ou nulle ;

---

1. Le lecteur souhaitant un développement complet de ces points le trouvera dans *Manager la formation*, du même auteur, aux Éditions Liaisons.

◗ en 2010, le DRH Europe d'une grande firme automobile japonaise, faisant le bilan d'un fort investissement dans la formation des vendeurs de la marque par *e-learning* (21 pays, 19 langues), indiquait qu'au-delà des diversités culturelles, une évaluation précise de la différence dans l'efficacité de la formation selon les pays ou régions, montrait qu'elle était très significativement liée à la plus ou moins grande capacité des managers locaux à créer un environnement favorable à l'apprentissage par la stimulation des vendeurs à se former (par exemple, le résultat à un quizz de connaissances sur un véhicule était une condition pour que le vendeur soit autorisé à proposer ce véhicule à un client).

Placés en introduction à ce chapitre, ces trois exemples visent à rappeler une évidence : une graine ne pousse que dans un terrain bien préparé, et régulièrement arrosé ! Les professionnels de la formation ont un rôle d'animation et un rôle technique à jouer, mais ce sont les managers – de la direction générale à l'encadrement de proximité – qui ont un rôle stratégique et opérationnel essentiel pour préparer et arroser le terrain.

Cinq processus principaux constituent les « piliers » d'un système de formation efficace dans une entreprise : l'analyse des besoins, l'élaboration du plan de formation, l'achat et/ou la conception d'actions de formation, le suivi budgétaire et qualitatif, et l'évaluation dans la mesure où elle s'inscrit dans le cercle vertueux de l'amélioration continue. Ce chapitre sera organisé autour de ces cinq piliers, auxquels nous ajouterons en annexe un résumé informatif sur le dispositif légal français.

La logique du découpage en chapitres amène ici à se centrer sur la formation. C'est ce que nous ferons, mais en demandant au lecteur de ne jamais perdre de vue que la formation n'est pas, ne peut pas être, un domaine isolé du reste. Des travaux de recherche, comme ceux du cabinet Watson Wyatt sur l'indice de capital humain, dans les années 2000, ont montré que ce sont des « grappes » de pratiques RH qui, en créant confiance, motivation et reconnaissance, dynamisent les personnes et les équipes et créent de la valeur économique. La formation optimise son potentiel d'efficacité lorsqu'elle s'insère dans de telles « grappes », comportant notamment l'organisation du travail, les politiques RH (en particulier l'évaluation et la gestion de carrières), et le style de management. C'est précisément lorsqu'elle est cloisonnée qu'elle est faiblement efficace. Comme une graine semée sur du béton. Ou comme un atout mal joué.

Analyser les besoins et les demandes de formation

La notion de « **besoin** » en formation est très ambiguë. Il faut soigneusement la distinguer de la **demande** de formation. Ce salarié qui ne formule pas explicitement une demande de formation lors du rite annuel du « recueil des besoins » n'a-t-il pour autant aucun besoin ? C'est souvent lui que l'on retrouvera dans les situations les plus difficiles, lorsqu'une restructuration ou une modernisation technologique remettra en cause son « employabilité », parce que rien ne l'y aura préparé. Il a en réalité un besoin, objectif bien qu'implicite, mais ne l'exprime pas, du moins pas sous la forme d'une demande de formation. Ce salarié d'un service comptable dont l'employeur décide de s'équiper d'un ERP a objectivement besoin de se préparer à l'utiliser. Ce manager dont l'entreprise est concernée par une normalisation imposée, qu'il en ressente ou pas le besoin (ou l'envie), devra apprendre à, par exemple, mettre en œuvre la traçabilité, le tri sélectif, etc. Le besoin existe indépendamment de l'individu, soit pour des raisons externes (la réglementation, les marchés, la technologie, etc. changent), soit par l'effet de décisions internes. C'est la conscience du besoin qui varie selon les individus (et les politiques de communication de leur employeur). Une première responsabilité conjointe des managers et des professionnels RH est donc d'élargir la conscience du besoin, en informant en temps utile les salariés sur l'évolution des métiers, des organisations, etc., pour qu'ils soient acteurs de ces évolutions au lieu de les subir.

Les professionnels d'un métier savent en général bien identifier les formations qui leur sont nécessaires pour se perfectionner dans leur domaine et, dans leur cas, demande et besoin coïncident sans problème majeur. Mais on a vu trop de demandes de formation mal finalisées, résumées à un titre de stage (langues, communication, développement personnel, mais parfois aussi des intitulés apparemment très techniques) consommer des budgets formation sans résultats discernables pour ne pas se poser la question[1]. Ce salarié formule une demande, après avoir vu passer le catalogue d'un organisme ou consulté les sites Internet qui fleurissent sur le sujet[2]. Cette demande correspond-t-elle vraiment à un besoin, ou est-elle simplement l'effet d'un marketing de l'offre ? Est-elle le symptôme d'autre chose, une manière socialement acceptable d'exprimer une difficulté qui ne peut pas s'exprimer autrement ? Ces formations peuvent être très utiles, mais pas si on ne va pas au-delà du symptôme. On n'apprend pas l'anglais en trois jours, et on ne règle pas un problème de climat social par un stage de communication.

Pour que besoin et demande correspondent, la clé est d'associer la formation à un **projet**. Ce peut être un projet de perfectionnement professionnel dans l'emploi, d'amélioration des performances d'une équipe, d'implantation d'un

---

1. Les trois domaines de formation cités représentent un tiers des formations dispensées par les organismes de formation adhérents de la Fédération de la formation professionnelle. Source : Observatoire de la FFP 2010. Chiffres 2009.
2. Selon une enquête IFOP-FFP-Kelformation de 2010 (sur 803 salariés), Internet était la première source « pour trouver une formation » pour les salariés interrogés (33 % d'entre eux, et 45 % pour les entreprises de plus de 250 salariés).

nouveau matériel, d'un nouveau système de formation, d'une nouvelle organisation, de la transformation qualitative d'un métier, ou un projet personnel de parcours professionnel. La question simple est de s'interroger *avant* sur ce qui permettra, *après*, de vérifier que la formation a été utile. Elle permet de faire le tri : si on ne trouve pas de réponse, il faut revoir la copie. On retrouvera l'intérêt de cette approche lorsqu'on s'interrogera sur l'évaluation (voir plus loin).

Le « recueil » des besoins n'est donc pas une opération passive d'enregistrement. C'est un processus d'analyse et de décision, où se confronteront des besoins organisationnels (l'entreprise a besoin que les salariés soient compétents dans leurs emplois), et des besoins individuels exprimés ou non sous forme de demande. C'est un processus comportant une étape d'arbitrage entre les besoins et les demandes, dans le cadre du budget alloué, entre les managers et l'équipe RH. C'est un processus qui gagne à s'appuyer sur des principes et des critères concernant le soutien à apporter (éventuellement) à des demandes de formation en vue d'une évolution professionnelle et, le cas échant, les initiatives à prendre pour encourager un salarié à potentiel à s'engager dans un tel parcours.

La loi du 24 novembre 2004 distingue clairement, d'ailleurs, les formations à l'initiative de l'employeur (qui relèvent du plan de formation), de celles à l'initiative du salarié (qui relèvent de droits comme le Congé individuel de formation – CIF, le Droit individuel de formation –DIF, le bilan de compétences, le congé de Validation des acquis de l'expérience – VAE). Les deux catégories relèvent de processus de décision différents.

Figure 12.1.

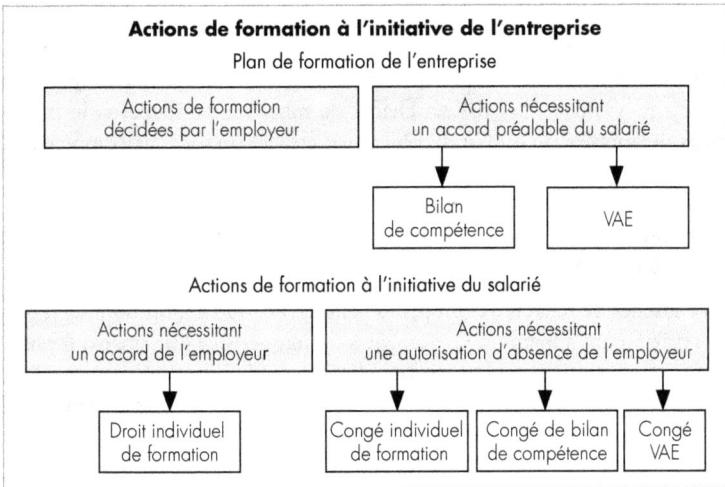

Globalement, l'analyse des besoins peut se situer à quatre niveaux.

Les besoins de formation d'un salarié liés à son emploi actuel

Les démarches d'entretien professionnel annuel entre le manager et le salarié, longtemps limitées aux seuls cadres, tendent à se généraliser à l'ensemble du personnel[1]. Cet entretien est généralement structuré pour permettre d'évaluer la période passée, fixer des objectifs pour l'avenir, et identifier les moyens à dégager pour la réussite de ces objectifs, parmi lesquels la formation. La manière dont cet entretien se déroule, la pertinence et la précision des objectifs fixés sont des éléments essentiels de motivation, et donc de réussite. L'approfondissement des questions liées à la compétence prend dans ce cadre une importance particulière.

Dans les entreprises qui ont produit des référentiels de compétences des emplois, les managers disposent d'une base solide pour évaluer les besoins de perfectionnement professionnel. Ceux-ci résultent d'écarts éventuels entre les compétences requises par l'emploi et les compétences réelles du salarié. Les systèmes de certification du système de management de la qualité préconisent ce type d'analyse, comme ISO 9001 (§ 6.2. de la norme), et comme la plupart des référentiels spécifiques à une activité particulière (aéronautique, agro-alimentaire, etc.), au moins pour les salariés impliqués dans les processus clés. Dans les référentiels de certification figure souvent le « diagramme de polyvalence », c'est-à-dire un tableau à double entrée salariés/compétences permettant de s'assurer qu'une compétence essentielle n'est pas détenue par un seul salarié, ce qui peut poser problème en cas d'absence ou de départ. Dans ce cas, l'entreprise a besoin de qualifier au moins un autre salarié pour atténuer cette fragilité dans son fonctionnement.

Les formes des référentiels sont assez diverses. Ils comportent le plus souvent une liste de savoir-faire techniques qui doivent être absolument maîtrisés, une liste de compétences complémentaires souhaitables (permettant la polyvalence, la prise en charge de missions particulières, le traitement de données, le tutorat de nouveaux, etc.) et un socle de compétences plus génériques, non spécifiques à l'emploi, mais importantes (initiative, autonomie, capacité de communication, etc.). On y ajoute parfois les connaissances nécessaires à l'exercice de ces compétences et, le cas échéant, les diplômes requis par la réglementation et/ou par l'entreprise.

En l'absence de référentiels propres à l'entreprise, ou au minimum de fiches de poste faisant apparaître les domaines de compétence principaux, il existe dans certaines branches professionnelles des référentiels qui peuvent être utilisés par les adhérents et, à défaut, des référentiels publics comme ceux

---

1. Un accord national interprofessionnel, signé le 5 décembre 2003 par toutes les organisations syndicales représentatives, en recommande la réalisation au moins une fois tous les deux ans, et certains accords de branche qui ont suivi préconisent de le réaliser chaque année.

du ROME (Répertoire opérationnel des métiers et des emplois) produit et diffusé par le Pôle Emploi.

Concrètement, un échange aura lieu entre le salarié et son manager lors de l'entretien, pour identifier les points forts et les points à développer en termes de compétences, sur la base de ce référentiel. Cet échange pourra être complété par des évaluations spécifiques, sous forme de test, d'observation en situation, etc. Les besoins seront les points faibles dont on estimera qu'ils sont à surmonter en priorité. La formation au sens classique ne sera d'ailleurs pas toujours le moyen le plus approprié pour acquérir une compétence professionnelle. Une mise en situation encadrée par un collègue expérimenté pourra être, par exemple, beaucoup plus efficace.

Cette notion de référentiel est centrale pour bien spécifier les besoins, strictement professionnels, ou plus génériques. Dans le cas d'une demande de formation linguistique, par exemple, pour éviter des inscriptions mal finalisées aboutissant à des résultats douteux, on gagnera à s'appuyer sur des grilles de niveau disponibles, comme par exemple celle du référentiel linguistique européen[1], qui permettra de mieux spécifier le niveau actuel et le niveau visé.

En dehors des référentiels de compétences, il existe diverses méthodes spécifiques pour analyser les besoins de perfectionnement liés aux performances professionnelles, ou à une population particulière. Sans les détailler, indiquons deux d'entre elles qui peuvent fournir une information pertinente :

– l'analyse de performance par la méthode du GAP (Gain d'amélioration potentielle). Elle repose sur un raisonnement de type sportif, où ce qui compte est la performance du gagnant, pas de la moyenne des compétiteurs. On analyse et on formalise les « bonnes pratiques professionnelles » du salarié le plus performant dans un domaine, et on en tire des enseignements diffusables aux autres dans la forme appropriée (formation ou autres). Dans une compagnie d'assurances, par exemple, après un recensement de ces « bonnes pratiques », des petites séquences vidéo d'interviews des salariés les plus performants (notamment les commerciaux) ont été filmées et rendues accessibles aux autres à tout moment sur leur Smartphone. Avant d'aller voir un client, lorsqu'ils en éprouvent le besoin pour construire leur stratégie de vente et leur argumentaire, ils peuvent consulter sur leur portable, pour s'en inspirer, les conseils d'un collègue expérimenté sur le type de client qu'il va rencontrer ;

– l'enquête par vérification d'hypothèses. Un groupe de personnes connaissant bien une population spécifique élabore une liste d'hypothèses sur des besoins de formation que pourraient éprouver les membres de cette population. Après une formulation soigneuse, ces hypothèses sont testées

© Groupe Eyrolles

---

1. http://europass.cedefop.europa.eu/LanguageSelfAssessmentGrid/fr

par questionnaire auprès des salariés concernés. Cette méthode a été utilisée avec succès, par exemple pour tester des hypothèses sur les besoins de jeunes cadres dans leur première année, d'agents de catégorie C dans le secteur hospitalier, ou de besoins de formation de l'encadrement d'atelier aux méthodes qualité dans l'industrie.

Les besoins de formation (individuels et/ou collectifs) liés à la réussite de projets

Si l'entreprise lance un nouveau produit, un nouveau service, se réorganise, ouvre une agence, un magasin, un entrepôt, un atelier, il lui appartient de définir les besoins de compétence des personnes qui vont travailler dans ce contexte, et de monter en temps utile les formations appropriées. Plus la situation est spécifique à l'entreprise, voire confidentielle, moins on trouvera de « solution formation » immédiatement applicable, disponible sur étagère ou sur catalogue, même chez le fournisseur impliqué dans le projet. Il faudra donc produire ou faire produire un dispositif de formation spécifique, sur mesure. C'est l'un des domaines par excellence de ce que l'on appelle l'ingénierie de formation (voir plus loin).

Un partenariat doit s'installer entre le responsable et l'équipe RH, dès le début, pour la conception et la conduite à bonne fin du projet. Le « propriétaire du problème » est le manager responsable du projet. C'est donc à lui d'exprimer ses besoins aux professionnels de la formation, dont l'expertise permettra de définir le cahier des charges (voir plus loin), et d'organiser les étapes de traitement du problème à la fois en termes d'objectifs, de contenu, de volume (combien de personnes) et de planning.

On peut aussi se trouver dans la situation où le besoin identifié est plutôt un besoin d'exploration d'un problème à résoudre que d'acquisition de solutions préétablies. Il y a bien un besoin de formation, au départ, pour les membres d'un groupe de travail (acquérir des méthodes communes d'analyse de problème, par exemple), mais nul ne peut dire où cette analyse conduira. Ce groupe de travail interne pourra en cours de route être confronté à un domaine sur lequel il a besoin d'acquérir des connaissances pour progresser (calculer le coût des solutions envisagées, par exemple). Exclure cette possibilité sous prétexte qu'elle n'a pas été prévue à l'avance reviendrait à casser toute la dynamique de l'action et de l'expérimentation. Le besoin est évolutif, la dynamique de la recherche est en elle-même formatrice et génératrice de besoins, et on apprendra au moins autant par les questions qu'on se posera que par les réponses que l'on recevra. La législation française impose des limites administratives à l'imputation d'une action de formation à l'obligation légale de financement. Une de ces limites est l'existence *préalable* d'un programme. Le besoin de formation est supposé identifié en préalable, et le programme de la formation choisie supposé y répondre. Ceci conduit de fait à privilégier les pédagogies de la transmission sur les pédagogies de la découverte. Dans les pays anglo-saxons, des démarches dites « action-learning », basées sur l'alternance entre apprentissage et expérimentation terrain, sont assez répandues. En France, la « formation-action » peine à s'imposer, entre autres parce qu'elle inclut des séquences d'action non imputables, et parce qu'elle rentre difficilement, du fait de sa relative imprévisibilité, dans la logique du Plan de formation. Mais, au-delà de l'obligation légale de 1,6 %, rien n'empêche le management de l'entreprise de monter des dispositifs moins académiques s'il le juge utile.

Les besoins de formation (individuels ou collectifs) découlant de risques d'inadaptation

Les projets, s'ils nécessitent des personnes compétentes pour les faire vivre, présentent aussi éventuellement des risques pour des personnels dont l'emploi va être transformé, voire supprimé. On peut multiplier les exemples. Les factures fournisseurs jusque-là traitées manuellement, vont être numérisées. Telle fonction support va être externalisée. Il va être demandé au personnel d'exploitation d'entrer des données sur Intranet. La maîtrise de l'anglais deviendra une condition d'accès à certains emplois commerciaux. Dans ces cas, les personnels concernés ne sont pas les initiateurs du processus de changement, et celui-ci peut parfois les inquiéter. On aura ici deux paliers de besoins non exprimés, parfois même niés : un palier de remise à niveau sur des fondamentaux, et un palier d'apprentissage de compétences métier nouvelles.

Dans ce type de situation, la difficulté et la résistance au changement seront d'autant plus fortes que les personnes concernées sont restées, faute de message managérial, trop longtemps dans l'ignorance des évolutions prévisibles, et n'ont pas maintenu, par l'expérience et la formation, leur employabilité. Si l'on n'entretient pas la souplesse de ses articulations, l'ankylose guette, et handicapera les mouvements quand il faudra être réactif et agile. Il en est de même des connaissances et des savoir-faire professionnels. Si une population de salariés a été exclue de fait, sinon de droit[1], d'un processus de formation permanente, le premier palier de remise à niveau sera plus long, plus difficile, plus aléatoire dans ses résultats.

Le législateur français, constatant les difficultés (et les coûts pour la collectivité) du réemploi de salariés licenciés n'ayant pas reçu la formation nécessaire, a

---

1. Selon les statistiques publiées par le CEREQ, à droit théorique égal, la probabilité réelle d'accès à la formation, chaque année, s'étale sur une fourchette de 1 à 25, les deux extrêmes étant les ouvrières des pêcheries (environ 3 %), d'une part, et les techniciens et cadres du secteur de l'énergie (environ 75 %), d'autre part.

cherché à intégrer cette réalité en obligeant les entreprises de plus de 300 salariés à engager la négociation avec les représentants du personnel sur la gestion prévisionnelle des emplois et des compétences, supposés organiser la prévention de ces difficultés, en en faisant une condition pour une autorisation éventuelle de Plan social. La loi sur la formation de 2009 reprend, dans la suite de celle de 2004, l'obligation pour l'employeur de prévoir dans son plan de formation des actions liées à « l'évolution et au maintien dans l'emploi ».

Cette responsabilisation juridique de l'entreprise est importante, mais elle a des limites. Pour paraphraser Michel Crozier, on ne change pas des comportements par des circulaires administratives. Le législateur et les partenaires sociaux ont donc, progressivement, développé des droits donnant aux salariés conscients des enjeux les moyens de devenir acteurs, et de construire de manière relativement autonome leur parcours professionnel.

Les besoins liés à des parcours individuels

Pour un salarié concerné par un projet de mobilité vers un autre emploi, les référentiels de compétence évoqués plus haut peuvent permettre d'évaluer les besoins de développement de compétences pour atteindre le niveau de l'emploi-cible. Si l'emploi-cible n'est pas précisément défini, ils peuvent servir à une orientation et au choix.

On peut se trouver aussi dans des situations moins clairement spécifiées où l'entreprise a détecté chez un salarié un potentiel d'évolution et décidé de l'encourager et de le soutenir. Les besoins de formation vont être liés à l'acquisition par le salarié de connaissances et de savoir-faire d'un niveau supérieur dans sa spécialité, mais souvent aussi dans des domaines connexes. Un jeune ingénieur de fabrication, par exemple, sera inscrit dans un parcours de formation lui permettant d'élargir sa vision sur des sujets comme la finance, le marketing, les ressources humaines, la communication, le management, etc. Dans les grands groupes, ces parcours sont souvent organisés par « promotions » dans l'entreprise, parfois en partenariat avec une université ou une école qui apportent leur experts et leur habilitation à délivrer des diplômes.

Dans les deux cas précédents, l'entreprise oriente de façon assez volontariste les choix de formation en fonction de ses propres besoins, même si une certaine individualisation permet d'adapter le parcours à des demandes particulières.

Mais les salariés ont aussi la possibilité d'exprimer des demandes personnelles. La législation française leur donne en ce domaine des droits substantiels et un éventail de possibilités. Le traitement de ces demandes, lorsqu'elles parviennent à la DRH ou qu'elles sont relayées par le manager, suppose une approche particulière. On peut distinguer quatre situations type :

▶ le salarié a déjà un projet élaboré, par exemple de préparation d'un diplôme, et prend l'initiative de le soumettre à son employeur. Ce projet peut être, pour l'employeur, une excellente opportunité pour soutenir une personne auquel elle prête un potentiel d'évolution, et qui pourra demain, par exemple, reprendre les fonctions d'un responsable parti à la retraite, ou prendre en charge une activité nouvelle. L'employeur va donc soutenir ce projet, l'inscrire à son Plan de formation, et rechercher avec le salarié (et son OPCA[1]) les moyens les plus adaptés : type de diplôme, moyen d'accès (formation, VAE…), financements ;

▶ même situation (le salarié a un projet élaboré) mais, cette fois-ci, l'entreprise ne voit pas de raison de le soutenir. Par exemple, le diplôme est extérieur à l'activité de l'entreprise et le salarié souhaite (explicitement ou non) s'en servir pour réorienter ailleurs son parcours professionnel. L'entreprise peut alors demander au salarié, si lui-même n'en a pas pris l'initiative, de faire jouer son droit au Congé individuel de formation (CIF). La réponse viendra alors de l'organisme financeur, l'OPACIF, en fonction de ses priorités ;

▶ dans une situation intermédiaire entre les deux situations précédentes, l'entreprise ne prendra pas à son compte le projet du salarié, mais lui apportera néanmoins un soutien partiel (facilités d'horaires, sujet de mémoire dans l'entreprise, utilisation d'équipements de l'entreprise pour des travaux d'application ou de recherche, achat de livres, prise en charge partielle dans le plan de formation, etc.). C'est une attitude qu'elle peut adopter si elle veut encourager le salarié, sans pour autant être prête à s'engager sur ce qui se passera après la formation[2], soit parce qu'elle a trop d'incertitudes sur son activité, soit parce qu'elle considère que la qualification académique acquise ne pourra être prise en compte qu'après une période de démonstration en situation de travail que des compétences réelles ont été acquises. Dans tous les cas, pour éviter ambiguïté et déception, les engagements réciproques employeur/salarié doivent être formulés avant l'action de formation. La législation requiert de le faire par écrit ;

1. Les OPCA (Organismes paritaires collecteurs agréés) collectent de droit une partie des contributions formation des entreprises, mutualisent l'ensemble des fonds et financent en retour des formations selon les demandes des entreprises adhérentes. 49 % des dépenses des entreprises transitent par eux (6,2 milliards d'euros en 2010, dont 1,1 milliard est utilisé pour la formation en alternance des jeunes et 5,1 milliards pour le plan de formation et les autres dispositifs (DIF, CIF, professionnalisation des adultes)). Les OPCA sont le plus souvent des OPCA de branches professionnelles (ou de regroupement de branches). Il existe des OPCA interprofessionnels (notamment OPCALIA et AGEFOS-PME). L'OPACIF (ou FONGECIF) gère spécifiquement les fonds finançant les Congés individuels de formation.
2. Un salarié qui part en CIF voit son contrat de travail suspendu. Son employeur est tenu par la loi de le reprendre après le CIF dans un emploi équivalent à celui qu'il avait avant son départ, mais pas de prendre en compte la nouvelle qualification acquise pendant le CIF.

▶ le salarié demande une formation au titre de son DIF. Les choix de réponse pour l'entreprise sont les mêmes que précédemment (soutien, refus, intermédiaire), mais l'enjeu en temps (au maximum 120 heures, par capitalisation de 20 heures par an sur 6 ans) et en financement, n'est pas le même[1].

Les entreprises ont des attitudes extrêmement diverses sur le DIF. Certaines communiquent sur cette possibilité *a minima*, dans le cadre de l'obligation légale, en espérant que les salariés utiliseront leur droit le moins possible, et en se préparant à les décourager le cas échéant en exerçant le droit de refus que la loi leur donne. D'autres entreprises, au contraire, encouragent les salariés à l'utiliser, et ont même parfois élaboré avec des organismes de formation extérieurs des « catalogues DIF » où figurent les formations qu'elles soutiennent[2]. Ces entreprises considèrent généralement que l'engagement volontaire du salarié dans la formation, même sans but professionnel précis, est de nature à entretenir cette souplesse intellectuelle qui évite les ankyloses que nous avons évoquées plus haut et facilite la mobilité professionnelle et la réactivité. Certaines considèrent même que des formations DIF en dehors de l'activité professionnelle peuvent avoir un effet en retour, comme dans le cas de ce salarié qui, passionné par le jardinage, a eu l'idée, au retour d'un DIF sur le sujet, d'un créneau de marché qui s'est révélé profitable pour son entreprise.

Construire un plan de formation cohérent avec les objectifs de l'entreprise

Le plan de formation est la formulation synthétique des choix que fait une entreprise, pour une période donnée (l'année le plus souvent), sur les priorités d'affectation des ressources qu'elle va allouer à la formation. C'est le résultat d'un processus managérial, à mener en partenariat étroit entre l'encadrement et la DRH, et requérant le recueil de données, une mise en forme, des priorités et des arbitrages, Ce processus gagne en efficacité et en légitimité s'il est lancé chaque année par une lettre de cadrage de la Direction, qui en rappelle l'importance, et lui fixe des priorités et des limites budgétaires.

Dans l'obligation légale de financement par les entreprises de 1,6 % de la masse salariale, le Plan de formation représente (pour les plus de 20 salariés) 0,9 %, à la disposition du chef d'entreprise pour réaliser les actions qui lui

---

1. Un CIF peut s'appliquer à des formations diplômantes de plusieurs centaines d'heures et entraîner une absence d'une année scolaire ou plus.
2. Elles veulent aussi, de manière plus pragmatique, dégonfler les « compteurs DIF ».

semblent utiles, dans les limites de la réglementation. Rien ne l'empêche de faire plus, ce que font d'ailleurs la moyenne des entreprises.

En France, la législation impose aux employeurs d'élaborer un plan de formation, selon une certaine forme (en réalité peu contraignante), et de le soumettre pour avis au Comité d'entreprise avant la fin de l'année civile. Le tableau suivant présente les catégories imposées par la loi (colonne 1) et les caractéristiques correspondantes (colonne 2). La colonne 3 est une proposition, par l'auteur de ces lignes, de la correspondance entre les catégories légales et des objectifs managériaux, que nous résumons par la formule « 3P » : performances, projets, parcours.

CATÉGORIE DU PLAN (1)	CARACTÉRISTIQUES DE L'ACTION DE FORMATION (2)	TYPE D'OBJECTIFS (LES 3P) (3)
1. Actions d'adaptation au poste de travail ou liées à l'évolution ou au maintien dans l'emploi **1.1. *Adaptation au poste de travail*** Ces formations ont des objectifs à court terme pour que le salarié (ou un groupe de salariés) puisse(nt) être opérationnel(s) dans son/leur emploi. L'impact attendu sur les réalités du travail est direct. Exemple : un vendeur qui doit connaître les nouveaux produits.	Pendant le temps de travail Rémunération normale ou sous le régime des heures supplémentaires	**Performances** individuelles (dans l'emploi, en fonction des exigences de compétence) ; collectives (efficacité d'une équipe, amélioration de la qualité, productivité, etc.)
1.2. *Évolution ou maintien dans l'emploi* Correspond à l'objectif de maintien de l'employabilité des équipes et des individus. Exemple : pour améliorer le suivi des commandes, formation des logisticiens dont le métier évolue avec l'informatique. Autre exemple : mettre à niveau des personnes dont la qualification insuffisante les rend vulnérables sur le marché de l'emploi (interne ou externe à l'entreprise).	Pendant le temps de travail ou hors temps de travail dans la limite de 50 heures par an ou 4 % du forfait annuel Rémunération normale Accord d'entreprise ou accord formalisé employeur/salarié	**Projets** Investissements (machines, informatique, nouvelles implantations) : préparer les équipes Évolution de l'organisation (restructurations, polyvalence…) Évolution des métiers (montée en qualification vs. traitement des cas de personnes devant se reconvertir) Mobilités internes Mises à niveau
2. Développement des compétences Ces formations sont à l'initiative du salarié qui souhaite faire évoluer sa carrière. Elles n'ont pas de répercussion sur l'emploi, sauf accord préalable entre l'entreprise et le salarié. Les compétences acquises par le salarié pourront être utiles dans la société, ou plus tard dans une autre entreprise.	Pendant le temps de travail ou hors temps de travail, dans la limite de 80 heures par an ou 5 % du forfait annuel Rémunération normale si l'action de formation se déroule durant le temps de travail ou allocation formation de 50 % si la formation se déroule hors temps de travail Accord formalisé employeur/salarié	**Parcours** Soutien à des projets individuels (acquisition d'une nouvelle qualification) à la demande du salarié.

La catégorie 1.1. « Adaptation au poste de travail », sera le résultat du processus d'analyse des besoins de l'entreprise, et de l'identification des écarts prioritaires à combler entre le niveau de compétence requis et le niveau réel d'un personne particulière, ou des équipes. Le manager a ici un rôle clé puisqu'il a la responsabilité d'assurer les performances que ces compétences permettent, et la délégation pour réaliser les entretiens professionnels. Ces entretiens seront le moment privilégié du dialogue avec chaque salarié, et les réunions d'équipe permettront une concertation sur les besoins collectifs. Dans ce processus, le manager fait remonter à la DRH, en phase d'élaboration du plan de formation, les besoins qu'il a identifiés, en prenant position sur les priorités, en fonction des urgences et des résultats attendus[1].

La catégorie 1.2. « Évolution ou maintien dans l'emploi » relève surtout des managers des grandes fonctions transversales. Ce sont eux qui prennent les décisions, qui auront un impact sur l'ensemble de l'entreprise, comme modifier un process et une organisation, implanter un système d'information, lancer un nouveau produit, ouvrir ou fermer une unité, etc. La DRH elle-même est « prescriptrice » pour le plan de formation, en lançant des projets de professionnalisation, d'insertion de jeunes, de développement de la mobilité, de formation du management, etc. La formation sera ici un volet d'une politique plus globale de gestion des emplois et des compétences. Le plan de formation comportera donc une partie découlant de l'analyse, par la DRH et ses spécialistes, de l'impact de ces différents projets sur les besoins de formation, en partenariat étroit avec leurs responsables.

La catégorie 2. « Développement des compétences »[2] est, selon la législation, la partie du plan dédiée à l'accompagnement des projets individuels soutenus (en tout ou partie) par l'entreprise. La source d'information principale est ce qui remontera, *via* les managers, de la partie des entretiens professionnels consacrée au sujet et, de manière générale, des demandes présentées individuellement par les salariés. Une autre source peut être les dispositifs mis en place par la DRH pour identifier des personnes sur lesquelles l'entreprise souhaite investir pour l'avenir (comités de carrière, organigrammes de remplacement, missions test permettant d'évaluer un potentiel, bourse des emplois, entretiens de carrière, etc.). En acceptant de prendre en compte dans le plan de formation le projet de formation d'une

---

1. Ceci, qui semble évident, l'est moins dans la pratique. Trop de managers jouent uniquement un rôle de transmission de demandes, sans prendre position, en espérant que la DRH le fera à leur place.
2. L'utilisation par le législateur du mot « compétences » est ambiguë. La compétence s'exprime par une capacité maîtrisée en situation de travail, ce que n'assure par automatiquement une qualification acquise par la seule formation.

personne, l'entreprise fait un pari positif sur la capacité de cette personne à acquérir les connaissances qui lui permettront d'accéder à un niveau supérieur de classification, si elle fait la preuve d'un niveau accru de compétences. Cet engagement est à double sens : le salarié doit faire les efforts nécessaires, mais l'entreprise doit aussi le mettre en situation de pouvoir prouver que ces compétences sont acquises, et donc, après la formation, lui proposer les situations de travail qui permettront la consolidation et la démonstration de sa compétence. C'est une occasion de négociation sur ce que devient alors une sorte de coïnvestissement. L'élaboration et le chiffrage du plan lui même devient ensuite un processus technique spécifique qui relève du responsable de formation, et que nous ne décrirons pas ici en détail. Précisons cependant quelques points importants :

▪ la construction du plan revient à donner du contenu aux éternelles questions QQOQCCP : Quoi ? Qui ? Où ? Quand ? Comment ? Combien ? Pourquoi ? Le pourquoi doit primer sur toutes les autres. Il doit être la catégorie d'entrée dans le plan, sa justification stratégique et managériale. Tout le reste en découle. Lorsqu'on examine des plans de formation, il est fréquent de les trouver présentés par catégories de contenus : informatique, langues, communication, technique, etc. Ce classement académique est commode, mais exprime peu les choix de management[1]. Classer sous la même rubrique « informatique » des stages destinés à des professionnels et à des utilisateurs n'a pas une grande signification. Si l'on veut que les choix d'investissement en formation soient faits sur la base des résultats attendus, le management doit pouvoir en apprécier la pertinence en les examinant en référence à des objectifs à atteindre ;

▪ au moment de la finalisation du plan, en décembre, tous les objectifs ne sont pas toujours identifiables, ni les besoins individuels spécifiés. Le calendrier des entretiens professionnels n'est pas toujours synchrone avec le calendrier du plan. Rien n'empêche de provisionner des enveloppes budgétaires à des objectifs globaux, et de les affecter en cours d'année en fonction des besoins lorsqu'ils seront précisés et individualisés. Les seules exceptions seront les formations qui nécessitent des inscriptions personnalisées longtemps à l'avance (formations diplômantes, notamment) ;

▪ lors de l'élaboration du plan, toutes les actions correspondantes ne sont pas décidées de manière précise. On peut décider du principe de lancer une action, sans en avoir fixé le titre définitif, l'opérateur, et avoir seulement une estimation de sa durée et de son coût. Cela n'empêche pas de

---

1. Pour paraphraser Woody Allen, « la formation est la réponse, mais quelle est la question ? ».

les prévoir au plan, sous une définition provisoire. Ces données se préciseront plus tard ;

▸ une fois validé, le plan de formation doit donner lieu à l'information en retour de ceux qui ont exprimé des besoins ou des demandes, *via* le management direct et/ou des moyens de communication (Intranet offre à cet égard des possibilités très performantes). Rien ne démotive plus un salarié qu'une absence d'information sur les suites données à sa demande ;

▸ un plan de formation donne un schéma directeur, mais ne doit pas être rigide. Si un besoin surgit en cours d'année, pourquoi le reporter à l'année suivante pour des raisons bureaucratiques ? Un taux de glissement de 20 à 30 % entre le prévu et le réalisé est généralement considéré comme normal (au sens statistique du terme) pour absorber les événements imprévisibles (besoins nouveaux, report de projet, etc.) ;

▸ la législation, en donnant accès aux fonds mutualisés, donne aux entreprises qui savent bien jouer cet atout, et qui sont bien conseillées par leur OPCA, des possibilités de financement qui peuvent dépasser significativement le montant de leur contribution. L'ingénierie financière de formation, permettant de monter des actions avec des financements de plusieurs sources, est devenue une compétence importante pour les experts ;

▸ la consultation du Comité d'établissement sur le plan est obligatoire. Le non-respect de cette obligation est un délit d'entrave. Elle se fait en deux temps : en septembre, le bilan du plan de l'année précédente, et les orientations du prochain. En décembre, sur le plan détaillé pour l'année suivante. Un rejet par le CE ne suspend pas l'application du plan. L'entreprise a intérêt à chercher un consensus sur le sujet, à condition que ce ne soit pas un consensus mou qui évacue l'affirmation d'objectifs et de priorités au nom de la paix sociale.

Acheter ou commanditer des prestations de formation

À partir du moment où le besoin est validé, on peut choisir entre trois modalités pour passer du projet à l'action de formation réelle.

Le stage interentreprises « catalogue »

Le stage interentreprises choisi sur catalogue est, en France, la forme largement dominante de l'action de formation. Souvent critiqué, le stage interentreprises représente tout de même 74 % du chiffre d'affaires des grands organismes de formation représentés au sein de la Fédération de la formation professionnelle (source : Observatoire FFP, 2010, chiffres 2009). Il offre une réponse pertinente à un besoin de formation individuel, correspondant à un contenu de formation standard, avec des enjeux qui ne justifient pas des investissements particuliers. L'échange qu'il permet avec des personnes d'autres entreprises est un atout supplémentaire. Le stage se choisira en fonction de son rapport qualité/coût présumé, de la notoriété de l'organisme qui le propose, éventuellement d'une expérience antérieure, ou par recommandation de tiers (consultant indépendant, collègues, associations de DRH ou de responsables de formation, conseiller OPCA…). Si l'organisme a une technicité très spécifique ou est le seul à délivrer la certification convoitée, le choix s'impose de lui-même. Même si des efforts sont faits pour personnaliser la pédagogie, le stage interentreprises reste dans sa forme, de manière très dominante, collectif et présentiel.

Le parcours de professionnalisation

La notion de parcours de professionnalisation est apparue dans la formation des adultes, sous ce terme, dans les dernières années (elle s'applique également aux jeunes, avec des formes de contrat particulières). Imaginée à l'origine surtout pour les personnes de qualification insuffisante au regard des exigences des emplois, certaines entreprises ont bien compris qu'elle peut en réalité concerner tous les publics (les cadres, par exemple). La démarche consiste à construire un processus, le plus individualisé possible, accompagnant une personne vers la maîtrise de compétences professionnelles précises, souvent reconnues par un titre, un diplôme ou une certification, obtenue classiquement ou par la VAE. La démarche organise l'accompagnement de l'apprenant dans son parcours, de l'orientation initiale (éventuellement avec bilan de compétences) à la phase d'intégration dans une nouvelle situation professionnelle. Elle peut passer par des formes pédagogiques variées, choisies en fonction de leur contribution attendue à la réussite du projet professionnel de l'apprenant. Le parcours peut comporter des phases d'orientation, de formation, de tutorat ou de coaching, de mise en situation réelle et/ou simulée, d'autoformation utilisant une plateforme *e-learning*, de regroupements avec d'autres apprenants, etc., en principe en fonction du projet de l'apprenant et de ses préférences d'apprentissage.

Le financement des parcours peut résulter d'un montage financier entre le plan de formation de l'entreprise et les versements obligatoires aux OPCA, au titre de la professionnalisation, à étudier au cas par cas selon le public concerné. Pédagogiquement, l'intérêt du parcours de professionnalisation est que l'apprenant est réellement acteur. Il cheminera, avec un guidage personnalisé, à travers diverses ressources d'apprentissage mises à sa disposition pour réaliser son projet. C'est le sujet apprenant qui est au cœur du dispositif, pas le formateur, comme c'est le cas dans le modèle didactique du stage interentreprises, même modernisé. Théoriquement au moins, les ressources pédagogiques s'adaptent à lui et non l'inverse. Il reste cependant que le modèle économique permettant de rentabiliser les coûts de ce type de dispositif et les coûts de coordination (essentiels pour éviter que le parcours ne devienne un cheminement solitaire dans un environnement éclaté) reste à élaborer de manière convaincante.

Des pratiques significatives se sont développées sur certains segments de marché où il existe une forte demande qui permet de rentabiliser les investissements initiaux et les coûts. Des entreprises importantes ont monté des dispositifs de cette nature en partenariat avec des établissements spécialisés. Mais des entreprises plus petites ont également monté des opérations tout à fait réussies, comme cet imprimeur franc-comtois de moins de 200 salariés qui, avec le soutien de son OPCA (OPCALIA) a engagé simultanément 7 salariés dans un parcours de VAE, sur des diplômes différents, avec un appui personnalisé à chacun et des séquences de travail collectif.

L'action de formation « intra-entreprise »

Les entreprises établissent, pour les actions importantes nécessitant du « sur mesure », des cahiers des charges qu'elles soumettent à des prestataires extérieurs. Cette pratique s'est surtout développée pour l'achat externe de prestations, mais les rubriques d'un cahier des charges restent pertinentes pour toute action de formation, même si on ne leur donne pas le formalisme d'un appel d'offres. Elles posent les bonnes questions avant de prendre une décision. Les méthodologies de l'ingénierie de formation permettent de monter des dispositifs formateurs « sur mesure », adaptés à une situation spécifique. Le cahier des charges sera établi par les professionnels de la formation, en partenariat étroit avec le commanditaire de l'action, « propriétaire » du problème à traiter, qui le validera.

Les rubriques d'un cahier des charges de formation doivent répondre aux questions suivantes :

- POURQUOI ? Contexte et objectifs généraux : problème à résoudre et amélioration souhaitée. Cette rubrique dépendra directement du « propriétaire » du problème à régler.
- QUI 1 ? Population concernée : effectifs, niveau, expérience, etc.
- QUOI 1 ? Objectifs de formation (en termes de capacités « être capable de… » et de compétences à acquérir). Cette rubrique et la précédente seront d'autant plus précises que l'analyse des besoins l'aura été.
- COMMENT 1 ? Moyens d'évaluation souhaités (associés aux objectifs). À déterminer en fonction des enjeux de cette évaluation (voir plus loin).

🔊 QUOI 2 ? Éléments de contenu jugés indispensables.

🔊 COMMENT 2 ? Dispositif de formation envisagé (durée, temps plein ou partagé, alternance, approche pédagogique, stages pratiques ou non, etc.).

🔊 QUAND ? OÙ ? COMBIEN ? Éléments de gestion de la formation : contraintes de temps ou de planning (le « bon moment », en fonction des contraintes du projet que la formation est supposée servir), moyens pédagogiques et équipements nécessaires, aspects pratiques (lieu, hébergement, etc.). Budget prévisionnel (l'enveloppe ne sera généralement pas communiquée aux prestataires pressentis, mais il y a des contre-exemples).

🔊 QUI 2 ? Répartition des rôles et des responsabilités : rôles respectifs des formateurs – internes ou externes – et des managers avant, pendant et après la formation, rôle des stagiaires (travail à fournir, séquences de travail autonomes), etc.

Sur cette base, si l'action n'est pas destinée à être réalisée en interne, on consulte par appel d'offres restreint des organismes susceptibles de réaliser la prestation attendue, et on les sélectionne sur proposition écrite, puis après rencontre directe. Il est très important que le commanditaire de l'action soit personnellement impliqué dans le choix final.

Choisir les méthodes pédagogiques et vérifier les quatre facteurs clés de réussite d'une formation

Du cours professoral didactique traditionnel aux « serious games » de formation utilisant pour des simulations de situations réelles les technologies des jeux vidéo, la gamme des méthodes et outils pédagogiques disponibles pour la formation des adultes est extrêmement large et variée. L'entreprise, et même le responsable de formation, peuvent être désorientés par cette profusion. Comment choisir ? Comment éviter de se laisser séduire par des gadgets ? Comment, en même temps, trouver les formes pédagogiques adaptées à une organisation du travail qui exige de la réactivité, de la réponse en temps réel, une disponibilité permanente, et à la génération montante qui n'imagine même plus ce que pourrait être un univers sans portables, sans Facebook et sans consoles de jeu ?

Ce chapitre esquisse quelques remarques et quelques conseils pour les décideurs.

Avant tout, bien comprendre qu'une méthode pédagogique, aussi excellente soit-elle, ne fait jamais à elle seule le succès d'une formation. Les études d'évaluation menées auprès de personnes ayant suivi une formation quelques semaines après celle-ci, montrent que quatre facteurs sont conjointement déterminants à leurs yeux dans le succès (ou l'échec) de la formation suivie : les choix en amont (sélection des objectifs et des stagiaires), la formation elle-même (donc la pédagogie), le moment de la formation (son adéquation avec le moment où la personne en a besoin), et l' importance accordée (par le stagiaire et son encadrement) aux résultats qu'on peut attendre de la formation. Pour vous souvenir de ces quatre facteurs, pensez à STAR (Sélection, *Training*, Adéquation, Résultats). Même si le temps de la formation est un moment fort, ludique, vécu comme enthousiasmant, l'excitation retombera vite, et le potentiel de résultats avec lui si, au retour, l'encadrement ne manifeste ni intérêt pour ce qui a été appris, ni reconnaissance. Ce n'est pas un risque abstrait : un sondage IFOP-FFP, en 2009, montrait que 41 % des répondants estiment que « (leur) supérieur hiérarchique direct n'a pas vraiment pris en compte (leur) dernière formation ». Une pédagogie haut de gamme, séductrice, ne compensera jamais ce déficit managérial. Le grand pédagogue américain, Malcolm Knowles, écrivait d'ailleurs : « l'assimilation est d'autant plus forte que le contexte d'utilisation et de mise en application est donné d'emblée ». On se référera pour l'illustrer aux trois exemples évoqués en introduction de ce chapitre.

Il existe actuellement une forte tendance à décloisonner formation et situation de travail. Le modèle qui se développe est celui de l'aide intégrée dans les logiciels. Si vous hésitez sur la manière d'utiliser un tableur, votre réflexe sera d'aller regarder dans les mots clés de l'aide, de poser la question autour de vous et, pour les cas sérieux, de consulter les foires aux questions sur Internet. Vous n'attendrez pas qu'il y ait une place dans un stage de formation sur Excel et qu'on veuille bien vous y inscrire. Ce modèle se généralise, avec l'intégration sur les postes de travail, voire sur les Smartphones, d'interfaces permettant d'aller chercher la petite séquence de connaissance permettant de répondre à un problème. Les opérateurs travaillant dans les centres d'appel, qui ne peuvent pas être formés en salle pour répondre à toute question qu'on pourrait un jour leur poser, utilisent en permanence ces interfaces. Il ne s'agit pas formellement de formation, mais on parle bien d'une capacité à mobiliser des connaissances (qu'on a, ou qu'on va chercher dans une base de données) pour répondre à une situation professionnelle. C'est ce que les américains appellent EPSS (Electronic Performance Support System). Parfois, on est dans le registre de la formation (certains parlent de « grains » ou de « granulés » de formation ; chez IBM on parle de « donuts »), parfois dans le registre du travail, mais la frontière est poreuse. Donc le mouvement est de produire et d'intégrer dans des bases de données, accessibles à tout moment, des éléments de connaissances utiles en temps réel pour prendre des décisions, et d'inverser le processus séculaire qui veut que celui qui veut apprendre doit se déplacer là où est le savoir et ses rituels de transmission, pour amener le savoir là où on en a besoin, ici et maintenant. C'est d'apprendre en situation de travail, en même temps qu'on agit. Les catégories administratives françaises d'imputation de la formation excluent ces situations, mais celles-ci tendent pourtant à devenir une modalité essentielle d'apprentissage dans les emplois de service.

Le modèle du « blended learning » (ou formation mixte) a acquis dans les années 2000 une vraie réalité. Il déconstruit le modèle dominant de la formation présentielle classique en faisant éclater l'unité de lieu, de temps et d'action, et en mélangeant divers types d'apprentissages (c'est ce que cherchent à faire les parcours de professionnalisation décrits plus haut). Telle grande compagnie d'assurance, par exemple, a supprimé le cycle de 90 jours présentiels qu'elle imposait à ses nouveaux agents généraux pour le remplacer par la formule dite 3D : un tiers d'autoformation en *e-learning* sur les contenus (plus de 150 modules ont été réalisés), un tiers d'échanges en présentiel sans apports didactiques, centrés sur les études de cas, les entraînements pratiques, la rencontre avec des porteurs de bonnes pratiques, et un tiers d'immersion en situation de travail coachée par un professionnel, sous le contrôle du directeur régional. Le tout avec une modulation individuelle selon les connaissances de départ. Le résultat est un meilleur apprentissage, par une implication beaucoup plus forte, et une réduction sensible des coûts économiques du présentiel, sans parler des coûts psychologiques pour des adultes contraints de passer trois mois de leur vie dans un château, certes confortable, mais bien isolé. Cet exemple illustre la tendance : le *blended learning* se veut plus efficace, moins cher, centré sur l'apprenant, ouvert sur la réalité par la mise en situation réelle. Les formateurs y alimentent les machines en contenu et s'éloignent de la scène présentielle pour faire place aux coachs.

Avec les possibilités techniques de l'informatique, l'éducation des adultes devient un secteur industriel mondial à forte valeur ajoutée. Il est significatif que la première norme internationale portant sur les « services de formation dans le cadre de l'éducation et de la formation non formelles – Exigences de base pour les prestataires de services », ISO 29990, soit née en 2010, en pleine floraison de ces initiatives. Les coûts et l'inconfort des déplacements conduisent à étendre les systèmes de formation à distance. On peut apprendre partout, à toute heure, rester connecté toute la journée sur des espaces collaboratifs, des communautés apprenantes, produire du contenu sur son blog ou un wiki dédié en utilisant la technologie à coût quasiment nul du web 2.0., faire part de ses commentaires sur le réseau Facebook, ou envoyer de chez soi son avatar participer à une classe virtuelle sur Second Life.

On peut, comme à la SNCF, apprendre à être chef de gare en utilisant un « jeu sérieux[1] » qui permet de simuler des décisions à prendre et d'observer leurs conséquences sans risquer la vie des voyageurs réels, ou comme chez l'Oréal, s'initier à des techniques de coiffure. Le formateur devient un « coach », centré sur un apprenant (et non plus sur un élève). Le modèle administratif restrictif qui régit en France l'imputabilité des actions de formation semble bien déconnecté – c'est le cas de le dire – de cet univers.

Cela dit, l'engouement pour ces méthodes ne doit pas conduire à un fantasme aussi utopique que celui qui, dans les années 1970, laissait croire que la cassette vidéo allait révolutionner l'enseignement au point de remplacer les formateurs, et pourquoi pas les enseignants. Apprendre, c'est aussi se confronter à la difficulté, à l'autorité du maître qui sait, c'est recommencer des exercices parfois laborieux jusqu'à ce que le geste ou l'expression soient parfaits, c'est mettre en forme ses démonstrations et la logique de ses arguments autrement que sur des textos. Les responsables de l'entreprise doivent accueillir ces approches nouvelles, les expérimenter, mais toujours garder le contrôle sur les finalités, et la vigilance sur les critères STAR.

Former sans stages de formation ? Il y a un certain paradoxe aujourd'hui à présenter comme tendance nouvelle la revivification de méthodes comme l'apprentissage et le tutorat qui existent depuis des siècles, la formation sur le tas, qui existe depuis sans doute aussi longtemps, et en tout cas depuis les débuts de l'ère industrielle, et l'autoformation qui est sans doute apparue en même temps que la curiosité humaine. Chacun de nous sait que ce qu'il a appris dans sa vie professionnelle, pour ne parler que de celle-là, est loin de se résumer à ce qu'il a acquis dans des stages de formation.

La formation « instituée » a souvent relégué ces pratiques dans une zone d'ombre assez dévalorisée. Elle revient avec la force de la vie elle-même dans des entreprises qui se débarrassent progressivement du carcan mental taylorien, soutenues par une évolution profonde des modes de management (le principe même de l'amélioration continue implique qu'il n'y a jamais de savoir définitif). On a appris à tirer parti de la diversité des formes possibles d'apprentissage et à ne pas s'enfermer dans la « solution » classique du stage ou du séminaire. La formation classique transmet un savoir constitué, déjà présent dans les livres et dans les manuels. D'autres formes d'apprentissage individuel et collectif, permettent de *créer* du savoir ou de faire émerger un savoir implicite qui ne demande qu'à se valoriser[2]. Ce qu'on appelle parfois

---

1. Traduction littérale en français de « serious games ». On dit aussi « learning game ». Pourquoi pas « jeu pédagogique de simulation » ?
2. Les travaux de T. Tanaka fournissent des exemples très démonstratifs sur ce point.

« l'organisation apprenante » encourage chacun à progresser, crée un environnement fertile pour que germe, plus vite et plus fort que dans le champ du concurrent, la graine du savoir.

Créer et exploiter ces occasions de développement est l'un des rôles clés des managers. Voici une liste rapide de ce qui est à leur portée, en dehors des « stages et séminaires » et de la formation à distance : participer à un groupe projet (ou l'animer), ou à un groupe de progrès recherchant une solution à un problème réel ; travailler en double avec un professionnel expérimenté ; bénéficier de l'accompagnement personnalisé d'un tuteur, d'un coach, d'un mentor (ou jouer soi-même ce rôle pour un autre) ; participer à des démarches Qualité, à des retours d'expérience, à des revues de projets, à des enquêtes auprès des clients (le cycle de l'amélioration continue de Deming – le PDCA, en anglais : *plan, do, check, action* – est probablement ce qu'on a inventé de mieux comme processus éducatif inductif) ; confier (ou se voir confier) une mission ou une délégation temporaire ; aller apprendre des meilleurs, par le *benchmarking*, l'analyse des bonnes pratiques, et les échanges d'expérience ; former les autres pour se perfectionner soi-même. Ces différentes approches permettent d'ouvrir la réflexion à d'autres solutions que la formation classique. Il y en a d'autres, à commencer par la lecture. Le fait que la plupart d'entre elles ne puissent pas être administrativement imputées au budget de formation légal ne doit pas amener à en écarter l'usage. Ce qui compte est l'efficacité.

Assurer un pilotage de la formation par des indicateurs de gestion quantitative et qualitative

La formation est un poste non négligeable de dépenses, puisqu'il représente (pour les entreprises de 20 salariés et plus) 1,6 % de la masse salariale au minimum, 2,9 % en moyenne, près de 4 % pour les entreprises de plus de 2 000 salariés, et atteint parfois 8 % ou plus. Ces dépenses sont constituées des frais d'inscription, des salaires des personnes en formation et des frais annexes (déplacements, séjour, petit matériel consommable, etc.). En cas de grosses dépenses d'équipement (construction de centres, achat de matériel), les dépenses peuvent être amorties comme un investissement, c'est d'ailleurs techniquement le seul cas où la formation est considérée comme telle sur le plan comptable. Une partie de cette dépense (0,7 % de la masse salariale, selon la loi, parfois plus selon les accords de branche) est obligatoirement versée à des organismes collecteurs paritaires (OPCA, OPACIF) pour financer, sur les fonds mutualisés, les congés individuels de formation et les actions de professionnalisation. Selon le niveau de qualification des salariés, et donc leur niveau de rémunération, les salaires peuvent représenter 40 à 50 % des dépenses. C'est une dépense sur laquelle le responsable de formation n'a aucune prise. Il ne gère donc en réalité que les coûts d'inscription et les frais annexes, d'une part, et le taux de retour des cotisations versées aux OPCA et OPACIF, d'autre part. S'il y a des équipements lourds (locaux et matériel dédiés), ce qui n'est pas le cas le plus fréquent, il en a également la gestion.

La loi impose une déclaration annuelle, de nature fiscale, dite 2483 (du nom de l'imprimé Cerfa sur lequel elle est établie). Pour les entreprises soumises à l'obligation de bilan social, les indicateurs 511 à 523 concernent la formation. Tous ces indicateurs imposés par la réglementation sont des indicateurs de volume (budgets, répartition selon les niveaux de personnel, hommes et femmes, etc.). Ils servent aux statistiques *a posteriori* et à l'information du comité d'entreprise. Ils ne disent rien des résultats.

Fondamentalement, il n'y a aucune raison pour que la fonction formation soit la seule, dans des entreprises généralement concentrées sur la maîtrise de leurs coûts de fonctionnement, à ne communiquer que sur ses dépenses. Elle risque d'apparaître comme une fonction essentiellement dépensière, dont la légitimité est administrative, mais la valeur ajoutée peu discernable. Un discours philosophique sur « l'investissement formation » ne suffira certainement pas à compenser cette image.

L'entreprise a donc tout intérêt, en plus de ces indicateurs, à se doter d'un tableau de bord lui permettant de piloter en temps réel la formation, de détecter les dérives, d'évaluer l'efficacité. Le détail de ces indicateurs justifierait un livre entier, on se centrera donc ici sur l'essentiel.

▶ Sur le plan de formation (quantitativement) :

- nous avons insisté sur l'intérêt que présente pour l'entreprise une organisation du plan autour des objectifs à atteindre (ce que nous avons symbolisé par la formule des 3P). Un indicateur devra donc permettre de mesurer le respect des priorités en termes d'objectifs (en pourcentage d'heures/de budget) consacré à chacun ;
- maîtriser les coûts (coût de l'heure de formation, coûts des déplacements, part des coûts strictement pédagogiques dans le coût de l'heure), surtout si des objectifs ont été fixés en ce domaine ;
- ratio formation externe/formation interne, surtout s'il existe un objectif de limiter les sorties de trésorerie ;
- taux de récupération des financements versés à l'OPCA pour le financement des actions du plan ;
- taux de réalisation du plan par rapport aux prévisions (suivi régulier, en volume et en dépenses) ;
- suivi qualitatif et financier des prestataires extérieurs.

▶ Sur les actions résultant de demandes individuelles :

 – niveau du compteur DIF (utilisation des crédits d'heures DIF accumulées par les salariés) ;

 – taux de récupération des versements OPCA et OPACIF pour des CIF et des actions de professionnalisation.

▶ Sur les processus clés de la formation :

 – conformité et non-conformité aux processus et procédures mises en place (calendrier de réalisation du plan, remontée des besoins après entretien professionnel, élaboration de cahiers des charges, remontée des informations après formation (feuilles de présence, évaluations...), choix des prestataires, engagement d'actions hors plan...) ;

 – indicateurs d'alerte : taux d'annulations tardives (< 3 jours) d'inscription, taux de non-conformité des inscriptions aux prérequis fixés, abandons en cours de formation, reports de calendrier, dérives budgétaires...

Ces quelques indicateurs peuvent être à la base d'un tableau de bord qui permette un véritable management proactif de la formation, et pas seulement une administration passive. Il y manque l'évaluation, qui fera l'objet du paragraphe suivant.

Évaluer les résultats, améliorer les processus

En matière de formation, la pratique de l'évaluation reste sous-développée. Selon un sondage IFOP-FFP en 2009, 77 % des salariés ayant suivi une formation affirment n'avoir connu que l'évaluation dite « à chaud », mesurant leur satisfaction en fin de stage. Les 23 % qui restent se répartissaient en « évaluation à froid quelques temps après » (12 %), « évaluation avec votre supérieur hiérarchique direct » (8 %), « évaluation par un tiers extérieur » (3 %). Une étude menée en 2010 auprès de 160 entreprises par un organisme spécialisé dans l'évaluation de la formation, Formaeva, aboutit à des résultats assez comparables (27,3 % des personnes évaluées l'ont été en dehors de la formation elle-même ou de la fin de cette formation)[1]. À la question « Évaluez-vous l'impact de la formation sur les résultats opérationnels ? », la réponse « Oui, majoritairement de façon formelle » n'est choisie que par 13,8 % des répondants (65% répondent non, et 21,3 % affirment le faire de manière informelle). À la question « Mesurez-vous le retour sur investissement de la formation ? », 8,8 % déclarent le faire de manière formelle, 77,5 % pas du tout, 13,8 % de manière « informelle ».

© Groupe Eyrolles

---

1. Les résultats 2011, parus après la rédaction de ce chapitre, ne montrent pas de progrès significatif. Voir http://blog.formaeva.com

La pratique du questionnaire d'évaluation de la formation en fin de stage, très répandue, est utile pour évaluer la satisfaction des stagiaires, et les améliorations éventuelles à apporter dans la pédagogie, mais ne dit rien sur les résultats obtenus.

La pratique de l'évaluation devrait se développer significativement, pour être cohérente avec l'approche préconisée consistant à privilégier la fixation d'objectifs.

Elle peut être développée sur trois plans[1] :

– **l'évaluation des acquis.** Cette pratique est courante et sans problèmes dans les actions de formation conduisant à un examen ou à une certification. Un diplôme est accordé après une vérification des acquis du candidat, et un permis de conduire n'est délivré qu'après constatation d'un certain niveau de maîtrise pratique. Dès lors que les cahiers des charges des formations sont formulés en termes de capacités (selon la formule devenue rituelle : « à la fin de la formation, le stagiaire sera capable de… »), et que la formulation des objectifs est faite soigneusement (des acquis observables), il suffit d'avoir la volonté d'évaluer. Un bon exemple est celui des formations en anglais. Certaines aboutissent à des résultats incertains, et sans cesse remis en cause, d'autres sont mesurées par l'atteinte d'un niveau sur des échelles de niveau. Dans les entreprises certifiées ISO 9001 ou équivalent, l'existence d'une procédure d'évaluation de la maîtrise des compétences des emplois est requise. La plupart des formations se prête à ce type de mesure d'acquis. Le fait que ce soit plus difficile, et souvent inutile, de le faire sur des formations plus comportementales (développement personnel), ne doit pas dispenser de le faire là où c'est possible, c'est-à-dire sur au moins les trois quarts des actions du plan de formation. La responsabilité de ce type d'évaluation revient aux formateurs (si toutefois on leur a bien demandé de le faire, et clarifié le mode d'utilisation des résultats). On peut noter que, dans certaines professions présentant des risques spécifiques (désamiantage, agro-alimentaire, etc.), les certifications individuelles sont de plus en plus requises, et les organismes certificateurs eux-mêmes soumis à certification (norme NF EN ISO/CEI 17024). On notera d'ailleurs que lorsqu'il y a une contrainte réglementaire sur l'évaluation, le principe de celle-ci ne pose plus de problème. En dehors de ces cas, la question centrale est celle de la reconnaissance des acquis par la politique RH de l'entreprise. Celle-ci veut à juste titre éviter le piège de la revendication automatique formation = augmentation, et est donc peu demandeuse, auprès des organismes de formation, d'une évalua-

---

1. Nous n'évoquerons pas ici l'évaluation dite « formative », qui est en fait une technique pédagogique permettant au formé de mesurer en cours de route où il en est de sa progression, et dont le résultat reste entre le formateur et lui.

tion formelle individualisée. Mais les salariés, de leur côté, ont besoin de sentir que leurs efforts sont pris en compte. La montée de demandes de certifications reconnues, obtenues après formation ou par VAE, est croissante, et l'entreprise, qui prône l'employabilité et la mobilité, y compris externe, ne peut y rester indifférente ;

– **l'évaluation du transfert.** Il s'agit ici d'évaluer si les acquis ont été utilisés effectivement en situation de travail. Techniquement, on utilise ici la méthode de l'évaluation différée, prenant la forme d'un petit questionnaire envoyé quelques semaines après la formation au stagiaire et à son encadrement. Le développement des technologies Intranet rend beaucoup plus facile aujourd'hui la réalisation et le dépouillement de ce type d'évaluation. L'évaluation du transfert permet d'intégrer dans le processus de formation un rendez-vous de vérification de sa mise en œuvre. Certaines études montrent d'ailleurs que l'existence même de ce type de procédure améliore les résultats, en rendant les acteurs concernés (stagiaires, managers) plus attentifs à la perspective de mise en œuvre effective. Dans des entreprises qui ont mis en place des politiques de gestion des compétences, c'est un passage obligé puisque la compétence ne se manifeste qu'en situation concrète de travail. Ce type d'évaluation peut être un levier puissant pour intervenir dans les services où il y a clairement un déficit d'application des formations suivies ;

– **l'évaluation des effets.** C'est à la fois la question la plus importante et la plus difficile à résoudre sur le plan méthodologique. Elle se traite en réalité en amont, par la formulation d'objectifs, au moment de l'analyse des besoins et, le cas échéant, de l'élaboration du cahier des charges. Si, par exemple, il s'agit de préparer le personnel à faire fonctionner un nouvel entrepôt, l'évaluation des effets sera tout naturellement effectuée par le moyen des indicateurs d'exploitation de cet entrepôt lors de son démarrage. L'obtention de ces résultats sera partie intégrante de la commande de formation formulée à l'origine. C'est la situation la plus favorable, qu'il faut s'efforcer de créer le plus souvent possible. Des auteurs comme Kirkpatrick ou Phillips[1] ont montré qu'il est possible de démontrer l'efficacité d'une formation dans la résolution d'un problème mesuré par des paramètres d'exploitation courants (niveau de production qualité, taux de rebut, taux de fréquence des accidents, nombre de rendez-vous obtenus par prospection téléphonique, respect de délais, indicateurs de satisfaction client, etc.), à condition qu'il y ait un temps assez court entre l'action et la mesure. Si le temps est trop long, d'autres

---

1. Phillips J., *On the Importance of ROI for Training Programs*. Fondé sur de nombreuses études de terrain, ce livre publié aux États-Unis par The New Corporate University Review cherche à démontrer la possibilité de calculer financièrement le retour d'investissement de la formation.

facteurs peuvent intervenir qui brouillent la démonstration. Il est également possible de démontrer la réussite de projets liés à des parcours professionnels (insertion ou mobilité réussie, par exemple). Mais ces approches de l'évaluation nécessitent une grande prudence dans l'interprétation des résultats. Des vendeurs, même bien formés, peuvent avoir des problèmes si leur produit n'est pas adapté aux attentes des clients, ou si un concurrent lance une meilleure offre. Comme nous le précisions dans l'introduction, la formation est difficilement isolable. Elle s'inscrit dans une « grappe » de pratiques RH qui, ensemble, donnent de la confiance et de la motivation qui, elle, a des effets sur les résultats.

Le but n'est pas d'évaluer, mais d'utiliser l'évaluation dans une démarche de progrès. Il est tout à fait évident que la disponibilité d'indicateurs de gestion d'efficacité des processus et d'évaluation est indispensable à la conduite d'une telle démarche, et permet de rendre visible à tous la valeur ajoutée de la formation et les démarches engagées pour l'améliorer. En raisonnant ainsi, les formateurs se positionnent en contributeurs à des performances, aux côtés des managers, et pas seulement en fournisseurs de services pédagogiques. Ils contribuent ainsi à faire partager aux managers la vision selon laquelle la formation est un facteur clé de leur propre réussite, et pas seulement une activité annexe qui prend du temps et consomme des budgets.

On pourrait ajouter à ces trois niveaux d'évaluation une évaluation « système » consistant à réévaluer régulièrement, par des audits par exemple, le système de formation de l'entreprise et ses processus. Cette pratique des audits de formation s'est développée, et permet des ajustements importants de systèmes qui se sont parfois enfermés dans des routines.

Conclusion

Les défis ne manquent pas pour la formation, dans une économie où la valeur se crée par les connaissances et l'intelligence. Ils sont en même temps une formidable incitation à inventer des solutions nouvelles, à sortir des routines, à réinterroger les certitudes, à expérimenter. Tant mieux.

Nous voudrions terminer par une recommandation plus personnelle pour le manager qui lira ces lignes. Nous avons développé dans cet article les outils, le plan de formation, l'ingénierie, les nouvelles approches pédagogiques, et bien d'autres sujets. Pouvons-nous lui rappeler cependant que l'un des moteurs les plus puissants à la disposition du manager pour motiver ses équipes est l'exemple qu'il donne lui-même d'une ouverture à l'apprentissage permanent, à la remise en cause des certitudes et des routines, à l'écoute positive des idées des autres ?

Annexe. Le dispositif actuel après la loi du 24 novembre 2009

La loi du 24 novembre 2009 reprend les principes fondateurs de la loi de 1971, mais modifie sensiblement son architecture et son financement. Elle intègre largement les dispositions d'un nouvel accord national interprofessionnel signé par les partenaires sociaux en janvier 2009. Elle est très clairement orientée sur la priorité de la qualification et de l'emploi. En voici les éléments principaux :

– le droit du salarié à suivre des formations pendant le temps de travail est réaffirmé. La loi précise les dispositions relatives à la rémunération et au statut des stagiaires pendant le temps de la formation ;

– le **DIF** (Droit individuel à la formation), créé par la loi de 2004, est maintenu. Il donne à chaque salarié un « crédit » de formation de 20 heures par an, automatique, cumulable au maximum 6 ans. Le salarié peut, à son initiative, faire jouer ce droit pour demander une formation qui l'intéresse. Sous certaines conditions, elle pourra être financée en tout ou partie. Le crédit d'heures de formation accumulé par le salarié est attaché à son contrat de travail, et donc perdu s'il quitte l'entreprise (sauf en cas de licenciement économique). Par la loi de 2009, le DIF pourra désormais être utilisé entre deux contrats de travail (sauf licenciement pour faute lourde) ;

– l'obligation de financement de la formation par les entreprises est, pour les entreprises de 20 salariés et plus, de 1,6 % de la masse salariale brute (0,55 pour les moins de 10, 1,05 entre 10 et 19). Les sommes prises en compte comportent, pour les actions de formation imputables, les frais pédagogiques (coût des inscriptions, conventions avec des organismes de formation), les salaires des stagiaires pendant la formation, et les frais de déplacement et de séjour éventuel, dans des limites fixées par décret. L'amortissement annuel des grosses dépenses d'investissement (achat de matériel dédié, construction de centres de formation) peut être pris en compte ;

– l'entreprise reste assujettie à une déclaration annuelle au Trésor Public de ses réalisations en matière de formation ;

– les dépenses de formation internes à l'entreprise peuvent être imputées à l'obligation légale, sous réserve du respect de **conditions restrictives**, qu'elles soient réalisées par des formateurs salariés de l'entreprise, ou en exécution de conventions avec des **organismes de formation** officiellement déclarés ;

– le **CIF** (Congé individuel de formation) subsiste. Cette disposition qui date de 1978 permet à un salarié, après deux ans d'ancienneté, de demander un congé pour suivre une formation longue débouchant sur un diplôme. Si son dossier est accepté, les frais de formation et tout ou partie de son salaire sont pris en charge ;

– les dispositifs antérieurs concernant la Validation des acquis de l'expérience (VAE) et le droit au bilan de compétences sont maintenus ;

Pour mémoire

VAE. Créée par la loi de modernisation sociale en 2002, la validation des acquis de l'expérience (antérieurement VAP, plus restrictive) permet à tout salarié d'obtenir un diplôme, un titre ou une certification professionnelle inscrit au Répertoire national des certifications professionnelles (RNCP) en faisant reconnaître ses compétences acquises dans le cadre de son travail ou lors d'activités extraprofessionnelles (activités syndicales, missions humanitaires, secourisme…). Le salarié peut obtenir une validation totale ou partielle de son titre ou de son diplôme. Tout salarié, quels que soient son âge ou la nature de son contrat de travail (CDI, CDD, intérim, à temps plein ou à temps partiel) peut demander à faire valider ses acquis. Seul impératif : justifier d'au moins trois années d'expérience professionnelle – continue ou non – en lien avec le titre ou le diplôme visé.

Le bilan de compétences permet au salarié de faire le point sur ses compétences, ses aspirations et ses capacités personnelles, accompagné par un consultant spécialisé d'un centre de bilan agréé. L'objectif est d'élaborer un nouveau projet professionnel réalisable à moyen terme ou, à défaut, un projet de formation. Les résultats du bilan lui appartiennent et ne sont communiqués à l'employeur qu'avec son accord. Peuvent demander à bénéficier d'un bilan de compétences les salariés en CDI justifiant d'au moins 5 ans d'activité professionnelle salariée, dont 12 mois au moins dans l'entreprise, les salariés en CDD justifiant d'une ancienneté de 24 mois (consécutifs ou non) en tant que salarié, dont 4 mois (consécutifs ou non) au cours des 12 derniers mois.

– une réforme des **OPCA** est engagée, visant à en réduire le nombre par regroupements (d'une centaine à une quinzaine). Cette réforme devrait aboutir fin 2011 ;

– **les obligations de l'employeur vis-à-vis des partenaires sociaux**, notamment celles de consulter chaque année le comité d'entreprise sur le plan de formation de l'année suivante, et de l'informer des réalisations du plan de l'année précédente sont maintenues ;

– l'**entretien professionnel**, c'est-à-dire le principe d'un entretien au moins une fois tous les deux ans entre le salarié et son responsable hiérarchique (ou la DRH), portant sur ses compétences et ses perspectives de carrière n'est pas rendu obligatoire par la loi de 2009. En revanche, l'employeur (de plus de 50 salariés) est tenu d'initier un entretien professionnel avec tout salarié ayant passé 45 ans ;

– tout salarié ayant au moins deux ans d'ancienneté dans la même entreprise pourra bénéficier tous les cinq ans à sa demande, d'un BEP (bilan d'étape professionnel). Il a « pour objet de lui permettre de connaître ses capacités professionnelles et ses compétences et à son employeur de déterminer les objectifs de professionnalisation du salarié. Ce bilan d'étape professionnel peut être réalisé tous les cinq ans à la demande du salarié ».

Chapitre 13

Former des managers

Raphaël DOUTREBENTE et Louis FORGET

Le but de la formation est, non seulement d'accroître des compétences, mais aussi d'élargir leur « espace » au niveau individuel. Elle doit apporter à chacun un maximum de moyens et de champs pour affronter la variété croissante des demandes qui peuvent s'adresser à ses aptitudes, à ses connaissances et à ses comportements en les enrichissant et en les faisant évoluer. Un manager exemplaire est un manager qui se distingue par l'évolution positive qu'il engendre pour son environnement économique et humain.

Le cahier des charges de ce que pourrait être un manager exemplaire est longuement étudié dans cet ouvrage. Si nous listons quelques compétences spécifiques à partir de cette définition nous pourrions citer, dans le désordre, et de façon non exhaustive :

- savoir intégrer des situations complexes avec la maîtrise nécessaire ;
- être capable de prendre les meilleures décisions au moment voulu ;
- innover, trouver des solutions nouvelles à des problèmes anciens en y intégrant les hommes ;
- se connaître ; mettre en accord ses idées et ses paroles, ses paroles et ses actes, ses actes et ses valeurs ;
- repérer ses zones d'ambition, de motivation et d'excellence pour développer son potentiel, ses connaissances, sa culture ;
- apprendre aux autres et apprendre *les* autres.

Si on pouvait situer les managers sur ces deux axes, cette carte serait pleine d'enseignements. L'objectif : avoir un maximum d'individus dans le quadrant des managers « moteurs turbo ». L'axe horizontal est celui sur lequel la formation peut effectivement agir s'il s'agit d'acquérir du savoir ou du savoir-faire (principalement en termes de connaissances) et si le fossé entre la situation actuelle et celle à atteindre n'est pas trop large.

Figure 13.1.

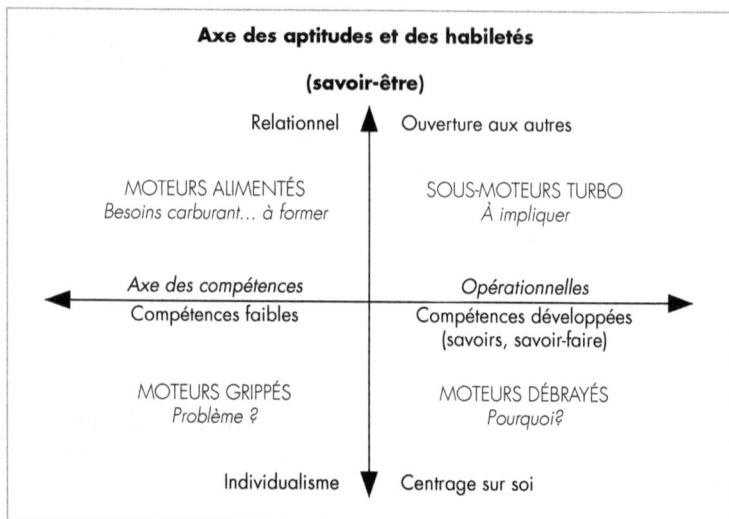

L'axe vertical pose des problèmes beaucoup plus complexes dans la mesure où nous entrons dans le champ des aptitudes, des représentations et des comportements.

La formation telle que nous la mettons habituellement en œuvre n'est probablement pas souvent la réponse immédiate et ne suffit certainement pas ; c'est une raison de l'utilisation de méthodes telles que l'évaluation individuelle à 360° et le coaching.

Quelle formation au savoir, savoir-faire, savoir-être ?

« Managers, sachez adapter votre comportement aux hommes et aux situations, déléguez, motivez, sachez communiquer votre passion », « Vendeurs, maîtrisez l'art de la négociation commerciale ». Les catalogues des organismes de formation proposent de multiples actions à durée limitée donnant parfois l'impression qu'à la fin de ces quelques heures le participant en sortira, transformé par l'acquisition ou le développement de comportements efficaces et adaptés. Tout le monde sait qu'il n'en sera rien mais après tout « ça ne peut pas nuire », « il y a des méthodes », « ça fait réfléchir »… Les résultats sont difficiles à appréhender et une évaluation du transfert en situation de travail est rarement tentée dans ces domaines.

Les entreprises ne justifient-elles pas les décisions de formation dans les domaines du comportement principalement en termes de mise en œuvre... en évitant d'en évaluer les résultats ?

La formation a-t-elle, de façon très majoritaire, un rôle dans l'apprentissage du « savoir-être » ?

Dans quelle mesure peut-elle, doit-elle et a-t-elle le droit, de modifier, au travers de choix pédagogiques externes, un savoir-être préexistant chez le formé ?

Son savoir-être est, en particulier pour le manager, une part essentielle nécessaire à la performance ; en conséquence l'entreprise cherche à agir sur ce paramètre aux dimensions mouvantes, par des systèmes optimisés de décisions de recrutement et de choix promotionnels, par la formation et de plus en plus par d'autres méthodes personnalisées de connaissance de soi et d'accompagnement du changement. L'évaluation des aptitudes, repose sur des méthodes de mesure d'aptitudes générales, d'aptitudes principales et d'autres aptitudes spécifiques. De plus en plus d'entreprises y ont recours dans la mesure où la prédictivité de ces batteries de mesure figurent parmi les instruments les plus valides.

Une approche du système d'évolution des comportements

Agir sur le savoir-être signifie agir sur un système personnel, sur des attitudes et des représentations et en aval, par conséquence, sur des comportements. Le champ de l'étude des changements d'attitudes et des modifications de comportements a été abondamment parcouru par de nombreux chercheurs.

Dans une approche systémique et évidemment réductrice nous proposons d'utiliser, en l'adaptant, un modèle proposé par FISHBEIN et d'essayer d'en tirer quelques conclusions en matière de formation dans l'entreprise.

Les valeurs de base, les croyances, les préjugés, entraînent de façon assez systématique des fonctions d'ajustement qui sont personnelles : les attitudes.

Les comportements en situation de travail dépendent (avec une approche un peu rapide) des intentions des représentations personnelles et des dispositions à agir en accord avec les attitudes, la personnalité et, bien entendu, des aptitudes et des capacités disponibles et mobilisables.

Mais seuls les savoirs et savoir-faire sont réellement et rapidement sensibles à la formation.

Figure 13.2.

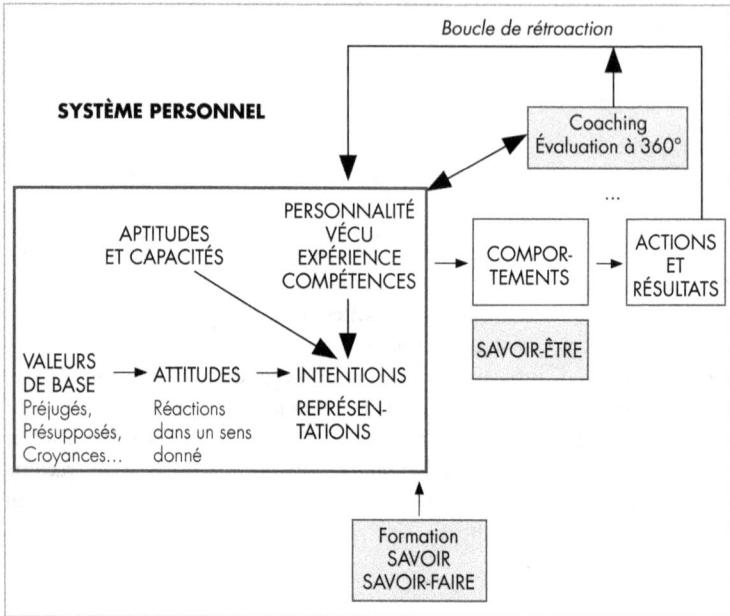

Dans cette approche, l'individu pourrait être considéré comme un système très complexe, adaptatif et dynamique, capable de gérer son image, la perméabilité de ses frontières et de se donner des objectifs.

L'apport d'informations, en particulier par l'apprentissage et l'augmentation du savoir (entropie négative) augmente la variété du système, le rend plus complexe et de régulation plus incertaine, mais, *a priori*, dans le sens de l'entreprise, le rend plus efficient.

Le « savoir-être » est beaucoup plus une conséquence complexe qu'un objectif plus ou moins facile à se donner. La formation peut apporter des méthodes pour communiquer mieux, mais elle ne va pas transformer en quelques jours un « non-communiquant » en une personnalité ouverte et à l'écoute des autres.

La même question se pose pour le management : devenir décideur et innovant, avoir l'intelligence des situations humaines, développer le consensus et mobiliser, etc., peut être l'objet de formation mais ce n'est sûrement pas suffisant. Le collaborateur qui n'est vraiment pas à l'aise dans sa fonction pose un problème beaucoup plus difficile que celui de sa seule formation. Il a peut-être les connaissances nécessaires mais est-il « capable » (aptitudes) sur le plan de son comportement, a-t-il la volonté (motivation, ambition), quel est son équilibre personnel ?

Pour Bertrand Schwartz, l'organisation elle-même doit devenir qualifiante et mettre en évidence pour l'entreprise et pour le salarié des intérêts communs.

Dans ce contexte, la formation a un rôle à jouer à condition de ne pas y voir une solution à tous les problèmes. « Perçue comme un remède miracle, à la fois bouc émissaire et alibi suprême de tous nos maux la formation est devenue le pôle de référence sur lequel se reportent toutes ces difficultés ».

La formation doit permettre d'acquérir des compétences mais elle ne se suffit pas à elle-même. Elle doit être couplée à d'autres modes d'enrichissement des hommes et de la vie au travail : culture et vie d'équipe, relations et styles de management, communications et ouverture dans et hors de l'entreprise, apprentissage et travail sur soi, etc.

« Un apprentissage humain est celui qui aboutit à des savoir-faire permettant d'en acquérir une infinité d'autres et qui éduque la personnalité tout entière. »

Former par acquisitions privilégiant le savoir et le savoir-faire est probablement la voie royale parce que c'est celle qui permet le mieux à l'apprenant de se situer, d'avoir une meilleure compréhension des choses et de l'environnement, de développer son autonomie... et donc de faire évoluer à terme, par lui-même, son comportement.

Quels moyens pour évoluer et se développer ?

Il n'est pas question d'étudier ici les aspects psychologiques du chaînage attitudes ? intentions ? comportements, ou l'évolution de la personnalité.

Néanmoins, à partir du schéma précédent, nous pouvons rechercher les principaux chemins utilisables par le manager pour enrichir son rôle de « leader » :

– développer des intentions et des dispositions à agir par mise en évidence et valorisation d'enjeux ;
– renforcer et enrichir la boucle de rétroaction : mise en situation, évaluation par les autres, (entretien à 360°), coaching.

Agir sur la boucle de rétroaction signifie, en particulier :
1. Se faire auditer dans son contexte professionnel (évaluation à 360°).
2. Vouloir s'engager dans un processus de changement personnel avec l'aide d'un « accompagnateur » (coaching).

Tout ceci suppose, bien entendu, que les relations sont claires, que les choses se disent, et qu'il n'y ait pas de soupçons de manipulation.

L'évaluation à 360°
(la perception du regard des autres)

Démarche : elle doit permettre la comparaison entre l'avis du titulaire sur lui même et celui de ceux qui l'entourent *via* un *feed-back* individualisé (*N*/1, pairs, collaborateurs).

C'est un outil de développement personnel :

Objectifs : permettre à un manager :
- d'identifier ses points forts et ses points faibles en termes de compétences comportementales attendues ;
- de construire un plan d'action destiné à améliorer ses points les plus faibles (connexion souhaitable, si nécessaire, avec une démarche de coaching) ;
- de mesurer périodiquement les progrès accomplis.

Processus :
- informations sur la méthode et ses objectifs : qui évalue qui ? Avec quelle périodicité ? (cette périodicité n'est souvent pas annuelle mais peut être à un moment souhaitable, puis avec un renouvellement périodique organisé, tous les 2 ans par exemple, etc.).De même le processus est mieux accepté s'il est appliqué dans l'entreprise suivant une démarche descendante ;
- réalisation et diffusion des questionnaires (le nombre d'évaluateurs accroît l'acceptation de la légitimité du résultat) ;
- traitement et mise en évidence des écarts d'appréciation ;
- restitution et plan de progrès avec un consultant expérimenté en tenant compte de l'importance de l'acceptation des remises en cause personnelles.

Il faut souligner l'intérêt de la multiplicité des points de vue s'appuyant le plus possible sur des éléments concrets (clarté pour tous des rôles et missions). « L'évaluation à 360° est un outil puissant. Se voir à travers les yeux des autres et comparer cette image avec celle qu'on a de soi-même à la fois éclairant et perturbant. De ce fait, le 360° apporte une réponse particulièrement efficace à trois problèmes fréquents : la rareté des restitutions d'évaluations, le fait que ces évaluations, quand elles existent, ont peu d'effet et l'absence de courage managérial. »

Le coaching (la volonté et l'action pour agir sur son comportement)

Derrière cette terminologie, on peut trouver de nombreuses façons d'interpréter une telle démarche et de la pratiquer. On peut trouver le « coach sportif », guide, éducateur, soutien affectif ; le « coach confesseur » plus ou moins gourou et/ou thérapeute, le « coach conseil », expert, celui qui sait, etc. Le coaching managérial procède d'une démarche particulière et a pour objectifs d'amener des changements de comportement. En fait, il s'agit d'un travail aux frontières des champs de la formation, du conseil et de la thérapie qui doit porter principalement sur l'accompagnement et sur le *feed-back*.

Peretti définit le coaching à la lettre A : *accompagnement individuel* : assistance portée à une personne, à partir de besoins professionnels, pour développer ses compétences et les mettre en œuvre, l'aider à trouver ses propres solutions et à les appliquer. Cette assistance peut être apportée par un membre de l'entreprise ou par un consultant externe (coach).

La notion d'accompagnement dans le changement est celle qui est la plupart du temps mise en avant pour cette démarche.

Qui sont les coachs ?

Ils sont en très grande majorité des consultants externes à l'entreprise.

Néanmoins dans certaines grandes entreprises des coachs internes sont présents, avec un statut et un rôle « hors hiérarchie » ainsi qu'une autonomie permettant des démarches d'accompagnement avec toute la confiance nécessaire entre les partenaires.

Les coachs ont des profils relativement variés mais ils ont pratiquement tous un niveau d'études supérieures, majoritairement en psychologie, et plus d'une quarantaine d'années ; ils ont exercé très souvent des fonctions en entreprise et la plupart d'entre eux ont effectué ou effectuent un travail de développement personnel.

Le processus de coaching

La Société française de coaching définit les étapes d'une mission de coaching suivant cinq phases, que nous pouvons résumer ainsi :

▶ analyse de la faisabilité puis diagnostic (clarification de la demande, volonté de changement, enjeux apparents ou cachés, possibilité de rapport de confiance, etc.) ;

▶ définition de la mission (définition avec la hiérarchie, engagements réciproques, pertinence, confidentialité, coût, etc.) ;

▶ détermination des ressources (objets de la mission, développements recherchés, capacités de la personne, prise en compte de l'environnement, etc.) ;

▶ intervention (formulation d'un premier objectif structuré et avancement, étape par étape, évolution et modification des objectifs avec le temps et la progression, etc.) ;

▶ suivi (fin d'accompagnement, organisation de la transition vers l'avenir, consolidation par piqûres de rappel, etc.).

Coach et coaché doivent s'engager dans une démarche respectant certains points : aucun jugement, assiduité, confidentialité vis-à-vis de l'entreprise, implication du coaché, libre participation et expression, développement de l'autonomie…

La liberté de choisir son coach est une condition impérative.

Que doit le coach à l'entreprise et que doit-il au coaché ? Cette relation tripartite est résumée dans le schéma ci-dessous.

Figure 13.3.

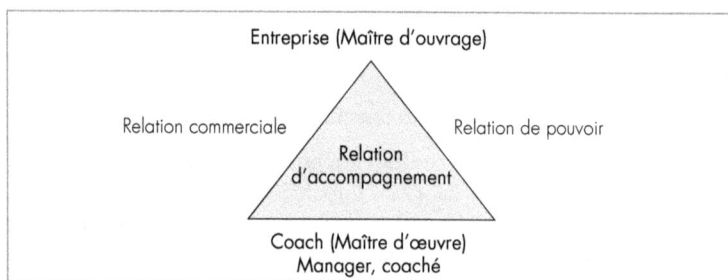

Entreprise (Maître d'ouvrage)

Relation commerciale

Relation de pouvoir

Relation d'accompagnement

Coach (Maître d'œuvre)
Manager, coaché

L'entreprise prend de plus en plus actuellement conscience que le coaching est un atout dans le développement des hommes. Il s'agit d'une démarche assez coûteuse qui constitue un investissement à long terme ; les choix sont déterminants de la part de chacun des 3 acteurs par rapport aux 2 autres. (Les entreprises débourseraient, pour environ 60 % d'entre elles, 9 150 euros par coaché, Étude Syntec conseil, 2004). Tout processus de coaching est caractérisé par la qualité de la relation interindividuelle, qui est déterminante. La finalité du travail du coach, c'est « l'autre ».

Chapitre 14

Affiner le savoir-être
de ses collaborateurs

Laurent BIBARD

L'éthique est à la mode : depuis une dizaine d'année, les « affaires » se multiplient, mettant en cause les entreprises, mais aussi les institutions publiques, voire les organismes d'État. Il devient à la mode de chercher à élaborer des « chartes » du comportement, d'expliciter des principes de déontologie par métier sur le modèle de la médecine ou de l'Ordre des avocats. Dans ce contexte, même si l'on ne veut pas en faire, il est conseillé de faire comme si on s'occupait d'éthique, car elle se vend, elle fait vendre, et lorsqu'elle ne fait pas vendre, elle risque de ternir l'image d'une entreprise parce qu'on n'a pas assez prévenu les risques d'une mise en cause publique de comportements soudainement identifiés comme illicites, inacceptables, allant contre toute moralité en affaire ou en politique, etc.

Contre la mode de l'éthique :
les raisons des désirs et le désir de sens

Si, contre toute attente, on suppose que le monde est un peu raisonnable, c'est-à-dire a un sens, il doit bien y avoir, à part l'énervement général sur la question, alimenté par les media, quelques raisons à l'engouement contemporain pour l'éthique. Or, le monde semble bien un peu raisonnable ; voilà ce qu'il en est.

On peut, comme on le fait depuis longtemps, gloser sans discontinuer sur la subtilité des différences entre l'éthique et la morale. Il n'en demeure pas moins que les deux notions renvoient au même type de questions : ce sont des questions concernant la justice, la correction des comportements, le respect de règles communes d'action ou de savoir-faire, de faire savoir, de savoir-être. Qu'il s'agisse de la vie privée ou de la vie professionnelle des individus, de la vie d'entreprise ou de la politique, l'«éthique» ou la «morale» renvoient à la question simple de l'action bonne, juste, et vraie : il ne faut pas mal faire (son métier, l'amour, les amitiés), il ne faut pas commettre d'injustice, il ne faut pas mentir. Voilà le type d'injonctions auxquelles conduit une attitude «éthique». Les codes de déontologie ou les chartes d'entreprises déroulent des principes de ce style, évidemment appliqués au(x) métier(s) concerné(s).

La difficulté est que savoir ce que sont le mal, l'injustice ou le faux dans le monde, dans *les* mondes où nous vivons, est de plus en plus malaisé : la complexité des conditions du management des organisations comme de la vie privée s'accroît à proportion de la mondialisation de l'économie, qui va de pair avec l'intensification de l'utilisation des sciences et des techniques sur la base de manipulations ou de transformations de la nature de moins en moins facilement contrôlables ou maîtrisables pour l'avenir. Ceci rend le contexte des décisions managériales de plus en plus incertain, et donc les décisions de plus en plus risquées. Ceci, à tous les niveaux des organisations : du plus haut au plus bas des échelles hiérarchiques, et quel que soit le secteur économique concerné. Dès lors, le *désir d'éthique*, c'est-à-dire le désir de disposer de critères sûrs, fiables, crédibles, quant aux décisions à prendre, est de plus en plus fort. Pour résumer, on peut dire que le désir de certitude des décisions que les managers doivent prendre augmente à proportion de l'incertitude où, bon an mal an, se trouvent plongées la vie économique, la vie politique, la vie familiale et sociale de tous les jours.

Au quotidien du management, donc, la question de l'éthique se pose comme celle de l'arbitrage de la tension entre une *vie professionnelle risquée*, et des réponses élaborées en fonction de la *recherche de la maîtrise* sur les choses, sur les techniques, sur les hommes. Or, il n'est pas dit qu'en situation d'incertitude, la recherche de maîtrise soit la meilleure des réponses à donner.

Les raisons des désirs

D'origine grecque, le mot «éthique» (êthikos) renvoie à la notion de «comportement». Or, il n'implique pas par lui-même la notion de «justice» : tout ce qui se «comporte» d'une manière ou d'une autre, des cancrelats aux humains en passant par les charmes artificiellement accélérés des physiciens nucléaires ou les léopards, a une éthique. Et l'«éthologie», qui étudie les comportements animaux, dit bien cela. Mais lorsqu'on parle d'éthique, on n'a évidemment pas en vue le seul comportement des choses et des gens, des institutions et des hommes d'État, mais leur comportement *juste*. Et on suppose implicitement que les courbes dessinées par les particules élémentaires, par exemple, ou encore les rituels d'accouplement des animaux, n'ont rien à voir avec la notion – strictement humaine – de *justice*. Autrement dit, lorsqu'on parle d'éthique, on suppose implicitement que l'on parle du comportement *humain*, et de comportement *juste*. On suppose donc que l'on sait qu'il n'y a de justice qu'humaine.

De toute évidence, cela n'est pas vrai. Pourquoi ? Parce qu'il existe peut-être – mais cela dépend de chacune et chacun – quelque chose d'infiniment plus noble, meilleur, bon, juste et vrai que l'homme, qu'on appelle comme on peut, et parfois « Dieu » (quitte, dans certains mondes, à supposer à ce quelque chose des frères, des sœurs, des parents, bref, toute une famille, voire des ennemis et des amis). La justice ne concerne donc pas seulement les humains dans le monde, mais le dieu ou les dieux auxquels les humains croient, peu ou prou, en se montrant tour à tour de beaucoup ou de peu de foi.

Le problème est que sur ce chapitre, chacune et chacun, compris au sein de sa communauté avec les dieux ou le Dieu qui l'accompagne(nt) et qui l'oriente(nt), est fermement convaincu d'être dans la vérité, tandis que les « autres », ceux qui ne croient pas au(x) dieu(x) de sa communauté, sont de toute évidence dans le faux. Et ceci est capital, car c'est ainsi que toute communauté impute aux autres communautés du monde, à ces autres, la *faute* de ne pas croire à ses dieux ou son Dieu. Donc 1) de se tromper quant au vrai et au faux des choses du monde, et *par là même*, 2) d'être en tort quant aux notions de justice et d'injustice (ou de bien et de mal) qui qualifient ce monde, et ceux qui y habitent.

Il est donc primordial, quand on parle d'éthique, de *savoir* ce qu'est la justice, donc l'injustice, de savoir ce que sont le bien et le mal. Soit on le sait par tradition, d'après la transmission orale de traditions séculaires, soit par l'écriture de révélations faites par Dieu aux humains, par l'entremise de peuples, de certains hommes, voire de Lui-même décidant de venir sauver l'humanité de ses péchés. Mais le problème demeure des différences et des contradictions entre les représentations qu'ont les humains de leurs dieux et de leurs références. Il faut aller chercher ailleurs encore, en exerçant son bon sens, sa réflexion, pour discerner ce que sont la justice et l'injustice, ou le bien et le mal. Autrement dit, il faut essayer de trouver *par la réflexion* ce dont on sait que le *sentiment* religieux donne des indications sans preuve universelle.

Mais le problème de la recherche réfléchie de ce que sont justice et injustice (ou bien et mal) n'est pas plus simple que celui de la confrontation des traditions et de leurs dieux, car l'universel en tant que tel ne remplit jamais une vie, n'oriente jamais en tant que tel l'action. Il ne permet pas de distinguer en situation le juste de l'injuste ou le bien du mal, car une situation est toujours particulière, et ne correspond donc jamais exactement aux critères universels de la raison pour choisir la bonne solution, pour réaliser la justice, pour faire le bien et non le mal.

À ce niveau de notre petite incursion dans les questions d'éthique, l'enthousiasme s'émousse, car aucune réponse ne semble possible pour apprendre à distinguer sur place, sur les terrains d'exercice des métiers, le juste de l'injuste, etc. Car si d'un côté les réponses universelles, les réponses *rationnelles* ou *théoriques*, existent, elles ne servent à *rien* : elles sont tellement *idéalistes* qu'elles ne correspondent jamais aux situations concrètes que l'on vit. De l'autre côté, ce qui fait la vie quotidienne des managers est pétri de contradictions, d'urgences à gérer, d'impératifs extérieurs au métier que l'on exerce, etc. C'est un peu comme si chaque organisation, et même chaque manager au sein d'une organisation, avait « son » propre dieu, avec la conception de la justice qui l'accompagne, et ce dieu s'oppose au dieu *des autres*, des autres organisations, des autres managers, des autres membres de l'organisation en général. Pire encore : le dieu que l'on a à un moment *peut se révéler opposé au dieu que l'on découvre à un autre moment* ; alors les contradictions sont encore plus fondamentales, le désarroi plus complet, et le désir de réponse plus criant. Et – *nec plus ultra* – c'est alors qu'on est encore plus convaincu que les réponses universelles – c'est-à-dire théoriques ou intellectuelles – ne suffisent jamais.

Le sens du désir

Au risque de paraître provocateur, on peut dire que, parce que cela va mal, tout commence déjà à aller mieux. Ne serait-ce que parce que le constat du chaos où l'on plonge dès qu'on approfondit la question de savoir comment aborder l'éthique en entreprise, si l'on ne désespère pas définitivement (ce que nous espérons évidemment en écrivant ces lignes !), alimente au contraire furieusement le désir d'« éthique », le désir de réponses justes, bonnes et vraies quant aux situations de décision où l'on se trouve et qui sont, comme on l'a rappelé, de plus en plus incertaines.

Il est très intéressant de constater comment on parle en général d'éthique au sein des organisations. On dit que l'éthique y est impossible, qu'elle n'y a pas sa place, que si elle y est développée, c'est strictement à des fins entrepreneuriales indifférentes à la justice, au bien et à la vérité. Mais alors, on oublie que ce sont les mêmes personnes qui obéissent aux logiques entrepreneuriales ou managériales, qui se plaignent du fait que les organisations ne veulent pas la justice pour elle-même. Or, loin d'être un problème, cette contradiction est une réponse au dilemme managérial de l'éthique. En effet, c'est au quotidien du travail que les managers (comme au fond tout le monde à tous les niveaux hiérarchiques d'une organisation) apportent des réponses aux questions qu'ils rencontrent, et éprouvent spontanément des sentiments de justice ou d'injustice, de bonheur ou de malheur, à l'égard de ces questions. Ainsi, si l'on fait attention au désir d'éthique explicitement ou implicitement manifesté par les managers, on peut dire que *tout le monde dispose spontanément de solutions aux problèmes d'éthique rencontrés par les organisations.* Ceci veut dire que l'éthique est en fait réalisée tous les jours par les managers et en fait par l'ensemble des membres d'une organisation quelconque. Réalisée ? Peut-être, dira-t-on, mais comment ? Comment croire que tout le monde vit bien ou dans la justice et la vérité ? C'est de la folie !

Il est capital de souligner ici que cette question est mal posée. Car s'il est évident que la justice n'est jamais réalisée telle qu'on se la représente, que le mal est partout là où l'on croyait voir le bien, que l'illusion l'emporte sur le vrai, il est aussi évident qu'affirmer le désir que justice soit faite, que le bien l'emporte sur le mal comme la vérité sur le mensonge, c'est déjà se mettre en route pour réaliser ce que l'on estime être la justice, le bien ou la vérité. Autrement dit, le désir qui nous projette en permanence vers la perfection morale est sans cesse à l'œuvre dans les opérations les plus quotidiennes des managers et de tous les humains. Faire quelque chose, décider, prendre une option au sein d'une organisation, c'est déjà se décider pour telle option, pour telle décision de l'organisation, etc. Or, on n'est pas toujours satisfait de ce que l'on fait. Cela veut dire qu'on négocie en fait au jour le jour avec soi-même et avec les autres le rapport que l'on entretient avec la notion de justice ou de moralité. Qu'il suffise, pour donner un exemple, de souligner l'importance du rôle que jouent les accusations dans les fonctionnements et les dysfonctionnements des organisations : accuser, c'est toujours expliquer un peu les choses (à soi-même ou aux autres). Réciproquement, expliquer se fait toujours spontanément par accusation, par imputation de faute ou de mérite.

Au quotidien de la vie des managers, donc, comme partout ailleurs, *la représentation que l'on se fait du monde est toujours aussi et en même temps un jugement moral*, un jugement qui suppose une certaine idée du bien et du mal, du juste et de l'injuste – et une idée que l'on croit *vraie*. Ceci veut dire que l'idée parfaite de la justice que l'on se fait est en application constante au terrain où l'on travaille. Autrement dit encore : l'éthique est inséparable du management quotidien des organisations tel qu'il se fait tous les jours dans la vie « réaliste » – qui est toujours, en contrepoint des espoirs ou des désirs qui nous animent, à la fois décevante et source de désir.

Affiner le savoir-être de ses collaborateurs

Il reste, après un court arrêt sur certaines conséquences de ce que nous venons de voir, à donner quelques indications de ce que peut vouloir dire « affiner le savoir-être de ses collaborateurs ».

L'éthique au quotidien : les autres et le temps

Au présent, tout humain – c'est-à-dire quelque membre que ce soit d'une organisation quelconque – est toujours en négociation – même implicite – entre l'idée qu'il se fait de la justice et sa situation concrète. La situation concrète de chaque individu au sein d'une organisation est donc toujours un *mix* entre les conditions de travail plus ou moins établies, plus ou moins évidentes, plus ou moins stables, jugées ou reconnues, qui sont issues du passé de l'organisation, et l'infinité des désirs d'amélioration que chacune et chacun éprouvent et formulent à soi-même et (moins souvent) aux autres quant au futur de l'organisation considérée (« il faut développer tel ou tel projet, il faut développer une stratégie offensive, il faut organiser autrement le service, il faut améliorer les relations entre les fonctionnels et les opérationnels », etc).

Ainsi, la réalité présente d'une organisation revient toujours à une négociation entre les désirs des individus ou des groupes, sur fond de certaines caractéristiques (le plus souvent implicites mais tour à tour interrogées, remises en cause) qui définissent la « culture » ou les cultures sur lesquelles se tient l'organisation en tant qu'entité (au moins relativement) stable. Tous les acteurs sont au présent des négociateurs – plus ou moins habiles, plus ou moins efficaces, agressifs ou amènes, stratèges ou naïfs – défendant leur conception de la justice et du bien en regard, d'une part, de celle des autres acteurs, et d'autre part, de la culture ou des cultures qui font le fond d'évidence procédurale sur lequel fonctionne également l'organisation. L'éthique se joue donc sans cesse comme le présent de l'organisation qu'on gère, dont on est membre parmi les autres membres, entre les futurs désirés par chacune et chacun, et le passé ou les passés plus ou moins conscients de toutes et de tous qui définit le point d'appui pour la totalité des élans à venir. L'éthique est donc le temps négocié de soi-même et des autres au quotidien des opérations de management.

L'affinement des savoir-être

Que veut dire « affiner le savoir-être de ses collaborateurs » ? Premièrement, tout collaborateur a toujours, ne serait-ce que du fait de son éducation, un minimum de savoir-être avec soi-même, avec les autres ; parfois ce n'est vraiment qu'un minimum, mais c'est toujours un minimum. Il ne s'agit donc toujours que d'affiner ce qui existe déjà comme base et comme orientation pour le comportement, la déontologie, et le désir de justice de chacune et chacun. Or, notre constat d'ensemble revient à l'impossibilité de séparer savoir-être, savoir-faire et faire savoir car c'est au cœur même de l'action quotidienne que se joue le sens d'« être juste ou injuste », faire bien ou mal, voire « le bien » ou « le mal », dire la vérité ou mentir. Lorsqu'un manager souhaite donc affiner le savoir-être de ses collaborateurs, il envi-

sage toujours d'emblée, qu'il le veuille ou non, le raffinement des savoir-
faire de ces derniers, comme de leurs façons de faire savoir.

Par ailleurs, un manager qui a en vue une amélioration de l'« éthique » de
ses collaborateurs s'oriente toujours lui-même à partir du contexte culturel
de son organisation et de son travail au sein de celle-ci, en fonction d'un
savoir-être de base, qui laisse la place à l'imagination et au désir de cette
amélioration. C'est dire qu'il lui faut toujours également lui-même, en
prenant appui sur le « fond » culturel de l'organisation concernée, négocier
avec les désirs de ses collaborateurs, leurs sentiments de justice ou d'injustice, de bien et de mal, etc. C'est pourquoi l'« éthique » est par excellence
une composante du management où tout le monde apprend, et qui ne se
décide pas par décret. C'est-à-dire qu'il ne suffit pas d'écrire une charte, un
code de déontologie ou d'autres règles encore, pour que les « problèmes »
d'éthique qu'une organisation ou qu'un manager est susceptible de rencontrer soient résolus, voire, et mieux, anticipés. Il faut inventer tous les jours.
C'est pour cela qu'il n'y a pas de réponse universelle à la question de savoir
comment anticiper les problèmes d'éthique que rencontre une organisation. Car les solutions dépendent entre autres, éminemment, et du terrain
et de l'état des acteurs au moment où la question se pose.

Conclusion

L'affirmation centrale de notre proposition est simple : l'éthique, c'est la prose
du *Bourgeois gentilhomme* : contre toute attente, tout le monde en fait tous les
jours au sein des organisations. Ses conséquences tiennent en trois points :

- il n'y a pas de règles de déontologie ou de charte, etc., que l'on puisse
  expliciter indépendamment du terrain de l'organisation en question ; si
  elle n'est pas explicitée par ceux-là mêmes qui d'abord la vivent et l'éprouvent, l'éthique reste lettre morte ;

- ce n'est pas l'éthique en tant qu'occasion de tapage médiatique qui nous
  intéresse ici, mais l'éthique que chacune et chacun vivent chaque jour.
  L'éthique telle qu'elle est montée en épingle et vivement débattue en
  particulier grâce au travail des media, témoigne largement de la quoti-
  dienneté des accusations comme mode spontané d'explication des choses
  par les hommes, pour qu'on soupçonne ici la difficulté de juger correctement sans connaissance des terrains ;

- comme tous les acteurs avec lesquels ils travaillent, les managers sont tous
  les jours confrontés à des questions d'éthique inséparables des questions
  de gestion qu'ils s'emploient à résoudre ; travailler l'éthique d'une organisation revient donc à en travailler le management.

Chapitre 15

Accompagner le développement international des organisations et de leurs salariés

Jean-Luc CERDIN

Dans un contexte où la globalisation concerne de plus en plus d'entreprises, un des enjeux de la GRH est l'articulation des enjeux nationaux et internationaux (Cerdin, 2011). Les managers constituent des acteurs essentiels dans l'accompagnement du développement international des organisations et de leurs salariés.

Pour les managers, il apparaît essentiel de comprendre le positionnement international de leur organisation et son implication en termes de gestion des ressources humaines pour accompagner son développement international. Ce développement international nécessite aussi d'assurer le développement des personnes qui repose en particulier sur la réussite des expatriations. Ce chapitre s'organise autour de ces deux axes de développement, organisationnel et individuel.

Identifier la stratégie d'internationalisation de son entreprise

Identifier la stratégie d'internationalisation de son entreprise nécessite la prise en compte :

- de l'étape d'internationalisation de son entreprise ;
- de son attitude envers l'internationalisation ; et
- du transfert des pratiques RH entre le siège social et les filiales.

© Groupe Eyrolles

Connaître l'étape d'internationalisation de son entreprise

Les entreprises à l'international peuvent être classées selon deux dimensions qui correspondent à leurs capacités à :

▶ adapter leurs activités localement pour répondre au contexte local ;

▶ intégrer globalement leurs activités afin d'acquérir un avantage compétitif global.

Le croisement de ces deux dimensions donne quatre types d'entreprises (figure 15.1) où les managers ont des actions différentes en GRH.

Figure 15.1 – Quatre types d'entreprises internationales

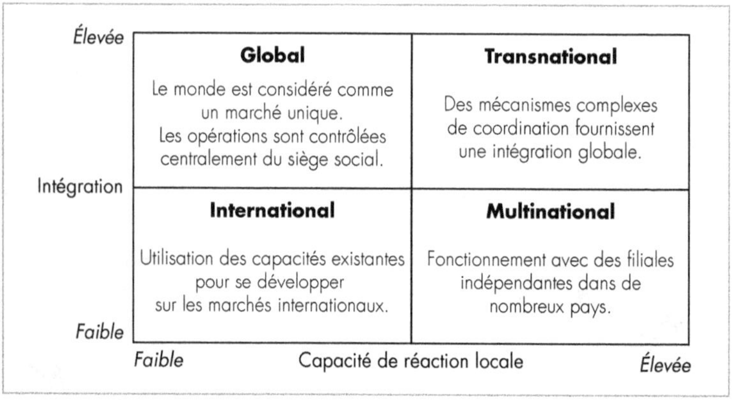

Source : adapté de Bartlett et Ghoshal, 1998.

Le modèle multidomestique ou multinational

Pour les multinationales, s'implanter à l'international exige la création de nombreuses filiales qui sont gérées avec beaucoup d'autonomie, et sont peu intégrées. Les marchés nationaux restent prédominants. Les produits et les services sont différenciés afin de répondre aux particularismes des demandes locales. Les filiales sont contrôlées par des nationaux du pays d'origine qui sont affectés à l'international et assurent l'interface entre les managers du siège et ceux de la filiale.

Le modèle international

Ce sont des entreprises nationales qui s'appuient sur leur capacité existante pour pénétrer les marchés étrangers en adaptant certains de leurs produits aux marchés locaux. Le succès de ces entreprises repose notamment sur leur capacité à transférer des connaissances et surtout de la technologie aux unités étrangères. La coordination et le contrôle des filiales par le siège social sont plus importants que pour le modèle précédent. Les expatriés ont un rôle important dans ces activités de contrôle et de coordination. Les managers doivent être conscients des facteurs facilitant ou empêchant ces transferts de se produire.

Le modèle global

Les entreprises globales fonctionnent comme des entreprises nationales mais considèrent le monde comme leur marché. Les activités internationales sont coordonnées à partir du siège social. Les managers y jouent un rôle important, notamment les managers internationaux qui sont plus répandus que dans les modèles précédents. Beaucoup de managers se trouvent à gérer des expatriés à la fois du pays d'origine et de pays tiers ainsi que des personnes impatriées au siège social. Ces managers sont confrontés à des salariés en situation de retour qu'ils doivent aider à se réintégrer dans leur nouvel environnement.

Le modèle transnational

L'entreprise transnationale est une sorte de réseau avec différents centres pour différentes activités. Par exemple, la recherche et le développement pourraient être concentrés dans un pays. De manière théorique, cela impliquerait la mobilité des experts dans ce pays particulier, quelle que soit leur nationalité.

Appréhender l'attitude d'internationalisation de son entreprise

Les organisations peuvent adopter quatre attitudes envers l'international, selon Perlmutter et Heenan (1979) :

▪ ethnocentriques : une organisation ethnocentrique a tendance à recruter des cadres du pays d'origine pour les postes à l'étranger. Aussi, les nationaux du pays d'origine occupent l'ensemble des postes à responsabilités dans les filiales :

▪ polycentriques : une entreprise qui s'inscrit dans une approche polycentrique s'efforce de développer les compétences locales dans les différents pays où elle s'implante. Chaque pays applique sa propre politique de gestion des ressources humaines ;

▪ géocentriques : une approche géocentrique conduit l'entreprise à recruter aussi bien des nationaux du pays d'origine, des nationaux du pays d'accueil ou des nationaux de pays tiers puisqu'elle adopte une démarche transnationale. La nationalité n'est pas un critère de recrutement ;

▪ régiocentriques : l'approche régiocentrique est voisine de l'approche géocentrique mais se limite au niveau régional. Le recrutement apparaît alors également régional, dans une zone géographique bien précise.

Le tableau 15.1 résume ces quatre attitudes selon trois caractéristiques, à savoir :
– les rapports siège/filiales (filiale ou unité à l'étranger) ;
– les particularités du management international des ressources humaines (MIRH) ;
– la gestion des carrières.

Ces quatre approches de l'international constituent un point de référence pour définir les stratégies internationales de GRH pour les entreprises. Elles sont particulièrement utiles pour définir les politiques d'affectation du personnel à l'international.

Tableau 15.1. – Résumé de quatre politiques d'affectation du personnel

	Approches de l'international			
	Ethnocentrique	**Polycentrique**	**Géocentrique**	**Régiocentrique**
Siège/filiales	Siège : décisions stratégiques Filiales : pas ou peu d'autonomie	Filiales : traitées par le siège comme des entités nationales distinctes	Interdépendance globale	Interdépendance régionale
MIRH	Celui du pays d'origine	Basé sur le particularisme local	Transnational	Régional
Gestion des carrières	Centralisée Carrière des cadres du siège privilégiée	Décentralisée (localement) Expatriation : mot sans contenu Locaux : postes-clés des filiales	Globale Indépendante de la nationalité	Régionale Mobilité des cadres dans les limites d'une région Rares transferts des régions au siège social

Source : Cerdin, 2001, p. 16.

Transférer les pratiques RH

Les organisations avec une approche ethnocentrique ou géocentrique ont tendance à transférer les pratiques RH du siège social aux différentes filiales. Les managers sont impliqués dans ce transfert en diffusant ou recevant des pratiques RH.

Le transfert de pratiques RH du siège social aux filiales peut prendre quatre formes :

▶ *adoption authentique* : une adoption authentique correspond à une forte internalisation de la pratique RH qui est transférée sans transformations. Son adoption est le reflet précis de la pratique du siège social ;

▶ *adoption cérémoniale* : cette adoption revient à une mise en œuvre de la pratique avec un faible niveau d'intériorisation. Cette adoption cérémoniale ne correspond pas à un transfert réussi d'une pratique car l'environnement local prétend l'accepter sans y adhérer.

Cependant, la pratique n'est pas transformée ;

▶ *traduction* : elle se produit lorsqu'une pratique est adaptée au contexte local, en particulier à la législation en vigueur localement et à la culture avec un niveau d'intériorisation élevé.

▶ *corruption* : la corruption d'une pratique résulte en une pratique parfaitement en phase avec le contexte local mais dénaturée par rapport à la pratique du siège social.

La figure 15.2 résume les quatre formes d'adoption selon deux dimensions, à savoir l'intériorisation et la transformation de la pratique.

Figure 15.2. – Typologie des formes d'adoption d'une pratique RH

Intériorisation	Adoption authentique	Traduction
Élevée		
	Adoption cérémoniale	Corruption
Faible		
	Faible Transformation Élevée	

Source : adapté de Fenton-O'Creevy, Gooderham, Cerdin et Rønning, 2011.

Fenton-O'Creevy, Gooderham, Cerdin et Rønning (2011) soulignent l'importance des acteurs dans le transfert des pratiques, en particulier leur possession d'un capital social « liant » qui leur permet de vaincre les résistances politiques et les obstacles cognitifs locaux. Les expatriés font partie de ces acteurs, en tant que courroie de transmission des pratiques RH entre le siège et les filiales (Cerdin, 2003). La réussite de leur expatriation s'avère essentielle pour le développement de l'organisation mais aussi pour leur propre développement.

Favoriser la réussite des expatriés

La réussite d'une expatriation comprend une dimension individuelle et une dimension organisationnelle (Yan, Zhu et Hall, 2002). La réussite individuelle comporte trois dimensions, à savoir :

– la réussite de carrière ;

– la réussite au travail ;

– le développement individuel (Cerdin et Le Pargneux, 2009).

Selon les mêmes auteurs, la réussite organisationnelle se décline en quatre critères, à savoir :
- l'accomplissement des objectifs organisationnels clés ;
- le transfert de connaissances ;
- le développement du réseau ;
- la rétention des expatriés pendant les différentes étapes de la mobilité.

Ces critères peuvent s'apprécier pendant et après l'expatriation. Trois questions sont alors fondamentales :
- l'adaptation des expatriés ;
- le retour d'expatriation ;
- le développement des personnes à l'international.

Garantir l'adaptation des expatriés

La réussite des expatriés passe par leur adaptation, en particulier l'adaptation à leur travail, à l'interaction avec les membres de la culture d'accueil et l'adaptation aux conditions générales de vie comme le logement ou la nourriture. Les managers doivent en connaître les déterminants, qui peuvent être rassemblés en quatre groupes pendant la phase d'expatriation selon le modèle de Black, Mendenhall et Oddou (1991) :

- les qualités individuelles : il s'agit principalement des capacités d'adaptation propres à l'individu comme la confiance en ses compétences ou la volonté de communiquer avec les membres de la culture d'accueil (Cerdin, 1998). Les recherches actuelles se focalisent principalement sur l'intelligence culturelle ;

- les caractéristiques du travail : ce deuxième groupe comprend les caractéristiques du travail comme l'autonomie dans le rôle qui facilite l'adaptation au travail ;

- la culture de l'organisation : la différence culturelle entre l'entreprise d'origine et l'entreprise d'accueil a un impact sur l'adaptation au travail. Le soutien social, notamment avec la mise en place d'un système de parrainage, facilite l'adaptation au travail. Enfin, l'aide logistique, qui consiste à soutenir logistiquement l'expatrié dans ses démarches administratives et matérielles favorise l'adaptation aux conditions générales de vie ainsi qu'à l'adaptation à l'interaction.

- les caractéristiques de l'environnement : ce groupe de déterminants de l'adaptation rassemble des éléments comme la nouveauté culturelle et la famille. L'adaptation du conjoint explique fortement l'adaptation du salarié expatrié (Cerdin, 2001).

Cependant, le processus d'adaptation commence avant l'expatriation. Le principe théorique qui sous-tend l'adaptation est celui de la réduction de l'incertitude. La formation interculturelle contribue à cette réduction d'incertitude, notamment avant le départ de l'expatrié (adaptation anticipée), à condition qu'elle soit réaliste. La formation culturelle, sans empêcher le choc culturel, amoindrit ses effets.

La figure 15.3, le modèle d'adaptation internationale de Black, Mendenhall et Oddou (1991), synthétise l'ensemble de ces déterminants

Les nombres entre parenthèses indiquent les facettes de l'adaptation auxquelles les variables sont supposées être reliées : adaptation au travail (1), à l'interaction (2) ou aux conditions de vie générales (3).

Figure 15.3. – Modèle d'adaptation internationale

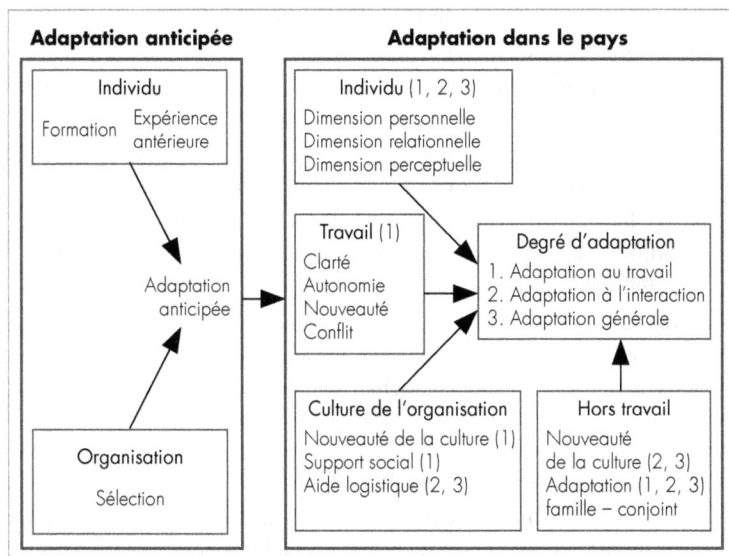

Source : adapté de Black, Mendenhall et Oddou, 1991, p. 303.

D'autres éléments propres à la décision d'expatriation expliquent également l'adaptation internationale. Cerdin (1996, 2001) complète le modèle de Black, Mendenhall et Oddou (1991) en introduisant les motivations des expatriés, leur liberté de choisir leur expatriation, la compatibilité de leurs valeurs avec la mobilité internationale et la concertation de la prise de décision pour les couples. Les managers doivent considérer ces éléments dans le cadre de toute expatriation pour assurer le succès des expatriés. Ce dernier inclut aussi le retour d'expatriation.

Épauler les expatriés au retour

Le retour constitue une étape importante de l'expatriation. La réussite de celle-ci se mesure aussi par la réussite du retour d'expatriation. Pourtant, cette étape apparaît être le talon d'Achille de l'expatriation (Cerdin, 2007). Les managers, pour eux-mêmes ou leurs collaborateurs qui rentrent d'expatriation, devraient veiller à limiter les deux types de frustrations identifiées par Lazarova et Cerdin (2007) :

▶ frustrations professionnelles. Elles proviennent de trois sources, à savoir :
  – des compétences sous-utilisées des expatriés au retour,
  – d'un manque de reconnaissance,
  – des opportunités de carrières réduites.

  Un retour mal géré s'avère catastrophique pour la carrière de l'expatrié ;

▶ frustrations personnelles. Elles sont dues :
  – au contre-choc culturel de la personne en situation de retour et de sa famille,
  – au changement de style de vie, souvent avec la perte de statut social et l'abandon de certaines habitudes confortables,
  – au changement dans la situation financière, avec la suppression des primes et avantages liés à la mobilité, et aux charges financières dues à la réinstallation dans son pays d'origine.

Le retour se prépare avant l'expatriation, notamment par la mise en place d'un système de parrainage pour aider l'expatrié à entretenir des contacts étroits avec son organisation d'origine. Un système de parrainage efficace est un système qui évite que l'adage « loin des yeux, loin du cœur » devienne une réalité pour l'expatrié. Un parrain devrait posséder dans l'idéal quatre caractéristiques (Swaak, 1997) :

▶ avoir une position influente, ce qui lui permet d'avoir une bonne connaissance des opportunités de carrières pour le retour de l'expatrié ;

▶ être un ancien expatrié, ce qui lui permet de mieux comprendre les préoccupations de l'expatrié avec lequel il a une relation privilégiée ;

▶ être prêt à investir du temps car la gestion des carrières ne s'improvise pas ;

▶ avoir une compréhension de l'importance d'un vivier international pour son entreprise afin de pouvoir soutenir l'expatrié dans ses choix de carrière.

En plus des programmes formels de parrainage pendant l'expatriation, l'entreprise dispose d'autres outils pour faciliter le retour des expatriés (Caligiuri et Lazarova, 2001), parmi lesquels :

▶ *briefing* avant le départ du pays d'expatriation sur ce qu'il faut attendre au retour ;

▶ réunion avant le retour avec un/des responsables des ressources humaines ou autres managers afin d'aborder les préoccupations concernant la carrière des expatriés ;

▶ avant le départ, une garantie écrite ou un accord précisant dans les grandes lignes le type de poste au retour ;

▶ programmes de réintégration immédiatement après le retour afin d'informer les expatriés des changements dans l'entreprise ;

▶ séminaires de formation qui préparent les salariés et/ou leur famille à comprendre leurs éventuelles réactions psychologiques lors du retour (« contre-choc culturel ») ;

▶ aide financière et fiscale pour aider les expatriés à s'adapter à leur changement de situation financière ;

▶ communication continue avec l'organisation du pays d'origine pendant l'expatriation ;

▶ signes perceptibles que l'organisation valorise l'expérience internationale pour montrer que cette dernière est bénéfique à la carrière (par exemple, en utilisant les compétences acquises à l'étranger et faisant progresser la carrière des « rapatriés » dans l'organisation) ;

▶ communication avec l'organisation du pays d'origine pendant le processus du retour sur les détails de ce dernier.

Développer les personnes à l'international

Développer les personnes, à l'international et pour l'international, s'appuie en particulier sur le développement de leurs compétences interculturelles. Mendenhall (2006) suggère notamment de recourir à la formation interculturelle et d'utiliser l'évaluation à 360 degrés afin d'apprécier le niveau de compétences interculturelles des salariés. Sont concernés aussi bien les salariés en mobilité que ceux qui travaillent avec des collègues et clients internationaux tout en restant dans leur pays d'origine. Thomas *et al.* (2008) notent que des personnes avec de nombreuses qualités comme une intelligence élevée ou une grande stabilité émotionnelle peuvent ne pas s'adapter à un nouveau contexte culturel. En d'autres termes, l'intelligence culturelle de ces personnes serait insuffisante.

Le *Cultural Intelligence Project* définit l'intelligence culturelle comme « un système de connaissances et de capacités interdépendantes, liées par la métacognition culturelle, qui permet aux personnes de s'adapter, de sélectionner et de façonner les aspects culturels de leur environnement » (Thomas *et al.*, 2008, p. 127).

Au niveau des connaissances, le Cultural Intelligence Project prend en compte deux types de connaissances, à savoir :

» les connaissances spécifiques comme les valeurs et pratiques liées à une culture ;

» les connaissances de processus comme effet de la culture sur sa propre nature et sur la nature des autres comme processus cognitif.

Au niveau des capacités culturelles, le Cultural Intelligence Project propose un répertoire de cinq capacités, à savoir :

» les capacités relationnelles ;

» l'acuité perceptuelle ;

» l'empathie ;

» l'adaptabilité ;

» la tolérance pour l'incertitude.

La métacognition culturelle permet de lier les différents constituants de l'intelligence interculturelle. Les auteurs du Cultural Intelligence Project précisent que « c'est l'élément qui permet l'émergence de l'intelligence culturelle à partir de l'interaction de ses éléments constitutifs ». La personne culturellement intelligente est capable de s'échapper du mode semi-automatique qui caractérise la plupart des comportements. Elle évite ainsi le mimétisme dans ses interactions avec des personnes d'autres cultures.

L'intelligence culturelle capte une faculté qui peut se résumer par : « S'adapter à l'autre tout en l'aidant à s'adapter à soi ». Elle concerne non seulement les salariés en mobilité mais aussi l'ensemble des salariés. Pouvoir apprécier son niveau d'intelligence culturelle, c'est d'une certaine manière prendre conscience de ses forces et faiblesses. C'est déjà s'inscrire dans un plan de développement. « S'adapter à l'autre tout en l'aidant à s'adapter à soi » constitue aussi la base du management.

Conclusion

La gestion des expatriés n'est pas seulement du domaine des DRH. Les aspects techniques comme la rémunération ou les contrats de travail semblent leur être réservés. Cependant, la réussite d'une expatriation repose sur un ensemble d'éléments non techniques qui impliquent tous les salariés, expatriés ou non. L'expatriation constitue une opportunité de développement pour l'organisation et pour les salariés. Tous les salariés sont impliqués dans le développement international de l'organisation. Il est alors important d'en comprendre les stratégies et les conséquences sur la politique de gestion des ressources humaines. Pour les salariés, l'expatriation, au-delà d'une opportunité de maturation pour ceux qui la vivent (Cerdin et Dubouloy, 2004), constitue un développement en termes de compétences bénéfiques à tous les salariés.

Bibliographie

BARTLETT C. et GHOSHAL S. (1998), *Managing across Borders : The Transnational Solution*, Boston, Harvard Business School Press.

BLACK J.S., MENDENHALL M. et ODDOU G. (1991), « Toward a Comprehensive Model of International Adjustment : An Integration of Multiple Theoretical Perspectives », *Academy of Management Review*, 16(2), 291-317.

CALIGIURI P. Et LAZAROVA M. (2001), « strategic Repatriation policies to Enhance Global Leadership Development », in Mendenhall M., Kuehlmann T. et Stahl G. (Eds.), *Developing Global Business Leaders: Policies, Processes and Innovations*. Quorum Books, 243-256.

CERDIN J.-L. (2011), « Les carrières en devenir », in F. Dupuich, *GRH en devenir*, Paris, L'Harmattan.

CERDIN J.-L. et LE PARGNEUX M. (2009), « Career and International Assignment Fit: Toward an Integrative Model of Success », *Human Resource Management*, 48(1), 5-25.

CERDIN J.-L. (2007), *S'expatrier en toute connaissance de cause*, Paris, Eyrolles.

CERDIN J.-L. et DUBOULOY M. (2004), « Expatriation as a Maturation Opportunity : A Psychoanalytical Approach Based on Copy and Paste », *Human Relations*, 57(8), 957-981.

CERDIN J.-L. (2003), « International Diffusion of HRM Practices: The Role of Expatriates », *Beta Scandinavian Journal of Business Research*, 17(1), 48-58.

CERDIN J.-L. (2001), *L'Expatriation*, Éditions d'Organisation.

CERDIN J.-L. (1998), « L'adaptabilité des cadres français expatriés », *Gestion 2000*, 5, 57-70.

CERDIN J.-L. (1996), Mobilité internationale des cadres : adaptation et décision d'expatriation, Thèse de Doctorat, Université des Sciences Sociales, Toulouse.

FENTON-O'CREEVY M., GOODERHAM P., CERDIN J.-L. et RØNNING R. (2011), « Bridging Roles, Social Skill and Embedded Knowing in Multinational Organizations », *in* M. Geppert and C. Dörrenbächer, *Politics and Power in the Multinational Corporation*, Cambridge University Press, 101-136.

LAZAROVA M. et CERDIN J.-L. (2007), « Revisiting Repatriation Concerns : Organizational Support vs. Career and Contextual Influences », *Journal of International Business Studies*, 38(3), 404-429.

MENDENHALL M.E. (2006), « The elusive, yet Critical Challenge of Developing Global Leaders », *European Management Journal*, 24(6): 422-429.

PERLMUTTER H. et HEENAN D. (1979), *Multinational Organization Development*, Reading, MA: Addison-Wesley.

SWAAK R.R. (1997), « Repatriation: A Weak Link in Global HR », *HRfocus*, April, 29-30.

THOMAS D.C., STAHL G., RAVLIN E.C., POELMANS S., PEKERTI A., MAZNEVSKI M., LAZAROVA M.B., ELRON E., EKELUD B.Z., CERDIN J.-L., BRISLIN R., AYCAN Z., et AU K. (2008), « Cultural Intelligence: Domain and Assessment », *International Journal of Cross-Cultural Management*, 8(2), 123-143.

YAN A., ZHU G. et HALL D.T. (2002), « International Assignments for Career Building: A Model of Agency Relationships and Psychological Contracts », *Academy of Management Review*, 27(3), 373-391.

Partie 4

RÉMUNÉRER

L'approche des problèmes de rémunération a considérablement évolué. Une approche élargie a fait émerger le concept de rétribution globale, composée d'éléments monétaires ou en nature, fixes ou aléatoires, différés ou immédiats. La rétribution est composée de la rémunération et de la reconnaissance. La mise en œuvre de la rémunération globale impose un renforcement du rôle des hiérarchiques. Le responsable hiérarchique intervient tout au long du processus de définition et de mise en œuvre d'une politique de rétribution globale.

Cette partie aborde quatre aspects de la gestion décentralisée des rémunérations et de la reconnaissance.

Faire de la rémunération un levier de la performance. Bruno Sire définit les objectifs et les conditions de réussite d'un système de rémunération décentralisée. Il étudie quelques risques d'une gestion décentralisée des rémunérations et les moyens de les minimiser : communication, transparence, équité…

Évaluer les rôles et les responsabilités. Anne Vaucheret présente les objectifs et les méthodes de l'évaluation des rôles et des responsabilités qui ont remplacé l'évaluation traditionnelle des postes. Elle souligne le rôle primordial de la hiérarchie.

Connaître les nouvelles politiques de rémunération performantes. Jean Pierre Magot présente les évolutions actuelles des politiques de rémunérations mises en œuvre.

Savoir reconnaître ses collaborateurs. La reconnaissance est un élément important de la rétribution et contribue au sentiment d'équité perçu par le salarié. Répondre au besoin de reconnaissance de ses collaborateurs est important. Jean-Marie Peretti et Patrice Terramorsi proposent des pistes d'action pour devenir un manager reconnaissant.

Chapitre 16

Faire de la rémunération un levier de la performance

Bruno SIRE

Il est indéniable que la relation entre rémunération et comportement au travail du salarié existe, et que les décisions du manager en matière de répartition d'une partie de la masse salariale aura un impact sur la performance de son équipe. Ce simple constat montre que l'entreprise attend du manager des compétences en matière d'évaluation des performances, de distribution d'une partie des charges salariales et de compréhension du comportement au travail des collaborateurs.

Chaque fois qu'une entreprise met en place des techniques d'individualisation des rémunérations, elle associe, de fait, les managers à sa politique de rémunération. Les techniques d'individualisation des rémunérations sont d'abord là pour permettre de « reconnaître » la contribution de chacun et pour traduire celle-ci en salaires et primes dès lors qu'elle dépasse ce qui est attendu dans le cadre de l'exécution normale du contrat de travail. Trop souvent, le manager peut être amené à considérer que son rôle consiste à distribuer des récompenses, alors que l'acte de rémunération doit être conçu comme la contrepartie d'une contribution. La rémunération est avant tout un acte économique qui s'exerce dans le cadre d'un contrat. On ne récompense pas avec du salaire, on reconnaît la performance du salarié.

Chacun s'est maintenant habitué à la notion de rémunération globale et à ses différentes composantes. La plupart des grandes entreprises ont un « compensation and benefits manager » qui a en charge de concevoir les politiques de rémunération dans le cadre des contraintes institutionnelles et du dialogue social. Mais tout ceci ne garantit pas la réussite d'une politique car elle est en partie dépendante de la façon dont elle est mise en œuvre par les managers eux-mêmes.

Mettre la politique de rémunération au service de la performance, c'est répondre à la fois au défi économique de l'organisation, condition de la satisfaction de l'actionnaire, et au défi de la qualité, condition de la satisfaction du client. Tout l'art du gestionnaire sera de construire un *mix* rémunération qui satisfasse les contraintes (juridiques en particulier) et favorise la réalisation conjointe de ces deux défis. Le manager doit pour cela savoir mettre en relation la performance individuelle et/ou collective de ses collaborateurs avec les décisions en matière de rémunération dont il a la responsabilité et, dans le même temps, assurer un climat social qui garantisse l'implication de chacun. Ce sont les deux questions que nous approfondirons ici.

Inciter à la performance

La performance des salariés dépend d'un ensemble de facteurs que l'on peut dissocier en deux catégories : la première concerne l'organisation du travail et la gestion des couples emplois/individus ; la seconde concerne les comportements et attitudes du salarié. Si la politique de rémunération trouve son expression dans le premier aspect (voir les méthodes d'évaluation des emplois et des compétences), c'est surtout dans le cadre du second qu'elle trouve sa pleine dimension, car c'est par les comportements individuels qu'elle peut jouer un véritable effet de levier sur la performance globale de l'entreprise.

La rémunération est-elle un déterminant de la motivation au travail ? La réponse peut paraître évidente à certains, la controverse est pourtant fréquente. Il n'est pas rare de rencontrer des gens qui soutiennent que la rémunération, au fond, ne permet pas de comprendre pourquoi certains travaillent plus que d'autres. Preuve à l'appui, le fait, maintes fois constaté, que ce n'est pas dans les entreprises où les salaires moyens sont les plus élevés que l'on trouve, toutes choses égales par ailleurs, les meilleures performances individuelles.

Ce paradoxe vient, semble-t-il, d'une approche conceptuelle insuffisamment clarifiée. Les écrits sur la motivation au travail sont aussi nombreux que foisonnants. Dans ce maquis, où le pire côtoie le meilleur, le paradigme explicatif qui paraît le plus pertinent est celui de la théorie des attentes développé dès les années 1960 par V.H. Vroom (1964) et par L. Porter et E. Lawler (1968). Son intérêt réside dans le fait qu'elle introduit une vision dynamique sans laquelle il est difficile de comprendre les ressorts de la motivation. La motivation est une attitude qui, pour être comprise, doit être mise en perspective avec l'axe du temps. Le niveau de motivation à un instant « t » résulte soit du passé, un processus cognitif pousse l'individu à agir ; soit du futur dans lequel l'individu se projette, ses attentes l'incitant à plus ou moins d'efforts. Dans le cadre de la relation contractuelle de travail, les deux aspects peuvent entrer en ligne de compte :

- l'individu est poussé à faire ce à quoi il s'est engagé par respect du contrat passé (vision éthique de la motivation) ;

- l'individu est également tiré par le désir de voir satisfaire ses attentes : prolongation du contrat de travail et amélioration du niveau de vie étant les deux attentes les plus fréquemment citées par les salariés.

C'est sur le second point que la rémunération peut constituer un véritable levier de la performance. En effet, si, par des outils incitatifs, on donne au salarié la possibilité de faire un lien entre les efforts au travail qu'il réalise et le niveau de salaire qu'il obtient, on peut s'attendre à ce que le niveau de ses performances s'améliore, sous réserve que les conditions de réalisation de son travail aient été inchangées.

D'un point de vue conceptuel, la théorie des attentes nous amène à conclure que la rémunération conditionnelle (augmentations au mérite, primes et bonus sur performances) et, de façon plus large, la rétribution intrinsèque (perspectives de carrière ou d'activités plus intéressantes…), si elles correspondent aux attentes du salarié, développeront sa motivation. En revanche, le niveau de rémunération garanti (salaire et primes fixes) apparaît comme beaucoup moins motivant, au-delà du minimum requis pour qu'il n'y ait pas rupture du contrat de travail, puisqu'il s'inscrit dans le passé de l'individu, la seule motivation (*motivation push*) étant dans ce cas de remplir son contrat pour ne pas perdre les rétributions acquises.

Pour qu'un système de rémunération conditionnelle soit efficace, trois conditions sont requises : d'une part, le niveau d'effort demandé doit être en relation avec le niveau de reconnaissance attendu – « que le jeu en vaille la chandelle » – ; d'autre part, que le lien entre l'effort individuel et la reconnaissance obtenue soit clairement établi, c'est-à-dire pas dilué dans une reconnaissance collective ; enfin, que la reconnaissance ne soit pas trop éloignée dans le temps. Ces deux dernières conditions font référence à ce que l'on désigne par le terme générique de lien d'instrumentalité. Pour qu'un processus d'incitation à l'effort se produise, il faut un lien d'instrumentalité positif. Ainsi, la référence à des résultats obtenus par une équipe trop importante fait disparaître la perception du lien entre l'effort individuel et sa contrepartie. Dès lors, la rémunération incitative n'agit plus sur la motivation. C'est la raison pour laquelle la plupart des accords d'intéressement développent sans doute de la satisfaction, mais peu d'incitation à l'effort individuel. De même, plus le temps qui s'écoule entre l'effort et la matérialisation de la reconnaissance est long, et plus le lien d'instrumentalité s'estompe.

Ces différentes conditions militent pour que les primes et bonus soient à la fois d'un montant au moins égal au seuil d'efficacité attendu par le salarié, compte tenu de l'effort qu'on lui demande, qu'ils concernent des équipes relativement restreintes, et enfin qu'ils soient distribués sur des objectifs intermédiaires (semestriels ou trimestriels) lorsque les process sont longs.

Donner aux managers les outils de la reconnaissance individuelle, dans le cadre de la recherche d'un management de proximité performant, c'est aussi leur donner les repères nécessaires à l'action tels que nous venons de les expliciter. En matière d'augmentation au mérite, de primes et bonus variables, il y a des règles et une temporalité de mise en œuvre qui sont du ressort de la DRH et qui doivent être connues et appliquées par les managers. Si de tels systèmes incitatifs, qui par nature sont générateurs de stress puisqu'une partie du revenu des individus concernés est conditionnel, ne sont pas efficaces, cela peut venir soit des règles qui les organisent, soit de la façon dont ils sont mis en œuvre. Les deux questions doivent être posées lors de toute opération d'audit. Et si le constat est que l'individualisation des rémunérations n'apporte rien en termes de performance de l'entreprise, alors la question de la pérennité d'un tel système doit être posée. Mais avant cela, il est un aspect de cette question qui doit être également posé : celui de l'acceptabilité des règles par le salarié.

Transparence et équité pour inciter ses collaborateurs à s'impliquer dans l'organisation

On a parfois reproché aux politiques d'individualisation d'arriver à l'effet inverse de celui qui est attendu. Il est vrai que la mise en place d'un système de rémunération incitatif n'est pas une condition suffisante de la réussite d'un programme visant à améliorer l'efficacité d'une organisation. Encore faut-il que les individus adhèrent aux règles qui sont mises en œuvre. La notion d'implication traduit cette adhésion. Un individu qui n'est pas d'accord avec les règles qui s'appliquent à lui, mais aussi généralement aux autres, va avoir un comportement de retrait vis-à-vis de l'organisation : l'individu ne s'implique pas, ou se « dé-implique ». En contestant ou rejetant les règles, il n'adhère plus aux objectifs de l'organisation, ce qui a un effet négatif sur son comportement au travail.

La base de la relation entre l'individu et l'entreprise étant de nature contractuelle, les règles qui régissent la détermination du niveau de salaire, élément substantiel du contrat, constituent un socle puissant d'adhésion et donc d'implication. Le principe de base que doivent respecter ces règles est simple et frappé au coin du bon sens : « à travail égal, salaire égal ». C'est pourtant un principe qui a connu des fortunes diverses dans le droit du travail !

Il a longtemps été cantonné à l'égalité de salaire entre hommes et femmes, et ce n'est qu'à partir de 1982, avec la loi du 13 novembre qui opère la refonte du droit conventionnel, qu'a été exclue la référence limitative aux femmes et aux jeunes. Après avoir imposé l'égalité entre hommes et femmes, le législateur a élargi à maintes reprises la liste des discriminations salariales prohibées (C. trav., art. L. 122-45).

Une première étape majeure de l'évolution juridique fut franchie en octobre 1996 avec l'arrêt Ponsolle[1] qui interprétait le principe d'égalité salariale comme devant aussi s'appliquer à deux salariés du même sexe. La seconde étape remonte à 1999 avec l'affirmation, par les tribunaux, du principe « À travail égal, salaire égal », sans viser aucun texte de loi[2], ce qui semble lui donner la valeur d'un principe fondamental du droit du travail[3]. Nombre de salariés ont intégré cette évolution si l'on en juge par la multiplication des contentieux fondés sur la règle « À travail égal, salaire égal » depuis le début des années 2000. Par la dimension jurisprudentielle qu'elle a prise, la règle ne se limite plus aujourd'hui à un simple principe de non-discrimination. La Cour de cassation lui a donné une portée beaucoup plus générale qui la rapproche d'un principe d'égalité de traitement entre les salariés. Cela entraîne, bien évidemment, des contraintes que les responsables de rémunération et ceux à qui ils délèguent une partie des décisions ne peuvent ignorer.

Ces évolutions majeures dans le rapport salarial et les politiques de GRH ne signifient pas, pour autant, la fin de l'individualisation et un retour de balancier vers des décisions centralisées qui échapperaient au manager n+1. L'analyse de la jurisprudence de la Cour de cassation révèle, en effet, un souci de respecter un équilibre entre les droits des salariés et les contraintes de gestion de l'entreprise. Elle cherche en particulier à faire prévaloir la transparence des systèmes de rémunération sans écarter les besoins légitimes d'incitation et de reconnaissance du salarié. Ainsi, elle tient compte des pratiques modernes en acceptant que les entreprises mettent en place des politiques de rémunération individualisées, sous réserve qu'elles soient justifiées par « des raisons objectives et pertinentes ».

---

1. A. Lyon-Caen, « De l'égalité de traitement en matière salariale », *Droit social*, 1996, p. 1013. Cass. Soc. 15 déc. 1998, Droit social 1999, obs. J. Savatier, RJS 4/99, n° 513. *Les Grands Arrêts de droit du travail*, J. Pélissier, A. Lyon-Caen, A. Jeammaud, E. Dockès, p. 253.

2. Cass. Soc., 18 mai 1999, Droit social 1999, 747, obs. C. Radé. Cass. Soc., 18 mai 1998, D Soc. 99 187.

3. C. Radé, obs. sous Cass. Soc., 13 janvier 2004, Droit social, 2004, p. 308.

Quels sont les enseignements pour l'action du manager au quotidien que l'on peut tirer de cette évolution du droit positif ?

Tout d'abord, c'est désormais à l'ensemble des éléments de la rémunération que s'applique la règle d'équité salariale et pas exclusivement au salaire de base. Les pratiques de gestion ont, en effet, conduit les tribunaux à retenir une notion extensive de la notion de « salaire », lequel s'entend désormais de l'ensemble des éléments de la rémunération, entérinant par là la notion de « rémunération globale », voire dans certains cas de « rétribution globale ».

Ensuite, il faut faire prévaloir la transparence des règles pour l'ensemble des décisions qui concernent les rémunérations puisqu'en cas de contentieux il faudra justifier les raisons et démontrer la pertinence des décisions prises. Depuis 2009, la jurisprudence Nobel (C.S., 30 avril 2009) impose à l'entreprise de définir des « critères objectifs » dans l'attribution de toutes les formes de rémunération, bonus et autres gratifications comprises : « il appartient au juge de vérifier si l'employeur justifie de leur attribution par des éléments objectifs ». Il n'est donc désormais plus possible de considérer qu'un bonus ou une prime, pas plus qu'une augmentation de salaire, peuvent être accordés de façon approximative. Des règles claires et équitables (non discriminatoires) doivent justifier les décisions.

Ces contraintes imposées par les tribunaux mettent en première ligne l'action des managers dès lors que l'entreprise décide de leur donner des outils de reconnaissance et d'incitation de nature salariale. Il ne faut pas y voir une contrainte insurmontable, mais la simple exigence de transparence et d'équité auxquelles sont généralement très sensibles les salariés et qui expliquent une bonne part de leur adhésion ou non-adhésion aux valeurs de l'entreprise.

Faut-il appliquer le principe d'équité quel que soit le statut des salariés qui composent l'équipe ?

Une difficulté particulière se pose lorsque les salariés d'un même collectif de travail n'ont pas tous le même statut dans l'entreprise. Quelle doit être l'attitude d'un manager face à des individus qui ont des emplois identiques mais des contrats de travail différents ? Là encore, la jurisprudence récente nous donne de précieuses indications qu'il convient de connaître.

Quatre décisions récentes de la Cour de cassation indiquent qu'une discrimination entre salariés n'ayant pas le même statut mais occupant des emplois similaires n'est pas possible :

▶ Le 4 février 2009, au sujet d'une différence de rémunération entre un salarié bénéficiant d'un CDD et celui ayant un CDI, elle affirme qu'« une différence de statut juridique entre des salariés effectuant un travail de même valeur au service du même employeur ne suffit pas, à elle seule, à caractériser une différence de situation au regard de *l'égalité de traitement en matière de rémunération* » ; et rappelle qu'« *une différence de traitement entre des salariés placés dans la même situation doit reposer sur des raisons objectives dont le juge doit contrôler concrètement la réalité et la pertinence* »[1].

▶ Cette décision peut, cependant, être discutée si l'on se place dans le cadre de l'analyse économique. En effet, le statut précaire se traduit, de fait, par un risque supérieur à celui d'un salarié bénéficiant d'un CDI. Du point de vue de l'analyse économique, il devrait donc être payé plus pour le même travail puisque « le risque a un prix ». Mais il faut reconnaître que c'est bien souvent l'inverse que l'on constate et que par cette jurisprudence le législateur fonctionne sur « un principe *d'équité a minima* ».

▶ Le même argument est repris dans un arrêt ALEFPA (Association laïque pour l'éducation, la formation, la prévention et l'autonomie) du 18 mars 2009. En l'espèce, plusieurs salariés revendiquaient le paiement d'une prime de vie chère ; cette prime versée en vertu d'un usage aux salariés de l'établissement avait été supprimée pour les salariés embauchés postérieurement au 1ᵉʳ janvier 1990, à la suite d'une décision de l'autorité de tutelle. Après avoir affirmé que « la circonstance que les salariés ont été engagés avant ou après que l'employeur ait décidé de modifier les modalités de calcul d'un avantage salarial résultant d'un usage, ne peut suffire à justifier des différences de traitement entre eux », la Chambre sociale a rejeté le pourvoi contre la décision ayant fait droit à la demande des salariés de l'ALEFPA. Elle précisait que « les contraintes budgétaires imposées par l'autorité de tutelle ne constituaient pas une justification pertinente, en ce qu'elles n'impliquaient pas nécessairement une différence de traitement entre les salariés, en fonction de la date de leur engagement »[2].

▶ La question du périmètre d'application de la règle d'égalité salariale est aussi une question qui a été traitée par la Cour de cassation et qui se pose souvent aux managers. Elle a, en effet, remis en cause une jurisprudence établie en 2006 qui accordait une totale autonomie de négociation par établissement. Elle fait désormais prévaloir la règle d'égalité entre les salariés d'une entreprise quel que soit l'établissement de ratta-

---

1. Cass. Soc., 4 février 2009, nᵒˢ de pourvoi : 07-42125 et 07-42126.
2. Cass. Soc., 18 mars 2009, nᵒˢ 07-43789, 07-43790, 07-43792.

chement. Par un arrêt Radio France du 21 janvier 2009, elle a affirmé « qu'il ne peut y avoir de différences de traitement entre salariés d'établissements différents d'une même entreprise exerçant un travail égal ou de valeur égale, que si elles reposent sur des raisons objectives dont le juge doit contrôler concrètement la réalité et la pertinence ».

▶ La dernière décision est également très intéressante car elle concerne un problème très souvent rencontré en pratique. Il concerne la valorisation du diplôme. Faut-il tenir compte du diplôme lorsqu'on négocie le contrat de travail ? La Cour de cassation s'est prononcée sur cette question au regard de l'application de la règle d'égalité salariale. Elle a censuré une décision de la Cour d'appel de Paris qui avait validé une différence de rémunération entre deux salariées occupant les mêmes fonctions et possédant des diplômes de niveau équivalent mais différents, « sans préciser en quoi les diplômes obtenus par [l'une d'entre elles] attestaient de connaissances particulières, utiles à l'exercice de la fonction occupée ». Les salariées qui occupaient le poste de chef de zone export étaient toutes titulaires de diplômes de niveau « Bac+5 », mais toutes n'avaient pas le même diplôme, ce qui avait permis d'introduire des différences de rémunération. En exigeant des « connaissances particulières, utiles à l'exercice de la fonction occupée » pour justifier une différence de rémunération, la Cour de cassation précise la valeur du diplôme comme indicateur de compétences. Le diplôme n'aurait donc pas de valeur en soi, ce sont les compétences acquises et l'emploi auquel il permet d'accéder qui lui donnent sa valeur.

Finalement, la règle « à travail égal, salaire égal » amène à la mise en place progressive de rapports salariaux fondés sur une justification objective et pertinente des différences de rémunération. Si l'employeur garde une liberté contractuelle, on peut dire que celle-ci s'exerce de plus en plus sous contrôle. La décentralisation, même partielle, de la décision vers les managers porte en soi les germes d'un dérapage qui placerait l'entreprise en porte-à-faux sur le plan juridique. Face à ce risque, la tentation peut être de recentraliser toutes les décisions qui touchent aux augmentations, aux primes, aux bonus et autres rémunérations incitatives. Ce serait sans doute, dans bien des cas, une erreur, tant il apparaît primordial aujourd'hui de donner aux managers les outils de reconnaissance qui leur permettent d'exercer un véritable effet de levier sur la performance des individus et des équipes de travail. Il est donc plus que jamais utile de former tous les managers aux principes de base de la psychologie comportementale et aux évolutions du droit positif et de la jurisprudence en matière d'équité salariale. Nous y voyons une des conditions du succès des politiques de rémunération modernes, fondées sur une approche individualisée et décentralisée des décisions.

Bibliographie

MILKOVICH G.T. et NEWMAN J.M. (2009), *Compensation*, 9ᵉ édition, Homewood, Illinois, Richard D. Irwin.

PERETTI J.-M. et ROUSSEL P., coord. (2000), *Les Rémunérations : politiques et pratiques pour les années 2000*, Vuibert, coll. Vital Roux.

PORTER L.W. et LAWLER E.E. (1968), *Managerial Attitudes and Performance*, Homewood, Illinois : Irwin.

ROJOT J., ROUSSEL P. et VANDENBERGHE, coord. (2009), *Comportement organisationnel*, De Boeck, Bruxelles.

VROOM V.H. (1964), *Work and Motivation*, New York, Wiley.

Chapitre 17

Évaluer les rôles et responsabilités

Anne VAUCHERET

Il y a 15 ans, dans la première version de *Tous DRH*, je montrais que l'évaluation des postes n'était pas un gadget des ressources humaines, mais bel et bien un outil à disposition des managers, dont le rôle était primordial. Puis, il y a 6 ans, les évolutions annoncées avaient eu lieu : évaluer des postes était toujours nécessaire mais la démarche était lourde, coûteuse et souvent mécanique. La méthode s'était donc allégée et proposait d'évaluer des postes-repères plutôt que des postes individualisés. L'évaluation des postes dans sa nouvelle forme était devenue le cœur d'un système de gestion et développement des ressources humaines, alimentant les réflexions sur les thèmes de :

– recrutement ;

– mobilité ;

– gestion des rémunérations ;

– formation.

Aujourd'hui, évaluer les postes, même dits « repères », est devenu dérisoire : les organisations se réorganisent en permanence et le salarié est de plus en plus individualiste. La gestion des ressources humaines doit donc faire face à ces changements et adapter ses méthodes de travail. L'homme est au cœur de l'organisation et, comme dans un jeu de Lego, il s'associe en utilisant toutes les formes, couleurs, caractéristiques techniques… des autres pièces de Lego environnantes en vue d'un projet. Puis les pièces se séparent à nouveau pour aller créer d'autres projets annexes, et ainsi de suite… Le poste est devenu une structure mouvante permanente !

Évaluer les postes : les principales évolutions

Bref rappel : un poste est un ensemble de responsabilités et de tâches confiées à un individu dans une organisation définie.

Par rapport à cette définition, et de façon toujours un peu brutale, évaluer les postes ne sert plus à rien et évaluer les postes-repères est un moindre mal.

Le préalable à l'évaluation d'un poste est la description de poste ; or, celle-ci devient impossible.

Dans les années 1990, les descriptions de poste précisaient le schéma d'organisation dans lequel les responsabilités professionnelles s'exerçaient, la mission et les activités principales. Le supérieur hiérarchique était clairement identifié, ainsi que les collaborateurs, subordonnés ou non.

Depuis quelques années, les organisations sont mouvantes et adaptables en fonction des choix stratégiques de l'entreprise. Rédiger des descriptions de poste reviendrait donc à remplir sans fin le tonneau des Danaïdes ! À part quelques cas de fusion, où ce travail est une étape nécessaire à la connaissance mutuelle et à la mise en commun des anciennes organisations afin de définir sereinement la future organisation fusionnée et d'installer les nouvelles équipes en toute objectivité, ce travail n'a plus vraiment de raison d'être.

Parallèlement, les salariés et surtout leur rapport à l'entreprise se sont profondément transformés. Au cours des années 2000 est apparu un contrat moral entre l'employeur et le salarié, à durée définie mais renégociable. L'employeur ayant des missions à effectuer concluait un accord avec le salarié pour les remplir. En fin de mission, cet accord était remis en cause et l'employeur proposait de nouvelles missions, que le salarié était libre d'accepter ou refuser, ou bien l'employeur n'avait plus de missions à offrir.

Ce contrat moral, d'une durée définie habituellement par le terme de la mission, imposait des obligations à l'employeur :

▶ définition du ou des objectifs de la mission ;
▶ définition des résultats attendus, précis et si possible mesurables ;
▶ définition des délais impartis ;
▶ définition des indicateurs de succès ou d'échec ;
▶ définition des moyens mis en œuvre : financiers, humains ou autres.

Cela imposait notamment une très grande transparence et un dialogue important tout au long de la réalisation de cette mission. Les formations managériales ont pris de l'importance pendant cette décennie afin d'accompagner les responsables d'équipe dans ce rôle fort.

Depuis l'apparition des réseaux sociaux et leur rôle croissant dans la vie quotidienne, le salarié est devenu plus exigeant et plus volatile aussi. Il s'est également endurci pour faire face à la réalité économique et aux situations de crise rencontrées, plus ou moins fortes selon la société dans laquelle il travaillait. Aujourd'hui, le principe du contrat moral tient toujours mais il peut être remis en cause, tant par l'employeur que par le salarié, plus rapidement, voire brutalement, en fonction des évolutions du marché.

C'est pourquoi les systèmes de gestion des ressources humaines qui supportent ces nouveaux modes de travail doivent non seulement répondre à ces critères parfois contradictoires :

▶ être clairs et structurant ;

▶ être souples et légers à gérer ;

▶ être simples d'utilisation ;

▶ satisfaire deux types d'utilisateurs : employeur et employé ;

mais aussi apprendre à être beaucoup plus différenciés en gérant :

▶ des postes plus ou moins tendus sur le marché, nécessitant des compétences rares et/ou fortement demandées ;

▶ des salariés plus ou moins sollicités sur ce même marché, disposant de ces compétences rares et/ou fortement demandées.

Les systèmes d'évaluation des postes qui se sont progressivement transformés en cartographie d'emplois repères, vont devoir maintenant évoluer vers des évaluations de rôles et responsabilités, les méthodes d'évaluation restant, elles, globalement inchangées.

Évaluer les emplois repères : les différentes méthodes

Plusieurs méthodes d'évaluation coexistent et la principale difficulté réside dans le choix d'une méthode adaptée à la culture de l'entreprise. Ce choix n'est pas neutre car il exprime implicitement une volonté politique. Nous pouvons distinguer principalement :

▶ les méthodes globales ;

▶ les méthodes analytiques.

Les secondes se distinguent des premières par leur dimension plus « scientifique » qui induit donc une plus grande objectivité des évaluations ; à l'inverse, on peut parfois leur reprocher leur complexité qui limite une démarche participative dans le processus d'évaluation.

Les méthodes globales

Elles reposent sur le rangement des emplois les uns par rapport aux autres de façon à obtenir une liste hiérarchisée. Elles impliquent souvent la comparaison d'un grand nombre d'emplois et font par conséquent intervenir un nombre non moins important de la hiérarchie dans le processus. Parmi ces méthodes, on distingue celles dites de « rangement » quand on établit une liste par ordre croissant ou décroissant de tous les emplois considérés, et celles dites de « classification » lorsque des classes ont été préalablement déterminées et que l'on affecte dans ces classes chacun des emplois étudiés.

Le premier procédé paraît adapté pour des populations homogènes ou peu nombreuses, il devient beaucoup plus aléatoire lorsque le nombre d'emplois est important ou lorsqu'ils sont très hétérogènes.

Le deuxième procédé, qui a notamment été utilisé sur le plan national par les arrêtés Parodi (base de nombreuses conventions collectives), est adapté pour des emplois clairement définis et routiniers, mais aboutit souvent à un déclassement ou un surclassement pour des emplois plus complexes ou rares.

Les méthodes analytiques

Elles reposent sur l'évaluation séparée de plusieurs des caractéristiques de l'emploi. La somme des évaluations partielles aboutit à l'attribution d'un total de points correspondant à une évaluation finale.

Il existe de nombreuses méthodes analytiques qui se différencient par le nombre et la nature des critères retenus. On peut cependant distinguer trois groupes :

- l'évaluation par points : ces méthodes établissent des critères classant, des degrés à l'intérieur de chaque critère, une valorisation de ces degrés et la pondération des critères. Plus le nombre de critères est élevé, plus le résultat est précis mais aussi plus la méthode est lourde à gérer. Par ailleurs, plus la méthode fait usage de critères proches des caractéristiques de votre entreprise, moins elle est transposable ailleurs. Les méthodes Corbin, Wyatt, LDA... illustrent cette catégorie ;

- la lecture directe : ces méthodes, fondées sur le même principe que les précédentes, évitent les discussions sur le choix des critères et leur pondération ainsi que sur les degrés et leur valorisation, puisqu'elles consistent en l'application d'un barème préétabli. Les méthodes Hay ou Mercer illustrent cette catégorie. L'utilisation des tables est rapide, la méthode est transposable dans différentes entreprises, dans différents pays ; en revanche, les critères utilisés restent impersonnels et les utilisateurs ont parfois l'impression qu'elle ne « colle » pas à leur spécificité ;

⟩ le filtrage : ces méthodes recourent à des critères sans les traduire en points. L'illustration de cette méthode est l'accord de classification de la métallurgie.

Évaluer les emplois repères et les rôles : la méthodologie

Le préalable au choix d'une méthodologie pour effectuer le travail d'évaluation d'emplois est de clarifier les objectifs suivis et, en conséquence, le périmètre concerné. Les réponses aux différentes questions conditionnent ensuite la méthodologie :

⟩ pourquoi veut-on évaluer ?

⟩ quel degré de finesse est nécessaire ?

⟩ qui veut-on impliquer dans le travail ?

⟩ quel délai de mise en œuvre souhaite-t-on ?

⟩ quelle communication veut-on développer ?

⟩ quelles sont les pratiques du marché ?

D'une manière générale, la démarche d'évaluation suivra les étapes suivantes si l'on part de rien, ce qui est rarement le cas en entreprise :

1. identification de l'ensemble des postes existants, en partant de l'organigramme, par exemple ;

2. identification des grandes familles d'emploi, si possible avec les opérationnels, ce choix étant structurant par la suite : commercial, achats, production, finances, informatique… ;

3. classement de ces postes dans ces grandes familles d'emplois ;

4. regroupement des postes dans des emplois repères homogènes, en acceptant de garder quelques « électrons libres », à savoir des postes isolés car trop spécifiques ;

5. rédaction de description des emplois repères. Remarque : ce sont souvent les mêmes descriptions qui alimentent les systèmes qualité en interne. À la différence des descriptions de poste des années 1980, les descriptions d'emplois repères sont très simples, tiennent sur une seule page, précisant le rôle de l'emploi, les principales missions exercées et parfois les compétences ou le profil nécessaire ;

6. évaluation de ces emplois avec la méthode sélectionnée ;

7. vérification de la cohérence d'ensemble des évaluations obtenues ;

8. regroupement éventuel des évaluations obtenues dans une grille de classification propre à l'entreprise.

Le système d'évaluation d'emplois repères est très structurant pour une entreprise ; il est la colonne vertébrale du système de gestion des ressources humaines, mis en œuvre par l'ensemble des dirigeants.

Une évolution majeure de ces dernières années dans la fonction ressources humaines est qu'au même titre que les autres fonctions, elle doit rendre compte de son efficacité. Se sont ainsi développés des tableaux de bord variés, spécifiques à chaque société.

Le regroupement de postes en emplois repères va donc permettre de développer l'axe des analyses des métiers, en atténuant les changements d'organisation mineurs et en mettant en évidence les évolutions plus fondamentales : suppressions de métiers, apparition de nouveaux, mutations…

De même, toutes les statistiques effectifs, recrutements, mobilités, formation pourront être faites selon ces regroupements.

C'est pourquoi, je recommande fortement que soient validés en comité de direction multifonctionnel :

▶ les familles d'emplois ;

▶ les positionnements relatifs des emplois repères (lissage global) ;

▶ les regroupements éventuels au sein d'une grille de classification maison.

Pour l'ensemble des autres étapes, le choix d'une méthode plus ou moins participative est laissé à l'appréciation de la culture interne, sachant bien évidemment que la participation est la première étape de vente et communication interne.

De l'évaluation des emplois repères vers l'évaluation des rôles

En complément de la raison d'être classique d'un emploi repère, un salarié va se voir confier des missions supplémentaires soit en fonction des compétences qu'il maîtrise personnellement, soit en fonction de projets spécifiques à réaliser. Il conviendra alors d'étudier de façon analytique si ces nouvelles responsabilités ont un impact sur chacun des critères d'évaluation utilisés, de façon à modifier ou non le résultat final.

Selon l'amplitude des regroupements effectués au sein de chaque entreprise (voir étape 8 précédente), ces nouvelles responsabilités auront ou n'auront pas d'impact sur le résultat global de l'évaluation. D'une manière générale, les entreprises ont mis en place des regroupements assez larges (*broadbanding*) et elles peuvent ainsi se réorganiser ou affecter des missions complémentaires sans modification majeure de leur système de gestion des ressources humaines, qui a besoin d'être plus pérenne afin de donner la visibilité nécessaire en interne et en externe.

Cependant, en parallèle aux méthodes d'évaluation, les managers doivent maintenant être capables d'identifier à la fois les postes clés et les hommes clés de leur organisation, et cela indépendamment du niveau de responsabilité obtenu par analyse :

▶ un poste est clé dans une organisation lorsqu'il ne peut jamais être vacant : les responsabilités confiées sont vitales à la bonne marche de l'entreprise ;

▶ une personne est clé lorsque l'entreprise ne peut pas se passer de ses compétences (par exemple : compétences stratégiques pour l'entreprise, connaissance historique de dossiers stratégiques, réseaux relationnels personnels stratégiques…).

Sous des apparences simples, ces deux notions de postes et personnes clés sont très difficiles à gérer : il est en effet parfois difficile à un manager d'admettre que certaines de ses propres activités ne sont pas réellement vitales à l'entreprise de même que certains de ses collaborateurs.

Dans les années 1990, la gestion des rémunérations s'est individualisée et les managers ont dû apprendre à sélectionner les salariés qui percevraient les augmentations de salaires fortes et/ou d'importants bonus. C'était l'ère de la gestion de la performance.

Aujourd'hui, ces mêmes managers doivent encore renforcer la sélectivité au sein de leurs équipes en identifiant les rôles et salariés stratégiques. Nous sommes à l'ère de la gestion sélective et différenciante de la performance.

Évaluer les rôles et responsabilités : les limites

Pour être efficace, le système d'évaluation doit réunir les conditions suivantes :

▶ utile ;

▶ rapide à mettre en œuvre ;

▶ appropriable par les managers ;

▶ appropriable par les salariés.

Ces systèmes peuvent cependant présenter des limites :

▶ les salariés et les hiérarchies envisagent encore essentiellement les évolutions de carrière comme ascendantes et managériales. Or, les carrières se développent maintenant dans tous les sens : changement de métier, schéma de rupture professionnelle, interruptions… il faut raisonner en termes de compétences et d'employabilité et accepter de gérer de classiques promotions verticales, des mobilités horizontales et parfois des rétrogradations. Le système de gestion des évaluations doit donc contribuer à donner une plus forte visibilité aux salariés sur les champs des possibles en matière de développement de carrière et non pas développer un système de hiérarchie interne uniquement. Les DRH doivent donc veiller à la présentation qui en est faite : une rétrogradation peut n'être qu'apparente et révéler offrir de plus larges potentiels de développement de carrière, voire de classiques promotions futures ;

 en introduisant plus de professionnalisme dans la fonction RH, nous lui avons donné une dimension trop « mathématique ». En l'occurrence dans la gestion de carrière, beaucoup d'éléments informels rentrent en jeu : l'adéquation entre un homme et une fonction, entre un candidat et la hiérarchie, l'envie de changements plus ou moins profonds... Le système d'évaluation doit donc garder une grande souplesse pour ne pas devenir contradictoire avec les politiques de gestion et mobilités internes. En ce sens, l'évaluation des rôles et responsabilités au sein de l'entreprise contribue fortement à assouplir l'organisation ;

 si au système de classification et d'évaluation est associée une politique de rémunération, donnant lieu à des fourchettes de rémunération par classe, le système obtenu peut soit devenir très vite inflationniste soit figer l'organisation :

– un titulaire change de poste, va demander à revoir sa classification et donc son salaire,

– inversement si ce salarié est au maximum de sa fourchette, il peut demander à évoluer, sans être finalement intéressé par ce changement,

– un titulaire peut refuser un nouveau rôle s'il ne voit pas de contrepartie financière ou professionnelle.

Bref, un cercle vicieux peut ainsi s'établir et il devient nécessaire de mettre en place des garde-fous afin d'éviter cette spirale coûteuse. Ces mesures peuvent revêtir plusieurs formes, par exemple :

– des primes d'objectifs propres au nouveau rôle,

– l'accès à une formation pour élargir ses compétences et ainsi son employabilité,

– l'éligibilité à des plans à long terme pour garantir sa stabilité dans l'organisation (retraite, actions de l'entreprise, bonus long terme...) ;

 pour retenir un salarié clé, l'entreprise peut être amenée à modifier son organisation et réaffecter ainsi certains rôles et responsabilités. Il est donc nécessaire d'être particulièrement attentif aux risques pris par des réorganisations successives complexes et difficilement compréhensibles par les autres salariés qui la subissent, se démotivent et/ou peinent à trouver leur juste place dans cette nouvelle organisation ;

▶ de même, plutôt que de laisser un poste clé vacant, les entreprises vont choisir de répartir les responsabilités de ce poste et de les confier sous forme de rôles supplémentaires à une ou plusieurs personnes au sein de l'organisation. Il faudra là aussi veiller à être vigilant sur la pertinence de la nouvelle organisation ainsi que sur la charge de travail des personnes voyant leur rôle élargi.

Évaluer les rôles et responsabilités : les évolutions

Compte tenu des évolutions d'organisation d'une part et des évolutions sociétales d'autre part, les systèmes d'évaluation doivent se stabiliser mais surtout respecter les points suivants, devenus impératifs pour répondre aux attentes :

▶ Internationalisation des méthodes d'évaluation et langage commun

Les systèmes doivent utiliser un langage commun, international, transposable dans tous les pays, de langues et cultures différentes. Le choix des méthodes d'évaluations analytiques standardisées internationales ne fait plus de doute aujourd'hui. Un salarié mobile doit avoir des repères pour gérer sa carrière et le niveau de responsabilité confié dans une structure est un aspect important. D'ailleurs, des tables de correspondance existent entre les principales méthodes de ce type !

▶ Évaluation des rôles et gestion des compétences

En parallèle ou intégrée au système d'évaluation, existe parfois une grille d'analyse des compétences des postes de l'entreprise (compétences techniques, comportementales et managériales). J'étais observatrice il y a 15 ans sur le sujet. Je le suis toujours aujourd'hui... Je n'aime pas le côté « mécanique » de l'analyse. Par contre, je suis entièrement convaincue de l'importance du travail sur les compétences comportementales, complémentaire à l'analyse des rôles dans une organisation, sachant que la dimension comportementale acquiert un poids encore plus lourd avec le développement du travail en mode projet et l'individualisation des carrières. Les compétences techniques d'un candidat pour un poste sont souvent testées et vérifiées ; malheureusement les compétences comportementales le sont encore trop peu. Or, dans les organisations flexibles, la différence entre deux candidats portera essentiellement sur leurs comportements. Le poste est en apparence le même, mais le candidat compétent le fera évoluer par ajouts successifs de rôles, qui au final feront évoluer l'organisation.

▶ Communication

Les salariés veulent plus de visibilité sur les métiers de leur société afin de se prendre plus en charge dans la gestion de leur carrière. Les outils et process RH doivent donc être transparents et accessibles. Souvent apparaissent donc des postes à pourvoir liés à des cartographies d'emplois sur les Intranets. J'attire votre attention sur les messages que vous souhaitez diffuser au-delà des méthodes. Il me paraît important de ne pas mettre en avant la hiérarchie des postes mais plutôt la diversité des contenus et la variété des parcours ou profils recherchés.

Conclusion

Les systèmes d'évaluation sont utiles et très structurant pour l'entreprise. Ils ont beaucoup évolué ces dernières années passant des évaluations de postes aux évaluations d'emplois repères et maintenant aux évaluations de rôles et responsabilités.

Quelle que soit l'appellation interne à l'entreprise, les outils et méthodes RH ne sont pas propres au métier des ressources humaines. Afin d'éviter une trop forte sophistication de ces outils, réservés à des professionnels, l'entreprise doit toujours revenir à la question de la finalité de ces outils : en quoi servent-ils mon organisation ? Si les managers se les approprient, alors ces outils rempliront pleinement leur rôle, les RH auront atteint leurs objectifs et l'entreprise pourra clamer que « Tous les managers sont DRH ! »

Chapitre 18

Connaître les nouvelles politiques de rémunération performantes

Jean Pierre MAGOT

La crise financière actuelle accentue la perception des dysfonctionnements et notamment celui de la hiérarchie des revenus. Les statistiques l'illustrent. Dans l'économie américaine, la part des 1 % des revenus les plus élevés dans le revenu national est passé de 9 % à 24 % sur les trois décennies, absorbant plus de la moitié de la croissance américaine. En 2010, en France, 1 % de nos concitoyens les plus aisés perçoivent 11 % du revenu total des ménages. Comment, dès lors, assurer au sein de l'entreprise une cohésion interne, une implication individuelle et collective permettant de réaliser le *business plan* ?

Il est essentiel de prendre comme référence un principe directeur articulé autour de l'équilibre entre génération de valeur pour l'actionnaire, génération de valeur pour le salarié, génération de valeur par la cité et de le décliner au sein de chaque finalité et process de la rémunération globale.

La perception par les salariés de leur système de rémunération est un enjeu essentiel de l'efficacité de l'offre RH de l'entreprise. Une récente enquête mondiale réalisée par Mercer auprès de salariés, montre des résultats, en France, qui appellent des actions correctives rapides. Quelques extraits en témoignent :

La phrase « Je comprends la manière dont mon salaire est établi » n'obtient que 54 % d'accords. Pour « Mon salaire est équitable par rapport à des postes comparables », 40 % seulement d'accords et moins encore (36 %) pour « Mon salaire est équitable au vu de mes performances ». Enfin, « Ce que récompense mon entreprise correspond aux valeurs qu'elle encourage » n'obtient que 38 % d'accords.

Favoriser l'équité interne

Dans un environnement compétitif, la performance de l'organisation résulte de l'activation de la chaîne de valeur. Le poids d'une fonction ne résulte donc plus de la simple mesure de l'impact sur une masse d'euros, reflétant le chiffre d'affaires, les budgets de fonctionnement ou d'investissement, mais surtout de l'influence de la fonction sur tout ou partie de la chaîne de valeur, du R&D au service après vente, au sein d'une entité géographique ou organisationnelle.

La contribution individuelle combine l'évaluation de la maîtrise de la fonction par comparaison entre les compétences individuelles et les compétences collectives pour la fonction. Ainsi, le développement de l'équité conduit à rémunérer le salarié pour ce qu'il fait, et non pour ce qu'il est, en évitant ainsi toute considération de genre, de séniorité, d'appartenance syndicale, politique ou religieuse, d'orientation sexuelle, de handicap… Il prévient tout risque de discriminations interdites par les législations de nombreux pays. L'équité garantit à chaque salarié qu'il est traité sur des principes communs et homogènes quelles que soient sa position hiérarchique, sa famille d'emploi, sa localisation géographique, induisant ainsi une communication plus aisée et plus cohérente, donc une productivité accrue des structures.

La recherche de l'équité constitue un levier d'efficacité particulièrement important pour les entreprises à interaction organisationnelle forte (mode projet matriciel…) opérant sur un champ global. À ce titre, il n'est pas étonnant que les classifications redeviennent un thème majeur.

Développer une conception élargie de la compétitivité

La comparaison avec le marché s'opère généralement à partir des enquêtes de rémunération globales et/ou sectorielles. Favoriser les enquêtes sectorielles revient à sous-dimensionner les informations provenant du marché, dans un sens plus général, à ne pas saisir l'évolution des « best practices » dans d'autres secteurs. Ainsi se créent successivement des « bulles » qui auraient pu être évitées en élargissant le champ de comparaison aux métiers connexes, hors du secteur.

Par ailleurs, à fonction identique, quels sont les niveaux, structures, mécanismes de rémunération des entreprises créant le plus de valeur pour l'actionnaire ? Globalement comme par secteur ?

La connaissance de la compétitivité des rémunérations ne peut reposer seulement sur la comparaison avec les entreprises du secteur ou/et de même type d'organisation, mais aussi intégrer dans le futur une segmentation par niveau supplémentaire de rentabilité et en considérant la relation entre le niveau de génération de création de valeur pour l'actionnaire (ROCE, TSR, *Free Cash Flow*…) et la génération de valeur par le salarié (niveau et structure de rémunération au sens large)

Récompenser les performances… et la maîtrise des risques

Rémunère-t-on réellement les performances ? Les contributions individuelles ? L'analyse de l'influence de chaque caractéristique individuelle (âge, ancienneté dans l'entreprise, expérience de la fonction, formation, promotion, genre…) sur la rémunération permet d'identifier les facteurs potentiels de discrimination (sexe, séniorité, handicap…) et nous ont conduit à observer que le poids réel de la performance individuelle dans les rémunérations annuelles (fixes plus variables) s'élevait entre 25 et 30 %, voire 35 %. Ainsi, chaque fois que l'entreprise alloue un budget d'1 % au titre des augmentations individuelles, 0,2 à 0,3 % seulement portent sur la contribution individuelle du salarié.

Un *reengineering* s'impose donc pour réduire l'influence des autres facteurs, notamment *via* le recours aux *people review*, assurant une équité entre les niveaux de contributions individuelles et les décisions en matière de rémunération.

La reconnaissance de la performance peut aussi avoir une contrepartie en termes de risque pour l'entreprise, pour le salarié, pour l'environnement. La responsabilité croissante de l'entreprise du point de vue pénal comme civil, comme sa vocation d'institution au sein de la cité, la conduit à identifier les risques, et à élaborer les plans d'actions pour les maîtriser.

Ainsi, les évaluations individuelles de type *Balanced Scorecard* intègrent de plus en plus fréquemment au sein de la rubrique « People », la nécessité de renouvellement des profils dans le recrutement, la promotion de populations cibles, la rétention de talents provenant de la diversité, dans la rubrique « Process », les objectifs et plans d'actions visant à améliorer la sécurité au travail, l'économie d'énergie, la formation aux problématiques liées au respect de l'environnement…

Une mention spéciale revient au secteur bancaire pour lequel les rémunérations variables d'opérateurs, du fait des risques systémiques liés à leurs activités, intègrent le coût de risque dans le mode de calcul, et comporte une partie différée, libellée en actions de la banque.

Partager en commun les résultats

L'individualisation des rémunérations conduit à des comportements déviants dans certains cas, exacerbant l'intérêt individuel sans égard au résultat collectif, dans d'autres cas engendrant une incohérence organisationnelle dans la mesure où la gestion des résultats ne résulte pas de la somme des contributions individuelles, mais de la combinaison de celles-ci.

Partager des résultats en commun n'est jamais que la reconnaissance de la performance d'un processus de travail et peut prendre plusieurs formes :

▶ par exemple, l'intéressement et la participation, en France, le résultat collectif étant supposé être le fruit d'une communauté de travail. Notons au sein d'expériences récentes la volonté d'étendre le dispositif à l'ensemble des salariés à travers le monde, au niveau de leur pays, de leur zone géographique, voire au niveau global afin d'assurer au sein de multinationales françaises une équité entre les salariés français et leurs collègues étrangers ;

▶ des dispositifs incitatifs, par exemple du type prime de projet pour associer des salariés provenant de familles d'emploi différentes, mobilisés sur un projet visant à accélérer le processus d'innovation et de prise de parts de marché.

Individualisation des rémunérations et partage de résultats en commun ne sont pas contradictoires. Au-delà même de leur complémentarité, l'individualisation réelle de rémunérations (donc impliquant une minoration de la valorisation des autres facteurs : âge, ancienneté, formation initiale, genre) apparaît d'autant plus légitime que les salariés peuvent partager en commun des résultats qu'ils ont générés en commun.

Assurer une synergie d'intérêt avec les actionnaires

La synergie d'intérêt la plus directe avec l'actionnaire consiste à attribuer des titres représentatifs de l'entreprise sous une forme sélective (*stock options*, actions gratuites pour l'essentiel) ou collective. Cette attribution entraîne :

▶ en cas d'augmentation de capital, un effet dilutif, auquel les actionnaires actuellement sont particulièrement attentifs ;

▶ en cas de rachat, un effet certes relutif mais aussi une sortie de trésorerie ;

▶ dans tous les cas, les normes internationales imposent la constitution d'engagement dans les comptes consolidés dans la mesure où le schéma d'actionnariat choisi prend la forme d'avantage social de moyen/long terme.

La synergie d'intérêt passe donc :

▶ soit par l'insertion de conditions de performances au sein des règlements de plan d'actionnariat sélectifs, c'est-à-dire réservé à une population (dirigeants, membres de l'encadrement) sur tout ou partie des titres alloués à cette opération ;

▶ soit par la prise de risque par les salariés bénéficiaires, par exemple avec partage obligatoire des actions après la levée d'options pour les mandataires sociaux, ou par l'affectation de l'intéressement et/ou de la participation et/ou d'un versement volontaire du salarié, donc un plan d'épargne souscrivant des parts de FCPE dédié à l'acquisition d'actions de l'entreprise.

Les conditions de performance peuvent être internes (résultat opérationnel, bénéfice net par action, ROCE, *Free Cash Flow*) et/ou externes (*Total Shareholder Return*, cours minimal) et s'appliquer tout au long du cycle de l'opération ou juste avant la levée des options ou l'attribution définitive des actions. Au-delà même des caractéristiques centrales du plan d'actionnariat (type de plan, montant de capital alloué, fréquence d'attribution, cycle de l'opération, conditions de performance, dimension fiscale/cotisations sociales…) la détermination du périmètre et la qualité des bénéficiaires légitiment l'ensemble de l'opération.

Une importance centrale sera probablement accordée à la proportion d'actions ou/et d'options accordées aux mandataires sociaux, comme au comité exécutif, et démontrera si, au nom de la théorie de l'agence, la génération de valeur se concentre pour l'essentiel sur les décideurs ou si elle s'étend à un nombre significatif de contributeurs clés.

Une tendance émerge : le formalisme juridique accru concernant les plans d'actionnariat, la volatilité des actifs financiers accentuant la décorrélation entre valeur boursière et création de valeur, la volonté de faire coïncider création de valeur et sphère de responsabilité sur laquelle le bénéficiaire a un impact direct, conduisent un nombre croissant d'entreprises à mettre en place des plans d'intéressement de long terme sous forme *cash*.

Assurer une protection sociale à coût maîtrisé

60 % des salariés sont couverts en France par un contrat collectif complémentaire de santé. La dégradation des régimes obligatoires de retraite, avec pour corollaire la diminution des pensions versées, la hausse probable des frais médicaux liés au vieillissement de la population active, conduisent nécessairement les entreprises à opérer des arbitrages au sein d'une enveloppe déterminée.

Ainsi, la décroissance des plans de retraite à prestations définies, en particulier des retraites chapeaux, est déjà observable depuis plusieurs années, les plans de cotisations définies ou les plans additifs s'y substituant de plus en plus fréquemment.

À l'évidence, la séparation entre épargne retraite et épargne salariale devrait disparaître afin de promouvoir une architecture cohérente propre à assurer un taux de pension aussi optimisé que possible, à travers un choix de véhicules à promouvoir en considérant une gestion financière des fonds suivant les différents profils de la population active de l'entreprise, un choix avisé des gestionnaires sur le couple risque/performance sur un horizon de temps déterminé, mais aussi sur les frais d'entrée et commission de gestion.

En effet, l'entreprise peut-elle raisonnablement, au sein d'une même enveloppe, dissocier l'abondement au PERCO, ou au PEE, de l'allocation d'une cotisation employeur supplémentaire pour telle ou telle catégorie de salariés ?

Quant aux frais médicaux, et à la prévoyance, au-delà de la considération purement financière, ce sont des éléments centraux qui concourent à une équité dans l'entreprise.

Les « Benefits » (avantages sociaux) vont probablement devenir la problématique centrale du contrat social de l'entreprise.

Chapitre 19

Reconnaître ses collaborateurs

Jean-Marie PERETTI et Patrice TERRAMORSI

La rétribution d'un salarié peut être décomposée en rémunération, monétaire ou non monétaire, et en reconnaissance. La reconnaissance est un élément important de la rétribution et contribue au sentiment d'équité perçu par le salarié. Les salariés à travers le monde expriment avec une force croissante leur besoin de reconnaissance. Axel Honneth évoque « la lutte pour la reconnaissance » (2000).

Répondre au besoin de reconnaissance de ses collaborateurs est important. Les organisations sont invitées à construire des systèmes de reconnaissance qui répondent avec pertinence aux nouvelles attentes. Pour définir et mettre en œuvre leurs politiques et pratiques de reconnaissance, ils doivent identifier et choisir les objets susceptibles d'être reconnus (que reconnaître ?), les attentes des diverses catégories de salariés (qui reconnaître ?) et les actes de reconnaissance (comment reconnaître ?). Les managers doivent être capables d'appliquer la politique de reconnaissance de l'organisation en attribuant efficacement les signes de reconnaissance appropriés à leurs collaborateurs.

Que faut-il reconnaître ?

Le besoin d'être reconnu est vital. Les théories de la motivation et de l'implication ont mis en valeur l'importance de la reconnaissance. C'est un élément important de la rétribution que le salarié attend. Il existe un fort désir d'être reconnu, mais « reconnu de quoi ? ».

Faut-il reconnaître ce que le salarié désire être reconnu ou des objets que l'entreprise entend valoriser, en ligne avec son projet stratégique ? Faut-il reconnaître la personne pour ce qu'elle est (son identité) ou pour ce qu'elle fait (sa contribution) ? Quel niveau de reconnaissance convient-il d'attribuer aux droits culturels des minorités ? La diversité des objets susceptibles d'être reconnus est considérable. Le contexte socioculturel et social a développé un niveau élevé d'attentes. Que faut-il choisir ?

◗ Les compétences ? Les aptitudes managériales ? L'expertise ?

◗ Le potentiel ? Le talent ? L'ambition ?

◗ Les performances ? Les résultats ? L'innovation ?

◗ Les comportements ? Les efforts ? L'éthique ? La conformité ? Le mérite ?

◗ La personne ? Le diplôme ?

◗ Le poste ? Le grade ? Le statut ? L'ancienneté ?

La liste des objets pouvant être reconnus est large. L'entreprise a intérêt à définir ce qu'elle souhaite reconnaître dans le cadre de sa stratégie. Une grille d'analyse des objets identifiés à partir de critères pertinents permet l'alignement stratégique de la politique de reconnaissance. Parmi les critères de sélection des objets à reconnaître, trois sont particulièrement importants aujourd'hui :

◗ la légalité : l'interdiction de discriminations fondées sur un certain nombre de facteurs impose aux entreprises une grande prudence dans la reconnaissance de certains objets et dans l'évaluation des autres. Les auditeurs, les agences de notation, les parties prenantes et les tribunaux sont vigilants sur des thèmes sensibles. Le caractère objectif, mesurable, non discriminatoire des éléments à reconnaître est essentiel ;

◗ la conformité aux traditions et à la culture de l'entreprise : reconnaître le résultat dans une organisation où prime le statut, le poste, là où seul compte le grade, ou bien le mérite lorsque l'usage privilégie l'ancienneté peut poser des problèmes de rejet. Introduire de nouveaux objets de reconnaissance nécessite une communication forte ;

◗ l'acceptabilité par les personnes concernées. Il faut identifier clairement les objets de reconnaissance qui posent problème afin d'éviter les rejets et refus. D'une part, certaines catégories de salariés peuvent être hostiles à voir reconnaître un élément qui les désavantage. D'autre part, la majorité des salariés peut rejeter un changement de politique de reconnaissance, par exemple la substitution du résultat à la compétence lorsque l'entreprise a longtemps privilégié la reconnaissance des compétences. Connaître les attentes est donc essentiel.

Le désir d'être reconnu

Tous reconnus ! Ce mot d'ordre semble cristalliser les revendications tant individuelles que collectives et, face à elles, les managers apparaissent souvent désarçonnés (Peretti, 2007). Les attentes de reconnaissance sont diverses. Les caractéristiques individuelles (âge, formation initiale, genre, nationalité…) et professionnelles (qualification, localisation, fonction, secteur d'activité, métier…) influent sur le désir de reconnaissance. Ainsi, en croisant les courbes « âge » et « attentes monétaires et affectives », on peut observer deux seuils (30 et 50 ans), l'élément affectif primerait entre 30 et 50 ans. L'entreprise doit identifier ces attentes pour prendre en compte cette diversité. À travers les enquêtes internes, les observatoires sociaux, les entretiens annuels, les groupes d'expression et le dialogue avec les partenaires sociaux, elle dispose d'une panoplie d'outils complémentaires pour cerner les attentes actuelles. Elle doit aussi anticiper en étudiant les matériaux externes (enquêtes nationales et internationales) afin d'adapter progressivement son système de reconnaissance.

L'entreprise s'intéresse particulièrement à des populations à forts enjeux du fait de difficultés de recrutement, de risques de non-fidélisation, voire de démobilisation ou de conflits. Selon les cas, elle suivra de près les attentes de reconnaissance du personnel en contact avec les clients (distribution, services) des jeunes cadres, des bas niveaux de qualification, des hauts potentiels, des expatriés, des seniors, des représentants du personnel et bien d'autres encore. Ainsi, un groupe de distribution spécialisé a construit son système de reconnaissance des vendeurs après avoir identifié leurs quatre attentes : être formé, être écouté et informé, avoir des perspectives de progression, avoir une transparence des règles d'évolution et de rétribution.

Comment reconnaître ?

Les actes de reconnaissance dont dispose l'entreprise sont très variés depuis les signes monétaires jusqu'aux signes symboliques. Les enquêtes montrent que tous ont une réelle pertinence s'ils correspondent aux objectifs de l'entreprise et aux attentes des salariés. Il faut donc faire un inventaire large des actes possibles et des critères permettant de choisir afin de sélectionner ceux qui seront efficaces. L'entreprise doit également définir les modes d'évaluation et les critères d'attribution.

Parmi les actes de reconnaissance les plus fréquemment utilisés par les entreprises, on peut distinguer ceux relatifs à :

- la formation, la carrière, le statut ;
- les modalités de rémunération ;
- le type de contrat de travail (emploi stable plutôt qu'emploi précaire) ;
- l'appartenance à une organisation reconnue comme citoyenne, équitable et considérée comme employeur de choix ;
- la considération, le respect et toutes les distinctions symboliques ;
- la reconnaissance externe par les clients et les parties prenantes.

Un système cohérent de reconnaissance

La réussite d'une politique de reconnaissance repose sur la cohérence des pratiques mises en œuvre. L'entreprise doit veiller à éviter les principaux risques des systèmes actuels de reconnaissance :

▷ l'asymétrie d'information entre les signes positifs et négatifs. Des managers hésitent à gratifier leurs collaborateurs de gestes de reconnaissance positifs ;

▷ la reconnaissance de « l'identité » au détriment de « la contribution » sous la pression de la demande d'égale reconnaissance pour tous ;

▷ l'insuffisance des systèmes d'évaluation créant des perceptions d'injustice. Les salariés expriment fréquemment leurs réserves sur la fiabilité de ces systèmes ;

▷ l'opacité des dispositifs qui régissent l'attribution des principaux signes de reconnaissance ;

▷ la confusion entre reconnaissance et conditionnement. Certains actes de reconnaissance peuvent être perçus comme des manipulations pour accroître l'engagement des collaborateurs.

La reconnaissance, entendue comme la confirmation de valeur d'une attitude ou d'un comportement, participe à la conception que l'individu se fait de lui-même, et donc à la constitution de son identité. Aussi, faire l'expérience d'un déni de reconnaissance revient à empêcher l'individu de développer une conception positive de lui-même et fait peser des risques sur son équilibre psychique.

Pour éviter ces obstacles et définir une politique de reconnaissance cohérente et efficace, l'entreprise doit explorer régulièrement les attentes, explicites et implicites, des salariés actuels et des nouveaux recrutés. En croisant les désirs de reconnaissance des salariés avec ses choix stratégiques, l'entreprise peut dégager des zones de recouvrement. Les actions les plus efficaces seront celles qui répondent à la fois aux besoins ressentis par les salariés et aux critères de choix retenus par l'entreprise.

Des managers sachant reconnaître

Pour être un manager sachant reconnaître, c'est-à-dire capable de faire émerger chez ses collaborateurs un sentiment de reconnaissance, il ne suffit pas d'attribuer des récompenses. Le sentiment de reconnaissance résulte d'interactions nouées par le salarié au sein de l'organisation. Le leader reconnaissant est donc celui qui veille à la qualité de ces échanges. De la capacité du manager à faire émerger chez le salarié le sentiment d'être considéré comme une personne (échange affectif), comme un sujet de droits (échange juridique) et comme le porteur de qualités particulières (échange socio-productif) dépendra l'émergence ou non d'un sentiment de reconnaissance chez le salarié (Peretti et Terramorsi, 2011).

La première forme d'interaction à l'origine de l'émergence du sentiment de reconnaissance est relative à la relation affective. À travers les échanges affectifs, le salarié verra confirmée la valeur de son individualité. C'est l'homme, plus que le salarié, qui fait l'objet de reconnaissance affective. Reconnaître, c'est avant tout écouter, dialoguer, expliquer, être disponible. Lorsque les managers ne prennent pas le temps d'écouter, ou considèrent qu'il est inutile d'expliquer, car de toute manière certains collaborateurs ne comprendraient pas, cela apparaît pour le salarié comme un déni de reconnaissance. Le salarié a l'impression d'être tenu « pour rien », d'être « un pion », « un numéro », dont la valeur est fondamentalement inférieure à celle d'un interlocuteur qui ne prend pas la peine d'échanger avec lui.

Le manager reconnaissant est également celui qui veille à ce que les relations entre les collaborateurs ne soient pas source de tensions qui, poussées à l'extrême, sont susceptibles d'aller jusqu'à des abaissements et des humiliations réguliers et s'apparenter à une forme de harcèlement. Le déni de reconnaissance a d'importantes conséquences psychologiques. La forme de reconnaissance expérimentée au travers de l'interaction affective apparaît comme une strate fondamentale dont dépend en partie la possibilité pour les individus d'expérimenter une reconnaissance toujours plus complète d'eux-mêmes.

Une seconde facette du manager reconnaissant est sa capacité à permettre à chacun de se sentir respecté en tant que membre à part entière du groupe, disposant des droits et des devoirs communs à tous. À l'inverse de l'interaction affective qui reposait sur les relations interindividuelles, la forme de reconnaissance issue de l'interaction juridique se situe d'emblée au niveau d'un ensemble organisé et repose sur l'attribution objective du statut de personne juridique. Pour un salarié, avoir l'impression que ses droits sont inférieurs à ceux des autres membres de l'organisation, c'est ressentir que sa valeur, en tant que membre de la communauté, est moindre que celle des autres. La liberté d'expression et la liberté d'adhésion à une association ou à un syndicat apparaissent comme des éléments fondamentaux. De même, le fait pour un salarié de ne pas être informé d'une décision revient à ne pas le reconnaître (ou à laisser entendre que les raisons ayant guidé ces décisions ne sont pas avouables).

Le manager doit savoir récompenser l'apport du salarié au processus de production, mais aussi plus généralement à sa contribution au bon fonctionnement du système social que représente l'organisation. La capacité du manager à effectuer une distinction entre l'apport de chacun de ses collaborateurs apparaît comme un préalable à l'émergence de cette forme de reconnaissance. Le fait pour un responsable de considérer de la même façon une personne qui s'investit, une personne qui fournit des efforts et celle qui se contente d'apporter une contribution minimale, risque d'affecter le sentiment de reconnaissance éprouvé par les salariés. Les systèmes de rétribution privilégiant l'égalité de traitement, encore largement présents dans de nombreuses entreprises, visent à minimiser le risque de tension sociale, mais laisse peu de place à la reconnaissance des contributions individuelles. Ce mode de fonctionnement est susceptible de générer un sentiment de non-reconnaissance, dans la mesure où les salariés ne peuvent se distinguer par leurs efforts de leurs collègues les moins volontaires. La contribution des salariés à l'organisation étant multiple, la reconnaissance associée doit prendre en considération ses différentes facettes, qu'il s'agisse de l'investissement, de l'utilité et de la beauté des pratiques de travail ou des résultats obtenus.

La progression hiérarchique ou la prise de responsabilité plus importante, si elles sont accompagnées, pour le collaborateur, par les moyens d'effectuer ses missions nouvelles, apparaissent également comme une manière de reconnaître l'apport de l'individu à l'organisation. De même, la proposition de formation peut apparaître comme une forme de reconnaissance. Elle semble contribuer à faire émerger chez les salariés un sentiment de reconnaissance. Le manager reconnaissant permet à ses collaborateurs de suivre des formations qui leur permettent de développer leurs compétences. La rémunération, enfin, joue un rôle essentiel dans l'émergence d'un sentiment de reconnaissance de la contribution dans la mesure où elle apparaît comme un élément permettant au salarié d'estimer la valeur accordée par l'organisation à son apport. Cependant, il serait illusoire de voir dans la rémunération un vecteur unique de reconnaissance, en mesure d'apporter une réponse à l'ensemble des besoins de reconnaissance. Le manager reconnaissant est aussi celui qui informe régulièrement ses collaborateurs sur l'atteinte des objectifs, qui sait valoriser la qualité et l'utilité d'un travail, et reconnaît l'investissement de ses collaborateurs.

Le manager doit identifier et adapter au sein de son équipe les éléments susceptibles de permettre à ses collaborateurs de se sentir reconnus. Être un manager reconnaissant nécessite à la fois de favoriser l'établissement de relations affectives tout en leur posant une limite, de veiller à un traitement égal de tous les salariés tout en permettant à chacun de voir valorisées ses qualités et compétences distinctives.

Bibliographie

HONNETH A. (2000), *La Lutte pour la reconnaissance*, Cerf, Paris.

PERETTI J.-M. (sous la direction de) (2007), *Tous reconnus*, Éditions d'Organisation.

PERETTI J.-M. et TERRAMORSI P. (2011), « Le leader reconnaissant », in *Tous leaders*, Éditions d'Organisation.

Partie 5

MOBILISER ET IMPLIQUER LES PERSONNES

Aider chaque collaborateur à développer ses ressources et à les mobiliser efficacement dans le cadre des projets de l'organisation, tel est le défi qui se pose à chaque hiérarchique. Pour y parvenir, le responsable hiérarchique doit veiller à impliquer, animer, communiquer et informer. Il est également de plus en plus amené à maîtriser l'interculturel et à redessiner l'organisation. L'évolution des pyramides des âges l'amène à favoriser la mobilisation des séniors.

Ce chapitre présente ces cinq dimensions de la mobilisation

Des managers DRH pour l'implication des personnes. La question de l'implication au travail est l'une des plus importantes de la gestion des ressources humaines. Pour Maurice Thevenet, l'implication est une préoccupation importante du manager-DRH puisque le travail se fait d'abord au contact du manager ; c'est souvent pour lui (elle), en fonction de lui (elle), à cause de lui (elle) que se construisent des expériences de vie au travail réussies ou non. Il étudie les signes de cette implication et les moyens d'en créer les conditions nécessaires.

Renforcer l'engagement des salariés pour une meilleure efficacité au travail. Le désengagement se traduit, pour l'entreprise, par une perte d'efficacité, par une perte de proactivité à l'égard des clients, par une progression de l'absentéisme et, parfois, par le départ inopiné de certains salariés qui ne sont pas ceux que leur manager aimerait voir partir. Hubert Landier analyse tous ces symptômes auxquels s'ajoutent des effets très négatifs pour le salarié lui-même. Il s'interroge sur l'origine du désengagement et propose un plan d'actions en vue de remédier à la tendance au désengagement.

Manager la performance des hommes dans l'entreprise. La performance des hommes en entreprise est une forte préoccupation pour le directeur des ressources humaines et pour les managers. Dans ce chapitre, Michel Le Berre et Mohamed Matmati proposent de regarder la quête des performances des RH, d'observer quelques pratiques dans des grandes entreprises et dans des PME et, enfin, d'avancer des propositions pour le management dans le processus de construction de la performance des hommes.

Réussir le changement pour une entreprise innovante et performante. Michèle Amiel présente la résilience, la créativité, l'intelligence émotionnelle et le sens.

Tous gestionnaires du changement. La conduite du changement est souvent localisée au sein des ressources humaines. De plus en plus internalisée et déployée, elle concerne désormais tous les managers. Pour David Autissier et Alexandre Guillard, elle s'inscrit dans le champ de leurs compétences et vise à de nouveaux types d'apprentissage touchant à leurs comportements.

Chapitre 20

Des managers DRH
pour l'implication des personnes

Maurice THEVENET

La question de l'implication au travail est l'une des plus importantes de la gestion des ressources humaines. Celle-ci exprime en effet l'attitude des personnes vis-à-vis du travail en honorant son caractère très personnel et affectif. Par ailleurs, elle témoigne de la difficulté intrinsèque à la gestion des ressources humaines à tenter d'influencer, créer ou simplement maintenir cette implication et les comportements subséquents qui en sont espérés. Même si les débats sur la fonction RH se perdent parfois dans le développement de procédures et pratiques sophistiquées, le cœur du métier n'en demeure pas moins la tentative d'influence sur les attitudes et comportements au travail (Pfeffer, 1998).

L'implication devient alors une préoccupation importante du manager-DRH puisque le travail se fait d'abord au contact du manager ; c'est souvent pour lui (elle), en fonction de lui (elle), à cause de lui (elle) que se construisent des expériences de vie au travail réussies ou non, comme le montrent les décisions de départ, les envies de promotion, les attentes ou craintes de mobilité. Cependant, il ne suffit pas de charger encore un peu plus les épaules des managers qui n'en peuvent mais. Le problème des managers-DRH vis-à-vis de l'implication n'est pas celui de l'abandon généreux par la DRH de ses droits ou prérogatives sur le dos des managers. La question centrale des managers dans l'enjeu de l'implication des salariés renvoie avant tout à leur envie de s'investir dans cet aspect de leur tâche.

C'est bien dans ce cadre que devrait être abordée la question de l'implication, celui d'un paradoxe entre d'une part la position des managers qui en fait le premier acteur concerné par l'implication des collaborateurs et, d'autre part, leur volonté, compétence et envie d'assumer cette responsabilité. Le rôle des managers dans le développement des collaborateurs ne se présente donc pas comme une évidence pour les directions des ressources humaines puisque leur rôle est alors de créer les conditions qui permettent aux managers de s'investir dans l'enjeu de l'implication.

Ce chapitre couvrira donc successivement trois thèmes. Le premier consiste à montrer le rôle central des managers de proximité dans le développement ou le maintien de l'implication des salariés. Nous regarderons ensuite comment cela s'insère dans une mission actuelle très difficile pour les managers de proximité dont on a de plus en plus besoin mais dont les tâches sont de plus en plus difficiles. Ceci nous conduira enfin à poser le problème de l'implication des salariés non pas aux managers mais aux directions des ressources humaines qui doivent aider et accompagner les managers-DRH dans cette aventure.

Le rôle des managers dans l'implication de leurs collaborateurs

Rares seraient les managers à ne pas préférer des collaborateurs impliqués à ceux qui ne le seraient pas. L'implication peut en effet correspondre à leur système de valeurs ; elle peut aussi leur assurer l'efficacité, la sérénité, voire le plaisir au travail. Cependant, l'implication n'est pas seulement le synonyme d'un état idyllique où la personne se serait réconciliée avec le travail pour son bien et celui de l'institution. L'implication, dans de nombreuses situations d'entreprises, est surtout devenue une nécessité, un impératif auquel le business ne peut se soustraire. Même si le rêve taylorien a pu laisser imaginer que les institutions de travail pouvaient réduire au maximum leur dépendance vis-à-vis de l'implication de leurs collaborateurs, la réalité nous rattrape et force est de constater que dans de nombreux cas, l'entreprise est dépendante de cette implication pour son succès : celle-ci n'est donc pas un choix, voire un idéal moral, mais simplement une nécessité.

Nous pourrions donner au moins trois illustrations de ce besoin d'implication qui mettent clairement en évidence combien il concerne prioritairement le manager, celui qui est chargé d'assurer l'efficacité de l'entreprise au premier niveau. En effet, certaines activités requièrent l'implication des collaborateurs, c'est-à-dire leur engagement personnel au-delà de ce que décrit une définition de fonction. C'est le cas de nombreuses activités de service quand la perception de la qualité de ce que paient les consommateurs se joue dans la qualité d'une relation. C'est le cas dans certains services de banque ou d'assurance : le consommateur n'est généralement pas satisfait par des conditions bancaires aussi claires qu'une offre téléphonique mais par la qualité d'une relation avec un agent, le sentiment d'avoir été entendu, l'impression d'avoir réellement parlé à quelqu'un. Dans ces cas, ce n'ont pas les procédures ou l'efficacité du logiciel de relation-client qui comptent mais la relation à la personne et c'est l'agent qui en est responsable au final.

Les économistes ont inventé la notion d'économie de l'expérience (Pine et Gilmore, 1999) quand il ne s'agit plus de vendre un produit ou un service mais la possibilité pour l'acheteur de vivre une expérience personnelle forte. C'est ce qui se joue dans un parc de loisirs ou dans certaines formes contemporaines de distribution quand l'acte d'achat est littéralement théâtralisé avec un texte, une mise en scène et des acteurs. Dans la grande distribution, qui vit aujourd'hui des heures difficiles, on essaiera de revoir le *merchandising*, comme l'a tenté récemment Carrefour, mais surtout de donner plus de service. Ceci passe inéluctablement par un changement de comportement de la part des salariés : donne-t-on de l'aide et de l'information au client ou fuit-on en réserve dès que le gêneur apparaît ? Dans la distribution spécialisée (Séphora, Nespresso), il est évident que l'attitude et les comportements des vendeurs (des consultants parfumeurs ou caféiers) font partie du concept lui-même ; ils participent à l'expérience que vit le consommateur et pour laquelle il paie une prime. La référence au théâtre montre que ce n'est pas seulement le texte qui fait l'art mais la manière de le jouer par l'acteur.

On pourrait étendre cette notion de service aux relations internes dans les organisations, au-delà du contact avec la clientèle. Les organisations en *business units*, la différenciation des entités avec leurs résultats propres, les nécessités de coopération entre des entités différentes requièrent cet esprit de service dans les relations mêmes entre les entités à l'intérieur de l'entreprise et c'est l'engagement des personnes dans leur tâche qui assure la qualité de la coopération.

Cela nous conduit à la deuxième illustration qui concerne le développement des formes contemporaines d'organisation de l'entreprise. Organisations matricielles, structures transversales et autres types de structures *ad hoc* se sont imposées dans nos organisations pour renforcer la flexibilité, la réactivité aux besoins de l'activité supérieure à ce que pouvaient donner les organisations classiques plus hiérarchiques et moins souples. Elles s'accompagnent également, au niveau plus central, de la difficile distinction entre des structures exécutives plus ou moins resserrées pour répondre aux exigences de l'élaboration et du suivi stratégique, d'une part, de l'exécution d'autre part. Ces évolutions sont évidemment nécessaires et pertinentes et l'on ne peut que reconnaître l'intelligence et la pertinence des organisations présentées sur un diaporama. La réalité du fonctionnement quotidien est plus difficile. Le symptôme principal de la difficulté de ces organisations est le sentiment largement partagé par les personnes de devoir faire simultanément des tâches ou des projets pas toujours compatibles : c'est ce qui arrive dans les structures matricielles quand les personnes sont évaluées par deux entités différentes et quand la séparation entre les lignes hiérarchique et fonctionnelle est devenue obscure. Les structures de projet sont assez voisines avec une pression mise sur l'accomplissement en un délai limité alors que les équipes de projet ont besoin du temps d'apprentissage du travail en commun et alors que leur pleine réussite ne dépend pas que de leurs seules forces et ressources.

La solution à ces difficultés ne consiste pas à mettre plus de règles et de procédures ou à viser une clarification qui ne peut jamais être atteinte : tout effort en ce sens se traduit généralement par plus de complexité. C'est en fait l'implication des personnes qui interviennent dans ces structures complexes qui en fait l'efficacité. L'implication est le véritable carburant. Comme ces organisations complexes constituent le problème plutôt que la solution, c'est grâce à l'implication des acteurs qu'elles peuvent réellement fonctionner quand chacun prend sur soi pour ce faire.

La dernière illustration concerne les crises (Thévenet, 2009) dont on sait que la seule solution réside dans le niveau d'implication du personnel, c'est-à-dire sa détermination à agir au-delà de ce qui est normalement attendu pour surmonter les difficultés d'une situation économique qui peut être fatale. Évidemment, dans chacune de ces trois illustrations, on s'aperçoit que les managers de proximité sont en première ligne puisque ces besoins d'implication renvoient à des situations très opérationnelles du fonctionnement d'une organisation, celles dont ils ont la responsabilité. Mais cette pertinence de l'enjeu de l'implication pour les managers est renforcée encore par le fait que cette attitude vis-à-vis du travail est très personnelle et qu'ils sont donc le mieux à même de pouvoir en détecter les caractéristiques et de pouvoir tenir compte de leurs causes.

Les symptômes de l'implication révèlent son caractère très personnel (Thévenet, 2000) qui tient de l'utilité, du plaisir, de la fierté mais aussi de la tension. Ce sont généralement les émotions ressenties dans des situations d'implication et chacune d'elle, que nous ne développerons pas ici, ressortit à des causes et cheminements très personnels. Sans doute est-il plus important de s'intéresser aux cinq causes de cette implication. La première est la valeur travail qui ne correspond pas à une attitude foncièrement favorable vis-à-vis du travail par rapport aux autres lieux d'investissement. De manière plus réaliste, la valeur travail existe quand la personne se voit renvoyer dans son travail une image de soi qui correspond à l'image idéale qu'elle peut avoir. La deuxième cause concerne l'environnement immédiat de travail, c'est-à-dire le contexte relationnel de l'exercice de l'activité : cette forme d'implication est particulièrement importante pour les jeunes. Le métier ou le secteur d'activité de l'institution peut aussi être une cause d'implication comme le métier et la profession dans lesquels on se reconnaît. Toutefois, la cause d'implication pour l'entreprise est celle qui répond le mieux aux besoins d'implication présentés plus haut. Celle-ci peut se définir comme l'adhésion à des buts et valeurs de l'entreprise, et la volonté d'agir dans le sens de ces buts et valeurs. Elle correspond plus simplement à une identification personnelle dans l'institution quand la participation à celle-ci contribue à l'image que la personne se fait d'elle-même. Évidemment, c'est le manager de proximité qui est aux premières loges pour saisir cette attitude profonde vis-à-vis du travail.

Mieux encore, c'est au manager de proximité qu'il revient de fait de pouvoir intervenir pour favoriser l'implication des personnes dans l'institution. Il existe des conditions nécessaires à l'implication, conditions sans lesquelles la personne ne peut s'impliquer dans l'entreprise. En revanche, ces conditions peuvent être remplies sans que la personne ne s'implique pour autant. Trois conditions nécessaires mettent en évidence la responsabilité du manager de proximité pour les satisfaire.

La première est la cohérence : personne ne peut s'impliquer dans une institution qu'il ne comprend pas. Évidemment, on connaît l'autocomplaisance à stigmatiser le manque d'information permanent mais il faut reconnaître que la situation actuelle des entreprises et de leur contexte ainsi que leur nécessaire rythme d'adaptation n'est pas facilement compréhensible. Il existe alors de très grands différentiels d'information et de compréhension entre les différents niveaux de l'entreprise. Il est donc nécessaire au manager de pouvoir s'assurer d'un minimum de compréhension de ce qui se passe. Ce n'est pas seulement son travail : il (elle) est aussi la seule personne à être crédible auprès de ses collaborateurs même si ces derniers ne l'approuvent ou ne l'aiment pas.

La deuxième condition est celle de la réciprocité, c'est-à-dire le sentiment qu'il existe des contreparties à cette implication ou, de manière plus réaliste, un cercle vertueux entre les apports mutuels de chacun, l'entreprise et la personne. Cette réciprocité se joue évidemment dans les politiques de ressources humaines, de rémunération ou autre. Mais l'expérience de vie au travail est avant tout relationnelle et c'est dans la qualité des relations vécues au travail que se noue cette condition de réciprocité : nos études montrent que l'implication dans l'institution est toujours corrélée à la qualité perçue des relations humaines au travail. Évidemment, le manager est encore dans une position capitale pour contribuer à la qualité des relations humaines vécues au travail.

La troisième condition est celle de l'appropriation, quand la personne peut réellement s'approprier son travail, de par une appropriation juridique, par une participation au capital, ou affective. Le manager de proximité est là encore le mieux à même de connaître suffisamment les personnes dans leur situation de travail pour les accompagner à s'approprier plus fortement leur activité.

Si le manager est au cœur de ce processus d'implication des collaborateurs, il ne suffit pas de charger ses épaules de cette responsabilité supplémentaire, comme quand des entreprises touchées par des problèmes de risques psychosociaux imposent à leurs managers de les prendre en compte, de les anticiper, voire de les traiter. Il faut donc se tourner vers les managers et interroger leur capacité, leur volonté et leur propre implication à s'occuper de cette question.

Les managers et l'enjeu d'implication des collaborateurs

Il ne suffit pas de dire aux managers de prendre en charge l'implication de leurs collaborateurs sans s'occuper du contexte de leur action, c'est-à-dire le difficile exercice de la mission de manager aujourd'hui, avant même qu'on leur demande d'être des mini-DRH. En effet, le bon fonctionnement de nos organisations est de plus en plus dépendant de la qualité du management de proximité et celui-ci est de plus en plus difficile à exercer : le problème du management de proximité n'est donc pas derrière mais devant nous et c'est un enjeu majeur de la gestion des ressources humaines.

La meilleure illustration en est sans doute la nécessité de leur engagement non seulement dans les activités courantes mais aussi dans la réussite de tous les programmes de changement et de restructuration que mènent les institutions de manière continue. Un chercheur (Quy Nguyen Huy, 2001) montre que c'est cet engagement des managers qui fait la réussite du changement, dans la mesure où ils jouent trois rôles importants. Le premier est celui de l'interprète traducteur ; il est celui qui va permettre aux collaborateurs de comprendre ce qui se passe, non pas parce que l'information fournie par les canaux officiels n'est pas pertinente mais du fait que son manager direct est la seule personne crédible pour répondre à la question qui concerne chacun dans une situation de changement : ce qu'il (elle) devient. Le second rôle à jouer serait de « bricoler », c'est-à-dire d'ajuster, d'accommoder, de s'arranger pour que les changements et politiques mis en œuvre s'ajustent réellement et efficacement à la réalité locale car tout changement ne peut jamais, par construction, s'ajuster naturellement à toutes les particularités et complexités du niveau local. Enfin, le dernier rôle consiste à prendre en compte – plutôt que gérer – les émotions car toute période de changement crée de l'incertitude donc de la crainte, mais aussi de la pression et du stress : le manager est celui qui permet de faire exprimer, voire de moduler cette tension. Chacun aura noté qu'il existe un point commun entre ces trois rôles à jouer : ils exigent tous de l'implication de la part des managers eux-mêmes. Il n'est aucune règle, procédure ou structure qui puisse garantir l'exercice de ces rôles si les intéressés ne veulent pas les jouer : les organisations sont littéralement dépendantes de cet engagement des managers.

Non seulement il faut de l'engagement au manager mais, plus encore, il est confronté à des situations objectivement difficiles où il ne suffit pas de porter le titre et d'appliquer la définition de fonction du manager pour pouvoir être efficace, c'est-à-dire s'assurer que l'action collective soit performante. La première illustration en est la gestion des personnes et des cas individuels. Quand on demande à un manager de lister ses problèmes de management de proximité du moment, c'est le plus souvent des cas individuels qui apparaissent en premier comme si le management ressemblait de plus en plus à une gestion de divas, ou plutôt de personnes qui se prennent pour des divas. Les divas ne représentent pas seulement le modèle des Castafiore égocentrées et susceptibles qui voient tourner le monde autour d'elles. C'est aussi la gestion des médecins dans un hôpital, des professeurs dans une école, des journalistes dans un organe de presse. Plus communément, ce sont certains experts dans une entreprise et toutes ces générations nouvelles de divas car ce qualificatif semble mieux convenir que ce code « Y » probablement remplacé bientôt par les « Z » ou les « 2020 » comme le proposent déjà certains auteurs américains (Meister, 2010).

Les divas ont en effet une approche très personnelle de leur travail. Elles ne doivent leur succès qu'à elles-mêmes et s'attribuent aussi l'échec même si elles ne l'avouent pas. Certaines divas ont cette attitude du fait d'une personnalité très indépendante ; d'autres se comportent en diva parce qu'ils n'ont pas l'expérience de la vie collective, c'est-à-dire l'entrelacs de promesses et d'obligations réciproques qui constituent la vie en collectivité. Pour avoir vécu en ayant l'impression de choisir leurs parcours et activités selon leurs choix personnels, en ayant zappé d'une activité sociale à l'autre en fonction de leurs goûts, en ayant vécu dans des familles au périmètre changeant, ils ne peuvent avoir la même vision collective que celui qui est resté dans le même club de football de 8 à 20 ans. Cette dernière expérience de la vie collective n'est pas meilleure que celle des réseaux sociaux à la grande liberté de choix, elle est seulement, pour l'instant, plus en phase avec le genre de vie collective nécessaire dans les institutions de travail.

Les divas agissent ensuite selon des valeurs professionnelles ou personnelles fortes. Ce sont des valeurs professionnelles pour l'artiste, l'expert, le professeur ou le journaliste et des valeurs personnelles pour les plus jeunes qui revendiquent des valeurs qu'ils se sont librement choisies et constituées. Ces valeurs professionnelles ou personnelles sont considérées par la diva comme étant d'un ordre supérieur à celles de l'institution dans laquelle elle fonctionne et malheureusement pour le manager, ce sont ces valeurs d'institution qu'il est chargé d'honorer. Manager des divas représente donc un vrai challenge, d'autant plus que celles-ci se retrouvent parfois en groupes dans des structures comme les groupes de projet quand de fortes individualités et compétences complémentaires sont réunies sur une tâche ou un projet. Le manager a alors une tâche difficile d'animation d'un groupe dans lequel sa crédibilité ne va pas de soi alors que sa responsabilité est importante. Là encore, c'est sa compétence humaine, son style relationnel, son intelligence émotionnelle et sociale qui va faire la différence : le rappel des contrats de travail et des définitions de fonction est tout à fait insuffisant pour réaliser la tâche.

On ne peut qu'évoquer d'autres situations qui témoignent des exigences actuelles sur les managers de proximité. Les entreprises ont développé de nombreux et lourds process ou systèmes d'informations dont les managers sont les premiers contributeurs. Cela fait dire à certains que les managers sont avant tout chargés aujourd'hui de faire du *reporting*, de nourrir la machine bureaucratique qui les contraint en leur enlevant la liberté et la marge de manœuvre. Il faudrait souligner également que les contraintes bureaucratiques imposées aux managers sont une chose, mais le plus difficile est que l'on attend d'eux, de manière très paradoxale, une grande initiative et une capacité d'autonomie quand les systèmes ne répondent plus ou s'avèrent insuffisants. Ils ont en quelque sorte la double peine de voir leur métier transformé en des tâches d'exécution sans contenu dans 95 % des cas tout en conservant une forte capacité d'initiative dans les 5 % restants.

Le dernier exemple est tout aussi criant de la difficulté de leur rôle et des exigences extravagantes auxquelles ils sont soumis. Les polémiques récentes sur les risques psychosociaux sont très éclairantes à cet égard. Il existe un point commun entre les directions d'entreprises et les médecins du travail, c'est de considérer que c'est au manager en premier lieu de prévenir et traiter les risques psychosociaux. À la suite des longues dénonciations des risques du travail, de ses méfaits et des malheurs qu'il occasionne, on en vient généralement à résumer toutes les solutions au problème en un mot, le management, et donc à une seule catégorie de personnes, les managers. Il est difficile d'être manager et de dormir sereinement quand vous savez que le stress, la souffrance, voire le suicide auraient dû être anticipés, prévus, traités dans le cadre de votre définition de fonction…

On peut comprendre alors que certains organismes d'études comme Entreprise et Personnel commencent de pointer la difficulté rencontrée par certaines entreprises à susciter des vocations de manager. Nous l'avons constaté nous-mêmes (Thévenet, 2004) en nous apercevant que les raisons pour lesquelles on a voulu devenir manager sont rarement liées à l'envie de se confronter à ces situations, on ne peut plus humaines et émotionnelles, consistant à inciter un collectif à être performant. Le plus souvent, la raison en est de gagner du pouvoir, c'est-à-dire une plus grande capacité d'agir et d'influencer le cours des choses. La seconde motivation est celle de l'acquisition de statut social ou monétaire puis la recherche de reconnaissance car la promotion à la responsabilité managériale constitue le signe le plus tangible de reconnaissance de sa valeur professionnelle.

Mieux encore, les managers attendent pour faciliter leur action managériale des soutiens qu'ils n'obtiendront jamais : ils rêvent de n'avoir que des gens excellents et motivés dans leurs équipes, travailleurs compétents, performants et autonomes. Leurs collaborateurs ne viendraient pas leur faire supporter le poids de leurs problèmes et leurs conflits et, mieux encore, on aurait réussi à leur éviter les collègues « toxiques » qui constituent pourtant un pourcentage irréductible de la population, que ce soit dans les familles, les assemblées de copropriétaires, les associations ou les équipes de travail.

Les managers soulignent généralement deux difficultés inhérentes à l'exercice de leur mission de manager. Premièrement, ils considèrent que l'activité n'est pas valorisée et ils ont raison. Mais il est très difficile de le faire car un bon management de proximité est discret, peu visible et mesurable. Toutes les tentatives de chercher à décrire le management de proximité idéal sous forme de compétences ou comportements semblent vaines et les évaluations sur les quelques critères établis ne sont pas très efficaces. Les managers trouvent également que le management est aussi une source de souffrance, celle de se voir renvoyer une image de soi assez éloignée de leur image idéale.

Il ne suffit donc pas que des managers-DRH prennent allègrement le flambeau de l'implication de leurs collaborateurs. Si c'est un enjeu considérable pour l'entreprise, comme nous l'avons montré dans la première section, cela requiert de leur part un fort engagement dans la dimension la plus humaine et émotionnelle de leur travail, la plus difficile, celle que justement les managers ont souvent tendance à fuir. Il existe donc un véritable enjeu pour les DRH afin d'aider, de susciter ou de permettre aux managers d'assumer cette mission comme nous le verrons dans la section suivante.

Des managers qui favorisent l'implication : un enjeu pour les DRH

Il ne suffit donc pas d'instituer les managers comme nouveaux DRH pour que cela fonctionne, encore faut-il que les DRH préparent les managers, les aident ou développent des politiques qui leur permettent de le faire. Ceci est particulièrement vrai pour l'implication des salariés puisqu'il ne s'agit pas là de participer à quelque process ou système d'informations que ce soit. L'enjeu pour les managers est plutôt de faire évoluer leur pratique managériale, leurs attitudes et comportements. Il existe au moins trois niveaux d'action qui devraient être prioritaires.

La gestion des talents

Si l'on considère que le talent est cette combinaison rare de compétences rares (Dejoux et Thévenet, 2010), il serait urgent de considérer que dans beaucoup de situations opérationnelles les managers sont des talents car ils rassemblent cette capacité rare à faire produire des équipes alors que les notions de performance, d'autorité et le sens du collectif ne constituent pas forcément un donné (Thévenet, 2011). Il est donc urgent de prendre plusieurs mesures. La première consiste à détecter des personnes capables d'acquérir la maturité leur permettant d'exercer ces missions difficiles. Pour cela, il est sans doute préférable de se garder de démarches trop systématiques et outillées. On privilégiera plutôt une analyse des cas de réussite, la prise en compte d'un large champ d'informations sur le parcours et la performance, l'intervention de seniors qui ont le recul sur les expériences managériales.

La seconde mesure urgente consiste sans doute à ne pas se hâter à confier des responsabilités managériales trop tôt ou, du moins, on fera attention de mettre les personnes sur des dynamiques d'apprentissage réellement adaptées à leur situation. Pour ce faire, il est important de distinguer la logique de la promotion et de la reconnaissance de celle des responsabilités managériales : une affectation à ces tâches ne peut plus constituer un signe de reconnaissance pour bons et loyaux services, ce doit être le choix approprié de reconnaissance d'un potentiel. Comme nous le disions plus haut en parlant des générations de divas, on trouve souvent parmi les générations actuelles des personnes n'ayant pas le type d'expérience de la vie collective correspondant à celle dont on a besoin dans les institutions. Cela ne signifie pas que ces personnes ne peuvent l'acquérir mais les systèmes de promotion ne peuvent plus faire l'hypothèse que c'est un acquis.

La formation

Revient alors l'éternelle question de la formation. Il est frappant de constater, avec un peu d'expérience, que l'on n'a pas forcément fait de progrès dans ce domaine ces dernières décennies, peut-être parce que les budgets et les espoirs de performance ont plutôt résidé dans la qualité des structures et des process plutôt que dans la compétence des managers. Ce manque de performance de la formation au management s'explique sans doute pour une autre raison. À l'ère de l'efficience et de la rapidité, on rêve que l'apprentissage et la maturité puissent être accélérés. Le « rapide » et le « sans peine » correspondent aux exigences de n'importe quelle direction des achats pour un programme de formation. Si, évidemment, tout n'est pas qu'une question de moyens, la question conserve de l'importance : deux jours de formation au *leadership* dans un programme de management général avec quelques ateliers d'apprentissage de comportements superficiels et des séances de coaching qui apportent du statut ne peuvent tenir lieu de formation au management.

Au-delà des moyens, c'est évidemment toute une démarche pédagogique qui aurait besoin d'être revue avant de savoir quelles formes d'apprentissage sont les plus appropriées. Pour ce faire, il faut se souvenir des trois freins principaux à l'apprentissage de cette mission de manager. Le premier consiste à ne pas voir l'importance du facteur humain dans les situations opérationnelles de *business*. Évidemment, tout le monde peut parler la langue de bois de l'importance des questions humaines, du respect des personnes et de la nécessité de faciliter leur développement dans un contexte de développement durable. C'est une autre chose d'avoir pris réellement conscience de l'importance de ce facteur humain, surtout dans une culture très mécaniste entretenue par des organisations qui attendent des systèmes et du facteur technique la clé de leur performance. À un deuxième niveau, les futurs managers doivent acquérir le sens de la contingence : plutôt que de chercher des modes de réponse aux problèmes, ils ont besoin de savoir analyser des situations non pour les décrire seulement mais pour ajuster leurs attitudes à leurs particularités. Enfin, les apprentis doivent savoir se situer personnellement dans l'exercice de leur mission qui est exigeante sur le plan personnel, non seulement sur un plan émotionnel mais – n'ayons pas peur des mots – éthique.

Les managers de managers

Les directions des ressources humaines ont tendance à considérer que les actions de développement de management doivent être concentrées sur les managers de terrain, les managers de managers devant concentrer leurs efforts sur les questions stratégiques et opérationnelles d'importance. Ceci est doublement dommage car les managers de managers ne sont pas toujours experts en management : ils ont souvent atteint leur position grâce à leurs résultats techniques plutôt que managériaux, et leur maturité managériale, quelle que soit leur qualité, n'est pas achevée. Plus encore, le management de ces managers de managers sera un modèle pour les managers de terrain. Ils constituent donc une population clé à laquelle les DRH devraient porter plus d'attention.

Assez souvent dans les entreprises, on entend par manager de proximité les managers de terrain, le premier niveau, les *middle managers*. Pourtant, il y a de la proximité à tous les niveaux hiérarchiques et les grands dirigeants stratèges et décideurs sont aussi des managers de proximité, malheureusement sans toujours le savoir. Il existe curieusement une coupure de plus en plus affirmée entre deux niveaux de management, ceux d'en haut et ceux d'en bas et les premiers, managers de managers, n'investissent pas assez sur la dimension managériale de leur rôle, pris dans les activités administratives, politiques voire stratégiques des instances supérieures de l'organisation. À ces niveaux élevés, on a une approche très napoléonienne du management, en considérant les managers d'en bas comme des grognards, ceux qui râlent mais avancent toujours pour autant que l'on vienne leur pincer la joue le soir autour du feu de camp.

Les managers de managers devraient être plus managers, c'est-à-dire se concentrer sur deux pratiques très simples à expliciter. Premièrement, ils devraient être plus présents sur le terrain. Combien de managers de managers ont encore contact avec les clients, les fournisseurs, les opérations quotidiennes ? Leur présence auprès de leurs collaborateurs-managers est sans doute le seul moyen de les valoriser. En effet, pour les managers de terrain, seul l'intérêt de leurs managers pour leur mission managériale peut les inviter à partager leur difficulté, ce qui est le premier moyen pour les surmonter. Deuxièmement, et il est banal de le dire, les managers de managers doivent être exemplaires : c'est leur propre management qui peut constituer un modèle, voire un déclencheur d'envie de s'investir dans l'activité difficile de management.

Enfin, les managers de managers ont comme mission permanente de s'assurer que leurs collaborateurs-managers sont bien toujours en phase avec les buts, valeurs et enjeux de l'entreprise. À trop les considérer comme grognards, on a tendance à le considérer comme acquis alors que cette réaffirmation est sans cesse à reprendre.

Conclusion

En étant tous DRH, les managers joueront leur rôle de favoriser l'implication des salariés. Cette mission est sans doute exemplaire des intérêts et des limites de cette politique du « Tous DRH ». Elle en montre le caractère impératif de la manière la plus probante et opérationnelle qui soit. Elle montre également que l'on ne peut tenir ce rôle des managers comme DRH pour acquis. Les DRH auront alors beaucoup à faire pour que les managers soient capables d'honorer cette mission efficacement et c'est sans doute un de leurs enjeux majeurs pour la décennie qui vient.

Bibliographie

DEJOUX C., THÉVENET M. (2010), *Gestion des talents*, Paris, Dunod.

MEISTER J.-C. (2010), *The 2020 Workplace : How Innovative Companies Attract, Develop, and Keep Tomorrow's Employees Today*, Harper Collins.

MOWDAY R.T., PORTER L.W., STEERS R.M., « Employee-Organization Linkages », Pfeffer J. (1998), *The Human Equation*, Boston, Harvard Business School Press, 1998.

PINE B.J., GILMORE J.H. (1999), *The Experience Economy*, Boston, Harvard Business School Press.

QUY NGUYEN HUY (2001), « In Praise of Middle Managers », *Harvard Business Review*, septembre, p. 72-81.

THÉVENET M. (2009), *Manager en temps de crise*, Paris, Eyrolles.

THÉVENET M. (2000), *Le Plaisir de travailler*, Paris, Les Éditions d'Organisation.

THÉVENET M. (2004), *Quand les petits chefs deviendront grands*, Paris, Eyrolles, 2004.

THÉVENET M. (2011), *Le Travail, ça s'apprend*, Paris, Eyrolles.

Chapitre 21

Renforcer l'engagement des salariés pour une meilleure efficacité au travail

Hubert LANDIER

Les conflits sociaux sont aujourd'hui moins nombreux et moins violents qu'il y a vingt ou trente ans. Ils se limitent à certains secteurs d'activité où les « luttes sociales » font partie des traditions, à des entreprises en difficultés où les salariés s'opposent à des restructurations mettant en péril leur emploi ou à de rares mouvements portant sur la revalorisation des salaires. Cela ne signifie pas pour autant que le climat social se soit nécessairement amélioré. Simplement, la colère, la déception ou l'inquiétude s'expriment aujourd'hui autrement. Autrefois, on se lançait dans une action collective : « tous ensemble ! » ; désormais, chacun pour soi, on réagit par des comportements de fuite ; et c'est ainsi que progresse la tendance au désengagement des salariés.

Celui-ci se définit pratiquement par un repli sur soi : l'intéressé cesse de se considérer comme étant partie prenante de l'action collective à laquelle il est invité à participer. Il fait ses heures, mais la vraie vie, pour lui, est ailleurs. Il respecte les consignes, mais il n'adhère pas aux prescriptions qu'elles lui imposent. Autrement dit, il ne croit pas à l'intérêt ou à l'utilité de ce qu'il lui est demandé de faire dans le cadre qui lui est imposé. Cette attitude peut résulter d'un manque d'intérêt pour un travail qu'il a accepté faute de mieux, parce qu'il lui faut gagner sa vie, mais en lequel il ne se reconnaît pas, ou de changements, dans le fonctionnement de l'entreprise, qui vont à l'encontre de ce qu'il estimerait satisfaisant. Quoi qu'il en soit, le salarié adoptera une attitude passive, qui peut très bien se dissimuler sous le masque d'une adhésion, éventuellement enthousiaste, à ce qu'il lui est demandé de faire ; l'entreprise s'installe alors dans le silence, la dissimulation et le faux-semblant.

Le désengagement se traduit, pour l'entreprise, par une perte d'efficacité (multiplication des retards, des erreurs, des malfaçons, des pertes matière, des casses d'outillage, des détériorations de matériel), par une perte de proactivité à l'égard des clients, ce qui peut être désastreux pour l'image qu'elle donne d'elle-même, par une progression de l'absentéisme pour des raisons qui ne sont pas toujours médicalement justifiées et, parfois, par le départ inopiné de certains salariés qui ne sont pas ceux que leur manager aimerait voir partir. Tous ces symptômes représentent pour l'entreprise un coût difficile à évaluer, mais qui peut peser lourdement sur les résultats d'exploitation. À cela s'ajoutent des effets très négatifs pour le salarié lui-même : sentiment de perdre son temps, impression d'inutilité, sentiment de ne plus pouvoir s'en sortir et d'être prisonnier d'un nœud de contradictions (double contrainte), dévalorisation de l'image de soi, anxiété, « souffrance au travail », dépression nerveuse, tendance suicidaire. Ces différentes pathologies viennent souvent renforcer l'absentéisme, et pèsent bien évidemment sur l'efficacité globale de l'entreprise.

Pour des raisons éthiques comme pour des raisons économiques, le DRH est donc amené à s'interroger sur l'origine de telles tendances. Les ayant détectées, il lui faudra engager ensuite un plan d'actions en vue de remédier aux dysfonctionnements qui tendent à expliquer tout à la fois les tensions sociales, la tendance au désengagement et la progression des risques psychosociaux.

L'accumulation des irritants sociaux : le modèle de la bonbonne de gaz explosif

Lorsqu'ils se trouvent confrontés à des tensions sociales ou à un climat social dégradé, certains membres de la direction de l'entreprise peuvent être tentés de l'expliquer par le comportement négatif des syndicats ou par des motifs parmi lesquels le salaire figure le plus souvent au premier plan. Les intentions prêtées aux syndicats et les motifs mis en avant, pourtant, ne correspondent pas nécessairement à la réalité. Le témoignage des salariés, après un conflit, mentionne généralement un état général de « ras-le-bol » et une accumulation de difficultés parmi lesquelles la question des salaires apparaît comme l'expression d'autre chose et non pas comme la raison principale du mécontentement. Reste à savoir en quoi consiste cet « autre chose ».

Les enquêtes de climat social laissent apparaître quantité de sources de désagréments, d'apparence secondaire aux yeux de la direction, mais qui contribuent à polluer l'existence professionnelle des salariés et devant lesquels aucun remède ne semble proposé par le management. Exemple : « Nous n'avons jamais aucune réponse aux questions que nous posons ou aux suggestions d'améliorations que nous pouvons formuler ». À ces sources de désagréments, telles qu'ils paraissent résulter de l'insouciance de la direction et de l'encadrement, on donnera le nom d'irritants sociaux[1]. Lorsque les irritants se multiplient, l'entreprise se transforme en une bonbonne de gaz explosif, la pression monte, le climat social se dégrade au point de provoquer, soit une « explosion », autrement dit un conflit, soit un mouvement de fuite et de repli sur soi, autrement dit, une progression de la tendance au désengagement.

Toute la question, pour la direction de l'entreprise, et notamment pour le DRH, est de prévenir de telles difficultés en essayant d'évaluer la pression du gaz et la nature des irritants qui composent celui-ci. Il s'agit là d'une démarche qui n'est pas facile. Les salariés ne s'expriment pas nécessairement ouvertement sur les « petits problèmes » auxquels ils sont confrontés et les représentants du personnel traduisent souvent ceux-ci en des revendications qui ne correspondent pas forcément aux attentes de leurs mandants. Il s'agit donc d'être suffisamment à l'écoute pour pressentir ce qui est rarement exprimé directement. Cela passe d'abord par la perception des signaux faibles, que l'expérience conduit à considérer comme importants et qui remontent souvent par des canaux informels. Une telle démarche suppose, préalablement, d'être « à l'écoute ». Ceci n'est pas toujours le cas ; après certains conflits, les agents de maîtrise affirment ainsi parfois : « On le voyait venir, mais la direction ne nous écoutait pas ».

Lorsque cette présence sur le terrain n'est plus possible, compte tenu de la taille de l'entreprise, et que les informations recueillies par le canal des représentants du personnel sont insuffisantes, les directions d'entreprise procèdent, et ceci de plus en plus fréquemment, à des enquêtes d'opinion internes. Celles-ci sont souvent d'une qualité très médiocre. Il ne suffit pas de savoir, par exemple, si les salariés sont satisfaits ou non de leurs conditions d'emploi, encore faut-il savoir pourquoi ils le sont ou ne le sont pas. Cela suppose plus qu'une simple enquête de satisfaction. Un véritable audit suppose en effet la connaissance préalable des causes possibles de dégradation du climat social et le recours à un référentiel préalablement validé.

---

1. Voir Hubert Landier et Daniel Labbé, *Le Management du risque social*, Éditions d'Organisation, 2004.

Un tel audit doit déboucher sur l'identification des actions correctives à mener. Celles-ci ne doivent pas se limiter à un catalogue de bonnes intentions plus ou moins vagues : « renforcer l'engagement des salariés », « mieux communiquer sur la politique de la direction », etc. C'est une illusion, venant de celle-ci, que de s'imaginer qu'il lui suffira de se justifier pour mettre fin aux tensions. Les actions à mener doivent être concrètes. Si le problème est une panne d'eau chaude dans les douches, il faut rétablir l'eau chaude ; si les augmentations individuelles de salaire au mérite ont la réputation d'être distribuées « à la tête du client », il faut établir des critères objectifs d'appréciation, faire en sorte qu'ils soient connus, mettre en place une procédure transparente d'attribution, s'assurer que la décision le concernant est correctement expliquée à chacun et prévoir une possibilité de recours en cas de contestation par l'intéressé. L'action de la direction n'est pas jugée à partir des intentions qui l'animent mais à partir de son action concrète, telle que la perçoivent les salariés.

La création et l'entretien d'un climat social optimal : le rôle de l'encadrement

Les irritants correspondent à des problèmes qui relèvent de la vie quotidienne de l'entreprise. Théoriquement, c'est donc à l'encadrement de proximité d'en assurer la prise en charge. Celui-ci se heurte toutefois à plusieurs obstacles :

▶ certains agents de maîtrise considèrent que cela ne relève pas de leur ressort ; ils se concentrent sur leurs « objectifs opérationnels » et considèrent que les problèmes humains ou sociaux relèvent des missions de la DRH ; comme l'affirme un maître compagnon dans une grande entreprise du BTP, « le chef de chantier se sent plus à l'aise avec la grue qu'avec ses hommes » ;

▶ il n'a pas toujours reçu une formation pour cela ; c'est parfois un collaborateur qui a bénéficié d'une promotion à une responsabilité nouvelle pour laquelle il n'a pas été préparé ; on prend le meilleur fraiseur, ou le plus ancien, pour en faire un chef d'équipe ; il s'agit là d'une récompense, non d'une décision en termes de compétence ;

▶ bien souvent, il n'a pas le temps qui lui serait nécessaire pour une écoute réelle des membres de son équipe ; il lui faut en effet assurer quantité d'autre tâches, parmi lesquelles des tâches administratives et le sacro-saint « reporting » sur tableur Excel ; quelquefois même, il n'est pas sur place et correspond essentiellement avec ses collaborateurs par e-mail ou par le téléphone ;

❱ en aurait-il le temps et la compétence, il n'a pas nécessairement lui-même les informations qui lui permettraient de répondre aux questions qui lui sont posées, ni le pouvoir d'intervention qui lui permettrait d'apporter une solution au problème de la douche qui est en panne ; au lieu de quoi, il lui faut pour cela s'engager dans une démarche administrative épuisante au terme de laquelle il n'est pas sûr d'avoir gain de cause.

Tout ceci est parfaitement connu du DRH. Néanmoins, il ne parvient pas, bien souvent, à faire bouger les choses. Il y a à cela au moins deux raisons :

❱ en premier lieu, il se heurte à la résistance des comportements ; nombre de responsables de « business units » sont bien conscients qu'il y a, dans leur équipe d'encadrement, des managers qu'ils n'auraient pas choisis et dont ils sont obligés de s'accommoder en attendant leur départ à la retraite ou leur peu probable démission ;

❱ en second lieu, le DRH doit compter sur la férocité des services financiers et de certains grands cabinets de consultants anglo-saxons pour lesquels il s'agit avant tout de « réduire les coûts ». Et donc, il arrive que l'on ne remplace pas, pour certains postes, ceux qui partent ; et l'on remplace le RRH de proximité, qui tenait lieu de « bureau des pleurs », par un « portail RH » – dont chacun sait dans l'entreprise qu'il est toujours fermé.

De tels réflexes, venant de certains dirigeants, relèvent d'une vision étroitement comptable, terriblement réductionniste, non d'une vision claire de ce qui fait la dynamique de l'entreprise. Le rôle du DRH sera dès lors de leur rappeler en permanence que la réussite durable de celle-ci repose non pas seulement sur des ratios mais d'abord sur sa composante humaine. Entre deux entreprises concurrentes qui proposent les mêmes produits et les mêmes services, dont les structures de coûts sont comparables et qui s'adressent à un même marché, c'est l'homme et l'organisation qui font la différence. Un ingénieur de recherche qui ne croit plus en ce qu'il fait ou qui a perdu toute confiance en l'entreprise qui l'emploie peut parfaitement réduire son efficacité de 50 % sans que personne ne s'en aperçoive. La prise en compte des motifs de son désengagement se révèle donc un investissement hautement rentable, même si celui-ci peut difficilement être traduit en chiffres précis.

Le directeur général d'une grande chaîne de distribution, s'adressant à de futurs directeurs de surfaces de vente lors d'un séminaire, n'hésitait pas à affirmer : « Ne vous occupez pas du chiffre d'affaires ; occupez-vous de vos équipes ; le chiffre d'affaires viendra derrière ». Interrogé sur le sens de cette surprenante déclaration, il précisait : « Si je l'affirme, c'est d'abord parce que j'y crois, et ensuite parce que c'est efficace, sinon, je ne serais pas ici pour vous le dire ». Reste à savoir si le chef du rayon « fruits et légumes », lui, y croit. C'est le rôle du management de faire en sorte qu'il en soit persuadé ; si ce n'est pas le cas, c'est qu'il y a un problème de formation ou d'organisation ; s'il persiste à ne pas vouloir y croire, c'est qu'il n'est pas à sa place. Et si le directeur financier lui-même n'en est pas convaincu, c'est qu'il n'a pas compris, pour reprendre le titre du livre d'Octave Gélinier, « le secret des structures compétitives ». L'art du management commence par le fait de s'assurer de l'état des douches.

Chapitre 22

Manager la performance des hommes dans l'entreprise

Michel LE BERRE et Mohamed MATMATI

Dans les entreprises, la performance désigne la réalisation des objectifs organisationnels, quelles que soient la nature et la variété des objectifs. La performance est multidimensionnelle, à l'image des buts organisationnels. Elle est subjective et dépend des référents choisis. La performance organisationnelle renvoie, à la fois, au succès et au processus d'une action. La performance des hommes en entreprise est une forte préoccupation pour les directeurs des ressources humaines. Ces derniers contournent l'absence d'indicateurs quantitatifs par la recherche de clés efficaces particulières à leurs organisations, c'est-à-dire qu'ils restent sur une logique de contextualisation organisationnelle. Cependant, les hommes de la fonction ressources humaines n'auraient-ils pas un discours de type incantatoire quand il s'agit de montrer l'apport des pratiques de GRH à la performance de l'entreprise ? En effet, la performance est exprimée par des indicateurs économiques et financiers tels que la valeur ajoutée, le chiffre d'affaires, les bénéfices, le rendement... Aux yeux d'une grande majorité des managers opérationnels dans les entreprises, les DRH ont souvent perdu de vue une de leurs missions qui consiste à les assister dans le management des ressources humaines afin d'atteindre les objectifs opérationnels qui leur sont assignés.

Mais les spécialistes de la GRH – directeurs de ressources humaines (DRH), enseignants-chercheurs, consultants – ont entrepris, depuis une vingtaine d'années, un travail de *reengeniering* de la fonction GRH qui a permis une « réhabilitation » de cette fonction aux yeux de ses partenaires internes – les managers, les salariés – en s'appuyant sur les exigences de management. Ce mouvement s'appuie sur les évolutions technologiques, économiques et sociétales et, aussi, sur les attentes des managers opérationnels, des salariés et des directions générales. Ceci est illustré par le concept de « DRH, Business partner » (D. Ulrich, 1997).

Dans ce chapitre, nous proposons de regarder la quête des performances des RH, puis d'observer quelques pratiques dans des grandes entreprises et dans des PME et, enfin, d'avancer des propositions pour le management dans le processus de construction de la performance des RH.

La quête de la performance des RH par l'entreprise

La performance d'une organisation est le produit de causes multiples, agissant en interaction et difficilement mesurables.

Les facteurs classiques

Les facteurs externes et internes

Il est admis que deux familles de facteurs constituent les principales sources de la performance de l'entreprise :

▶ la première est constituée de facteurs externes à caractère économique comme les taux de croissance, la position de l'entreprise sur le marché, la concurrence, les avantages compétitifs des produits et services, etc. ;

▶ la seconde est constituée de facteurs internes comme les ressources humaines, l'organisation du travail, le système d'information, le mode de management, ce que Mintzberg (1984) appelle les services de logistiques et de consultation. À ces ressources, on ajoute les capacités de gouvernement de la direction.

De nombreuses théories expliquent la place particulière des RH dans la performance de l'entreprise. C'est ainsi que la théorie sur les compétences stratégiques de Prahalad et Hamel (1996) et la théorie des ressources (RBV, *resource based view of the firm* de Barney, 1984) ont mis en évidence l'importance du rôle des ressources humaines dans la réalisation de la stratégie de l'entreprise et l'atteinte de ses objectifs de performance. Les théories développées par l'école des relations humaines sur la motivation et le travail en groupe (Maslow, Lewin, Mc Gregor…) ont montré que la performance des hommes peut être améliorée si des conditions favorables sont réunies. Ce qui a fait dire à Peretti que « les hommes ne sont pas des ressources ; ils ont des ressources ».

La synergie des actions individuelles et organisationnelles

Il y a un grand consensus théorique quant au rôle central des RH dans la performance de l'entreprise. La question qui se pose est : comment les ressources humaines contribuent-elles aux résultats, à la création de la valeur et à la performance de l'entreprise ? Cette contribution se construit, à notre sens, dans une interaction synergique à deux niveaux :

◗ au plan individuel par la mise en œuvre des compétences techniques et comportementales acquises par chaque salarié dans les situations professionnelles de plus en plus complexes et exigeantes ;

◗ au niveau organisationnel qui facilite, quand certaines conditions sont réunies, l'implication des salariés, l'émergence de compétences collectives et l'orientation des efforts individuels et collectifs dans le sens de la réalisation des objectifs stratégiques de l'entreprise.

La synergie de ces deux niveaux – l'individuel et l'organisationnel – permet dans certaines conditions managériales l'apparition de compétences stratégiques qui donnent à l'entreprise un avantage concurrentiel durable générant de la valeur et de la performance économique (Defelix, 2009).

Le rôle de la fonction RH

La fonction GRH joue, à ce stade, un rôle de premier ordre dans la création des conditions optimales afin de maximiser la contribution des salariés aux résultats de l'entreprise. Ce rôle stratégique se concrétise dans plusieurs domaines de la GRH : la politique des RH, les pratiques (processus) de GRH mises en œuvre pour atteindre les objectifs stratégiques de l'entreprise, les projets de développement des ressources humaines et l'organisation de la fonction RH. L'évaluation de la performance de la GRH porte sur l'impact de ces domaines de gestion des RH sur la performance de l'entreprise. Dans leurs travaux, Le Louarn et Wills (2001) mettent en évidence les principaux liens qui existent entre les activités de la fonction GRH en tant que fonction de gestion et leurs effets sur la performance de l'entreprise (succès) qui se concrétise, d'après les deux auteurs, dans la notion de pérennité. Cette dernière est comprise comme la durée de vie la plus longue possible d'une organisation avec des performances acceptées pour toutes ses parties prenantes. Cependant, ce modèle, qualifié de « modèle de l'escalier » par ses auteurs, nous semble tout à fait pertinent pour analyser l'évaluation de la performance de la fonction GRH au sein de l'entreprise. Cette pertinence réside à la fois dans l'approche par étape (en escalier) qui permet de relier l'apport (la contribution et la performance) de la fonction GRH à la performance de l'entreprise et dans la complexité des liens observés entre les activités de GRH et la performance des RH et celle de l'entreprise. La démarche préconisée par ce modèle est appliquée dans nos travaux de recherche sur l'évaluation de la performance de la GRH. Elle est associée aux propositions de mesure de la performance individuelle (Castagnos *et al.*) et à celles de Gilbert et Charpentier qui tendent à donner du sens au management de l'entreprise.

Le problème de la mesure de la performance des ressources humaines est un élément du vaste débat de l'efficacité managériale. Castagnos, Le Berre et Matmati (2005) proposent la réunion des ingrédients présentés au tableau ci-après pour la reconnaissance de la performance en RH.

Tableau 22.1. – Reconnaissance de la performance RH

		Formes de la performance	
		Efficience = moyens	**Efficacité = résultats**
Mesure de la performance	Optimisation	Recherche d'outils et de techniques Ex. : la motivation, y compris par la rétribution	Équation complexe d'une combinaison de ratios
	Maximisation	Système multicritères qualitatifs et quantitatifs Ex. : implication et engagement	Gain : bénéfice et profit Croissance : part de marché

Pour Gilbert et Charpentier (2004), la prise en compte dans un dispositif d'évaluation des deux axes verticaux – *futurs (stratégie) vs quotidien et processus vs hommes* – qui structurent le modèle d'Ulrich (1996) est un facteur qui contribue à renforcer la pertinence d'un instrument d'évaluation de la performance des RH.

Des exemples de pratiques de management de la performance RH dans plusieurs entreprises (grandes et PME)

Quelques résultats directs

Dans une recherche récente sur la performance des RH (en cours de publication), les résultats marquants ci-dessous apparaissent comme des pratiques des entreprises dans le domaine de la performance des ressources humaines et de la fonction RH :

- la moitié des entreprises (52,3 %) estime avoir un dispositif de mesure périodique de la performance de la fonction RH, alors que seules 40 % des PME détiennent ce même dispositif ;

- la pratique de l'audit social intéresse uniquement 20 % des PME et seulement 27 % des grandes entreprises ;

⚬ sur le plan des critères qualitatifs, les entreprises s'appuient sur deux informations pour mesurer la performance de la fonction RH :
  – d'une part, la satisfaction interne des clients (PME 76 %, GE 88 %),
  – d'autre part, l'existence de tableaux de bord sociaux périodiques (PME et GE 68 %) ;

⚬ sur le plan quantitatif, trois critères intéressent les grandes entreprises :
  – le taux de couverture RH (nombre de salariés par gestionnaire RH) (73 %),
  – le ratio masse salariale/chiffre d'affaire (45,5 %),
  – le coût de la fonction RH/salarié (41 %).

Quant à elles, les PME classent différemment les critères quantitatifs ; elles retiennent :

⚬ la masse salariale/chiffre d'affaire (48 %) ;

⚬ le taux de couverture RH (nombre de salariés par gestionnaire RH) (40 %) ;

⚬ la productivité des salariés (CA/salarié ou VA/salarié) (32 %).

Au total, les grandes entreprises mesurent la performance par le taux de couverture RH alors que les PME s'intéressent à la productivité des salariés.

La sous-traitance des pratiques de GRH ne représente pas une tendance importante dans la construction de la performance à l'exception de quelques domaines (SIRH, recrutement, formation et administration de la rémunération) ; les réponses moyennes avoisinent les 50 %. Faut-il encore nuancer les chiffres obtenus ? Par exemple, les PME sous-traitent moins la formation que les grandes entreprises alors qu'elles sous-traitent davantage l'administration de la rémunération. Une forte convergence de point de vue montre que la « gestion par les compétences » n'est pas sous-traitée. L'évaluation des personnes, quant à elle, est rarement sous-traitée.

Les éléments de mesure de la performance sont divers et variables comme cela apparaît dans les résultats ci-dessus. Sont-ils donc spécifiques à chaque entreprise ? Nos travaux montrent que les problématiques de construction de la performance des RH divergent suivant la taille des entreprises, le secteur d'activité, l'histoire de l'entreprise, sa phase de développement. Quatre pratiques différentes, contextualisées à partir des choix stratégiques organisationnels, s'affirment :

⚬ ou bien les pratiques de GRH dépendent directement de la forte croissance ;

⚬ ou bien la gestion des compétences est le socle de la performance des RH ;

⚬ ou bien la culture de l'entreprise est l'élément fédérateur de tous les outils de construction et de mesure de la performance ;

⚬ ou encore, l'autoévaluation et le coaching constituent la clé de voûte opérationnelle du management de la performance des RH.

D'autres approches doivent certainement exister.

Le positionnement de ces résultats sur le modèle d'Ulrich

Par rapport au modèle d'Ulrich (D. Ulrich, 1997), nos travaux montrent que « la stratégie RH » et « l'administration des RH » sont les deux missions importantes de la fonction RH, au regard des DRH et RRH. Ces deux centres d'intérêt de la fonction RH relèvent, d'une part, de l'aspiration permanente des DRH à vouloir intégrer la dimension stratégique et la politique des RH et, d'autre part, de la mise en place de processus objectivables, formalisables, constitutifs du noyau dur des missions de cette fonction. La « conduite du changement » et le « renforcement de la motivation ou Champions des RH » des employés (les deux autres missions de la fonction GRH dans le modèle d'Ulrich), missions davantage tournées vers la considération des hommes, sont classées en 3e et 4e positions. Ces deux dernières missions plus « subjectives » et « potentiellement partageables » ne semblent pas toujours constituer une forte préoccupation des DRH alors même qu'elles offrent un tissu dense et fécond au développement des relations avec l'ensemble des managers dans la construction de la performance des RH.

Cette perception des DRH caractérisée par une focalisation sur la « stratégie RH » et « l'administration des RH », montre que ces derniers (les DRH) n'ont pas intégré complètement le partage de la fonction avec les managers opérationnels ; ce qui limite, en conséquence, le management de la performance RH dans l'entreprise.

Nos travaux permettent de considérer que les pratiques de construction et mesure de la performance des RH sont variables et tiennent compte de nombreux facteurs de contingence (taille, technologie, secteur d'activité, histoire, situation concurrentielle, etc.). Ils permettent, aussi, d'avancer que les DRH ne semblent pas avoir suffisamment investi les missions de « Champions des RH » et de « Conduite de changement » du modèle de D. Ulrich alors que ces missions offrent de grandes opportunités d'action pour l'accroissement de la performance des RH dans l'entreprise.

La performance des RH par le management lui-même

La performance des RH est la clé de voûte de la performance de l'entreprise. Il n'y a pas de recette standard à toutes les entreprises dans le management de la performance des RH ; les résultats ci-dessus montrent que les pratiques de GRH et de management de la performance des RH sont contextualisées. Elle est le produit d'un faisceau d'actions managériales conduites dans la durée comme le partage avec les salariés de la vision stratégique de l'entreprise et sa traduction en politique des RH pour donner du sens à l'action collective, la mise en œuvre des pratiques de GRH en adaptant la densité de leur contenu au contexte de l'entreprise, l'organisation du travail et le style de management. C'est à ce stade que se concrétise le savoir-faire des managers de l'entreprise, leur art du management. Pour M. Thevenet (2007), « si gérer des ressources humaines, c'est s'assurer qu'activité et personnes sont en harmonie, cela revient à tenter d'influencer des comportements individuels pour qu'une activité soit réalisée de manière efficace. Cette mission ne peut uniquement échoir aux professionnels des ressources humaines ». La performance des RH dans l'entreprise n'est donc pas de la seule mission des DRH et de la fonction qu'ils animent. La « boîte à outils » du DRH est largement pourvue en méthodologies, supports de gestion, technologies… que les spécialistes des RH ont élaborée au fil du temps. Nous proposons quatre pistes de travail qui nous semblent à la fois faciliter la mise en œuvre de différentes pratiques de GRH et intégrer leurs résultats au profit de la performance des RH :

▶ développer le rôle des managers de proximité ;

▶ mettre en œuvre la gestion des compétences ;

▶ introduire les technologies de l'information et de la communication (TIC) ;

▶ mettre en œuvre le triptyque « équité, employabilité, éthique ».

Développer le rôle des managers de proximité

Le partage de la fonction RH avec les managers de proximité est la principale clé dans le management de la performance des RH dans l'entreprise. La double mission des managers dans l'organisation de l'entreprise – exécution/contrôle des tâches, motivation/mobilisation des collaborateurs en charge de ces tâches pour atteindre un résultat collectif – montre l'importance de la place de ces derniers dans le management de la performance des RH. Mais cette mission n'est pas sans difficulté car agir sur les comportements des individus pour atteindre des performances individuelles et collectives nécessite à la fois la présence des savoir-faire, des supports techniques de gestion et la durée. Pour favoriser cette ouverture vers les managers, les DRH doivent agir dans plusieurs directions afin de donner aux managers de proximité les capacités pour motiver les collaborateurs et les mobiliser autour des objectifs business (opérationnels) de la structure :

▶ assurer la formation des managers au management de proximité (développement de l'écoute, conduite d'entretien, communication interpersonnelle, coaching, connaissance des pratiques de GRH, management d'équipes, gestion de la diversité, analyse des besoins en formation…) ;

▶ accroître la marge de manœuvre décisionnelle sur des dimensions de GRH (recrutement, formation, développement des carrières, reconnaissance….) ;

▶ mettre en place des outils et supports GRH fonctionnels, facilement accessibles aux managers et… aux salariés (procédures de gestion RH, budget de formation, documents d'évaluation….) ;

▶ assister et conseiller les managers de proximité dans leur mission de management par l'apport d'expertise et une disponibilité réelle (accès aux spécialistes de GRH).

Mais ce partage de la fonction que l'introduction des TIC facilite grandement, ne doit pas se transformer en un transfert des pratiques et responsabilité de GRH vers les managers de proximité comme cela apparaît déjà dans certaines entreprises, notamment les entreprises de haute technologie. Cet excès, l'apparence de disparition du DRH aux yeux du salarié, entraîne des dérapages fatals à la cohérence organisationnelle et à l'objectif de motivation recherché. Les salariés accordent une dimension humaine à la fonction GRH plus qu'à la dimension gestion de cette fonction. La DRH doit rester le garant de la politique de GRH de l'entreprise.

Mettre en œuvre la gestion des compétences

Pour G. Hamel et C.K. Prahalad (1995), « il convient de considérer l'entreprise non seulement comme un portefeuille de produits ou de services, mais comme un portefeuille de compétences ». La gestion des compétences est un ensemble de politiques de GRH (objectifs, pratiques de GRH, méthodologies, approches organisationnelles, outils de gestion et de moyens…) et d'approches managériales (dans la mise en œuvre) qui permettent à l'entreprise de construire, dans le temps, des savoir-faire individuels et collectifs pour devenir compétitive sur le marché. A. Meignant (2004) définit la compétence comme étant un « savoir-faire professionnel, reconnu, observable en situation de travail ». Il ajoute que la compétence est toujours contextualisée, c'est-à-dire qu'elle s'exerce dans un environnement qui en facilite ou non le plein exercice. La maîtrise de la compétence apparaît comme l'élément de base de la performance des RH dans l'entreprise. Construire un portefeuille de compétences revient à faire de la gestion des compétences. Cette dernière est concernée autant par les prévisions et la politique de l'emploi, la formation, le recrutement, l'organisation du travail (la gestion par les compétences), l'évaluation du personnel (volets compétences et performance) que le développement des carrières. Intelligemment mise en œuvre, la gestion des compétences est un instrument puissant de management de la performance des RH. Les managers de proximité, par leur connaissance des objectifs opérationnels à atteindre, les besoins en compétences de leurs services et de leurs collaborateurs, les besoins de changement organisationnels, sont au centre de cette démarche managériale de l'entreprise. Le développement des carrières, un des éléments de la gestion des compétences, implique toujours des mobilités, l'acquisition de nouvelles compétences techniques, managériales ou comportementales. Ce processus aboutit, très souvent, à un élargissement des missions et responsabilités et constitue de ce fait un facteur de motivation au sens de la théorie de Herzberg.

Introduire les TIC dans la gestion des RH

Les TIC ont contribué à modifier la relation de l'entreprise avec ses clients et ses fournisseurs, repenser son organisation, introduire de nouveaux modes de travail et de management et ainsi améliorer sa performance globale. Dans la littérature spécialisée, les TIC sont présentées comme des solutions technologiques porteuses de l'accroissement de l'efficacité des personnes et de l'entreprise, à travers la réduction des coûts de transaction au niveau *business*, l'amélioration de l'efficacité individuelle et collective, l'apparition de compétences nouvelles, voire de métiers nouveaux, l'apparition de nouvelles formes d'organisation du travail et de modes de management.

En GRH, l'introduction des TIC a permis de nombreuses évolutions qui sont à la base de l'accroissement de la performance des RH et de la fonction RH. C'est ainsi que l'on a vu apparaître :

▶ l'intranet RH ; système d'information des RH (SIRH) intégré au système d'information de l'entreprise et offrant des interfaces spécifiques aux différents acteurs de la GRH (managers, salariés, direction, DRH), des outils de communication (messagerie électronique), des outils de travail collaboratifs à distance, des bases de données professionnelles (les procédures de GRH, règlement intérieur…) et même des base de connaissance. Le SIRH facilite par ailleurs le reporting RH et la mise à disposition de l'information ;

▶ des « prestations GRH en ligne » pour les aspects administratifs (congés, notes de frais, etc.) et pour les autres activités RH considérées comme créatrices de valeur (recrutement, formation, évaluation des compétences et performances individuelles, mobilité interne, etc.) ;

▶ une interface « managers » ; celle-ci a facilité l'accès de ces derniers aux bases de données GRH de l'entreprise, à certains volets (absences/congés, formation, développement de carrière) des dossiers de leurs collaborateurs et permet d'intervenir rapidement, grâce à la technologie « workflow », sur les demandes des collaborateurs. C'est une application qui facilite le management de proximité dans la mesure où le manager a un accès facile à l'information.

Ces trois applications ont introduit de réelles innovations dans la gestion des ressources humaines contribuant ainsi à améliorer l'efficacité de la fonction et des différents acteurs (managers, DRH, salariés) par une réduction des temps consacrés traditionnellement à la gestion administrative du personnel. Les ressources ainsi libérées étant, en principe, consacrées aux activités de GRH à forte valeur ajoutée (développement des compétences, notamment) pouvant contribuer à la performance des RH. L'introduction des TIC a souvent permis le *reenginering* des processus RH, notamment des processus administratifs (socle de toute action en GRH), ce qui a produit leur fiabilisation et une réduction de leurs coûts.

D'autres applications ont vu le jour grâce aux TIC : la communication et le développement de la formation en ligne (*e-learning*), le management des connaissances, les plateformes de collaboration à distance qui, correctement utilisées, sont des sources d'amélioration de l'efficacité collective. Toutes ces innovations ont fait évoluer la structure en charge de la GRH (la DRH) dans l'entreprise vers un pôle de compétences plus centré sur des missions d'appui aux managers, de conduite de changement, de management des connaissances et de développement de l'apprentissage organisationnel.

Mettre en œuvre le triptyque « équité, employabilité, éthique »

Pour J.-M. Peretti (1997), les attentes des salariés vis-à-vis de la direction des RH (et donc de la direction de l'entreprise) s'expriment dans le triptyque « équité, employabilité, éthique ». Il est évident que ces trois valeurs sont des sources de motivation pour le personnel. Toute politique de management de la performance des RH ne peut les négliger. L'équité comme source de motivation a donné lieu à la théorie de J. Adams (1965) sur la motivation. Il est admis que les salariés sont très sensibles à ce principe comme il est admis qu'ils ne ménagent pas leurs efforts pour peu qu'ils se rendent compte de la mise en œuvre de cette valeur dans tous les actes de gestion (rémunération, reconnaissance, formation, évaluation, développement des carrières…). L'équité se construit à partir d'une relative transparence dans la gestion des ressources humaines. Ainsi, l'information sur la politique RH, sur les procédures de GRH de l'entreprise (critères de départ en formation, promotion…), sur les règles d'attribution des éléments flexibles de la rétribution, sur les suites faites aux évaluations périodiques, les référentiels… permet à chaque salarié de se situer et contribue au sentiment individuel et global d'équité dans l'entreprise.

Les salariés sont de plus en plus sensibles à la pérennité de leurs emplois au vu des fréquents plans sociaux induits par les délocalisations et les évolutions technologiques, plus récemment par les effets divers de la crise économique. Le développement de « l'employabilité » dans l'entreprise, un élément de sécurité sur le marché du travail, contribue à la fidélisation du salarié et au renforcement de sa motivation et son implication. C'est un facteur qui influence la performance de chacun. Cette pratique managériale renvoie à la gestion des compétences évoquée ci-dessus dans ses volets emploi, formation, mobilité, développement des compétences et prise en considération de l'individu, du salarié, en tant que membre de l'entreprise.

C'est une pratique qui interpelle à la fois le DRH et les managers de proximité qui disposent de l'information sur les postes disponibles, l'évolution des emplois et compétences requises, les possibilités de formation et de mobilité. Cependant, l'employabilité, pour être un facteur d'action sur la performance de chacun, doit être un élément de la politique RH de l'entreprise et perçue comme telle par les salariés parce que intégrée à la gestion des compétences.

Les salariés ont, de tout temps, montré des exigences en matière d'équité. L'absence de cette valeur dans une organisation contribue au relâchement des comportements et de l'implication, avec comme conséquence un affaiblissement de l'efficacité individuelle et des incompréhensions qui ont un impact non négligeable sur la performance des RH. L'existence de procédures de gestion, la transparence sur ces dernières grâce à un système d'information performant et la rigueur dans leur mise en œuvre constituent une garantie de comportements éthiques dans l'entreprise.

La mise en œuvre dans l'entreprise de ces trois valeurs – équité, éthique, employabilité – est un axe de la politique des RH qui donne du sens au travail collectif et renforce l'implication des salariés dans l'atteinte des objectifs de l'entreprise.

Conclusion

En fin de notre interrogation sur la performance des hommes dans l'entreprise, nous devons constater les éléments suivants : la fonction RH a pour objet :

- essentiellement de donner du sens à l'action collective de l'ensemble du management ;
- de veiller à la cohérence de la politique RH avec la culture et les valeurs de l'entreprise ;
- de développer, nécessairement, la Responsabilité sociale de l'entreprise (RSE) sous peine d'être rattrapé par les parties prenantes (PP) et, notamment, les institutions publiques ;
- enfin, de se préparer à la gestion des crises qui apparaissent sans signes précurseurs évidents.

Soyons certains de la capacité des Hommes et de ceux qui en sont responsables à survivre par la performance organisationnelle.

Bibliographie

ADAMS J.S. (1965), « Inequity in Social Exchange », *Adv. Exp. Soc. Psychol.*, 62, 335-343.

ALLOUCHE J., CHARPENTIER M., GUILLOT-SOULEZ C. (2003), « Performances de l'entreprise et GRH », *in Entreprise et Personnel*, n° 238.

BEAUPRÉ D. (2004), « La mesure en GRH : état des lieux », *in Actes de Congrès de l'AGRH*, Montréal, 1-4 septembre, p. 125.

CASTAGNOS J.-C., LE BERRE M., MATMATI M., (2005), « Reconnaître les performances », *Tous reconnus*, Vuibert, 2005.

DEFELIX Ch., (2009), *Gestion des compétences. Nouvelles dimensions, nouvelles relations*, Paris, Vuibert.

GILBERT P., CHARPENTIER M., (2004), « Comment évaluer la performance RH ? Question universelle, réponses contingentes », *Revue de gestion des ressources humaines*, n° 53.

HAMEL G., PRAHALAD C.K. (1995), *La Conquête du futur*, InterEditions, 1995.

LE LOUARN J.-Y. et WILLS T. (2001), *L'Évaluation de la gestion des ressources humaines*, Éditions Liaisons, 2001.

LOUART P. et BEAUCOURT C., (2004), *La Décision de mesure en GRH, un acte politique sous couvert de gestion*, Actes du XVe congrès de l'AGR.

MATMATI M. (2002), « Les effets sociaux des TIC et leurs liens avec la Responsabilité sociale de l'entreprise (RSE) analysés à travers la e-RH », *E-RH : évolution ou révolution*, Éditions sociales, 2002.

MEIGNANT A. (2004); *Le DRH, partenaire stratégique*, Éditions Liaisons, 2004.

MINTZBERG H. (1984), *The Nature of Managerial Work*, HAPPER & ROW Publishers, New York, Evanston, San Francisco, London.

PERETTI J.-M. (1997), « La fonction ressources humaines et ses clients internes, Art du management », *Les Échos*, février 1997.

THEVENET M. (2007), *Fonctions RH, politiques, métiers et outils des ressources humaines*, Pearson Education, 2007.

ULRICH D., (1997), *Human Resource Champions: The Next Agenda for Adding Value and Delivering Results*, Harvard Business School Press, Boston.

Chapitre 23

Réussir le changement pour une entreprise innovante et performante : résilience, créativité, intelligence émotionnelle et sens

Michèle AMIEL

Dans notre nouvel environnement en mutation, l'un des atouts essentiels des entreprises performantes est leur capacité à appréhender la créativité et à développer le capital créatif, moteur de l'innovation, de la croissance et du retournement. Cela concerne tous les secteurs d'activité de façon plus ou moins prégnante, allant des secteurs les plus exposés aux changements répétitifs inhérents au *business model* – secteurs Internet, digital, informatique, luxe, mode, communication, médias, enseignement, recherche... – aux secteurs les moins exposés – comme l'industrie, le BTP... – en passant par les secteurs bancaires, grande consommation, grande distribution... Toutes les entreprises opèrent désormais dans le changement. Elles doivent faire preuve d'adaptation. Plus elles opèrent dans des secteurs d'activité exposés à des changements incessants, où les **cycles de créativité et d'innovation** sont courts (comme les secteurs des nouvelles technologies, du Web, du digital, de la mode, des médias et de la communication, de la recherche...), plus elles doivent être capables de remise en question permanente pour affronter les nécessités de changement.

Pour survivre et être performantes, elles doivent mettre en place les conditions organisationnelles et individuelles permettant l'émergence de la créativité et de l'innovation moteur de la croissance. Cette culture de créativité et d'innovation est rendue possible par la **résilience organisationnelle** qui permet de rebondir rapidement face au changement et de trouver de nouvelles voies de développement.

Les changements s'imposent et peuvent être brusques. Pour que les changements et les innovations cycliques indispensables à la survie et au développement des entreprises puissent s'opérer dans les meilleures conditions, la stratégie et les objectifs clairs doivent être portés par un *leadership* **moderne.** Ce *leadership* moderne doit être capable de guider avec une vision solide et des valeurs fédératrices. Il doit donner le **sens** en combinant **intelligence émotionnelle, résilience** et intégration de la diversité (…) indispensables dans notre nouvel environnement en mutation permanente tendu par (et vers) l'innovation.

Nous analyserons comment les entreprises ayant vécu des difficultés ont réussi à rebondir – Apple en étant aujourd'hui une des meilleures illustrations.

On observe que les grandes organisations leaders dans les secteurs d'activités exposés au changement sont celles qui sont les plus adaptables. Elles s'inscrivent dans la prospective et l'anticipation. Elles sont toujours à l'écoute des marchés, des nouvelles tendances, ouvertes à l'international. Elles sont fondamentalement capables de remise en question en quête de l'excellence.

Ces sociétés performantes favorisent le développement de la créativité et de l'innovation tout en respectant leur ADN et l'intégrité de leur marque permettant ainsi une équation parfaite entre la marque, les valeurs qu'elles portent, et le sens. Comme aime à le souligner Mercedes Erra, présidente d'Euro RSCG Monde, une marque forte est au croisement d'une justesse analytique des besoins des gens et d'un engagement beaucoup plus sensible, simple, fort et porteur de sens.

Sur le plan opérationnel, ces entreprises sont toujours à la recherche des meilleures pratiques dans tous les domaines : produits ultra innovants, créatifs, mode de production à la pointe en matière de *supply chain*, de *lean management, lean manufacturing,* modes de distribution visant l'excellence en matière de services avec une remise en question récurrente sur le service client, toujours plus innovant et adapté aux nouvelles attentes des consommateurs que ce soit dans les réseaux de distribution avec le personnel en contact ou sur les sites e-commerce intégrant l'importance de la réputation Web 2.0 et digital.

Le *leadership* moderne doit permettre l'intégration et l'adaptation aux nouvelles générations Y et *digital natives,* qui représentent les clients et les salariés du futur. De nouvelles attentes émergent. Actuellement, les salariés ne se reconnaissent plus dans un management hiérarchique ultra centralisé. Par ailleurs, ils ne croient plus aux discours incantatoires de sentiment d'appartenance, bafoués par les multiples réorganisations dans le passé. Ils veulent participer à une aventure collective, sans « langue de bois », où ils seront « acteurs » et non plus « sujets ».

La conduite de changement, devenue de plus en plus complexe, a de multiples facettes. Nous sommes convaincus que l'entreprise se comporte comme un organisme vivant qui doit s'adapter en permanence à son environnement. Passer de façon linéaire d'un état A à un état B ponctuellement ne suffit plus. Pour survivre et être performant, il est devenu nécessaire de s'inscrire dans une approche systémique itérative s'inscrivant dans un cercle vertueux. Pour aboutir à une entreprise collective performante, cela doit être l'affaire de tous : dirigeants, DRH, managers. « Tous DRH », concept cher à Jean-Marie Peretti, prend tout son sens dans la préparation et la réussite du changement.

Nous ne traiterons pas ici des process de « change management » à proprement parler, mais plutôt des valeurs, des environnements organisationnels et humains favorisant le développement d'une entreprise collective performante et innovante. Cette réussite passe par une stratégie de gestion des ressources humaines et des organisations qui permettent d'architecturer et de pérenniser la réussite de l'entreprise.

Nous évoquerons dans un premier temps en quoi la résilience peut être un véritable facteur clé de succès pour préparer et réussir et rebondir face au changement. Puis nous soulignerons l'importance de la (re)construction par la créativité et l'innovation, favorisée par la nécessité d'un *leadership* moderne empreint d'intelligence émotionnelle et intuitive. Enfin, nous partagerons des observations et des expériences vécues de recentrages stratégiques majeurs porteurs de sens, où le management stratégique des ressources humaines et des organisations centré sur la créativité, l'intelligence émotionnelle et la résilience a permis des transformations réussies, et aux entreprises de renouer avec une performance pérenne.

La résilience, facteur clé de succès pour rebondir face au changement

La résilience est une notion développée en psychologie que Cyrulnik (2001) décrit de la façon suivante : « L'issue qui nous permet de revivre serait donc un passage, une lente métamorphose, un long changement d'identité. Quand on a été mort et que l'on revient à la vie, on ne sait plus qui l'on est, on doit se découvrir et se mettre à l'épreuve pour se donner la preuve qu'on a le droit de vivre. [...] C'est aussi réapprendre à vivre une autre vie. [...] Quand la mort s'éloigne, la vie ne revient pas. Il faut la chercher, réapprendre à marcher, à respirer, à vivre en société. »

Freud soulignait : « Il faut frapper deux fois pour faire un traumatisme. Le premier coup, dans le réel, provoque la douleur de la blessure, ou l'arrachement du manque. Et le deuxième, dans la représentation du réel, fait naître la souffrance d'avoir été humilié, abandonné. Que vais-je faire avec ça ? Me lamenter chaque jour, chercher à me venger, ou apprendre à vivre une autre vie, celle des cygnes ? » (1936).

Faire un détour par la psychologie peut nous permettre d'aborder de façon différente la conduite de transformation. Le concept de résilience est une clé complémentaire de lecture pour appréhender le changement. On peut transposer ce concept au monde de l'entreprise, aussi bien aux organisations qu'aux individus qui la composent. On parlera alors de résilience organisationnelle et individuelle qu'il faudra appréhender graduellement en fonction du stade de développement de l'entreprise : restructuration, réorganisation, *turnaround*, adaptation, développement, forte croissance…

Chaintron (2010) définit la résilience comme « la qualité des dirigeants qui acceptent de tirer des bords pour remonter au vent, un alliage de souplesse et de détermination face à l'adversité, qui permet de poursuivre un objectif inchangé avec des moyens fluctuants… Comme les dirigeants, les organisations elles aussi vivent et meurent. Elles aussi doivent s'adapter pour survivre. La résilience est devenue une arme organisationnelle, un outil de différentiation stratégique des organisations. Les organisations résilientes attirent les meilleurs talents et les meilleurs talents rendent les organisations plus résilientes… ».

Une organisation résiliente présente les caractéristiques suivantes (voir figure 23.1 ci-après) :

◗ sensible, elle détecte et réagit aux signaux apparemment les plus faibles ;

◗ décisive, elle sait prendre des décisions collectives rapides ;

◗ flexible, elle est capable de redéployer ses ressources différemment de manière fluide.

Ces caractéristiques mettent en évidence le cercle vertueux, systémique, de l'organisation résiliente, indispensable dans la logique de nécessité d'adaptation permanente.

Figure 23.1. – Cercle vertueux de l'organisation résiliente

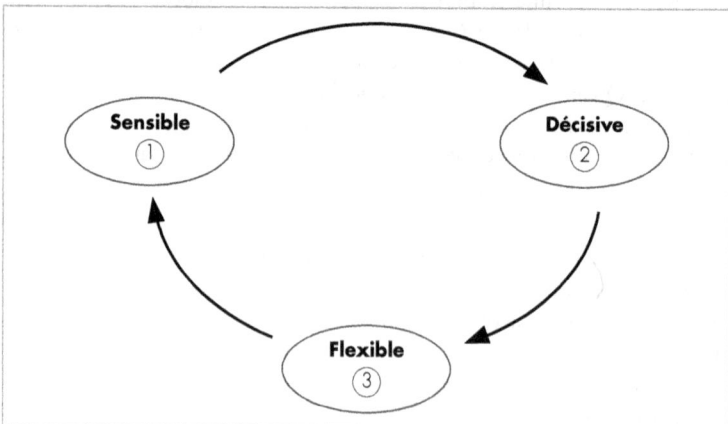

Nous définirons la résilience comme la capacité et l'aptitude, pour une organisation ou un individu, à rebondir, à se reconstruire et à réapprendre à vivre autrement après un traumatisme. C'est aussi apprendre à opérer autrement sans se renier, mais en puisant dans ses intrinsèques les plus solides grâce à une grande conscience et connaissance de soi. Cette connaissance de soi permet une certaine forme de stabilité, comme un socle de référence indispensable pour changer. C'est aussi reprendre un développement dans des circonstances adverses, nécessitant de combattre les préjugés, de bousculer les routines culturelles, les croyances insidieuses. La capacité à se reconstruire passe par l'élaboration de nouveaux projets permettant de rebondir suite au traumatisme vécu par la reprise de confiance en soi et la fierté de réaliser un projet mobilisateur porteur de sens. C'est enfin la capacité à garder le cap une fois celui-ci défini, en utilisant si nécessaire d'autres moyens grâce à un esprit créatif, innovant, permettant de faire face à l'inconnu.

Pour appréhender le processus de résilience, plusieurs étapes sont nécessaires :

- revisiter la culture d'entreprise ou, chez l'individu, l'acquisition de ressources internes imprégnées, cela expliquera les manières de réagir ;
- comprendre la structure de l'agression et du changement, mais aussi sa signification, car c'est elle qui explique le traumatisme ;
- enfin, mettre en place des lieux d'échanges, de communication, et des tuteurs de résilience qui permettront de reprendre un nouveau développement.

Le travail de résilience passe par différents stades en fonction du développement des organisations et des individus qui peuvent être : le déni, l'isolation, la fuite en avant, l'intellectualisation et la créativité. Ces différents stades permettent de réintégrer les nouvelles dimensions de l'environnement de façon plus ou moins constructives.

C'est donc grâce à la créativité, à **un nouveau projet**, à **une remise en perspective de sens** que les organisations et les individus peuvent se reconstruire et se développer positivement dans le nouvel environnement.

Nous proposons un modèle d'analyse du **processus de résilience individuelle** articulé autour de sept étapes majeures (illustré dans le schéma 23.2) :

1. vivre un traumatisme, un changement (humiliation, abandon…) ;
2. réapprendre à se connaître, développer de l'intelligence émotionnelle ;
3. réapprendre à vivre autrement ;
4. identifier un tuteur de résilience ;
5. développer de « l'endurance » face au changement ;
6. identifier une opportunité de projet porteur de sens, avec une certaine forme de créativité ;

7. reprendre confiance en soi avec une nouvelle représentation de soi, évolution de l'identité, preuve qu'on a le droit de revivre autrement et qu'on sait le faire.

Ce processus est long et douloureux, mais salutaire.

Les grands principes de résilience individuelle sont transposables aux organisations ; les organisations elles aussi vivent et meurent. Pourquoi certaines rebondissent après avoir vécu de grandes difficultés et pourquoi d'autres ne s'en relèvent jamais ? Pourquoi certaines s'en trouvent encore renforcées, encore plus innovantes et combatives ?

De la même manière, nous proposons un modèle d'analyse du **processus de résilience organisationnelle** articulés autour de sept étapes majeures (détaillé dans le schéma 23.3) :

1. vivre une situation économique et financière difficile (organisation en difficulté) ;
2. comprendre et identifier les forces fondamentales historiques (diagnostic/ audit) ;
3. définir la stratégie, des pistes de développement ;
4. identifier les leaders adaptés (les tuteurs de résilience modernes) ;
5. préparer les équipes au changement ;
6. implémenter la stratégie de retournement ;
7. reprendre confiance et se reconstruire par les premiers résultats en croissance et le retour de l'innovation et la performance.

Cette approche permet d'avoir une grille de lecture et de compréhension pour mener à terme les retournements. Ce modèle permet de mettre en place les conditions pour opérer le changement et rebondir. Il permet de guider la conduite de changement. Nous verrons dans le cadre des exemples de retournement comment ce modèle a été utilisé pour rebondir et renouer avec la performance.

Cette culture de résilience peut être développée de façon récurrente et vertueuse par **des dirigeants et des managers ayant des personnalités résilientes** qui montreront la voie et la direction : des personnalités adaptables, flexibles, capables d'appréhender sereinement tout changement majeur ou mineur et de le positiver autour de l'élaboration d'un projet commun pour recréer de l'adhésion. À plus long terme, la culture résiliente peut se construire par des recrutements adaptés, l'identification en interne de ces profils et personnalités et de leur évolution/promotion en interne.

Nous évoquions la difficulté de surmonter le « **processus de deuil** » vécu par les salariés restants après une restructuration et un plan social dans « Tous DRH : assumer les plans sociaux et les réorganisations » (Amiel-Flechel, 1996). Le « **processus de résilience** » permet d'aller au-delà du processus de deuil, c'est la reconstruction et la préparation pour affronter des environnements différents avec souplesse, détermination et adaptabilité permanente.

© Groupe Eyrolles

Figure 23.2. – Processus de résilience individuelle

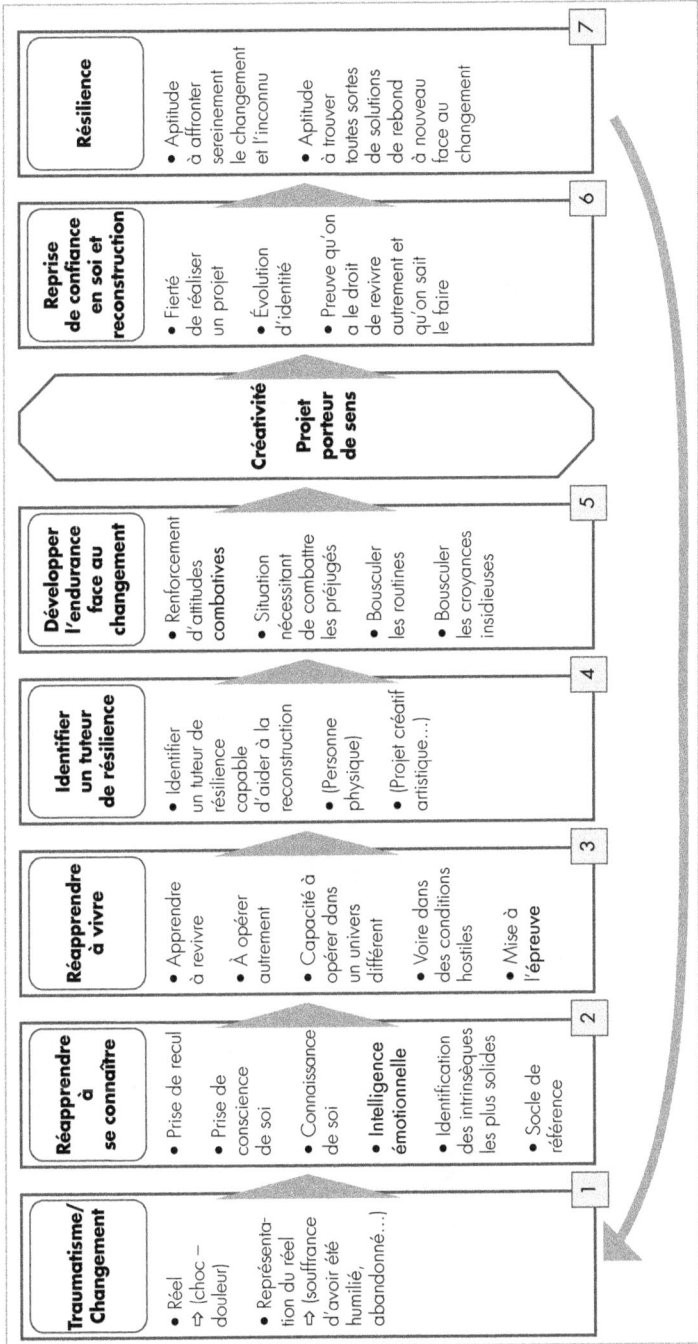

Traumatisme/ Changement	Réapprendre à se connaître	Réapprendre à vivre	Identifier un tuteur de résilience	Développer l'endurance face au changement	Reprise de confiance en soi et reconstruction	Résilience
• Réel ⇨ (choc – douleur) • Représentation du réel ⇨ (souffrance d'avoir été humilié, abandonné...)	• Prise de recul • Prise de conscience de soi • Connaissance de soi • **Intelligence émotionnelle** • Identification des intrinsèques les plus solides • Socle de référence	• Apprendre à revivre • À opérer autrement • Capacité à opérer dans un univers différent • Voir dans des conditions hostiles • **Mise à l'épreuve**	• Identifier un tuteur de résilience capable d'aider à la reconstruction • (Personne physique) • (Projet créatif artistique...)	• Renforcement d'attitudes **combatives** • Situation nécessitant de combattre les préjugés • Bousculer les routines • Bousculer les croyances insidieuses	• Fierté de réaliser un projet • Évolution d'identité • Preuve qu'on a le droit de revivre autrement et qu'on sait le faire	• Aptitude à affronter sereinement le changement et l'inconnu • Aptitude à trouver toutes sortes de solutions de rebond à nouveau face au changement
1	2	3	4	5	6	7

Créativité

Projet porteur de sens

Figure 23.3. – Processus de résilience organisationnelle

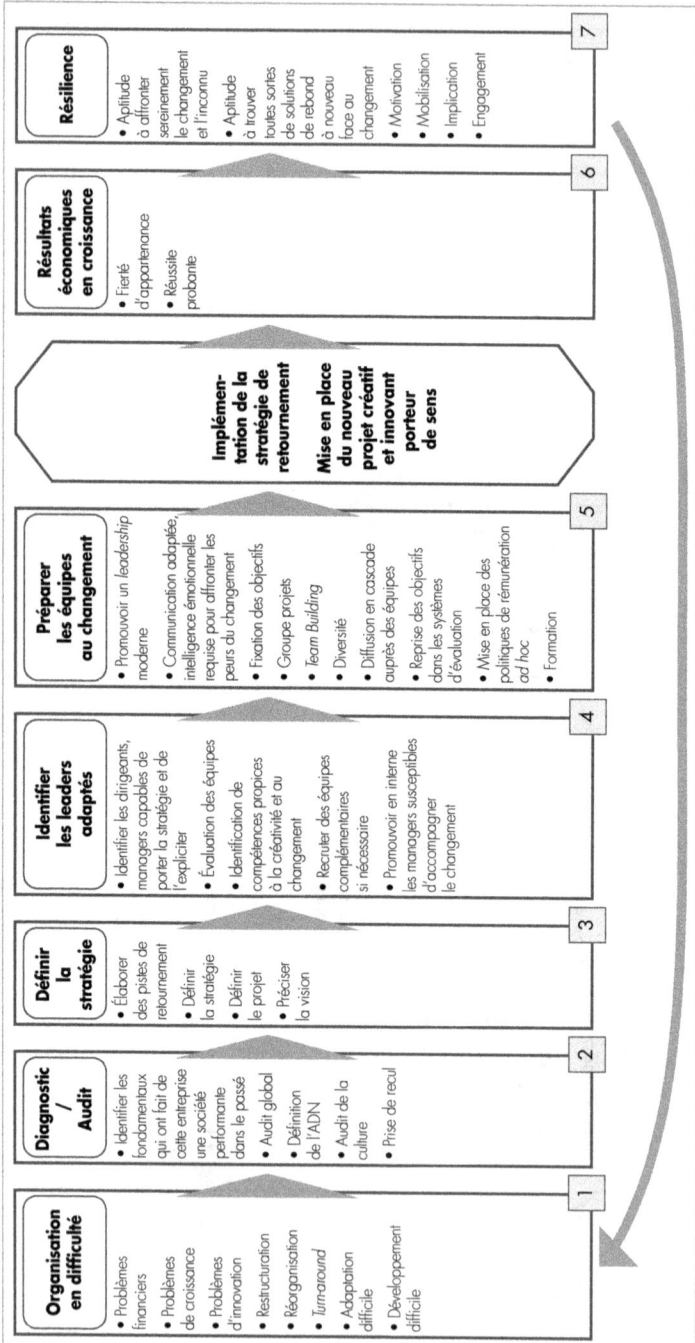

1 — Organisation en difficulté
- Problèmes financiers
- Problèmes de croissance
- Problèmes d'innovation
- Restructuration
- Réorganisation
- Turnaround
- Adaptation difficile
- Développement difficile

2 — Diagnostic / Audit
- Identifier les fondamentaux qui ont fait de cette entreprise une société performante dans le passé
- Audit global
- Définition de l'ADN
- Audit de la culture
- Prise de recul

3 — Définir la stratégie
- Élaborer des pistes de retournement
- Définir la stratégie
- Définir le projet
- Préciser la vision

4 — Identifier les leaders adaptés
- Identifier les dirigeants, managers capables de porter la stratégie et de l'expliciter
- Évaluation des équipes
- Identification de compétences propices à la créativité et au changement
- Recruter des équipes complémentaires si nécessaire
- Promouvoir en interne les managers susceptibles d'accompagner le changement

5 — Préparer les équipes au changement
- Promouvoir un leadership moderne
- Communication adaptée, intelligence émotionnelle requise pour affronter les peurs du changement
- Fixation des objectifs
- Groupe projets
- Team Building
- Diversité
- Diffusion en cascade auprès des équipes
- Reprise des objectifs dans les systèmes d'évaluation
- Mise en place des politiques de rémunération ad hoc
- Formation

Implémentation de la stratégie de retournement

Mise en place du nouveau projet créatif et innovant porteur de sens

6 — Résultats économiques en croissance
- Fierté d'appartenance
- Réussite probante

7 — Résilience
- Aptitude à affronter sereinement le changement et l'inconnu
- Aptitude à trouver toutes sortes de solutions de rebond face au nouveau ou changement
- Motivation
- Mobilisation
- Implication
- Engagement

La (re)construction par la créativité, l'innovation, l'émergence d'intelligence émotionnelle et intuitive

Durant les trente dernières années, la majorité des grands groupes ont vécu des retournements majeurs. Pourquoi certains ont-ils si bien rebondi, comme Apple ? Ce n'est pas le propos ici, mais il est crucial qu'en prérequis, l'entreprise ait bien défini clairement sa vision et ses objectifs ; c'est ce que Steve Jobs a réellement su apporter à Apple.

Dans le contexte de changement global, l'un des atouts essentiels des entreprises performantes est leur capacité à appréhender la créativité et à **développer le capital créatif**, moteur **de la croissance et de retournement.** Cela concerne tous les secteurs d'activité de façon plus ou moins prégnante en fonction de l'environnement, comme on l'a vu précédemment. Ce capital créatif est à la fois un stimulant pour le développement et la croissance externe de l'entreprise face au changement, mais c'est aussi un véritable moteur de transformation interne, focalisant de façon positive les énergies mobilisatrices porteuses de sens en interne. La résilience ne peut se faire qu'en passant par la capacité à se réinventer et donc par la créativité et l'innovation. **Créativité et résilience sont interdépendantes** pour permettre une innovation et une performance durable. Cela crée une dynamique qui permet de s'adapter à son environnement.

Les mutations du XXᵉ siècle ont mis en évidence de nouvelles formes d'intelligence. L'intelligence émotionnelle et intuitive au-delà de l'intelligence rationnelle et analytique permet le développement de la créativité, l'imagination, l'intuition et l'émotion. L'intelligence émotionnelle est l'habileté à percevoir et à exprimer les émotions, à les intégrer pour faciliter la pensée, à comprendre et à raisonner avec les émotions, ainsi qu'à réguler les émotions chez soi et chez les autres. Elle permet de faire face au changement en intégrant les émotions, les peurs et les craintes qu'il suscite. Elle facilite le contrôle des humeurs et des émotions dans ces périodes troubles. Elle aide *de facto* le travail en équipe, permet aux individus de mieux travailler ensemble en synergie des potentiels de chacun vers un même but.

L'intelligence émotionnelle favorise la créativité par l'appréhension des émotions. Elle favorise l'ouverture d'esprit, l'adaptation, l'anticipation des problèmes par une meilleure compréhension et l'intégration du point de vue de l'autre. Elle renforce les qualités de *leadership* et de communication indispensables pour favoriser l'innovation et s'adapter aux environnements en mutation. Les compétences émotionnelles relèvent d'une bonne conscience de soi et de celle des autres. Les émotions résultent de notre perception de nous-mêmes et des autres, nos perceptions venant elles-mêmes de nos croyances et paradigmes. On constate que la nature des émotions que les gens ressentent et partagent ont un impact majeur sur la performance collective de l'entreprise.

L'intelligence émotionnelle représente un facteur déterminant pour favoriser les conditions de l'émergence de la créativité et de l'innovation dans des contextes de changement et de rebond. Cela passe à travers des valeurs de respect, d'ouverture, d'amabilité… en développant un système qui stimule les échanges d'idées, en impliquant tous les salariés favorisant leur fierté d'accomplissement, d'engagement et de réalisation et en permettant l'émergence d'émotions et de sentiments positifs.

Les environnements de travail sont déterminants pour permettre l'innovation. Chez Google, par exemple, les salariés ont le droit de consacrer 20 % de leur temps de travail à des projets personnels. On constate que la mise en œuvre de certaines activités novatrices sont issues des réflexions provenant de ces mêmes projets personnels.

Désormais, de nouvelles aptitudes professionnelles sont nécessaires : artistiques, holistiques, empathiques, intuitives, ainsi que de nouvelles formes de *leadership* fondées sur l'intuition, l'émotion, la sensibilité, la capacité à communiquer inspiration et passion… Ces formes de *leadership* modernes doivent favoriser l'émergence de la créativité en interne et en externe tout en mettant en place un cadre pour éviter les dérapages, ce qui représente toute la difficulté. Il est important de distinguer créativité et innovation. Le processus créatif relève de l'imagination, de la rupture de la pensée. En revanche, l'innovation est davantage la capacité de combiner différents types de connaissances pour en faire quelque chose de nouveau qui ait une valeur économique. La mise en œuvre de l'idée innovante est la phase cruciale, elle conditionne ou non son succès. Elle dépend largement de l'aptitude des individus à dépasser leur propre résistance au changement. L'homme est donc stratégiquement situé au cœur de l'innovation de l'entreprise.

Figure 23.4. – Innovation et performance durable itérative

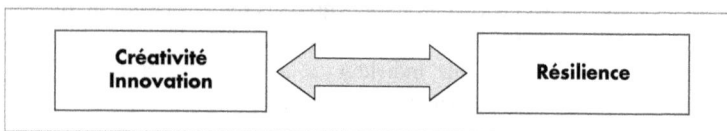

Thévenet (2009) souligne que pour manager face au changement, la solution ne vient pas des outils mais d'un autre ordre : savoir poser un nouveau regard sur les choses. Et parmi les grands principes qui peuvent guider cette nouvelle approche, il évoque la nécessité impérative de développer la créativité et l'innovation (nouveaux produits mais aussi nouveaux modes d'organisations et de travail).

Les **conditions de l'innovation** reposent sur trois dimensions organisationnelles et humaines majeures : la diversité, la décentralisation, et l'indépendance.

La diversité, c'est le rassemblement de personnes suffisamment diverses pour croiser les points de vues et les approches et ainsi favoriser une créativité efficace.

La décentralisation est un mode de fonctionnement ou tout ne remonte pas au centre, mais qui prévoit des entités dotées d'autonomie et de responsabilités. Cela requiert d'accepter des pôles différents et des initiatives isolées. Cela pose cependant deux problèmes antagonistes : d'un côté, la difficulté à maintenir de la cohérence dans la décentralisation qui peut déstabiliser ; de l'autre, la tendance à centraliser pour mieux gérer le *cash*, les RH et les coûts, mais cela peut s'avérer une gageure.

L'indépendance, enfin, renvoie à l'attitude des personnes dans leur situation de travail : authenticité, originalité, fraicheur, et affirmation de soi, *versus* le conformisme.

Les univers permettant diversité, décentralisation et indépendance présupposent une grande maturité organisationnelle et un certain recul.

Figure 23.5. – Environnement organisationnel et humain permettant la créativité et l'innovation

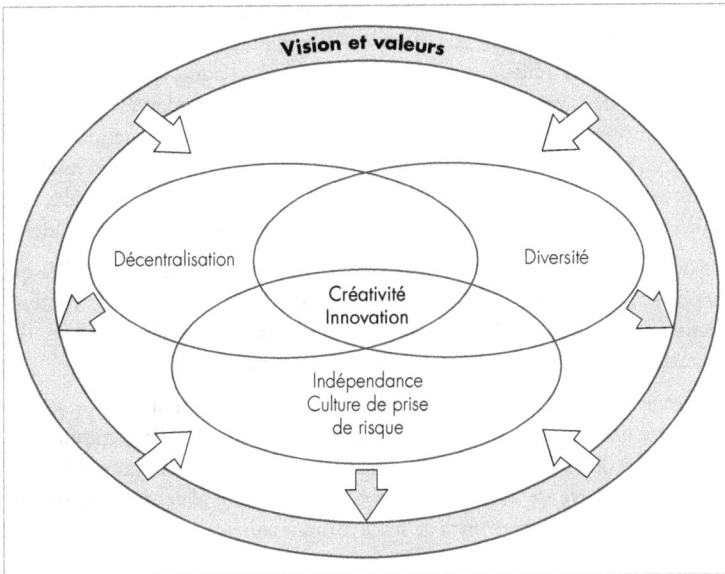

Nous avons observé que ce système est particulièrement difficile à contenir car les dimensions en présence ont tendance à décentrer et à déstabiliser. La difficulté réside dans la capacité à **contenir le tout dans un ensemble cohérent**. Cela nous renvoie à la **gestion des paradoxes**, des **antagonismes et des ambiguïtés**, à la capacité du groupe et de l'organisation à gérer les contraires pour en tirer le meilleur. Cela nécessite de trouver un équilibre dans l'instabilité ! La meilleure façon de contenir ce modèle au cœur de forces centripètes est de contenir le modèle par des forces centrifuges. Une **vision** extrêmement claire et précise connue de tous est impérative, elle servira de fil conducteur. Enfin, **des valeurs fondamentales partagées** devront permettre de recentrer et de fédérer sur les véritables intrinsèques. **Vision et valeurs doivent représenter le socle de stabilité**, ceci est indispensable.

Nécessité d'un « leadership moderne » pour mener les transformations

Ces nouvelles contraintes environnementales rendent nécessaires un *leadership* moderne.

Dans le cadre de changements, une fois la feuille de route stratégique définie, il faut identifier au sein des organisations les dirigeants, les managers et les responsables hiérarchiques capables de mettre en œuvre la stratégie d'adaptation. Au-delà de la mise en œuvre de nouvelles structures et de nouveaux process, il est indispensable d'identifier quels leaders en interne pourront réussir ces transformations. À chaque type de stratégie correspond des types de managers plus ou moins bien adaptés et préparés pour affronter les enjeux de transformation. Mener une restructuration ou mettre en œuvre une stratégie de croissance est assez différent. Bien analyser le contexte et les facteurs clés de succès est essentiel pour mettre en place les équipes les mieux adaptées pour faire face aux challenges et relever les défis.

Au-delà des compétences métiers, au-delà du savoir-faire, c'est le savoir-être qui sera déterminant. En effet, réussir la conduite de changements dans le contexte décrit précédemment nécessite la capacité d'entraîner les équipes dans des contextes souvent hostiles, ce qui renforce la difficulté d'opérer.

Les leaders du ou des projets de transformation devront avoir la capacité d'élaborer une vision claire et précise du cap à prendre, et de la communiquer aux équipes de façon simple, claire, précise et ouverte. Les dirigeants devront savoir faire preuve de courage pour aborder l'adversité, d'exemplarité dans la mise en œuvre ce qui permettra de susciter l'adhésion.

La capacité à appréhender sereinement le changement de façon positive permettra d'accompagner les équipes à accepter les transformations et à y donner du sens. Avoir conscience de soi permet d'avoir conscience des autres, cela s'avère une caractéristique indispensable pour pouvoir diriger dans la tempête. Les dirigeants devront aussi démontrer leur capacité à prendre des risques « calculés » et des décisions rapides pour éviter que le changement ne s'éternise trop longtemps, ce qui pourrait mener à l'échec.

Faire du *change management* nécessite de guider les hommes et les femmes de l'entreprise vers un nouveau projet. Cela nécessite de faire preuve de courage managérial et d'avoir des valeurs humaines. Être à l'écoute des salariés et des équipes permet d'avoir les capteurs en éveil et de comprendre les freins aux changements, les réticences et les peurs. L'intelligence émotionnelle sera un facteur déterminant. Il est primordial de traiter et de répondre aux questions et d'intégrer des réponses dans le *change management* pour aboutir à un retournement positif.

Enfin, comme nous l'avons évoqué, la diversité des profils des équipes permet de mieux cerner la complexité en y apportant des points de vue différents. C'est de la diversité que naît la créativité et l'innovation. Cela nécessite cependant d'avoir un catalyseur pour permettre *in fine* la cohérence et la cohésion. Ce **leadership** moderne doit donc être capable de guider avec une vision solide et des valeurs fédératrices. Il doit être capable de gérer l'éclectisme dans des univers changeants avec un socle permettant la stabilité. Il doit donner le **sens** en combinant **intelligence émotionnelle, résilience** et intégration de la diversité (...), indispensables dans notre nouvel environnement en mutation permanente tendu par (et vers) l'innovation.

Identification des facteurs clés de succès de rebond à travers l'analyse de quelques cas d'entreprises en transformation

Après plus de vingt ans d'expérience de management, à la fois dans des entreprises en forte croissance leaders sur le marché centrées sur la créativité et l'innovation, mais aussi dans des entreprises en retournement ayant permis de renouer avec une performance durable, il nous est apparu intéressant d'illustrer nos propos et de partager quelques expériences vécues. Ces expériences variées, centrées autour de l'élaboration de stratégies avec les directions générales de grands groupes leaders sur leurs marchés et l'élaboration et la mise en œuvre opérationnelle, permettent de questionner et de mettre en perspective de façon concrète quelques pratiques de management et de stratégie des ressources humaines et organisationnelles, déterminantes dans le succès des changements. Pourquoi, dans des contextes similaires, certaines transformations ont-elles été beaucoup plus rapides et plus profondes que d'autres ?

On a observé que dans les nouveaux environnements en mutation, les dirigeants, les managers et les DRH capables de mettre en place des entreprises collectives performantes font réellement la différence par leurs capacités de gestion des ressources humaines. Ils font preuve non seulement d'intelligence émotionnelle, de capacité à vaincre le pessimisme et à communiquer de l'enthousiasme, mais aussi d'une grande capacité d'intégration de dimensions multiples. La capacité à fédérer les équipes autour d'un projet innovant, commun, fédérateur, redonnant du sens et de la vision globale est essentielle. Plus les changements et les contextes sont complexes, plus il est important d'avoir des équipes diverses pour mener les changements.

Dans une grande entreprise à l'arrêt depuis des années, ayant vécu de nombreux changements sans succès, opérant dans un secteur d'activité porteur de croissance mais concurrentiel, un nouveau projet de réorganisation a été lancé pour essayer une dernière tentative de retournement. Cette organisation, historiquement leader sur son marché, avait vu sa culture d'entreprise devenir bureaucratique, cherchant plus à comprendre et à mesurer les dysfonctionnements qu'à travailler sur des solutions innovantes et concrètes pour renouer avec la performance et une croissance durable.

La reconstruction a été rude ; il a fallu puiser dans les fondamentaux de la culture d'entreprise pour identifier les leviers historiques qui avaient fait de cette entreprise une entreprise leader dans ses années de gloire. Repenser le projet d'entreprise autour de ses valeurs phares et innovantes, légitimes, tout en les transposant dans le XXIᵉ siècle de façon créative, mais aussi **en respectant l'ADN** de la marque et en **suscitant l'adhésion de tous**. Redonner la confiance et la fierté.

Un véritable processus de résilience a dû s'opérer, tel que nous l'avons défini précédemment dans notre modèle d'analyse. Dans la mise en œuvre du **recentrage stratégique** de cette grande entreprise autour de son cœur de métier – l'innovation et la créativité – la conduite du changement a été menée par des leaders capables de **fédérer des équipes très diverses autour du nouveau projet commun** où chacun a dû jouer un rôle. La créativité et l'innovation ont été remises au cœur de l'entreprise. Cela a nécessité **diversité, décentralisation et indépendance**. Des décisions stratégiques majeures ont été implémentées en identifiant en interne les relais capables de porter le projet, de les communiquer aux salariés et de les faire travailler en équipes sur le « comment » implémenter. Un manager a été identifié dans chaque département de l'organisation comme responsable de la mise en œuvre. Cette entreprise était à l'arrêt depuis des années, elle a vécu une vraie renaissance.

Les équipes ont été préparées au changement à travers la mise en place d'un *leadership* moderne, une communication adaptée, empreinte d'intelligence émotionnelle requise pour affronter l'adversité. La mise en place de groupes de travail transverses a permis de supprimer le fonctionnement en silo qui était nuisible au bon fonctionnement de l'entreprise et avait participé à l'émergence de baronnies menant à une culture individualiste. Pour accompagner le *change management*, **des groupes projets transverses et du** *team building* ont été mis en place de façon régulière à la fois pour définir les objectifs du projet et leur mise en œuvre concrète, mais aussi pour identifier les freins et les peurs aux changements.

Les équipes ont dû apprendre et réapprendre de nouveaux comportements vecteurs de **résilience** : endurance, aptitude à tenir le coup, à reprendre un développement dans des circonstances adverses, nécessitant de combattre les préjugés, de bousculer les routines culturelles, les croyances insidieuses. Cette entreprise s'est appuyée à tous les niveaux de l'organisation sur les personnalités adaptables, flexibles, capables d'appréhender le changement et de le positiver, recréant de l'adhésion.

Cela a permis réellement de mettre en œuvre une **entreprise collective performante** et à la société de renouer avec une forte croissance tant au niveau du chiffre d'affaires que du résultat net. Toutes les équipes ont participé à la redéfinition et à la mise en place du recentrage stratégique, que ce soit les équipes produit, industrielles ou encore les équipes commerciales. Des groupes de projets transverses impliquant tous les départements de l'organisation et toutes les **filiales à l'international** ont également été mis en place. L'implication des filiales à l'étranger dès le départ a permis un redéploiement majeur, rapide et efficace. Une stratégie de communication aussi offensive à l'interne qu'à l'externe a permis un effet amplificateur et fédérateur rapide, une communication centrée non pas sur le changement mais uniquement sur les projets de développement porteurs de sens.

Ces transformations sont durables et centrées sur l'innovation : innovation produit, organisationnelle, opérationnelle, le partage et la fédération. Chacun des acteurs a mis en place dans son domaine les **meilleures pratiques** en interne, comme en externe. L'entreprise a mis en place tous les chantiers de réorganisation en vue de viser l'excellence dans chacun des domaines : produit créatifs et innovants, *supply chain* à la pointe du *lean management*, et distribution centrée sur le *retail excellence*. Une culture de résilience s'est développée pour affronter les mutations et les transformations. Cette culture continue de se développer grâce à une **vision ressources humaines solide et pertinente**, par des recrutements et le développement de talents adaptés, l'évaluation des ressources humaines intégrant ces critères, et la gestion des carrières et des rémunérations permettant la prise en compte de ces dimensions dans un cercle vertueux.

Aujourd'hui, cette entreprise est de nouveau leader sur son marché ; une vraie renaissance.

Il est intéressant d'analyser pourquoi, dans des contextes de recentrage stratégique similaires, certains *change management* ont été plus lents et difficiles à mener. Les feuilles de route stratégiques étaient tout aussi solides, mais la dimension organisationnelle et humaine intégrées de façon différente.

Dans l'une d'entre elles, le dirigeant était davantage un expert métier, *de facto*, les énergies ont été centrées en priorité sur le produit, la créativité elle-même, plutôt que sur les hommes et les équipes. L'accent n'a été porté ni sur l'innovation organisationnelle ni sur la fédération des équipes autour du projet. L'entreprise a continué à fonctionner en silo. Les **meilleurs talents, toujours à risque** dans ce type de contexte, ont été fragilisés, ne percevant pas suffisamment un cap global, ni un esprit de corps, et ne se sentant pas impliqués comme acteurs reconnus et comme acteurs capables de participer à la transformation. Les managers et les équipes auraient aimé participer et être inclus dans la transformation. Accorder de l'importance aux équipes, les responsabiliser comme acteurs et non comme simples sujets est clé. Cela permet la **démultiplication du projet de façon pyramidale**, à tous les niveaux de l'organisation et dans son déploiement à l'échelle internationale. Cette entreprise a renoué avec le succès et la performance car la stratégie produit était extrêmement pertinente ; néanmoins, la pérennité et la solidité de la transformation sont questionnables.

Dans une autre société, le changement s'est opéré uniquement dans le département « cœur de métier » excluant le reste de l'organisation. La culture d'entreprise s'est disjointe en **sous-cultures antagonistes** ayant du mal à communiquer et à se comprendre. Ces sous-cultures ont freiné le déploiement et la rapidité de mise en œuvre du *change management*. Des mesures concrètes ont été prises pour enrayer le phénomène : *team building*, communication, séminaires, ce qui a permis à cette entreprise de renouer avec une forte croissance aujourd'hui.

Un autre cas nous a confirmé l'importance d'injecter régulièrement du sang neuf, **de nouveaux talents, et de la diversité** dans les organisations. Certaines entreprises n'ayant connu que des succès sont mal préparées au changement. Elles ont du mal à intégrer de nouveaux profils en leur sein. Sur le court terme, quand le marché et l'entreprise sont en croissance, cela n'a que peu d'impact. Mais sur le long terme, les évolutions conjoncturelles et structurelles s'imposent à ces organisations. Le clonage des équipes empêche l'adaptation aux changements. Plus la période de clonage est longue, plus les adaptations seront longues et difficiles. Une incapacité à la créativité et à l'innovation se fait jour. Il n'y a pas de place au questionnement, à la confrontation à l'échange. Des stratégies de recrutements d'intégration de diversité de profils s'imposent. Tant sur l'intégration de minorités hommes/femmes que sur l'intégration de profils internationaux, de diversité ethnique, de diversité de parcours académiques/autodidactes… Les entreprises clonées fonctionnent bien un temps sur un modèle répétitif mais cela ne dure pas. Dès que les données marchés changent, ces organisations habituées à fonctionner d'une certaine manière ont beaucoup de difficultés à se réinventer et à se remettre en question en identifiant de nouvelles voies et de nouvelles façon d'opérer à tous les niveaux de l'organisation. Ces organisations sont les plus dangereuses à long terme car elles rejettent très fortement la différence, justement vecteur d'innovation, de créativité et *in fine* de performance.

Nous avons aussi constaté d'autres obstacles à la réussite des transformations. Ces organisations sont celles où règnent l'indécision, l'aversion aux risques et le compromis. Par manque de vision, parfois de confiance, par peur du changement, elles maintiennent l'existant sans l'adapter et le transformer. Les entreprises deviennent sclérosées, non adaptées puis non adaptables.

Réussir le changement pour une entreprise innovante et performante... 283

Le management stratégique des ressources humaines pivot de la transformation réussie pour une entreprise résiliente, performante et innovante dans la durée

La gestion stratégique des ressources humaines, centrée sur la résilience, la créativité, l'intelligence émotionnelle permet des transformations réussies, et aux entreprises de renouer avec une performance pérenne.

Au-delà d'une bonne **définition de la feuille de route stratégique**, réussir un *change management* global, c'est aussi préparer en permanence son organisation et ses équipes aux évolutions de l'environnement à travers la souplesse et l'adaptabilité.

Réussir une entreprise performante, c'est **anticiper, préparer son groupe**, son entreprise, son département, ses équipes à appréhender l'avenir. Ceux qui depuis des années se sont préparés à travers l'intégration et le développement de **nouveaux talents, de diversités de profils et de personnalités**, d'adaptation des organisations, sont les mieux armés pour **appréhender le futur, l'incertain, l'inconnu et découvrir les nouvelles voies de succès.**

Favoriser l'émergence en interne de leaders flexibles, sensibles à l'innovation, à la créativité, dotés d'une intelligence émotionnelle dans tous les domaines est clé. C'est possible à travers une **évaluation pertinente** prenant en compte toutes ces nouvelles dimensions qui sont celles de notre nouvelle société digitale où le changement fait désormais partie de la permanence et des immanents. Le modèle devient vertueux dès lors que ces dimensions sont prises en compte dans **les plans de succession** adossés aux plans stratégiques. La **GPEC** – gestion prévisionnelle des emplois et des compétences – doit être le moteur de cette transformation. Elle doit fixer le cap et favoriser l'adaptation permanente des organisations, des dirigeants et des plans de succession à tous les niveaux du groupe.

Réussir des transformations devient un processus moins traumatique, plus facilement acceptable et implémentable pour ces **entreprises flexibles** dotées d'équipes préparées à aborder le changement. Cela s'opère alors progressivement. En revanche, pour les autres entreprises, cela s'avère un véritable traumatisme et le retournement n'est pas assuré. Mais attention, il ne s'agit pas de renier la culture d'entreprise originelle et qui l'on est, mais bien de puiser dans ses points de force, de bien se connaître, pour se développer solidement et construire le futur. Respecter le vieil adage : « bien savoir d'où l'on vient, pour savoir où l'on va ».

Favoriser un *leadership* **visionnaire, complété d'équipes de management soudées**, mettant en place des **systèmes d'évaluations précis et articulés**, des revues d'objectifs autour du projet et la possibilité d'allouer des moyens différents tout en gardant le même cap.

Les **systèmes de rémunération** devront être adaptés, prenant en compte les différentes dimensions du projet, à travers notamment la mise en place de LTI, *Long Term Incentive*, pour motiver et garder tout au long des projets de transformation les éléments clés de l'organisation indispensable à la conduite du changement.

L'accompagnement se fera aussi à travers **des plans de formation** centrés et articulés sur les grandes dimensions du projet.

L'adaptation permanente des organisations et des équipes, une **culture de résilience** permettront d'affronter sereinement les enjeux du futur dans nos environnements en **mutation**. Contrairement aux idées reçues, la résilience permet une évolution en douceur et évite les chocs importants engendrés par des évolutions par paliers beaucoup plus brutaux et risqués. Par les évolutions progressives qu'elle engendre, elle permet à l'organisation de rester ouverte à la créativité et l'innovation, toujours connectée aux marchés et aux besoins des clients. C'est un processus de développement positif, une compétence dont le développement n'est pas linéaire et fixe. La résilience s'entretient et se développe au fur et à mesure de nouvelles situations et de la diversité individuelle. Elle s'inscrit dans une perspective développementale, impliquant la présence de ressources latentes pouvant ou non être activées. C'est à la fois un processus adaptatif mais aussi un processus de préparation à l'adversité à la combativité. Cette démarche permet l'émergence des conditions propices au développement, elle porte en elle-même une véritable création de valeur.

Bibliographie

AMIEL-FLECHEL M. (1996), *Tous DRH : assumer les plans sociaux*, Éditions d'Organisation.

AMIEL-FLECHEL M. (1999), « Le personnel restant après un plan social : quel rapport au travail ? », *Revue française de gestion*, n° 126.

AMIEL-FLECHEL M. (1998), « La perception de la justice organisationnelle du plan social et ses effets sur les comportements et attitudes du personnel restant en entreprise », Thèse de doctorat, PhD ESSEC, Université Aix Marseille III.

CHAINTRON B. (2010), « Le leader résilient (d'Epictète à Tchernobyl) », *in Les 7 clés du leadership*, ouvrage collectif dirigé par Ph. Wattier, Editions L'Archipel.

CYRULNIK B. (2001), *Les Vilains Petits Canards*, Odile Jacob.

FREUD S. (1936), *Le Moi et les mécanismes de défense*, PUF.

PERETTI J.-M. (1996), *Tous DRH*, Éditions d'Organisation.

THEVENET M. (2009), *Manager en temps de crise*, Eyrolles.

Chapitre 24

Tous gestionnaires du changement

David AUTISSIER et Alexandre GUILLARD

La conduite du changement ou, plus généralement, la gestion du changement est très souvent localisée au sein des ressources humaines. Cela tient à un héritage sociologique de sa focalisation sur le traitement des résistances par des leviers formation, communication et accompagnement des acteurs. De plus en plus internalisée et déployée, la conduite du changement est parfois sortie de la RH pour donner lieu, dans certains cas, à une fonction à part entière le plus souvent associée à la notion de transformation. Elle concerne désormais tous les managers en s'inscrivant dans le champ de leurs compétences et vise à de nouveaux types d'apprentissage touchant à leurs comportements.

La gestion du changement : une mission clé de la fonction RH

La matrice d'Ulrich (1997) donne une place privilégiée à la conduite du changement en en faisant un des quatre rôles principaux de la fonction RH. La fonction RH doit selon Ulrich être un agent du changement et permettre à l'entreprise de se doter d'une capacité de changement tant d'un point de vue collectif qu'individuel. Pour cela, la RH prend en charge :

▶ la formation à la gestion du changement des salariés, managers et chefs de projets ;

▶ une analyse des grands projets de changements en relation avec les évolutions stratégiques et sociétales de l'entreprise ;

▶ la proposition à l'ensemble des salariés d'outils et de démarches en matière de gestion du changement ;

▶ la possibilité d'intervenir en tant qu'expert du changement auprès des managers et/ou des projets.

Ces missions se sont étoffées ces dix dernières années avec l'émergence de problématiques comme la promotion de la responsabilité sociale de l'entreprise (RSE), le management de la diversité et la prévention des risques psychosociaux (Peretti, 2007). Confronté à la mondialisation et à une concurrence accrue, le DRH a été dans de nombreux cas de plus en plus appelé à jouer un rôle croissant d'amortisseur et d'accompagnateur des salariés, devant faire face à des changements très importants et le plus souvent subis. Certains considèrent que ce rôle associé à la dimension juridique (Peretti, 2007) peut parfois prendre le pas sur le rôle de stratège et de support défini par Ulrich et, de là, motiver le rattachement de la gestion du changement à une autre fonction (direction générale, secrétariat général, direction service clients…) ou la création d'une fonction à part entière.

Le changement au cœur du management

Le concept de changement en tant que mécanisme constituant du collectif a toujours été présent dans la compréhension du fonctionnement humain des groupes. Le philosophe présocratique Héraclite (VIᵉ siècle avant J.-C.) en défendant le principe du mouvement, à l'opposé de l'autre grande figure de l'époque – Parménide, insistant sur la permanence – faisait du changement le mécanisme structurant de la vie et par la même une clé de compréhension et d'explication. De nombreux grands noms de la philosophie (Kant, Hegel, Bergson) ainsi que des sciences sociales (Marx, Spencer, Durkheim,) ont approfondi la conceptualisation du changement. Néanmoins, le début des réflexions sur les mécanismes du changement date des travaux de Kurt Lewin dans les années 1940-1950 selon l'étude menée par Autissier *et al.* (2010) des textes de vingt-cinq grands auteurs en gestion du changement. Le changement y est défini comme un ensemble de mécanismes de transformation permettant d'aller d'un point A à un point B ; la gestion du changement résidant dans la capacité à susciter l'adhésion des acteurs pour accroître sa rapidité et son importance.

Dans cette perspective, on peut déterminer quatre catégories de gestion du changement établies selon la définition du terme d'après deux grandes variables : son caractère plus ou moins imposé (imposé *versus* négocié) et son délai de mise en place (rupture *versus* permanent) :

▶ **changement dirigé** : l'impulsion du changement est donnée par la direction de manière injonctive avec une contrainte de réalisation forte et une marge de négociation assez faible. L'état d'urgence (*Burning Plateform*) est utilisé pour justifier un changement rapide qui privilégie l'action par rapport à la discussion et au compromis ;

- **changement proposé** : le changement est proposé par la direction en termes de résultats attendus et de planning à respecter. Les acteurs sont libres d'utiliser les méthodes qu'ils veulent et de faire les arbitrages de ressources qu'ils jugent nécessaires. Ils choisissent librement les modalités pour déployer et réaliser le changement ;

- **changement organisé** : parce que la finalité du changement n'est pas très bien perçue et les objectifs difficiles à quantifier, les acteurs se voient proposer des méthodes de travail et des échéances dans une logique d'expérimentation, qui les amèneront à trouver par eux-mêmes des objectifs par lesquels se réalisera une dynamique de changement ;

- **changement continu** : le changement émerge dans l'organisation de manière fortuite ou bien après une prise de conscience liée à un événement interne et/ou externe. L'intérêt pour un projet grandit avec l'envie d'engager des actions en vue de faire « *bouger les choses* », sans trop avoir une idée très précise des méthodes, échéances et ressources à mobiliser.

Les travaux des auteurs étudiés dans l'ouvrage d'Autissier *et al.* (2010) donnent ainsi des clés de compréhension du ou des mécanismes de changement, mais très peu d'informations sur les leviers d'action et surtout les couples acteurs/leviers du changement pour répondre à cette question : comment gérer opérationnellement le changement ?

Les deux auteurs qui ont le plus travaillé sur la dimension opérationnelle de la gestion du changement sont Rosabeth Kanter (1983) et John Kotter (1996). Avec son modèle de la roue du changement, Kanter a structuré l'offre de nombreux cabinets de conseil intervenants sur ce sujet, tandis que Kotter a proposé son modèle du leader du changement. Pour l'un, le changement passe par le déploiement de projets, alors que pour l'autre c'est essentiellement l'action des managers envers leurs collaborateurs, en termes d'opportunités et de contraintes, qui alimentent le potentiel de changement et d'adaptation des personnes. Ces deux stratégies peuvent être complémentaires.

Deux représentations de management opérationnel du changement : les modèles de Kanter et de Kotter

La roue du changement de Kanter

Kanter (2001) propose une méthode de conduite du changement qu'elle présente sous le nom de « la roue du changement » (*Change Wheel*). Cette roue représente le changement comme un processus continu sans début ni fin, ayant besoin d'être relancé en permanence. Tout processus de changement terminé entraîne donc le démarrage d'un nouveau processus. La roue du changement, couramment utilisée par des cabinets de conseil ou des grandes entreprises, repose sur dix leviers opérationnels du changement :

▶ un travail en commun et le partage d'une même vision de la réalité ;

▶ des éléments d'appréciation de l'état d'avancement (mesures), fondés sur des points de repère (jalons) qui permettent une remontée d'informations ;

▶ la mise en place d'un système incitatif et de reconnaissance des contributions de chacun ;

▶ l'instauration de règles et procédures pour homogénéiser les pratiques ;

▶ la volonté d'obtenir des progrès rapides ;

▶ le soutien de sponsors et de partisans du changement ;

▶ une communication forte, accompagnée de l'organisation d'échanges de pratiques ;

▶ un support par la formation ;

▶ des symboles, des signaux qui éclairent le changement ;

▶ un contrôle et un suivi du processus de changement.

Ces dix leviers composent la roue du changement. Ils s'organisent de façon chronologique, dans une suite d'étapes commençant par le travail en commun et se terminant par le contrôle.

Kanter enrichit ce processus en s'intéressant aux dispositifs très concrets à mettre en place pour réussir ces changements. Ainsi s'interroge-t-elle sur l'intérêt qu'ont les managers à développer le travail en équipe lors des processus de changement.

Contrairement aux idées défendues dans de nombreuses organisations modernes, Kanter (1983) relativise l'importance du travail en équipe comme outil permettant à chaque individu de se développer de façon optimale. Celle-ci suggère que tous les projets et tâches à accomplir au cours d'un processus de changement ne sont pas nécessairement adaptés au travail en équipe et devraient plutôt être pris en charge par un travail individuel. Ainsi, toujours pour Kanter (1989), il est essentiel que le manager puisse doser le travail en équipe et le travail individuel en appliquant les modes de fonctionnement des grands chefs d'orchestre.

Mais les managers, organisateurs du changement, ne sont pas les seuls à jouer un rôle essentiel pour motiver et impliquer ses destinataires. Le stratège du changement (*change leader*) occupe lui aussi une position centrale. Il doit se montrer non seulement passionné, convaincu et confiant, mais aussi savoir travailler en lien étroit avec les organisateurs du changement pour en faire les véritables partenaires. Il doit créer ce que Kanter appelle un réseau de postes d'écoute (*network of listening posts*) afin de former une coalition dominante en faveur du changement. Cela s'obtient par un support continu, centré sur la mise à disponibilité des ressources nécessaires au bon moment, mais aussi sur du coaching d'équipe. Une des erreurs classiques dans la conduite du changement tient au fait que le stratège consacre beaucoup de temps au lancement du projet et le délaisse par la suite.

Le modèle du leader du changement de Kotter

Kotter, dans son ouvrage célèbre *Leading Change* (1996) avance l'idée que les changements ne se font pas dans les projets mais par l'attitude et la posture des managers au quotidien. Il met en avant le rôle structurant et hautement contributif du manager dans les processus de changement en entreprise. Il affirme que le changement se construit aux deux tiers dans la relation que le manager a avec ses collaborateurs et pense que les dispositifs de communication, de formation et d'accompagnement menés par les projets participent à hauteur d'un tiers.

Sa posture n'est pas antiprojets mais il pense que le projet ne suffit pas. S'il n'est pas relayé par les managers, un projet aura peu de chance de réussir. Il prétend que les leviers de la conduite du changement ont des effets limités mais sans vraiment le démontrer. Pour lui, tout se joue dans la capacité « d'incarnation du changement » par les managers de première ligne. Pour cela, il propose un modèle de management du changement par les managers en huit étapes clés :

- **Étape 1 : développer l'argumentaire (pourquoi changer).** Tous les managers doivent travailler l'argumentaire technique et de faisabilité du changement. Ils doivent, en très peu de temps, être capables d'expliquer les finalités et modalités pratiques d'un projet.

- **Étape 2 : identifier les groupes relais.** Les managers doivent avoir une connaissance sociologique de leurs collaborateurs afin d'appréhender les réactions de ces derniers et les leviers adéquats.

- **Étape 3 : avoir une vision du changement en termes de planning et de production.** La traduction d'un changement en productions (livrables) et plannings est indispensable pour le rendre concret et faire en sorte que les collaborateurs « rentrent » dans le projet sans le survoler de manière théorique comme c'est souvent le cas.

- **Étape 4 : communiquer la vision du changement.** Le « vers où l'on va et les points d'étape » constituent le rythme du changement qui permet d'éviter les effets tunnels et les effets d'annonce sans suivi.

- **Étape 5 : traiter les obstacles aux changements.** Quels sont les lieux de résistance et de blocage ? Tous les éléments de peur, de crainte et d'opposition doivent être traités indépendamment avec les acteurs concernés dans une logique de résolution de situations de travail.

▶ **Étape 6 : avoir des résultats rapides et les montrer.** Un changement nécessite d'avoir des résultats, des victoires rapides, à montrer dans la logique « ça marche ». Ces victoires rapides doivent être suffisamment symboliques et concrètes pour avoir un effet de généralisation à tous les collaborateurs qui participent au changement.

▶ **Étape 7 : s'assurer des compétences et des postures pour amplifier le changement.** Tout manager se doit d'avoir une cartographie de ses collaborateurs en termes d'attentes et de postures. Dans une logique de construction d'un réseau de changement, il s'agit de savoir quels seront les relais du changement.

▶ **Étape 8 : faire le lien entre le changement, le *business* et la vie quotidienne.** Le changement est une action de transformation professionnelle menée à l'aide de dispositifs mais qui passe également par des évolutions de postures personnelles. Sa gestion est donc un acte gestionnaire mais aussi de développement personnel.

Du leader du changement aux « tous gestionnaires » du changement

Les deux modèles développés par Kanter et Kotter sont des constructions qui peuvent avoir chacune leur pertinence, voire être combinées. Néanmoins, si l'on s'arrête aux développements récents sur les compétences attendues des managers, on constate que de nombreux référentiels de compétences de conduite du changement destinés aux managers s'appuient sur les huit étapes clés de Kotter. Par ailleurs, une étude récente de l'IFOP sur les processus de changement[1] tend à donner raison à Kotter (2008) en montrant l'attente des salariés en termes de dialogue du changement avec leurs managers. Elle mentionne que 68 % des salariés déclarent que le changement est une nécessité dans le contexte économique actuel. En revanche, 50 % des personnes interrogées déclarent que le dernier changement n'a pas eu d'effets positifs et qu'il a mal été mené. Les informations concernant le changement et sa mise en place étaient insuffisantes pour 51 % des personnes, Les délais étaient insuffisamment prévus et l'implication de la hiérarchie (manager et direction générale) n'était pas assez visible pour 55 %. La formation n'était pas suffisante en contenu et en volume pour 61 %. Et surtout, pour 70 %, l'écoute et la concertation étaient absentes ou pas assez prises en compte. Ces résultats sont à charge pour les

---

1. Les résultats ont été publiés dans le journal *La Tribune* du 21 juin 2010.

dispositifs d'accompagnement du changement qui n'arrivent pas à entraîner les salariés en leur proposant des actions sur des thèmes correspondant à leurs attentes. Cette enquête montre que les projets de changement peuvent conduire, paradoxalement, à une forme d'immobilisme parce que 53 % des personnes concernées par un changement optent pour une posture d'adhésion molle, 24 % résistent par principe, 12 % sont en situation de rejet et seulement 11 % développent une adhésion forte. Pour confirmer les résultats mitigés des projets de changement, 35 % des personnes estiment ne pas avoir fondamentalement changé après un projet de changement et seulement 37 % affirment avoir changé facilement.

Aussi redécouvre-t-on l'importance de ce qu'il est convenu d'appeler aujourd'hui l'intelligence collective et du renouvellement des leviers d'apprentissage, domaines qui ont été particulièrement bien explorés par le courant de l'organisation apprenante (Senge, 1990).

Au niveau organisationnel, cela passe par un changement des cadres mentaux et des routines organisationnelles des managers et de leurs collaborateurs (Cyert et March, 1970 ; Levitt et March, 1988) qui vont se transformer au fur et à mesure que les acteurs acquièrent de l'expérience et progressent dans leurs perceptions. Dans le langage de Peter Senge (1990), le changement peut aller jusqu'à une véritable « métanoia », c'est-à-dire un changement des cadres de perceptions au niveau le plus élevé, et donc une remise en cause systématique des habitudes de pensée à un niveau profond pour accéder à l'intelligence dite créative. C'est au travers de ces processus que pourront pleinement se réaliser l'ambition du « tous gestionnaires du changement ».

Bibliographie

CYERT R.M, MARCH J. (1970), *Le Processus de décision dans l'entreprise*, Dunod.

KANTER R.M., (1983), *Change Masters: Innovation and Entrepreneurship in the American Corporation*, Simon & Schuster, New York.

KANTER R.M., (1989), *When Giants Learn to Dance*, Simon & Schuster, New York.

KANTER R.M. (2001), *Evolve!: Succeeding in the Digital Culture of Tomorrow*, Harvard Business School Press, Cambridge.

KOTTER J., (1996), *Leading and Change*, Harvard Business School Press, Cambridge.

KOTTER J., RATHGEBER H., (2008), *Alerte sur la banquise*, Pearson.

LEVITT B. et MARCH J.G. (1988), « Organizational Learning », *Annual Review of Sociology*, vol. 14, p. 319-340.

PERETTI J.-M. (2011), *Ressources Humaines*, Paris, 13ᵉ édition, Vuibert.

SENGE P.M. (1990), *The Fifth Discipline: The Art and Practice of the Learning Organization*, New York, Doubleday Currency. Traduction française : *La Cinquième Discipline*, First, 1991.

ULRICH D. (1996), *Human Resource Champions. The Next Agenda for Adding Value and Delivering Results*, Harvard Business School Press, Cambridge MA.

Partie 6

CONTRIBUER À LA QUALITÉ DE LA VIE AU TRAVAIL

Bien-être au travail et efficacité de l'organisation sont étroitement liés et interdépendants. Les changements que les entreprises mettent en œuvre ont souvent un impact négatif sur le bien-être des salariés. Le management de la santé, de la sécurité et du bien-être au travail est devenu un domaine clé du management des ressources humaines et les managers ont un rôle essentiel à jouer.

Cette partie aborde la recherche de la qualité de vie au travail à travers trois contributions.

Identifier les principaux facteurs de stress : les entreprises commencent à prendre en considération le fait que des salariés moins stressés sont plus performants. Virginie Moisson et Olivier Roques analysent les principaux facteurs stressants et proposent des pistes d'action pour lutter contre le stress.

Santé, équilibre et qualité de vie : responsabilité durable des managers. La santé – équilibre et qualité de vie au travail – est désormais l'affaire de tous. Jacques Bouvet, Anne-Marie de Vaivre et Jean-Luc Vergne proposent aux responsables de RH de développer la pédagogie, la formation et l'apprentissage collectif qui feront évoluer positivement la performance dans l'humain.

Redessiner l'organisation du travail permet d'améliorer les motivations et l'efficacité de l'organisation. Alan Jenkins présente le « quand » et le « comment » de la réorganisation du travail ou « work redesign ».

Chapitre 25

Identifier les principaux facteurs de stress

Virginie MOISSON et Olivier ROQUES

Longtemps, les préoccupations autour des conditions de travail se sont centrées sur le domaine matériel comme en atteste l'importante et déjà ancienne réglementation en matière d'hygiène et de sécurité du travail. En France, la première loi sur les accidents du travail date de 1898. Depuis quelques années, le paramètre psychologique est pris en compte avec l'introduction de la notion de harcèlement moral dans le Code du travail (art. L. 122-49 s.) et la prise en compte des risques psychosociaux (RPS). Pour preuve, les pouvoirs publics inscrivent la prise en considération des risques psychosociaux comme l'une des priorités du gouvernement. Suite à l'accord-cadre, « Prévenir, éliminer ou réduire les problèmes issus du stress lié au travail » signé le 8 octobre 2004 par les partenaires sociaux au niveau européen, un accord sur le stress a été signé à l'unanimité le 24 novembre 2008 par les partenaires sociaux français. Le stress y est défini comme un « déséquilibre entre la perception qu'une personne a des contraintes que lui impose son environnement et la perception qu'elle a de ses propres ressources pour y faire face. » Il n'est pas considéré comme une maladie mais il est reconnu qu'« une exposition prolongée au stress peut réduire l'efficacité au travail et peut causer des problèmes de santé. » Par ailleurs, les entreprises commencent à prendre en considération le fait que des salariés moins stressés sont plus performants et ainsi qu'amener le bien-être au travail peut devenir un avantage concurrentiel.

Définitions et ambiguïté du stress

Le stress ou syndrome général d'adaptation est bénéfique à l'organisme jusqu'à ce qu'il se transforme en pathologie. Si celui-ci est ponctuel et limité dans le temps, il s'avère moteur. En revanche, s'il perdure, l'individu entre dans un état d'anxiété chronique pouvant entraîner des troubles potentiellement graves. Dans ce cas, une véritable rupture psychologique s'opère et ce décrochage peut entraîner le *burnout* (syndrome d'épuisement), phase aggravée où les équilibres physiologiques et psychologiques de l'individu se dérèglent. Dans un contexte professionnel, cet état d'épuisement intervient lorsque le travail rime avec la souffrance.

Il existe de nombreuses définitions du stress et l'ambiguïté de ces définitions illustre la globalité du concept : le nombre important de facteurs de stress ou stresseurs, la complexité des interactions, le nombre de disciplines évoquées. L'étude du stress a donné lieu à de nombreux modèles théoriques cherchant à comprendre les relations entre différents facteurs de stress et différents indicateurs et symptômes de stress. Ainsi, se sont développées des approches médicales, épidémiologiques et psychosociales pour tenter de comprendre le fonctionnement de l'organisme, le rôle des perceptions et de la personnalité, dans l'évaluation du stress.

Plus rares sont les recherches qui mettent en lumière l'importance d'une approche relationnelle dans les problématiques liées à la souffrance au travail.

Le stress a toujours une origine *extérieure* à l'individu. En cela, il se distingue de la névrose et de la psychose. C'est aussi la raison pour laquelle il intéresse les gestionnaires. Puisque les conditions dans lesquelles travaille un individu constituent les sources du stress, l'organisation des équipes, l'ambiance de travail, la formation, l'information et la communication ont une influence sur lui.

Les principales causes du stress

Pour rendre compte de la complexité du phénomène de stress, nous passerons en revue les différentes sources de stress possibles pour le travailleur.

Les conditions de travail

Un des facteurs possibles de tension est la surcharge de travail, c'est un élément que nous retrouvons dans de nombreuses études, par exemple auprès des infirmières (Moisson et Roques, 2005, Roques et Roger, 2001) ou encore chez les commerciaux (Hollet, 2001). Le plus souvent, deux autres agents stresseurs accompagnent la surcharge de travail, il s'agit du conflit de rôle et de l'ambiguïté de rôle. Le fait pour le salarié de devoir répondre à des demandes contradictoires ou de ne pas avoir des tâches bien définies peut conduire à des situations de travail difficiles et avoir comme conséquences possibles la nervosité, l'anxiété, voire conduire à l'épuisement professionnel (*burnout*). Mais au-delà des styles de management, ce qui semble être une importante source de stress dans les activités de service, ce sont les relations salariés/clients, c'est d'ailleurs ce que l'on retrouve dans la communication de Moisson et Roques (2005) sur une population d'infirmières urgentistes qui cite la famille du patient comme la situation de travail la plus difficile à gérer.

L'axe foyer et travail

Depuis la fin de la seconde guerre mondiale, les structures familiales ont évolué, de même que les relations conjugales. Dans les années 1970, le modèle de la famille comme institution a été remis en cause. Parallèlement, le rôle des femmes dans la société et dans la famille a évolué. Est alors apparue la difficulté de concilier vie de famille et vie au travail, notamment lorsque la famille a des enfants en bas âge. Rhnima et Guérin (2002) ont mis en évidence un « facteur de stress » essentiel, il s'agit du nombre d'heures hebdomadairement consacrées par le conjoint à son travail, l'importance perçue des difficultés rencontrées avec les enfants, l'importance également des difficultés rencontrées avec le conjoint. C'est particulièrement vrai dans les couples à double carrière, pour lesquels les recherches ont identifié des sources et manifestations de stress qui leur sont propres. Alors que les doubles carrières et double revenus fournissent des bénéfices psychologiques considérables et des avantages financiers aux couples, les rôles multiples peuvent causer du stress. Stress qui, à son tour, peut produire des tensions et désaccords au travail (Green et Zenisek, 1983) surtout quand le travail et la vie de famille se perturbent l'un l'autre (Greenhaus et Beutell, 1985). Il a été suggéré que le stress dans un domaine n'est pas causé par les événements dans un autre, mais plutôt que le stress résulte de l'interaction entre les deux domaines.

L'organisation

De nombreux stresseurs sont directement liés au fonctionnement de l'organisation, c'est-à-dire à sa structure, à sa politique de communication, à ses innovations technologiques, au degré de responsabilité et d'autonomie consenti aux employés, au style de direction des différents responsables et enfin aux valeurs (Hechiche Salah et Bousnina-Bouallegue, 2005). Il apparaît ainsi qu'un mode de gestion de type bureaucratique vient en tête de liste en raison de son caractère impersonnel et de l'ampleur de sa structure. En revanche, un style de management participatif conduira à un niveau de stress satisfaisant.

Les organisations qui passent d'un statut public à un fonctionnement privé voient leurs systèmes de valeur se modifier, notamment dans le passage d'une logique de service public à une logique de rentabilité. Le nouveau management public, avec des évolutions que sont le « managérialisme », la responsabilisation et la contractualisation (Pollitt, 1990), font peser de nouvelles formes de pression sur les agents. Se pose alors la question des effets délétères ou pathogènes de ces changements pour les agents (Abord de Chatillon, Desmarais, 2011).

La carrière

La carrière et notamment le degré d'avancement de carrière (Latack, 1984), les transitions de carrière (Roques, 1999) et le plafonnement de carrière (Roger et Tremblay, 1999) sont souvent associés à des situations de stress. Plusieurs auteurs rappellent que la notion de carrière a tendance à disparaître (Ettington, 1992, Lévy-Leboyer 1995) provoquant avec l'âge un risque accru de plafonnement de carrière dont le stress serait une conséquence (Ornstein et Isabella, 1993).

Latack (1989) fait ressortir les coûts organisationnels qui peuvent être associés au stress et montre l'utilité de ce concept dans l'étude des carrières en insistant en particulier sur les périodes de transition que vit une personne entre différentes phases de son évolution de carrière. Edey Gamassou (2004) propose une explication à la plus grande vulnérabilité au stress de certaines professions (enseignants, infirmières et travailleurs sociaux) par le peu de possibilités de promotion qui caractérise ces métiers. Selon elle, l'absence d'une réelle politique promotionnelle pourrait expliquer partiellement la pression ressentie par ce type de professions. Ainsi, il semble primordial d'informer les salariés sur leurs perspectives de carrière et sur la création de nouveaux postes afin que ces derniers n'aient pas un sentiment de frustration et d'iniquité.

Les relations

La concurrence favorise l'individualisation en servant des ambitions personnelles ; aussi, une concurrence très forte entre les collègues peut conduire à une forte tension qui rend alors insupportable le milieu de travail. Certains auteurs se sont penchés sur les effets bénéfiques du soutien social dans les situations de stress. Il apparaît que les bonnes relations interpersonnelles sont un facteur de bien-être. L'absence de relations sociales dans le milieu de travail peut donc être considérée comme une autre source importante de stress. Les relations avec des clients ou avec des gens difficiles dans certains métiers (infirmières, chauffeurs de bus par exemple) peuvent également constituer un facteur de stress. Les comportements d'un public sont souvent imprévisibles. De plus, le travail relationnel, comme le souligne Loriol (2004), ne produit souvent rien d'autre qu'un service qui disparaît aussitôt rendu et ne se concrétise dans aucun objet matériel. La reconnaissance du travail effectué n'est pas évidente et son déni constitue une source de souffrance. En revanche, le soutien social et le soutien organisationnel peuvent avoir des effets modérateurs sur des sources de stress ou sur le stress lui-même.

Les facteurs extra-organisationnels

Si les conditions socio-économiques sont difficiles (par exemple, en période de récession ou de chômage élevé), chacun ressent douloureusement la précarité de son emploi, et cette menace peut rompre l'équilibre psychique d'un individu, car elle réduit son aptitude à résister au stress, même de faible intensité.

Les différents éléments sur lesquels agir

Les situations potentiellement stressantes et leur évaluation

Toute situation qui sollicite le système d'adaptation de l'individu peut contribuer au sentiment de stress. Dans le document unique de prévention des risques, les situations les plus critiques sont portées à la rubrique des risques psychosociaux. Elles peuvent découler d'un travail sur écran avec une responsabilité importante comme dans le cas des contrôleurs aériens ou provenir d'une exposition à des agressions verbales ou physiques dans un travail en contact avec le public. Le risque que court un salarié n'est toutefois pas toujours facile à estimer car souvent les situations se combinent et se potentialisent : un coup de téléphone à passer à un fournisseur difficile à joindre n'a pas la même valeur suivant que le salarié est surchargé de travail ou non. Si en plus son patron a très mauvais caractère, la situation s'aggrave d'un cran.

D'une manière générale, les situations stressantes traduisent de la surcharge, du conflit, une ambiguïté, un manque de reconnaissance, une absence de sens, un risque de perte et des adaptations coûteuses pour l'individu.

Les manifestations du stress

Les manifestations de stress sont souvent classées en fonction de leur altération du bien-être physique ou psychologique. Pour peu spectaculaires que soient certaines de ces altérations physiques, elles n'en constituent pas moins l'immense majorité des causes d'absence dans l'entreprise. Elles sont souvent complétées par des manifestations psychologiques. Voici les plus fréquentes.

Tableau 25.1. – Manifestations du stress

Manifestations physiques	Manifestations psychologiques
Maux de tête.	Anxiété, tension.
Allergies.	Dépression.
Nervosité.	Insatisfaction, ennui.
Mal de dos.	Plaintes somatiques.
Fatigue.	Fatigue psychologique.
Maux d'estomac, indigestions.	Sentiments de futilité, d'inadaptation, faible
Insomnies.	estime personnelle.
Douleurs dans la poitrine.	Sentiment d'aliénation.
Angines, grippes et autres maladies.	Colère.
Difficulté à se lever le matin.	Répression, suppression de sentiments ou d'idées.
Eczéma, démangeaisons.	Perte de concentration.

Enfin, les comportements les plus fréquemment constatés sont les conduites à risque avec exposition volontaire au danger (travailleurs sur les chantiers, commerciaux au volant), l'intention de départ qui peut conduire à quitter l'entreprise, la consommation de produits nocifs (alcool, tabac, drogues), une modification de l'alimentation ou la volonté de mettre fin à ses jours. **Cette liste de signes constitue une voie d'entrée pour identifier le stress chez soi ou chez les autres.**

Les stratégies d'ajustement

Les stratégies d'ajustement prennent la forme d'efforts cognitifs et comportementaux destinés à s'ajuster aux sollicitations de l'environnement. Elles peuvent être tournées vers la situation stressante, vers l'évaluation cognitive, ou encore vers les manifestations.

Les stratégies orientées vers la situation stressante

Chercher à résoudre son problème reste la première façon de s'en sortir. Préparer puis affronter un entretien difficile plutôt que le différer, s'impliquer sur un point important mais pénible de son travail plutôt que traiter quelques urgences à faible enjeu et faciles à régler… voici autant de pratiques efficaces. La volonté d'agir dans ce sens peut faire défaut, une assistance extérieure peut alors se révéler utile.

La réappréciation

Elle vient d'une modification du regard porté sur une situation jadis stressante. Par exemple, dans les services de gérontologie, de cancérologie ou avec les patients atteints du SIDA, une grande partie de personnel vivait difficilement le décès des patients perçu comme un échec. Des formations, des groupes de parole et une évolution des normes de la société ont permis aux salariés de modifier leur façon de concevoir la situation (de la réapprécier) : leur métier ne consiste plus à guérir, à accompagner à la mort, voire à un projet de [fin] de vie. La mort d'un patient entre dans une forme de « normalité » et devient moins lourde à porter.

Stratégies orientées vers les manifestations

Certains jugent sage de consulter leur médecin à l'apparition de symptômes de stress. D'autres pratiquent la relaxation, le yoga ou des massages. Le sport peut également constituer un moyen de lutter contre les signes de stress en utilisant les ressources que l'organisme a produites pour faire face à une situation stressante. Le bon sens reste de mise : alors qu'une activité physique ou sportive modérée permet de lutter contre le stress, surcharger des journées de travail intenses avec un emploi du temps sportif exigeant contribue plutôt à accroître le stress.

Éléments de personnalité et stress : le cas du lieu de contrôle

Lorsqu'un individu est dit « lieu de contrôle interne », il considère que les déterminants de ce qui lui arrive sont en lui. S'il est, en revanche, « lieu de contrôle externe », ces déterminants sont extérieurs à lui : la chance, le destin, le système, etc.

Les « externes » ont probablement des stratégies d'ajustement moins efficaces que les « internes » (« inutile d'agir : ce n'est pas ma faute », diraient-ils en caricaturant). Au total, les « externes » ont, statistiquement, des niveaux de stress plus élevés que les « internes ».

Le soutien social : un mécanisme de prévention du stress

L'aide qui peut être apportée au salarié dans son travail constitue probablement un des meilleurs systèmes de prévention du stress. Les organisations gagnent à fournir des aides tangibles pour résoudre concrètement tel problème, mais aussi à assister émotionnellement leurs salariés. L'aide peut venir du manager, de la DRH (information, formation socialisation, aides au logement, à la scolarisation, gestion des difficultés de la famille – voir le chapitre « carrières internationales »). Attention, toutefois : certaines actions ont tendance à stigmatiser les salariés concernés et à entraîner des phénomènes de résistance par crainte de dévoiler une faiblesse professionnelle. C'est souvent le cas des formations à la gestion du stress notamment.

Comment gérer le stress professionnel ?

Face aux nombreuses causes du stress et aux différentes personnalités des salariés, comment développer des actions visant à contrôler le stress ? Il ne s'agit pas d'éradiquer le stress, qui est indispensable à la vie, mais d'amener ce stress à un niveau acceptable. Plusieurs voies d'actions se présentent lorsqu'on veut éviter les conséquences d'un stress néfaste.

Gestion personnelle du stress : les programmes d'aide aux employés (PAE)

Pépin (2001) énonce que « ces programmes visent à identifier, assister et soigner les employés qui sont aux prises avec des problèmes personnels (ex : alcoolisme, toxicomanie, épuisement professionnel, difficultés familiales ou financières) qui perturbent leur travail. Ces programmes permettent habituellement de réduire les coûts (Matteson, Ivancevich, 1987). Ils contribuent aussi à améliorer l'état de santé physique et psychologique des employés ainsi que leur rendement, et à réduire l'absentéisme (Schain, Groenveld, 1980) ». Des programmes d'aide au travailleur ont été introduits dans beaucoup d'entreprises ces dernières années. Ils peuvent revêtir de nombreuses formes : relaxation, pratique sportive, changement de comportement. C'est le cas par exemple de British Airways ou Unilever qui font suivre à leur personnel des cours de formation afin de lui apprendre à bien gérer son temps. IBM, en 2001, a tenté de répondre à la problématique du stress en proposant des activités ou des formations permettant de gérer les symptômes du stress (relaxation, distanciation de la pensée). Renault, depuis 1998, a mis en place un observatoire médical du stress, de l'anxiété et de la dépression (OMSAD) pour prévenir les risques de santé de son personnel. Toutes ces actions visent à réduire l'effet du stress négatif en augmentant la résistance des individus au stress. Toutefois, même si le fait de prendre en considération la pression ressentie au travail constitue déjà une avancée de la part des organisations, il semble primordial de développer des stratégies d'ajustement orientées sur les conditions de travail.

Les actions tournées vers l'organisation

Améliorer la communication

La théorie de l'équité implique que l'organisation rende publique sa politique afin d'expliquer clairement les critères sur lesquels se fonde l'entreprise pour augmenter un salaire, donner une promotion… en vue de ne pas développer des sentiments de non-confiance et de frustration vis-à-vis de l'organisation qui les emploie. Pour prévenir le stress, « l'entreprise doit informer honnêtement les candidats sur l'ensemble des exigences requises pour le poste à combler, sur l'organisation en général et sur la philosophie de cette dernière en ce qui concerne sa gestion du personnel » (Sékiou et Blondin, 1986). Toujours dans ce souci de justice, il est indispensable de fixer des objectifs, comme pour les quotas de vente chez les commerciaux perçus, tels que réalisables, désirables, équitables.

L'aménagement du temps de travail

Comme le souligne Colle (2005), l'offre d'espaces de choix en matière de temps de travail peut permettre de concilier les besoins de l'entreprise et les attentes des salariés. Grâce à cette liberté, le salarié se sentira moins stressé dans l'organisation de son travail et pourra ainsi mieux gérer sa vie familiale et professionnelle, souvent source de conflit. De plus, les travailleurs qui sont maîtres de leur temps de travail sont moins souvent absents, plus performants et plus attachés à leur entreprise (BIT, 1993).

Un développement de la participation des salariés et de l'autonomie

Le fait de laisser prendre des décisions aux salariés crée de nouvelles opportunités, notamment quand on leur laisse résoudre les problèmes par eux-mêmes. Ils jouissent de plus d'autonomie (contrôle), de sorte qu'ils peuvent faire varier ou modifier le rythme, le procédé, l'ordre et l'environnement dans lesquels est réalisé le travail. Comme le souligne le rapport du Bureau international du travail, l'une des façons les plus courantes de promouvoir l'autonomie consiste à rompre avec la structure hiérarchique traditionnelle des entreprises en déléguant des responsabilités à des équipes.

Bibliographie

ABORD DE CHATILLON E., DESMARAIS C. (2011), Le nouveau management public est-il pathogène ?, Actes du Congrès de l'AGRH, Marrakech.

BUREAU INTERNATIONAL DU TRAVAIL. (2003), « SOLVE : Adresssing Emerging Psychosocial Health-related Problems at Work », méthode de formation, Safeworks, Genève.

COLLE R. (2005), « L'amélioration du bien-être des salariés par les temps de travail à la carte », Actes de la première journée de recherche IREGE/AGRH, 7 et 8 avril 2005, Annecy.

EDEY GAMASSOU C. (2004), « Prévenir le stress et promouvoir l'implication au travail, un enjeu de gestion des ressources humaines », *Cahiers de recherche du CERGORS*, n° 01/04, 2004.

ETTINGTON D.R.(1992), Coping with Career Plateauing: «*Face the Facts*» vs. «Hope Springs Eternal», presented at Careers Division, *National Academy of Management Meetings*, Las Vegas, NV.

GREEN DH., ZENISECK TJ. (1983), « Dual Career Couples: Individual and Organizational Implications », *Journal of Business Ethics*, août, 2, p. 171.

GREENHAUS J.H., BEUTELL N.J. (1985), « Sources of conflict between work and family roles », *Academy of Management Review*, 10, 1, p.76-88.

HECHICHE- SALAH L., BOUSNINA-BOUALLEGUE Z. (2005), « Une relecture de la gestion des ressources humaines, propositions pour une gestion du stress », Communication présentée à la 1re journée de recherche IREGE/AGRH, Annecy, France, avril.

HOLLET S. (2001), « Une remise en cause des agents stresseurs du commercial : la notion de burnout », Communication présentée au 17e congrès international de l'AFM.

LATACK J.C. (1984), « Career transitions within organizations: an exploratory study of work, non work and coping strategies », *Organizational Behavior and Human Performance*, 34, 296-322.

LÉVY -LEBOYER G. (1995), « Repenser la gestion des carrières des cadres », *Revue française de gestion*, juin-août, p. 24-29.

LORIOL M. (2004), « Quand la relation devient stressante, difficultés et adaptations lors du contact avec les usagers », *Humanisme et entreprise*, 262, 1-18.

MOISSON V. et ROQUES O. (2005), « Stress et stratégies d'ajustement : une étude exploratoire sur les moyens de faire face développés par le service des urgences de nuit », Actes de la 7e Université de printemps de l'IAS, Marrakech.

OMESTEIN S. et ISABELLA L.A. (1993), « Making Sense of Careers: A review 1989-1992 », *Journal of Management*, 19 (2), p.243-267.

PÉPIN R. (2001), « Gérer le stress négatif au travail à l'aube du XXIe siècle », *Gestion*, vol. 25, n° 2, été 2000.

RHNIMA A. et GUÉRIN G. (2002), « Évaluation de l'efficacité du soutien du conjoint dans un contexte de conflits travail- famille », 39e Congrès de l'ACRI, Toronto/Ontario.

ROGER A. et TREMBLAY M. (1999), « Plateau objectif et subjectif de carrière, satisfaction et stress au travail », CEROG, WP n° 543.

ROQUES O. (1999), Les réactions des salariés en transition de carrière : une approche en termes de stress au travail, thèse de doctorat, IAE d'Aix-en-Provence, Université d'Aix-Marseille III.

ROQUES O., ROGER A. (2001), « L'influence du lieu de contrôle, du type A ou B et de l'étape de carrière sur le stress au travail : à la recherche d'une confirmation internationale », Communication n° 13, Institut d'administration des entreprises, p. 1-17.

SÉKIOU L., BLONDIN L., (1986), *Gestion du personnel*, Éditions 4L, Montréal.

Chapitre 26

Santé, équilibre et qualité de vie : responsabilité durable des managers

Jacques BOUVET, Anne-Marie de VAIVRE et Jean-Luc VERGNE

Il n'est pas de capital humain dans les organisations sans capital santé réel des collaborateurs, individuellement et collectivement, et aux trois sens de la santé telle que la définit depuis 1946 l'OMS, l'Organisation mondiale de la santé : santé physique, santé mentale, santé sociale.

Pour les années qui viennent, l'adéquation travail/santé – santé : équilibre et qualité de vie des personnes au regard des postes de travail occupés et de l'organisation du travail –, deviendra de plus en plus un levier majeur des politiques de ressources humaines comme du pilotage quotidien des activités par les managers : pour des raisons sociétales larges, dans le monde extérieur, comme pour des raisons propres au monde du travail.

Tout d'abord, parce que dans **le monde extérieur**, les attentes sociétales ont changé, et mettent de plus en plus l'équilibre de vie et la santé – santé individuelle, santé publique et aussi santé professionnelle – au cœur des aspirations, voire des droits de chacun. Tout citoyen/consommateur/salarié attend, voire exige des institutions qui régissent ses différentes tranches de vie, que chaque « morceau » d'environnement de vie qui lui est construit ou imposé par la cité/la société, les producteurs/distributeurs ou prestataires, les acteurs économiques et industriels, et précisément ses employeurs, ne dégrade pas son état de santé, mais contribue à maintenir, voire à développer et améliorer cet état de santé. Et chacun sait aussi que la sensibilité à la santé croît avec le vieillissement : l'enquête VQS, Vie Quotidienne et Santé 2007-2009 de l'INSEE, le montre clairement : deux personnes sur dix considèrent « être limitées un peu ou beaucoup dans les activités qu'elles peuvent faire en raison d'un problème de santé ou d'un handicap », et cette proportion croît sensiblement après 40 ans et surtout après 50 ans. Or, si le vieillissement est (encore) admis comme cause « normale » d'affaiblissement de la santé, toute « cause externe » de dégradation n'est plus admissible, et la responsabilité durable des institutions qui régulent la vie collective et sociale des personnes implique désormais non seulement qu'une offre de soins et un dispositif de réparation viennent réparer au mieux les accidents de santé, mais on attend aussi que tout soit fait par ces institutions pour éviter les atteintes et altérations de la santé des personnes. Les citoyens et consommateurs ou riverains s'organisent socialement, politiquement et judiciairement pour veiller à ce que les institutions respectent ce « care management » social et politique, et soient condamnées pénalement et civilement en cas de non-respect. Ce mouvement est une tendance mondiale qui mêle aspirations et préoccupations dans le monde du travail, comme dans le monde politico-institutionnel. Nous en donnerons deux exemples : la Suisse où, en 2007 par exemple, le conseil de l'État de Fribourg a officialisé dans son fonctionnement la pratique du « care management » dans les politiques santé sécurité vers les agents et collaborateurs, en miroir aux politiques de développement durable avec les citoyens. La Chine, elle aussi, évolue, y compris en matière d'environnement : en août 2011, des manifestants, riverains et travailleurs d'une usine pétrochimique polluante à Dalian, obtiennent la fermeture de l'usine.

Le « **monde du travail** » ne déroge pas au mouvement général, et les employeurs (en France et dans tous les pays développés, mais aussi dans les pays en développement) sont désormais interpellés par les salariés, individuellement et collectivement, juridiquement, judiciairement et syndicalement, mais aussi opérationnellement, pour que soient bien pris en compte la santé et le souci d'équilibre de vie des collaborateurs. Tous les employeurs sont concernés : les grandes entreprises (20 % de l'emploi privé), et les PME/TPE (80 % de l'emploi privé), les trois fonctions publiques (nationale, territoriale, hospitalière), et les EPIC et EPA (au total plus du tiers des salariés français), mais aussi les associations et organisations de l'économie sociale et solidaire. Les conflits du travail, individuels et collectifs, sur des thèmes de santé physique ou mentale touchent désormais tous les univers employeurs, et le survol des arrêtés des tribunaux d'instance comme de la Cour de cassation montre bien que c'est tout le monde du travail qui est interpellé, et se trouve en risque face à la montée en puissance des risques professionnels de la santé au travail.

En France, au tournant du siècle dernier, c'est le drame de l'amiante[1] qui a brutalement amené le champ des risques santé, risques à effets différés (par différence avec les risques à effets immédiats que constituent les accidents du travail) dans le champ de la conscience collective politique et médiatique, en même temps que dans celui de la responsabilité civile et pénale des chefs d'entreprise. (Sans gloser sur l'inertie des consciences, le premier signal sur les dangers de l'amiante ayant été donné au Ier siècle de notre ère par Pline l'Ancien, pour les esclaves romains ; et en 1898, une inspectrice du travail anglaise, Lucy Deane, relevait déjà le caractère nocif de l'amiante). Entre 1997 et 2005, c'était essentiellement le monde industriel français qui était ébranlé par le drame de l'amiante.

Dix ans plus tard, en 2008 avec le drame des suicides dans les entreprises et activités de services, privées, publiques ou post-publiques, c'était aussi le monde de l'emploi tertiaire qui commençait de prendre la mesure de la problématique et de sa responsabilité dans le domaine des risques flous de la santé psychosociale. La profession RH découvrant ainsi dans la douleur que la santé physique et mentale des collaborateurs était bien de sa responsabilité, en protection comme en proaction pour le bien-être individuel et collectif.

Responsabilité durable des RH en santé qualité de vie : les orientations à privilégier

Activités de type industriel comme activités tertiaires se sont ainsi retrouvées démunies face à la formidable émergence des défis « santé travail ». Pour les entreprises industrielles, les préoccupations se sont élargies, ont changé de nature, au moment même ou leurs effectifs se « tertiarisaient ». Certes, elles avaient depuis longtemps, pour certaines depuis les premières lois sociales de la fin du XIXe siècle, développé une culture de la prévention, plutôt centrée sur la sécurité, les risques « durs », à effets immédiats, les accidents de travail. Pour beaucoup, elles ont été totalement surprises par les nouveaux enjeux de santé, et surtout de santé mentale et d'équilibre de vie qui se sont brutalement imposés dans le paysage RH et management, dont on ne pouvait résoudre les problèmes à coup de prescriptions et de compliance.

---

1. Le drame de l'amiante en France : comprendre, mieux réparer, en tirer des leçons pour l'avenir, Rapport d'information parlementaire n° 37 (2005-2006) de Gérard Dériot et Jean-Pierre Godefroy.

Les activités et métiers tertiaires privés et publics n'ont pas eu cette culture industrielle de la prévention, et n'ont le plus souvent pas bénéficié de la formidable avancée que constitue l'analyse partagée des risques autour des postes et des situations de travail. Or, plus de 80 % de l'emploi en France est aujourd'hui non industriel : c'est dire si les départements RH du tertiaire, qui pour certains ont pris de plein fouet les vagues psychosociales, ont pu se trouver désorientés pour organiser des démarches adaptées.

Quelles orientations et principes privilégier aujourd'hui pour un responsable RH ?

Tout d'abord, un retour systématique aux deux principes rappelés par Peretti : l'approche **contingentielle**, c'est-à-dire la prise en compte de l'ensemble des paramètres et défis venant tant de l'interne que de l'externe, et le **rôle essentiel et stratégique d'interface** des RH entre toutes les fonctions et parties prenantes des entreprises et organisations.

Appliquant ces principes aux enjeux actuels de santé travail – santé physique, mentale et sociale –, nous pouvons en tirer quelques vigilances de fond et guides pour l'action :

1re vigilance : élaborer une politique « santé travail/équilibre et qualité des conditions de vie » sous toutes les dimensions de la santé, et pas seulement celles que l'on maîtrise mieux (les seules « maladies professionnelles du tableau », ou les seules perceptions psychosociales, qui risquent, les unes et les autres, d'être l'arbre qui cache la forêt). La santé est une, dans sa multifactorialité même, et s'il faut certes accorder une grande importance à la santé au poste de travail et dans l'environnement de travail, les paramètres personnels de la personne (son « aptitude » au sens large, et pas au sens restreint du tampon apte/inapte issue légale des visites médicales) sont essentiels à prendre en compte : cette adaptation individualisée aux aptitudes (physiques et mentales) de chacun est désormais la règle légale au regard du handicap (loi pour l'égalité des droits et des chances, la participation et la citoyenneté des personnes handicapées), elle ne pourra que s'imposer et s'étendre lorsqu'il va s'agir de prendre en compte l'usure professionnelle et le vieillissement au travail. Le responsable RH paraît le mieux placé pour œuvrer à cette approche système de la santé et qualité de vie au travail, dans la durée, et dans l'ensemble des paramètres. Ce n'est pas encore le cas aujourd'hui, notamment parce que les formations RH en France n'intègrent à peu près pas les dimensions santé travail, et aussi parce que souvent, les RH sont devenues au fil du temps une discipline d'expertise gestionnaire : gestionnaire de rémunérations, de carrières, de formations, de compétences… en ayant parfois perdu les capacités d'écoute et d'implication positive auprès des personnes dans leurs situations de travail.

2ᵉ vigilance : ré-internaliser les politiques santé-équilibre/organisation de vie-travail, et leur (re)donner leur dimension stratégique. La visée de la santé équilibre de vie au travail est un fantastique levier de création de lien social et d'implication positive[1], pour les opérationnels et le terrain comme pour les RH et les dirigeants. Or, jusqu'ici son traitement a été le plus souvent soit léger ou même inexistant, soit purement technique, délégué en interne à des services QSE centrés sur l'expertise technique et « applicateurs de normes » (et plutôt dédiés à la seule sécurité), ou enfin externalisé à des services interentreprises de santé au travail, à qui l'on demandait essentiellement le tampon « apte/inapte », alors même que la loi les enfermait dans ce tampon légal.

Le cadre légal vient de changer avec la loi du 20 juillet 2011 relative à l'organisation de la médecine du travail et ses décrets d'application permettront sans doute de redonner un sens plus réel et plus actif à la notion d'aptitude et aux « visites d'aptitudes ». Pour être véritablement efficace, suivie d'effets et d'implication, une politique d'entreprise en santé qualité de vie doit être impulsée au plus haut niveau : chez SUEZ, puis GDF-SUEZ, depuis des années, c'est à la fois le président et le conseil d'administration qui « donnent le la » en matière de prévention et de politique de santé au travail, et la santé et les systèmes de management sont en symbiose et intégrés dans un même pilotage. Bien plus tard, en février 2010, dans un rapport commandé par le Premier ministre en réaction aux vagues suicidaires de France Télécom et autres grandes structures, deux dirigeants patronaux et un représentant du CESE rappelaient que « l'implication de la direction générale et de son conseil d'administration est indispensable » et formulaient dix propositions pour améliorer la santé psychologique au travail[2].

3ᵉ vigilance : fédérer et organiser les coopérations en santé qualité de vie au travail. C'est sur cet axe que travaille depuis 2006 le Cercle Entreprises et Santé que nous avons impulsé, et qui réunit des dirigeants et responsables d'une quinzaine de grandes entreprises[3] : maillage, décloisonnement d'experts, organisation non seulement de coordinations, mais mieux, des coopérations avec tous types d'acteurs.

---

1. Voir A.-M. de Vaivre et J. Bouvet, « Retrouver du lien social dans l'entreprise : le cercle vertueux des politiques de santé au travail », *in Tous vertueux*, sous la direction de J.-M. Peretti, 2010, chap. 21.
2. Rapport Lachmann, Larose, Pénicaud, « Bien-être et efficacité au travail », février 2010, rapport fait à la demande du Premier ministre.
3. Voir « Réinventer la santé au travail », Compte-rendu de conférence débat, Cercle Entreprises et Santé, École de Paris, juin 2010

Figure 26.1. – Élaboration et mise en œuvre de politiques de santé au travail

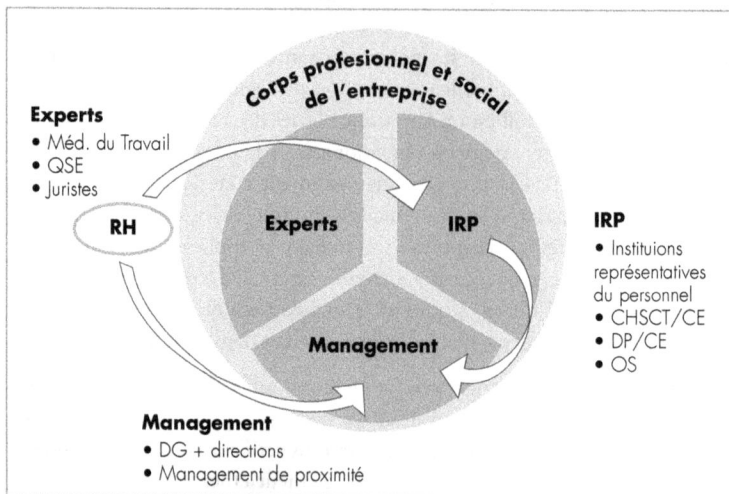

Ceci implique pour les RH d'ouvrir leur rôle au-delà des dimensions gestionnaires ou d'expertise pour organiser les coopérations entre acteurs. En effet, sur les thèmes sensibles, et en visée d'amélioration, **la prévention et la promotion de la santé qualité de vie ne se décrètent pas, elles se co-construisent, autant par l'action collective que par l'implication et la responsabilisation individuelle.** Certes, les procédures et les outils sont indispensables : sans DUER – Document unique d'évaluation des risques – pas d'approche solide possible. Un effort important est à faire, à la fois pour développer la rigueur dans la prise en compte de la santé, et la pédagogie dans l'action et la prévention, et aller au-delà des techniques, expertises et procédures, comme dépasser dans les approches médicales traditionnelles des médecins du travail leurs tendances pathologisantes, jouer au mieux avec les services externes interentreprises de santé au travail, véritables partenaires – et pas simplement prestataires ou guichets d'aptitudes –, promouvoir les experts en prévention dans des approches tout aussi efficaces mais plus stratégiques, développer le rôle et la qualité des CHSCT et du dialogue social sur ces thèmes en développant aussi le dialogue opérationnel et les coopérations sur le terrain.[1]

La réussite sera au prix de ces efforts en esprit-projets, et de cette ténacité dans une pédagogie quotidienne de la qualité de vie et de la santé au travail,

---

1. Voir C. Goux, A.-M. de Vaivre, « RPS, pénibilité, mieux articuler dialogue social et dialogue opérationnel », avril 2011.

et il semble bien que ce soit au RH de jouer ce rôle d'orchestrateur des énergies et compétences.

4ᵉ vigilance/axe d'action pour les RH : constamment réexaminer et **réajuster l'adaptation personne et poste/organisation du travail** sous l'angle des impacts/risques, mais aussi atouts pour la santé et l'équilibre de vie de l'individu, et de l'équipe. Pour mieux appréhender cette interface personne/poste-organisation, c'est un véritable lifting de la **notion d'aptitude** qu'il va bien falloir envisager, à la fois pour la « positiver » lorsqu'elle s'applique aux personnes individuelles, mais aussi pour développer une notion nouvelle d'**aptitude collective**, et de **solidarité et combinaison d'aptitudes**, car c'est aussi l'équipe, le collectif qu'il convient de promouvoir, pour les compétences, comme pour les aptitudes : clé de la sécurité et clé d'un confort de travail et de fonctionnement collectifs. Décriée par d'aucuns, parce que devenue uniquement administrative et binaire, apte ou inapte, sésame ou couperet administratif, estampillée légalement par la médecine du travail, cette notion est potentiellement riche, et sa bonne prise en compte permet de remettre la personne au cœur des postes de travail. Partant de l'esprit et des démarches propres à l'intégration du handicap et des aptitudes spécifiques des personnes en situation de handicap, la direction Santé de Véolia propreté a ainsi étendu le concept d'aptitude, pour permettre à tout salarié, en situation temportaire ou durable de restriction d'aptitude, de pouvoir s'intégrer à l'emploi et au poste de travail avec les aménagements nécessaires de poste et d'organisation. Pour l'avenir, et compte tenu des enjeux de vieillissement de la population au travail, il sera nécessaire aussi, non seulement de revoir et mieux utiliser **la notion d'aptitude et d'évolution d'aptitude** (du fait de maladie, mais aussi du fait simplement de grossesse, qui n'est pas une maladie..., les restrictions d'aptitudes peuvent être réversibles), mais aussi de mieux articuler GPEC et aptitudes, et pourquoi pas de développer dans les organisations une véritable **GPECA** (Gestion prévisionnelle des emplois, des compétences et des aptitudes), tenant compte notamment du vieillissement.

5ᵉ vigilance de pilotage RH des programmes Santé Qualité de vie : revoir les attitudes RH pour à la **fois mieux prendre en compte la personne dans son individualité et les particularités de son capital santé et dépasser les approches catégorielles.** C'est là une tendance de fond que nous avons déjà évoquée en matière de diversité : la diversite des âges et des « statuts de santé » va impliquer une meilleure individualisation de la GRH, pour adapter au plus juste le travail, l'organisation et les postes de travail, et la santé des personnes. Les prescitptions légales issues de la loi de novembre 2010 sur les retraites, dans ses titres relatifs à la pénibilité, vont aussi pousser dans ce sens : chaque travailleur devra pouvoir disposer de son dossier médical personnel en santé au travail, assorti de surcroît, si son poste de travail est entaché de pénibilité (et l'on sait que la notion, nouvelle en droit français, connaîtra au fil des temps un périmètre et des acceptions qui vont varier), d'une fiche de traçabilité des expositions aux risques professionnels dont l'employeur (et son DRH) seront juridiquement responsables.

Par ailleurs, de réelles avancées ont été faites en RH ces dernières années par des approches plus segmentées des populations au travail au-delà des statuts, des métiers, des catégories, approches par classes d'âge, prise en compte des seniors et de la notion d'usure professionnelle, des juniors, les Y et de leurs aspirations spécifiques. Ces premières approches en prisme – même si l'on peut s'interroger sur les dérives « agistes » et « genristes » selon l'expression de Maurice Thévenet – sont néanmoins intéressantes car elles nuancent le regard et les démarches. On peut peut-être en ce sens appeler encore une autre (r)évolution, comme cela a été le cas dans le marketing des années 1970-1980 : approches et segmentations/nuances non seulement selon des critères socio-démographiques (âge, genre, niveau de forma-tion…) mais aussi socio-culturels : types d'aspirations, modes de vie. C'est là encore aux RH, aux responsables Innovation RH, qu'il conviendra d'éclairer le chemin, et particulièrement dans les programmes de formation à développer, comme dans le suivi des parcours professionnels des personnes. La formation est essentielle, elle doit aussi être adaptée aux apti-tudes, aux compétences et aux aspirations de chacun, pour optimiser le fonctionnement et le confort collectif qui vont permettre la double perfor-mance de qualité de vie et de qualité de résultat économique.

La santé équilibre et qualité de vie au travail est encore une idée neuve en France.

De la même façon que la vague des risques psychosociaux a surpris une majo-rité de nos RH et politiques dans les années 2007-2009 (alors que l'OSHA, l'agence européenne de santé au travail, donnait tous les indicateurs en ce sens pour tous pays européens depuis un bon moment), le concept, les approches et les méthodes de santé positive au travail n'ont pas encore diffusé dans nos organisations, et l'on observe encore moult dérives, occultations ou biais, voire erreurs dans les programmes mis en œuvre : court-termisme, réponses unique-ment juridiques ou procédurales sans intégration des dimensions prospectives et des changements de fond dans les attitudes et attentes des salariés dans leur relation au travail et leur relation à leur propre capital santé.

En même temps, les signaux faibles se faisaient en fait de plus en plus forts pour inciter à intégrer totalement et profondément les enjeux de santé travail dans les politiques RH : nos voisins nord-européens – et aussi proches et francophones, belges, suisses et nord-américains –, confrontés peut-être avant nous à la pénurie de main-d'œuvre et de vieillissement, avaient depuis un bon moment déjà pris la mesure des enjeux de santé mentale et d'une vraie prise en compte de la personne – et pas seulement de la gestion du capital ou de la ressource humaine. Les agences européennes (OSHA) et américaines (NIOSH), mais aussi l'OIT, Organisation internationale du travail, établissaient à l'attention des employeurs études comparatives, guides et, en France, des organismes dédiés (INRS, ANACT, INVS, ANSES, IRDES[1]...), mais aussi des laboratoires de recherches étudiaient le monde du travail dans partie ou tout de ses composantes santé, et proposaient analyses et changements.

Les institutions patronales s'enlisaient dans un « dialogue social », plus en affrontement qu'en dialogue, sur la « pénibilité », aboutissant en novembre 2010 à un encadrement législatif qui, faute d'accords entre partenaires sociaux, entérinait dans la loi retraites un concept de « pénibilité » que la France est à peu près seule à développer, lourd de risques juridiques, et soulignant une prise en compte de la santé essentiellement par le biais de la réparation ou de la compensation financière, occultant les visées de prévention et de promotion de la santé au travail.

La diffusion de la RSE en France, les obligations de reporting développement et responsabilité durables vont sans doute faire évoluer les communications et comportements des entreprises et organisations, et les inciter à intégrer ou enrichir, dans leurs rapports annuels et communications, des données sociales intégrant un volet « santé équilibre et qualité de vie au travail, et conditions de vie au travail ». Reste à ne pas mélanger diagnostic et action, efforts et résultats, chartes et réalité.

Dans le climat complexe qui est le nôtre aujourd'hui autour de ces questions de santé équilibre et qualité de vie, que peuvent faire les managers, quel peut être leur rôle ?

Responsabilité durable des managers en santé qualité de vie : pistes pour une pédagogie au quotidien

Certes, le rôle du management est premier : dans les équipes et les fonctionnements, c'est lui qui tient le diapason, donne l'exemple et donne le ton du quotidien, pour l'activité, pour le résultat économique et opérationnel, et pour le climat dans les équipes.

---

1. INRS : Institut national de recherche pour la sécurité ; ANACT : Agence nationale pour l'amélioration des conditions de travail ; INVS : Institut national de veille sanitaire ; ANSES : Agence nationale de sécurité sanitaire de l'alimentation, de l'environnement et du travail ; IRDES : Institut de recherche en économie de la santé.

La tentation alors peut être grande de se dédouaner sur le management et l'encadrement intermédiaire de difficultés et de stresseurs qui tiennent en fait à la conception même de l'organisation dans ses différentes facettes, ou à de mauvais choix de pilotage. Les risques psychosociaux ne sont pas bien nommés : en réalité, ils sont plutôt socio-organisationnels (de Vaivre, 2011). La tentation peut être de développer une injonction paradoxale de plus, en en « rajoutant une louche » dans les objectifs des cadres et managers, en leur demandant d'être toujours autant exigeants en matière de performance économiques, financières, opérationnelles, avec en plus une tranche d'objectifs complémentaires pour eux, celle du bien-être des collaborateurs et de la bonne ambiance dans l'équipe. Sans autre forme de moyens et d'appui, ou peut-être avec une procédure de plus et avec un critère d'évaluation complémentaire à la clé. Est-ce une bonne solution ? Sur ces questions de santé qualité de vie, le risque est réel de voir certains dirigeants passer du déni (pendant longtemps, les RPS, tels le nuage de Tchernobyl, se sont arrêtés aux frontières de la France…) à l'activisme, sous forme de kits, de chartes, de procédures, d'enquêtes sans fin et sans suivi de délégation voire de fausses responsabilités.

Oui, le rôle des managers et des cadres est essentiel pour la protection de la santé et la promotion de la qualité de vie au travail des équipes et des personnes. Non, ils ne peuvent en assumer seuls la responsabilité : toutes les responsabilités sont engagées, celles des opérateurs, chacun individuellement et collectivement dans les équipes au travail. Responsabilités des dirigeants qui choisissent l'organisation, sa structuration et ses hommes-clés. Responsabilités des experts qui diagnostiquent et conseillent, celles des juristes qui préparent et défendent les dossiers, et celles des cadres qui orchestrent les moyens au service des objectifs. Construire du confort de vie au travail demande du temps, de l'attention aux personnes comme à l'organisation, au contenu du travail comme aux situations de travail, demande aussi le droit aux tâtonnements et à de constants réglages et ajustements. Le chemin sera long, dialoguant. Il requiert des outils (le DUER, les analyses de risques sont de précieux outils), une intégration de compétences complémentaires (médicales, techniques, ergonomiques, organisationnelles, managériales…), de l'attention et de l'écoute et, aussi et surtout, de formation et d'accompagnement.

Oui, la santé – équilibre et qualité de vie au travail – est bien sortie des cabinets de médecine du travail et des bureaux des hygiénistes et préventeurs. Si, sur la base des apports de ces experts, elle est désormais l'affaire de tous, ce sera beaucoup aux responsables de RH de développer la pédagogie et la formation ainsi que l'apprentissage collectif qui feront évoluer positivement la performance dans l'humain, fruit d'un progrès des organisations conjointement dans leurs structures et dans leur vie interne.

BIbliographie

ALBERT E., BOURNOIS F., DUVAL HAMEL J., ROJOT J., ROUSSILLON S. et SAINSAULIEU R. (2006), *Pourquoi j'irais travailler ?*, Eyrolles.

ASKENAZY P. (2004), *Les Désordres du travail*, Seuil.

DE BROUWER C. (2008), *Le Problème de la santé au travail : protection des travailleurs ou nouvel eugénisme ?*, L'Harmattan.

CLOT (2006), *La Fonction psychologique du travail*, PUF.

DEJOURS C. (2009), *La Souffrance en France, banalisation de l'injustice sociale*, Points Seuil.

DE VAIVRE A.M. (2011), « Risques psychosociaux ?... ou impacts santé de risques socio-organisationnels ? – Les 5 âges de la prévention des risques psychosociaux », *Qualitique*, février.

DEJOURS C. (2010), Auditions au Sénat.

DESROCHES A., LEROY A., VALLÉE F. (2003), *La Gestion des risques (principes et pratiques)*, Hermès Science Lavoisier.

DEVALAN P. (2006), *L'Innovation de rupture*, Hermès Science Lavoisier.

DUPUY F. (2011), *Lost in Management*, Seuil.

DE GAULEJAC V. (2011), *Travail, les raisons de la colère*, Seuil.

KOLITKI M.-J., BOLZINGER J.-F. (2010), *Pour en finir avec le Wall Street management*, Éditions de l'Atelier.

PERETTI J.-M. (2011), *Ressources Humaines*, 13ᵉ édition, Vuibert.

THÉVENET M. (2007), *Le Plaisir de travailler*, Eyrolles.

Chapitre 27

Redessiner l'organisation du travail

Alan JENKINS

Redessiner l'organisation du travail afin d'améliorer les motivations, la qualité de la vie et aussi l'efficacité de l'organisation ? Peut-on « reengineer » le travail en revalorisant les contributions des salariés ?

C'est un défi considérable pour les partenariats de l'encadrement et la fonction ressources humaines, défi qui demande beaucoup de lucidité et une « bonne analyse de l'existant ». Pourtant, l'effort vaut l'investissement : comme le montrent les recherches aux USA sur les « high performance work systems » et le « empowerment », une telle restructuration peut contribuer fortement à l'amélioration de la qualité et de la productivité tant dans l'industrie que dans les services (Ichniowski *et al.*, 1996 ; Datta *et al.*, 2005 ; Liao *et al.*, 2009 ; Menon, 2001). Mais à condition qu'elle soit accompagnée d'une GRH cohérente et adaptée.

Dans ce bref chapitre, on se penchera sur « le pourquoi, le quand et le comment ? » des tentatives de réorganisation du travail, ou de « work redesign », en suivant les recherches de J.R. Hackman et ses collaborateurs (Hackman et Oldham, 1980 ; Hackman, 2002).

Pourquoi et quand ?

Tout d'abord, et très simplement, pour répondre à cette interrogation il faut avoir une vue très claire des problèmes éventuels, et de l'opportunité d'un changement organisationnel, en ce qui concerne :

▶ l'efficacité – les niveaux de performance des salariés (individuellement et collectivement) ;

▶ la motivation « intrinsèque » des salariés dans leur travail individuel et collectif ;

▶ leur satisfaction en ce qui concerne le contexte organisationnel de leur travail, un contexte de rapports hiérarchiques (sereins ou pas) et de pratiques en GRH (stimulantes ou pas).

Avant tout, il faut établir si de tels problèmes et opportunités existent, et s'il est probable que l'organisation du travail soit une cause principale de difficultés ou du moins un tremplin intéressant pour un changement. Notre diagnostic doit essayer de clarifier l'impact sur A, B et C du contenu du travail – d'un ensemble de tâches – d'une part, et des « facteurs extrinsèques » (rémunération, style de supervision, rapports de coordination avec les collègues, etc.), d'autre part. En second lieu, on devra établir, pour chaque type de poste ou de fonction « critique », ou à problème, les tâches et les activités essentielles pour :

▶ l'amélioration des compétences clés de l'entreprise ;

▶ le développement des individus du département ou de l'unité concerné.

Figure 27.1.

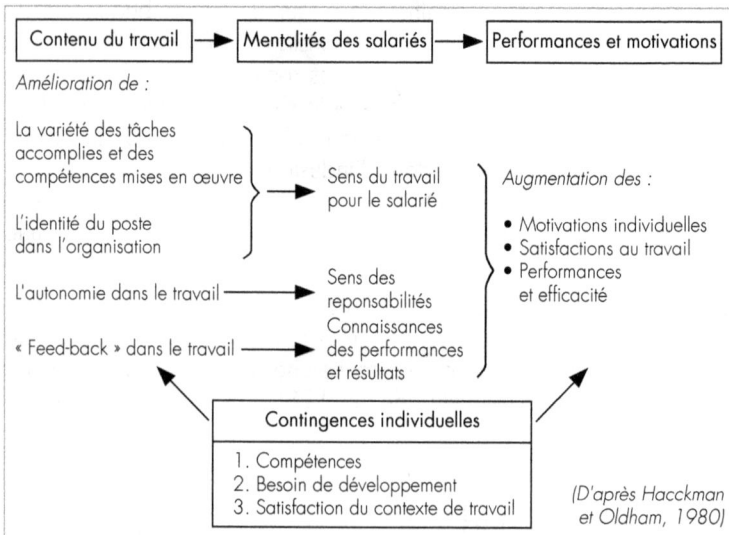

(D'après Hackman et Oldham, 1980)

Ceci demande non seulement un travail de prévision élaboré en commun par l'encadrement direct et la fonction ressources humaines (RH) sur les flux et les processus de travail et le plan de formation, mais aussi une connaissance approfondie des besoins et potentiels des salariés. Sans cette connaissance et sans une très large concertation avec les salariés et leurs représentants dans l'entreprise nous prenons tous les risques « classiques » d'une approche purement « top-down » – inadéquation des propositions d'amélioration, et donc également émergence de fortes résistances ou d'attitudes de non-coopération ou de rejet.

S'il est clair que les problèmes de performance et de motivation sont dus principalement au contenu même du travail, au travail en soi, l'étude d'une possible redéfinition et redistribution des tâches peut commencer.

Mais avec quelles hypothèses de base ?

Comme l'ont montré Fried et Ferris (1987) dans leur synthèse, plusieurs psychologues considèrent avoir établi des rapports de causalité entre contenu du travail, mentalités des salariés et performances.

Pourvu que les effets médiateurs des « contingences individuelles » des salariés soient favorables – et ceci est très important – une action sur les quatre dimensions du contenu du travail peut jouer d'une façon positive sur leurs états psychologiques et, par conséquent, leurs motivations et leurs performances.

Concrètement cette action peut prendre plusieurs formes. En voici quelques-unes :

Figure 27.2.

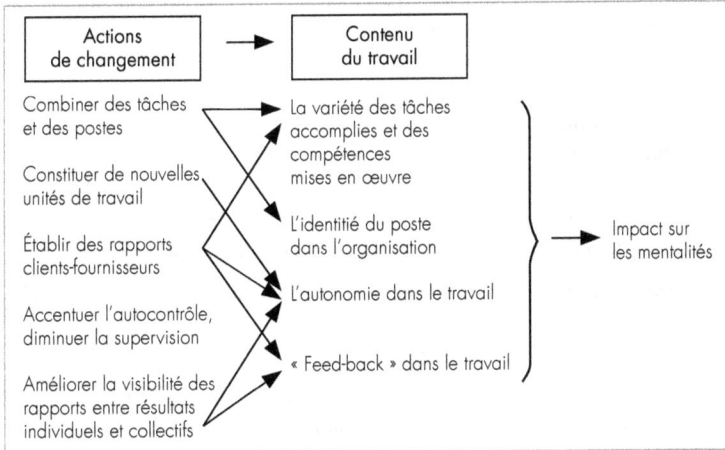

Il est évident que les initiatives figurant à gauche du schéma correspondent à un enrichissement et élargissement des tâches. Cependant, elles peuvent s'insérer également dans une démarche beaucoup plus ambitieuse qui vise à reconstituer les rapports de travail autour d'un projet – l'amélioration du management de la qualité, la réduction du temps de travail, le *re-engineering* d'un processus entier, etc.

Comment ? La faisabilité

Les instances impliquées dans la mise en place du projet doivent être très claires sur leur objectif. Est-ce l'enrichissement et l'élargissement d'un certain nombre de fonctions et de postes existants – l'accent étant mis soit sur une augmentation « horizontale » du nombre de tâches à effectuer, soit sur une responsabilisation « verticale » accrue du « job ». Ou bien s'agit-il d'une plus radicale restructuration du travail autour des collectivités, des équipes ? Dans les deux cas, plusieurs contingences organisationnelles vont conditionner notre choix :

– les avis des salariés, mais aussi leurs compétences, besoins et potentiels ;

– le degré d'impact des deux types de changements sur les processus et les flux de travail ;

– les technologies au cœur de ces processus.

L'enrichissement, l'élargissement

Dans le cas d'une restructuration de postes individuels, deux interrogations cruciales s'imposent quant aux compétences des salariés, d'une part, et des systèmes organisationnels, d'autre part : quelle est la proportion des salariés aptes à développer les connaissances et compétences essentielles et également prêts à s'investir dans la polyvalence ? Le calcul de cette proportion repose bien entendu sur l'accumulation d'informations très complètes sur les salariés, ce qui requiert la constitution d'une solide base de données de la part de l'encadrement direct et du service RH (données sur les performances, formation, entretiens d'évaluation, bilans de potentiel…). De plus, cette analyse exige que l'encadrement soit vraiment à l'écoute des salariés et de leurs représentants et qu'existent de véritables dispositifs pour la collection des informations.

Si les exigences du travail évoluent plus rapidement que les hommes et les femmes, les réorganisations seront vouées à l'échec. De plus, on ne peut pas « responsabiliser » les salariés si l'on ne comprend pas de manière très claire :

– quelle est la vraie valeur, *pour eux*, de la nouvelle autonomie et des nouvelles charges de travail que l'on souhaite leur confier ;

– quelles sont les formes de « feedback » – sur le développement de leurs compétences et sur leurs nouvelles responsabilités – les mieux adaptés aux différents groupes de salariés.

Comment fournir le meilleur soutien organisationnel à cette nouvelle polyvalence, cet enrichissement ? Une réponse pointue à cette question est indispensable, plusieurs recherches montrant que l'échec des changements dans l'organisation du travail provient très souvent d'un manque de soutien, ou d'une conception trop étroite de celui-ci (Ichniowski *et al.*, 1996).

Parmi les points importants :

– ne pas craindre de repenser les contraintes et opportunités technologiques et logistiques de manière imaginative ;

– bâtir une maîtrise d'animation (et moins de contrôle) qui renforce les nouvelles autonomies à la base (Millot et Roulleau, 1990) ;

– entamer avec les partenaires sociaux un projet de simplification des classifications afin de privilégier la mobilité interne ainsi que des ouvertures de « carrière » (si possible) à tous les niveaux hiérarchiques ;

– formuler une « stratégie de récompense » (Peretti et Roussel, 2000) compatible avec les nouvelles exigences du développement des compétences.

Toutes ces tâches impliquent une étroite collaboration entre l'encadrement « client » et la fonction RH, et ceci tant sur le plan stratégique que sur le plan opérationnel.

Les équipes autonomes

Depuis longtemps, dans l'industrie mais aussi dans les services, les équipes autonomes constituées en cellules de production gagnent du terrain, grâce en partie à l'essor du « total quality management ». Ils offrent quelques pistes pour une « solution » aux problèmes de qualité et de démotivation endémiques au système taylorien. Ils offrent aussi pour certains le véritable noyau d'une structure organisationnelle mieux adaptée aux environnements complexes et changeants – l'organisation qualifiante, le « high performance work systems ». Cependant, leur mise en place est très délicate et parfois orageuse : les expériences des années 1970 et 1980 nous ont montrées combien il est difficile de simplement « greffer » de tels organismes sur des organisations qui reposent, au fond, sur des normes et des pratiques bureaucratiques et directives (Jenkins, 1994).

Comment éviter donc les difficultés liées à ce type de réorganisation du travail ? Les conseils ci-dessus pour l'enrichissement des postes sont valables également pour les équipes car celles-ci exigent, en général, une polyvalence accrue. Pourtant, la création des équipes semi-autonomes donne naissance à de nouveaux facteurs dans l'entreprise avec tout ce que cela implique : nouveaux centres (et groupements) d'intérêts, nouvelles compétences collectives, de nouveaux rapports complexes entre performance individuelle et performance de groupe et entre salarié et manager. Dans certains cas, c'est toute la configuration des pouvoirs internes d'une unité qui peut être déséquilibrée. Le défi managérial est donc considérable et deux points sur la préparation d'un tel projet s'imposent :

▶ il est très important de consacrer suffisamment de temps de réflexion à la taille optimale de l'équipe, la nature de ses tâches collectives et à sa composition, bien avant la phase de démarrage. Une équipe est un mélange délicat de personnalités et de compétences, et il n'existe pas, bien entendu, de formule magique de la réussite : pour que le groupe développe sa propre méthode de travail efficace, une très bonne préparation de son « cycle de vie » est indispensable ; dialogue, discussion, réflexion collective sur les choix « sociotechniques » et sociaux à mettre en œuvre ;

▶ il est également important de reconnaître, dès le départ, le rôle essentiel du leader qui « gèrera les frontières » fonctionnelles et humaines du groupe ainsi qu'orienter son travail quotidien. C'est un rôle d'animation, de médiation et de contrôle que l'organisation devrait créer avec énormément de soin, prenant le temps de bien recruter et de bien former.

Afin de promouvoir la réussite du groupe, le « team leader », tout en motivant ses équipiers, devra surveiller attentivement les contingences – à la fois internes et externes – qui *conditionneront les performances de son groupe* et, également, les indices de ces performances en temps réel (Hackman, 2002). (Il convient de mettre en place des tableaux de bord visibles à tous ceux qui recensent des données à la fois techniques et sociales). Parmi les contingences importantes, il faut citer :

▶ la clarté et l'importance des objectifs du groupe pour les individus membres ;

▶ les normes d'activité établie, au fur et mesure, par l'équipe dans son travail. Le degré de « maturité » du groupe et de ses membres ;

▶ la rémunération de l'équipe en tant qu'acteur « autonome » ;

▶ les modalités de sa formation et son animation ;

▶ la gestion de ses ressources venant des « partenaires » intérieurs et extérieurs (en matériaux et en information).

Le partenariat de l'encadrement direct et du département des ressources humaines aura la responsabilité d'assurer qu'il existe *une cohérence*, une adéquation, entre les rapports d'autorité ainsi que les systèmes de GRH à l'extérieur de l'équipe, et le niveau d'implication souhaité de la part des équipiers. Fucini et Fucini (1992), dans leur longue analyse de la vie difficile – et parfois impossible – des équipes autonomes chez Mazda aux USA montrent très clairement le prix élevé qu'il faut payer lors d'un manque de cohérence sur ce plan – qualité, productivité et motivation en baisse, stress, absentéisme et *turn-over* en hausse.

Il sera logique de mettre en place un véritable sous-système de GRH, décentralisé au niveau de l'équipe, afin de mieux gérer son développement. Des tableaux de bord de performance – comme chez Renault et d'autres entreprises industrielles – facilitent « l'autogestion » du groupe. Ils rendent possible également des *comparaisons* systématiques et donc une meilleure diffusion des méthodes de travail innovatrices qui ont été développées par les équipes elles-mêmes – c'est-à-dire un véritable processus d'apprentissage organisationnel.

Parmi les indices importants :
- le niveau d'énergie et d'effort dépensé dans le travail (changements et évolutions aux niveaux individuels et collectifs) ;
- la qualité des compétences et des connaissances utilisées (individuelles et collectives) ;
- la qualité des méthodes de travail développées, et le progrès de l'apprentissage au sein de chaque équipe.

Si une entreprise ne peut pas, ou ne souhaite pas, assurer la mise en place d'une telle GRH, le projet de reconstitution de la structure organisationnelle en équipes sera probablement, tôt ou tard, menacé. Dans ce cas des projets d'élargissement et d'enrichissement de tâches – plus modestes en termes de ressources et de temps, mais marquant l'amorce de changements plus radicaux – seront vraisemblablement plus adaptés à l'entreprise et ses salariés.

Bibliographie

DATTA *et al.*, (2005) « Human Resources Management and Labour Productivity: Does Industry Matter ? », *Academy of Management Journal*, Vol. 48.

FRIED Y. et FERRIS G., (1987) « The Validity of the Job Characteristics Model: a Review and a Meta-Analysis », *Personnel Psychology*, n° 40.

FUCINI J. et FUCINI S., (1992), *Working for the Japanese*, New York, The Free Press.

HACKMAN J.R. et OLDHAM G. (1980), *Work Redesign, Reading*, Addison Wesley.

HACKMAN J.R. (2002), *Leading Teams: Setting the Stage for Great Performances*, Boston, Harvard University Press.

ICHNIOWSKI C. *et al.*, (1996), « What Works at Work? Overview and assessment », *Industrial Relations*, Vol. 35, n° 3.

JENKINS A. (1994), « Teams: from Ideology to Analysis », *Organization Studies*, décembre.

LIAO H. *et al.*, (2009), « Do They See Eye to Eye? Management and Employee Perspectives on High Performance Work Systems and Influence Processes on Service Quality », *Journal of Applied Psychology*, Vol. 94, n° 2.

MENON S. (2001), « Employee Empowerment: an Integrative Psychological Approach », *Applied Psychology: an International Review*, vol. 50, n° 1.

MILLOT M. et ROULLEAU J.-P., (1991), *Transformer l'organisation du travail*, Éditions d'Organisation.

PERETTI J.-M. et ROUSSEL P. (Eds.), (2000), *Les Rémunérations : politiques et pratiques pour les années 2000*, Vuibert.

Partie 7

NÉGOCIER

Aujourd'hui, les responsables hiérarchiques participent de plus en plus activement au dialogue social dans leur organisation et sont impliqués à leur niveau dans les négociations décentralisées. La qualité des relations sociales dans l'entreprise dépend beaucoup de la conception que les responsables hiérarchiques se font du syndicalisme. La hiérarchie doit connaître l'intérêt et les limites des négociations et du dialogue social dans l'entreprise. Pour le réussir, elle doit connaître les logiques et les modes d'action des syndicalistes. Ce chapitre propose deux regards pour l'implication de la hiérarchie dans le dialogue social.

Connaître les logiques et modes d'action des syndicalistes est essentiel pour bien « gérer ses délégués ». Michèle Millot et Jean-Pol Roulleau, auteurs de *Les Stratégies syndicales* présentent les logiques syndicales bien distinctes des cinq confédérations et les vraies sources du pouvoir syndical.

Faciliter une négociation responsable : un engagement personnel et organisationnel. Les responsables RH sont sensibilisés depuis longtemps à la négociation, à sa complexité individuelle et collective et à ses divers enjeux. Alain Lempereur propose les modalités d'une montée en compétences de tous, managers et dirigeants, comme négociateurs.

« En revenant au terrain, à l'atelier, au bureau, il apparaît nécessaire de reprendre une habitude perdue, celle de discuter, en dépassant le vieux cadre de la négociation à la française, en s'adaptant à la vie économique d'aujourd'hui ». Les propos d'Hubert Van Eeckhout, co-auteur de *Tous DRH*, DRH, aujourd'hui disparu, illustrent l'une des conditions du dialogue social dans l'entreprise.

Chapitre 28

Connaître les logiques et modes d'action des syndicalistes ou comment bien « gérer » ses délégués

Michèle MILLOT et Jean-Pol ROULLEAU

Adversaires, concurrents, partenaires ? La qualité des relations sociales dans l'entreprise dépend beaucoup de la conception que la DRH et la hiérarchie se font du syndicalisme. Pour dialoguer efficacement avec les militants syndicaux, le gestionnaire RH doit d'abord se mettre à leur place, dans leur peau, dans leur rôle, savoir ce qui les motive, les objectifs qu'ils poursuivent, les méthodes qu'ils peuvent utiliser.

Le paravent de l'idéologie

La hiérarchie adresse habituellement trois reproches aux syndicalistes : ils sont trop idéologisés, ils ont trop de pouvoirs, et, jusqu'à une date récente les délégués syndicaux n'étant pas élus leur représentativité restait contestée. Depuis la loi du 20 août 2008, seuls sont reconnus représentatifs au niveau de l'entreprise les syndicats ayant recueilli au moins 10 % des voix au premier tour des élections des représentants du personnel. Par ailleurs, les syndicats reconnus représentatifs doivent choisir leurs délégués parmi les candidats ayant recueilli individuellement au moins 10 % des voix aux dernières élections. Il est vrai que le syndicalisme français, plus qu'aucun autre sans doute, est marqué par l'idéologie. Il y a puisé sa force, il y trouve sa faiblesse.

L'attitude du militant d'aujourd'hui s'explique en partie sans doute par le refus de reconnaissance dont le syndicalisme a longtemps fait l'objet en France. Pendant toute la période de l'essor des industries de base au XIXᵉ siècle, alors que la condition ouvrière était misérable, et quasi inhumaine si l'on en juge par le rapport Villermé, le syndicalisme était hors la loi : arrêter le travail pour demander une amélioration de salaire constituait une atteinte à l'ordre public, valant dans le meilleur des cas 5 ans de prison, car relevant du Code pénal (art. 44). Si les grévistes descendaient dans la rue, la troupe devait tirer sur « l'insurrection ». Résultats, seuls les ouvriers les plus convaincus osaient s'engager dans la voie syndicale clandestine. Ces tempéraments « forts » ou courageux, selon les points de vue, cherchaient à comprendre les raisons d'un tel système économique. Ils avaient besoin d'idées, de thèmes pour rêver d'une autre organisation de la société. Le marxisme leur apportait les outils d'analyse et un projet d'une société débarrassée de l'exploitation et de l'injustice.

On constate, *a contrario*, que dans les autres pays industriels, le syndicalisme a été reconnu. Il constituait un interlocuteur du patronat. Et pas plus en Grande-Bretagne qu'en Allemagne ou en Belgique, il n'a adopté une idéologie de rupture, il s'est affiché réformiste.

La méfiance d'abord

Ce bref rappel historique explique sans doute le premier obstacle que doit vaincre le gestionnaire RH : la méfiance. Dans la mémoire collective ouvrière, rien de bon ne peut venir de l'entreprise, lieu d'exploitation et de chasse aux représentants des salariés. Il a fallu Mai 68 pour que la présence syndicale soit reconnue, sinon acceptée, dans l'entreprise. Maintenant encore, la presse syndicale abonde de cas de chasse aux délégués.

Il est pourtant possible et fréquent, de transformer cet adversaire méfiant en partenaire coopérant à la recherche de solutions économiques profitables pour l'entreprise. Les accords novateurs de plus en plus nombreux le prouvent. Le gestionnaire RH doit savoir que sa bonne foi, sa volonté d'améliorer les relations de travail ne seront pas immédiatement perçues. Un long travail de contacts réguliers, en dehors de tout contexte de négociation ou de tension peut faire évoluer cette méfiance initiale.

Le moteur de l'action militante

Comprendre, pour pouvoir dialoguer, c'est aussi se souvenir de ce qui motive le militant syndical. Une responsabilité syndicale en entreprise reste une fonction ingrate et encore pénalisante pour la carrière professionnelle. Pourtant, même s'il existe de fâcheuses exceptions, osons dire que c'est la générosité, le dévouement qui poussent les salariés à s'engager. Ils n'ont rien à y gagner. Leur vie personnelle et familiale est amputée par des réunions, leur vie professionnelle reste inconfortable. Mal vus par leur hiérarchie, parce que souvent absents (leurs heures de délégation) ils perdent tout espoir de progresser en coefficient et en salaire. S'ils franchissent néanmoins le pas, c'est poussés par le sentiment que les salariés ont besoin d'être représentés, défendus face aux inévitables difficultés que suscite la vie de travail. Le premier terrain reste naturellement celui des salaires. Le système libéral lui-même appelle des contrepoids face à la direction. Celle-ci sera jugée par l'actionnaire sur sa capacité à dégager du profit. D'où la recherche de limiter au maximum la masse salariale considérée comme un coût à réduire, au même titre que les matières premières ou l'énergie. C'est la négociation, appuyée par la pression des salariés qui peut contribuer à un rééquilibrage.

Contrepartie inévitable de ce profil construit sur le dévouement, le militant est exigeant, s'appuyant sur des valeurs morales fortes de justice, de droit à une part de la richesse créée par le travail. C'est un peu l'abbé Pierre et ses sans-logis, face aux logements vides des beaux quartiers. Face aux profits affichés, maintenant claironnés triomphalement, le délégué est habité de salaires au SMIC, de cadences, de conditions de travail difficiles, de primes refusées, de points de coefficient non obtenus.

Les vraies sources du pouvoir syndical

Un grand pas sera franchi dans la compréhension du militant lorsque l'on intégrera que celui-ci ne dispose d'aucun pouvoir réel. Il a en revanche des droits accordés par le législateur, justement pour compenser cette absence de pouvoir : le droit à des heures de délégation, le droit d'être reçu, une fois par an, par la direction pour discuter. Mais, à quoi cela sert-il s'il n'a pas la possibilité d'être écouté, suivi par les salariés ? Prenons l'exemple d'un conflit suivi d'une négociation. Le syndicat, contrairement à l'expression courante, n'a pas le pouvoir de « déclencher un mouvement », ni surtout de l'arrêter. Il ne peut que s'efforcer de convaincre les salariés d'arrêter le travail ou de le reprendre. Son seul pouvoir dépend de sa capacité à convaincre les salariés pour « transformer les malaises individuels en revendications collectives », et ainsi être en mesure de faire pression sur la Direction. N'oublions pas qu'en France, le droit de grève est un droit individuel qui s'exerce indépendamment des syndicats. Ni la loi, ni la jurisprudence n'accordent à ceux-ci le moindre monopole dans l'utilisation de cette arme de lutte. Les salariés cessent souvent le travail lorsque le climat s'est trop dégradé, sans aucun mot d'ordre syndical. Le délégué doit alors essayer de se rebrancher sur le mouvement afin de le faire évoluer vers une issue positive pour les salariés. Il s'efforce donc de reformuler les malaises ressentis dans l'atelier ou l'usine, en les forçant éventuellement, afin de convaincre les grévistes qu'il les comprend, qu'il est à même de prendre en charge leurs intérêts pour faire aboutir leurs revendications. C'est par la parole qu'il acquiert un pouvoir fragile et temporaire.

Les délégués sont encore plus démunis pour arrêter un conflit. La signature d'un accord ne suffit pas puisqu'ils n'ont aucun pouvoir légal pour demander la reprise du travail. Là encore, ils doivent convaincre les salariés qu'il ne sera pas possible d'obtenir plus. En Mai 68, après les accords de Grenelle, le numéro un de la CGT en a fait la dure expérience. Venu de son fief de Renault Billancourt, présenter les acquis, considérables, il s'est fait huer et la grève a continué.

Cette pratique n'est pas celle des autres pays de l'Union européenne. En Allemagne, seul le syndicat peut déclencher la grève, sinon elle est illégale et donc entraîne des pénalisations pour les grévistes. De même, la direction ne peut ni procéder à un plan social, ni licencier ou muter un salarié sans l'accord du comité d'entreprise. Ce réel pouvoir du syndicalisme allemand dispense d'une « gesticulation verbale » à la française. Le bon gestionnaire RH en France saura donc faire la part des choses entre la violence du discours, en fait destiné à la base, et la possibilité de faire progresser des dossiers. Ce sera d'autant plus facile qu'il restera serein devant les attaques verbales ou qu'il aura su donner des signes de reconnaissance du rôle syndical.

Les véritables interlocuteurs

Souvent, la direction, la hiérarchie manifestent une préférence pour négocier avec le comité d'entreprise plutôt qu'avec les délégués syndicaux. Pourtant, ceux-ci constituent les interlocuteurs légaux, leurs prérogatives n'ont pas que des inconvénients pour les relations sociales. C'est en fait le délégué syndical qui compose la liste des candidats aux diverses élections (CE, DP) et surtout, c'est lui le leader influent auprès des salariés. Parce que « désigné » par son organisation, il dispose en général d'une formation plus solide en matière de droit du travail, d'économie de l'entreprise. Mais, ce qui le caractérise le plus, c'est sa conscience des solidarités entre les différentes catégories de salariés qu'il entend conserver. L'entreprise aussi en a besoin si elle ne veut pas buter sur le développement d'intérêts catégoriels internes. Elle est menacée de par la montée de revendications de catégories, souvent peu nombreuses, mais disposant de moyens de pression forts, c'est le cas des tableautistes qui peuvent arrêter une usine, des caristes ou des électriciens. Face à ce danger de « coordinations catégorielles », le syndicat peut, lui, tenter de maintenir la notion de solidarité intercatégories et donc devenir un allié de la direction.

L'autre intérêt de s'engager contractuellement avec le délégué syndical plutôt qu'avec le CE, c'est sa capacité à pérenniser les clauses de l'accord signé lorsque celui-ci se révèle difficile à faire passer auprès des salariés. Lorsqu'il faut convaincre ceux-ci d'accepter une certaine flexibilité comme le travail de nuit, ou pendant le week-end, la cause est souvent impopulaire.

Un membre d'un CE n'a guère le goût d'aller se faire critiquer par les ouvriers. Il abandonne son mandat ou ne se représente pas. Le délégué syndical, lui, engage sa crédibilité, l'image de son organisation.

La baisse du nombre des adhérents, bien réelle, représente un problème grave, pas seulement pour les syndicats, mais aussi pour l'avenir des relations sociales. Notons cependant qu'il serait injuste de n'adresser un tel reproche qu'aux seules organisations syndicales, alors qu'il s'agit d'une crise générale de la représentativité et de la capacité à s'engager. Aussi affaiblie soit-elle, chacune des organisations compte six fois plus d'adhérents que les plus importants partis politiques qui pourtant déterminent la politique française.

D'une certaine façon, on pourrait plutôt s'étonner que les syndicats aient encore tant d'adhérents ! En effet, qu'est ce qui peut inciter un salarié à se syndiquer, donc à payer une cotisation, à être sollicité de participer à des réunions, alors que de toute façon il bénéficiera des avantages obtenus par l'action syndicale. D'où la proposition de la CFTC de réserver le bénéfice des accords (augmentation de salaires, réduction du temps de travail aux seuls adhérents des organisations signataires). Le nombre des syndiqués croîtrait sans doute considérablement. Enfin, le gestionnaire RH sait qu'il doit distinguer nombre d'adhérents et capacité d'influence, de mobilisation !

Cinq logiques syndicales bien distinctes

Contrairement à la plupart des pays européens, la France se paie le luxe d'une grande diversité syndicale. Le fractionnement affaiblit la capacité syndicale et encourage les surenchères, chaque organisation voulant accroître sa part de marché.

Pour en faire des partenaires plutôt que des adversaires, le gestionnaire RH doit se souvenir de la philosophie, de la logique qui caractérise chaque confédération. Il lui sera ainsi plus facile d'avancer avec l'interlocuteur dont les objectifs peuvent converger avec ceux de l'entreprise. Il n'oubliera pas cependant qu'une organisation syndicale n'est pas une armée avec des rapports d'obéissance stricte. Selon les personnalités, le climat des relations dans l'entreprise, le responsable syndical peut adopter des positions parfois assez éloignées de celles de sa confédération.

La CGT en mutation

Longtemps, la CGT a eu l'image d'une confédération politisée, proche (ou relais) du PC. Ses statuts invitaient à la lutte des classes et mobilisaient pour la disparition du capitalisme. La réalité, aujourd'hui, est bien différente. Les statuts ont été modifiés. Lutte des classes et fin du capitalisme sont passées à la trappe. La CGT s'est même déclarée « désintoxiquée du politique ».

Le gestionnaire RH commettrait donc une erreur d'appréciation en continuant à considérer les militants cégétistes qu'il a en face de lui comme des marxistes de stricte obédience. Sur le terrain, la CGT est d'abord le syndicat qui apparaît aux salariés comme celui « qui défend les travailleurs ». Il attire des militants solides, le plus souvent de bons professionnels respectés. La lutte contre les injustices et pour une meilleure redistribution des richesses créées donne une finalité et une motivation à leur action. Leur combat quotidien se nourrit des problèmes très concrets vécus par les salariés. On ne discute pas idéologie dans les réunions de sections syndicales mais des conditions de travail, fonctionnements défectueux, salaires. Tous terrains sur lesquels le gestionnaire RH peut agir et se faire entendre, lui aussi, des salariés. Plus il saura écouter les salariés, et donc être compris par eux, plus il sera en position forte pour discuter avec le délégué. D'autant que la CGT croit au rapport de force. Pour elle, c'est une forme de réalisme qui accompagne ses actions. Très en prise avec la sensibilité ouvrière, elle sent le climat, sait mesurer les atouts ou les handicaps et agir en conséquence. Pendant un conflit, cette capacité à analyser les différents éléments qui constituent le climat, y compris hors de l'entreprise (la presse, l'opinion), la conduit à savoir quand elle peut inciter à la poursuite d'un mouvement ou au contraire pousser à un compromis avant que la situation ne se dégrade et s'achemine vers un échec des revendications. Mieux que les trotskistes que l'on trouve dans d'autres organisations, elle sait terminer une grève.

Louis Viannet le précédent secrétaire général avait préparé le terrain du changement souhaité pour la CGT. Il réussit à faire partager sa conviction et une nouvelle orientation, lors de son dernier congrès, en 1999, à Strasbourg. Bernard Thibault a été élu secrétaire général pour faire vivre cette mutation.

Les nouvelles orientations confédérales ont, ou devraient avoir, un impact fort sur les militants et leurs stratégies dans les entreprises.

La CGT abandonne la démarche « descendante ». Il ne s'agit plus d'élaborer au sommet entre responsables syndicaux les « bonnes » actions revendicatives, puis de les proposer ensuite aux salariés. Désormais, « il faut concevoir le rôle du syndicalisme de façon à permettre aux salariés d'exprimer la totalité de ce qu'ils ressentent ». Dans le nouveau mode de fonctionnement, l'action doit partir de la base. « La CGT doit être disponible à toutes les revendications, sans rien décréter à l'avance ». Et de faire son autocritique : « nous avons fonctionné de façon trop hiérarchique, trop descendante ». Les militants sont désormais invités à se mettre à la disposition des salariés et non plus à les appeler à les suivre. Ce renversement de la pratique antérieure devrait avoir des conséquences importantes dans l'entreprise.

Si les revendications sont désormais celles qui préoccupent les salariés, ceux-ci s'y retrouvant pleinement s'engageront plus massivement dans l'action.

Ces revendications ne seront plus idéologiques, mais concrètes, portant sur les conditions, ou l'organisation du travail. Elles deviennent négociables pour une direction d'entreprise.

Issues des préoccupations des salariés, les revendications ne seront plus uniformes. Dans un atelier, ce sera l'installation d'une douche, dans un autre la violence verbale d'un cadre. La CGT invite à accepter la diversité des situations. C'est, à terme, la fin des revendications générales unifiantes.

L'action syndicale doit donc être conduite en prise constante avec les salariés. « Il faut engager une véritable réflexion avec la base, non pas pour expliquer ce que nous voulons changer mais définir avec eux ce qu'ils considèrent comme nécessaire de faire ».

Le militant CGT devient, non plus le porteur d'un projet de société, mais le « technicien » du progrès social. La CGT lui propose alors un vrai guide pour son action : contester, proposer, négocier. Conséquence importante des nouvelles orientations, la CGT entend faire de la négociation une des caractéristiques clés de son action. La recherche d'un accord devient l'essentiel de l'action cégétiste. La confédération ne veut plus se cantonner au rôle de dénonciation des injustices, elle entend contribuer à les réduire. Elle ne veut plus être le syndicat qui dit toujours non. Elle se vante maintenant d'avoir signé 80 % des accords dans les entreprises où elle est présente. Elle reste plus frileuse au niveau des branches ou de l'interprofessionnel. Elle a néanmoins signé au niveau national quelques grands textes comme le DIF et surtout celui sur la prévention des conflits à la SNCF.

La CGT ose prononcer un mot auparavant obscène : celui de compromis. Il n'est plus à rejeter, mais à rechercher. « L'idée de compromis qui régule l'essentiel des rapports humains doit pénétrer la CGT ». Autre aspect important de la nouvelle orientation de la CGT, l'attention portée à la gestion de l'entreprise. Les militants sont invités à analyser le compte de résultat, à interroger sur les coûts de fonctionnement, sur le taux de rebut, sur les parts de marché : il s'agit de pratiquer « l'ingérence économique ». C'est ainsi que Perrier s'est fait critiquer pour avoir laissé échapper des parts de marché au cours d'un été de grande chaleur !

La CGT Renault a analysé la productivité et les marges dans l'entreprise ainsi que chez Peugeot. Elle a ensuite présenté au PDG, Carlos Ghosn, un « projet industriel » préconisant le développement de deux gammes parallèles (la classique et une à bas coût dérivée de la Logan).

La CGT est également très attentive aux nouveaux modes de gestion participative que développe le patronat. Elle estime que ces pratiques prennent en compte un certain nombre d'aspirations des salariés, mais que c'est pour les détourner, et pour réussir à faire accepter aux salariés les contraintes économiques du système capitaliste. Le management participatif dit la CGT, c'est la « soft exploitation ».

Face à ce bouleversement, à cette perte de repères, l'appareil cégétiste se cabre souvent. Bien des militants s'avouent sceptiques, perturbés, voire opposés. Un intense débat interne s'est engagé. Il durera des années peut-être une génération de militants. Ces freins à la modernisation de l'action syndicale sont d'autant plus puissants que les niveaux intermédiaires, les unions locales, départementales, sont souvent tenues par de vieux militants ou des retraités, nourris des principes marxistes de la lutte des classes. Ils acceptent mal qu'un congrès ait effacé ce noble objectif, si mobilisateur, des statuts de la confédération.

Dans ce bouillonnement interne de la CGT, les gestionnaires du social à tous les niveaux de l'entreprise peuvent jouer un certain rôle. Ils peuvent favoriser l'évolution, ou au contraire, consolider les durs. Qu'ils adoptent une attitude intransigeante face aux militants CGT, qu'ils opposent des refus systématiques à toutes les demandes et les staliniens (les enclumes dit-on à l'intérieur de la CGT) en sortiront renforcés : « vous voyez bien il n'y a rien de possible avec le patronat ». Qu'ils adoptent une attitude de dialogue, d'ouverture, de concessions, et les réformistes pourront justifier leurs nouvelles orientations, car leur action aura été payante, par la négociation plutôt que par le conflit.

Force ouvrière : le syndicat du « non »

L'image d'un syndicat compréhensif qui privilégie la négociation, et à ce titre signe des accords, fait souvent oublier les options de fond et les positions de principe que défend ce syndicat.

Pour Force ouvrière, un syndicat ne peut être fidèle à sa vocation de défense des salariés que s'il est indépendant à l'égard de tous les pouvoirs, et d'abord à l'égard du pouvoir économique qu'incarnent les directions d'entreprise. Il ne peut de son point de vue y avoir convergence d'intérêts entre employeur et salarié. Par essence même, ils s'opposent, les uns décident et gouvernent, les autres exécutent et sont soumis. Conséquence : pas de vision commune possible au niveau de l'entreprise. Toute tentative pour escamoter aux yeux des salariés cette analyse est manipulatoire. Quel que soit le régime politique ou économique, estime Force ouvrière, il y aura toujours des gouvernants et des gouvernés. La mission du syndicat est de se situer du côté des gouvernés, des salariés, pour en assurer la défense. Ce n'est donc pas dans ses rangs que le gestionnaire RH va pouvoir trouver l'interlocuteur qui acceptera de s'impliquer dans un projet de « management participatif », de changement d'organisation qui responsabilise les équipes ou l'association des partenaires à la prise de décision. André Bergeron avait ainsi coutume de dire à propos des équipes autonomes : « c'est le meilleur moyen qu'a trouvé le patronat pour se faire suer le burnous à soi-même ». Prendre les décisions économiques, faire marcher l'entreprise, s'assurer de sa rentabilité, dégager des profits, c'est le rôle des patrons et Force ouvrière ne le leur conteste pas. *A contrario*, ne demandons pas aux salariés, ni à leurs représentants, d'assumer la conséquence d'un mauvais fonctionnement de l'économie, des difficultés de l'entreprise, voire de les prendre en compte ! Chacun ses responsabilités. Pour le syndicat, le social prime l'économie.

Défendre les salariés, pour Force ouvrière, c'est avant tout défendre leur pouvoir d'achat. Mais l'intérêt bien compris des salariés, ce n'est pas non plus de faire grève à tort et à travers. Car la grève est coûteuse. On ne l'exclut pas, on souhaite la limiter aux cas extrêmes. On préfère la négociation. C'est l'analyse du rapport de force à un moment donné qui doit permettre de faire avancer la revendication. L'acquis engrangé, on attendra que l'évolution dégage un nouveau rapport de force positif du point de vue des salariés, pour engager une nouvelle revendication. En aucun cas, par contre, on acceptera de revenir sur un acquis engrangé. Très sensible comme tous les syndicats au développement du chômage, Force ouvrière, à la différence de la CFDT, rejette l'idée d'accords qui limitent les hausses de salaires, voire les réduisent pour sauver des emplois. À l'inverse, elle préconise une politique de relance active : c'est l'accroissement de la consommation qui doit permettre de retrouver un rythme de croissance créateur d'emplois. Et cet accroissement de consommation dépend justement des hausses de salaires.

Baptisée parfois syndicat de la feuille de paie, FO pourrait aussi se voir qualifier de syndicat de la réduction du temps de travail… à salaire inchangé. Immédiatement après la défense du salaire, vient en effet pour ce syndicat la défense du temps libre, à condition bien sûr de ne pas échanger l'un contre l'autre. Là encore, pas question de revenir sur des acquis, comme le travail du dimanche ou le travail de nuit des femmes.

Ces différents refus de FO reposent sur un système de pensée très cohérent. Le syndicat perd de vue l'intérêt du salarié s'il cherche à trouver, en collaboration avec le patron, les moyens de son épanouissement dans le travail. Si l'homme ne s'épanouit pas dans son travail, le syndicat doit se battre pour l'aider à conquérir les moyens de s'épanouir hors du travail : de l'argent et du temps libre. Force ouvrière dénonce également ces syndicats « prophètes » ou « totalitaires » qui défendent un projet de société. Ce militantisme là doit être le propre des politiques pas des syndicalistes. Ainsi s'explique qu'on trouve parmi les militants de FO des gens venus d'origines politiques très différentes. L'important étant qu'à l'intérieur du syndicat on ne milite pas sur ce terrain.

FO veille par ailleurs jalousement à ce que l'engagement syndical de ses adhérents ne soit jamais mis au service d'un engagement politique. C'est de ce point de vue le plus « apolitique » des syndicats.

Moins présent dans l'entreprise privée que la CGT ou la CFDT, Force ouvrière souffre d'un manque de militants sur le terrain. Mais l'image de négociateur, longtemps partenaire privilégié du patronat attire également dans ses rangs des adhérents qui n'ont pas toujours une vision précise des positions de la confédération. À Force ouvrière, plus peut-être que dans n'importe quel autre syndicat, on trouvera des militants en divergence avec les positions confédérales. L'absence de dogme donne à ce syndicat une image de tolérance à laquelle il est très attaché. La défense des salariés sur le terrain peut justifier une certaine distanciation avec les positions de principes : plus que tout autre syndicat, Force ouvrière préconise le pragmatisme dans les actions de terrain. Il est révolutionnaire dans ses aspirations, réformiste dans sa pratique.

La CFDT managériale

Depuis 1964, la CFDT, née de la mue de la CFTC, constitue l'organisation syndicale le plus dérangeante, pour le patronat, les partis politiques, les autres syndicats. Elle séduit par sa capacité de propositions neuves, dynamiques, elle irrite par ses hésitations et le besoin incessant de s'interroger, de consulter sa base et de vouloir convaincre les minorités qu'elle aime susciter en son sein. Elle apparaît néanmoins comme celle qui ose signer les accords les plus novateurs pour préparer l'entreprise aux mutations économiques, sociales ou culturelles du nouveau siècle.

Quelques clés permettent de comprendre plus facilement le militant type de la CFDT, qui est plus souvent un technicien qu'un ouvrier.

La CFDT a l'ambition de contribuer à transformer l'entreprise, la société, afin que la personne en tant qu'individu puisse s'épanouir, réaliser ses virtualités professionnelles ou humaines. Pour elle, l'aliénation majeure provient, non pas de la propriété privée des moyens de production, mais du système hiérarchique taylorien. Elle n'accepte pas la répartition habituelle des fonctions, entre ceux qui, au sommet de l'entreprise, pensent, conçoivent, décident de tout, et ceux qui à la base, surveillés par une cascade hiérarchique, doivent exécuter sans pouvoir proposer ni prendre d'initiatives.

La CFDT, lorsqu'elle dit qu'elle veut « changer l'entreprise », propose de considérer celle-ci comme un lieu d'épanouissement et de liberté. Ce qui est nouveau dans le paysage syndical français. Elle considère que la responsabilisation à tous les niveaux, contribue à cette réalisation professionnelle, retrouvant ainsi les démarches managériales les plus dynamiques.

Pour transformer l'entreprise, elle préconise, par la négociation, de pratiquer des expérimentations. Ce qui veut dire qu'elle accepte que se mette en place une innovation, dans un atelier, dans une usine, pour une durée précise, sans qu'à l'issue de l'expérience, ce changement ne devienne un droit acquis. Cette approche permet actuellement des aménagements souvent bénéfiques pour l'entreprise.

Parfois iconoclaste, elle accepte, non pas « d'abandonner des droits acquis » mais de les échanger pour un autre objectif. Ce que lui reprochent la CGT ou FO. On parle alors d'acquis de substitution et d'accord « gagnant-gagnant » : la direction de l'entreprise et les salariés tirant chacun profit d'une nouvelle organisation.

Officiellement réformiste depuis son congrès de 1992, inscrivant son action dans le cadre de l'économie de marché, la CFDT prône la négociation comme moyen privilégié pour résoudre les problèmes de la vie au travail.

Hier autogestionnaire, elle ne conteste plus la fonction de direction « qui est légitime et permanente et qui ne peut pas relever de délibérations collectives ». Elle récuse cependant « l'entreprise *made in* patron » pour défendre « l'idée que l'entreprise est une chose trop sérieuse pour être laissée au seul patronat ». Elle définit son action comme une « coopération conflictuelle » :

) coopération, parce qu'elle entend contribuer à la performance de l'entreprise, « la productivité n'est pas à rejeter mais à rechercher » explique-t-elle à ses militants ;

) conflictuelle, car au moment des résultats, deux logiques s'affrontent nécessairement, celle de l'actionnaire et celle du salarié. C'est alors qu'intervient la négociation, « moyen privilégié pour organiser la confrontation, avec la volonté d'aboutir à un accord ». Celle-ci, comme en Allemagne, doit précéder et si possible éviter une éventuelle action, la grève, jugée archaïque, restant l'ultime moyen pour faire bouger des situations bloquées.

La CFDT demande également que les accords soient conclus pour une durée déterminée, ce qui facilite leur aboutissement et permet des adaptations lors des renégociations ultérieures.

Aujourd'hui, la CFDT, sous la houlette de François Chérèque, s'est donné trois axes revendicatifs.

C'est d'abord l'emploi. Pour la CFDT, la meilleure garantie réside dans la volonté de chacun de se former tout au long de sa vie. Elle souhaite également faire reconnaître les acquis professionnels et donc voir se développer la VAE (Validation des acquis de l'expérience). Face aux contraintes désormais inévitables de la mobilité multiforme, la CFDT entend réfléchir aux moyens de rendre le travail plus mobile mais plus sécurisé. Il faut, déclare

François Chérèque, « dépasser l'idée que la sécurité se trouve dans la sédentarité. Elle passe par le changement et la mise en mouvement ».

Repenser le travail constitue le deuxième axe. La CFDT entend se battre pour que le travail contribue à la réalisation de soi. Les militants sont invités à agir sur la qualité du travail, afin que celui-ci grâce à une organisation appropriée soit intéressant, responsabilisant. « Le travail reste une expérience centrale dans la vie des femmes et des hommes. Il reste la norme de base de nos sociétés ». L'accès à l'emploi est, pour la CFDT, « la base de la cohésion sociale qui reste au centre de notre projet ».

La rémunération s'affiche comme le troisième axe revendicatif. Cette confédération ne souhaite pas seulement négocier des niveaux de salaires satisfaisants, elle vise à contribuer à mettre en place des « systèmes de rémunération motivants ». Elle demande aussi que tous les salariés aient des perspectives de carrière.

Devenue de plus en plus pragmatique, la CFDT invite ses militants, ses négociateurs en entreprise à s'inspirer de trois principes majeurs :

▶ le réalisme. Vouloir le possible (à condition d'en reculer toujours les frontières) ;

▶ la responsabilité. Savoir s'engager même minoritairement, sans démagogie. La CFDT a appliqué ce principe lors de la signature de l'accord sur les retraites le 15 mai 2003, quitte à perdre 10 % de ses adhérents ;

▶ la réforme, avec la volonté de faire bouger la société par une démarche contractuelle et non par la loi.

La CFTC « participative »

En refusant de suivre la majorité du congrès de 1964 qui transforma la CFTC en CFDT, la minorité s'engagea dans un dur combat pour l'existence. Il se poursuit encore. Cette confédération n'est pas présente dans un certain nombre d'entreprises. Son potentiel de développement existe pourtant. Alors qu'elle ne recueille que 6,1 % des voix aux élections des Comités d'entreprises, elle monte à 9,6 % aux élections nationales des prud'hommes où il n'est pas nécessaire de présenter des candidats dans chaque établissement. À l'échelle européenne, le syndicalisme chrétien n'est pas nécessairement minoritaire. En Belgique, la Confédération des syndicats chrétiens (CSC) domine largement : 52 % des voix.

En France, la référence chrétienne du sigle ne traduit pas une démarche religieuse, confessionnelle, mais un attachement aux valeurs chrétiennes que peuvent partager des non-croyants ou des musulmans également présents à la CFTC.

Première illustration de ces valeurs : le devoir de vérité. La CFTC l'exige aussi bien des dirigeants d'entreprises, que des responsables syndicaux. Pour elle, c'est tromper les salariés que de mettre en avant des revendications irréalistes.

C'est aussi le syndicat des droits et des devoirs. Par exemple, le droit à la formation entraîne, pour le salarié, le devoir d'y consacrer l'attention, mais aussi le temps suffisant, même en dehors du travail. Si le salarié a droit à une juste rémunération dans le cadre de son contrat de travail, il a le devoir d'être un acteur impliqué, coopérant au développement de l'entreprise.

La CFTC est aussi la plus égalitaire des confédérations françaises. Sur le plan moral et humain, comme spirituel, un dirigeant est aussi respectable, mais pas plus que la femme de ménage. Ce qui, sur le plan salarial entraîne une demande de réduction de l'éventail des salaires. Ce faisant, la CFTC s'éloigne là, de la CFE-CGC dont elle est proche sur de nombreux points.

Avant la CGT, la CFTC a lancé l'idée d'une « sécurité sociale professionnelle » destinée à protéger le salarié au cours de sa vie professionnelle des aléas, désormais inévitables, tels que chômage, périodes de CDD, d'intérim ou de formation.

Refusant toutes les idéologies, elle dénonce avec autant de force le marxisme et le libéralisme, car l'un et l'autre nient dans leur principe la primauté de la personne humaine. Pour la CFTC, la finalité de l'entreprise n'est pas le profit, mais la personne humaine. Le salarié n'est pas un coût, mais une richesse. La CFTC se bat donc pour l'émergence d'une troisième voie, d'économie concertée.

Sa conception de l'entreprise est tout à fait significative. Pour la CFTC, l'entreprise ne peut exister que par la rencontre croisée du capital et du travail. L'un et l'autre sont également indispensables. Ils doivent donc être traités à égalité. Ce qui se traduit par un certain nombre de propositions ou de revendications.

Dans l'organisation du travail, au niveau de l'atelier ou du service, le salarié doit être associé, pour ce qui relève de son niveau. La CFTC, bien avant les lois ou modes, a toujours préconisé la mise en place de groupes d'expression, cercles de qualité, équipes de progrès. Dans les années 1970, elle s'était résolument engagée dans les voies de recherche autour de l'idée des équipes semi-autonomes.

Bien avant Maastricht, elle proposait de mettre en œuvre le principe de subsidiarité… dans l'entreprise. Déléguer, décentraliser les problèmes pour qu'ils puissent être traités au niveau où ils se posent, lui paraît constituer une opportunité pour associer les salariés.

Reconnaissant le rôle de l'actionnaire, elle accepte sa juste rémunération. Mais, au-delà, elle estime que les résultats dégagés doivent être, en partie, redistribués aux salariés, sous forme d'intéressement et de participation.

Dernier étage, elle souhaite la participation au pouvoir. Elle préconise la transformation de la société anonyme et de son conseil d'administration, en société avec conseil de surveillance et directoire, formule inspirée du système allemand, introduit en 1967 en France. Dans ce cadre, elle demande que des représentants des salariés puissent siéger au conseil de surveillance, à coté des représentants des actionnaires, afin de désigner et contrôler ensemble les membres du directoire, qui eux gèrent l'entreprise au quotidien. Cette position se révèle proche de celle de la cogestion allemande.

La CFTC valorise la négociation. Elle propose même de développer, au niveau des entreprises, des contrats de paix sociale, avec des procédures d'arbitrage afin d'éviter les conflits.

Autre caractéristique de la CFTC, son souci de la famille, de la « vie à défendre » qui l'incite à demander à l'entreprise de prendre en charge des aspects de politique familiale. Elle propose notamment la signature d'accords portant sur l'aide au logement des familles, les moyens de concilier vie professionnelle et vie familiale et la mise en place de suppléments familiaux.

Partenaire ouvert à la modernisation de l'entreprise, elle récuse cependant toute flexibilité qui passe par le travail de nuit ou du dimanche.

CFE-CGC : la concertation

Les quatre organisations syndicales que nous venons de voir ont toutes en leur sein une union des cadres : l'UGICT pour la CGT, l'UCI pour FO, l'UGICA pour la CFTC, regroupent les membres de l'encadrement, c'est-à-dire les cadres et agents de maîtrise syndiqués dans les différentes fédérations de branche de chacune de ces confédérations. La CFDT se distingue des trois autres : son union de cadres, cadres CFDT, ne fédère que les ingénieurs et cadres. Mais l'encadrement a aussi son syndicat spécifique, catégoriel la CFE-CGC. Le double sigle Confédération française de l'encadrement, Confédération générale des cadres manifeste l'ambition de cette organisation de représenter tout à la fois les agents de maîtrise, les techniciens et les cadres ; le double sigle date de 1981. Il est le fruit d'une revendication interne des agents de maîtrise qui, bien que plus nombreux parmi les adhérents n'avaient jusqu'à cette date qu'un faible poids dans les organes dirigeants de la confédération et ne se reconnaissaient pas dans l'appellation Confédération générale des cadres.

Fondée en 1944 par le regroupement d'un certain nombre d'associations d'ingénieurs et du syndicat des VRP (voyageurs représentants placiers), la CGC s'est surtout illustrée dans un premier temps par l'efficacité de son action pour la défense des intérêts catégoriels de la population qu'elle représentait.

Hiérarchie des salaires, retraite des cadres, fiscalité ont été ses trois principaux terrains d'intervention. Elle y a d'ailleurs engrangé des succès notables, en particulier dans le domaine des retraites. C'est en grande partie grâce à son action qu'à été créé le régime de retraite complémentaire pour les cadres.

Au-delà de la défense d'intérêts catégoriels, la CFE-CGC se définit comme une organisation « partenaire » au niveau de l'entreprise, comme de l'économie. Elle adhère aux valeurs de l'économie de marché et de la libre entreprise et entend les défendre. Sur ce terrain, elle se retrouve de plein pied avec la CFTC et prône comme elle l'idée d'une entreprise « communauté d'intérêts ». Comme elle, elle milite pour l'implication et la concertation. Comme elle, encore, elle dénonce les excès de tous les dogmatismes et de tous les totalitarismes. Si elle est pour la défense de la libre entreprise, elle n'est pas pour un libéralisme à outrance. Le libéralisme exacerbé lui paraît aussi dangereux que l'étatisme à tout crin. Comme la CFTC, elle est à la recherche d'une 3ᵉ voie : l'économie concertée.

Au début des années 2000, la CFE-CGC a pris acte d'une certaine dévalorisation de la fonction d'encadrant. Les cadres, constate-t-elle, ont « divorcé de l'entreprise ». Elle durcit donc son discours. La CFE-CGC s'éloigne du terrain longtemps privilégié de la concertation pour celui de la contestation des démarches managériales actuelles.

Puisque les cadres sont « jetables » comme les employés, cette confédération rappelle avec insistance que les cadres sont des salariés comme les autres. À ce titre, elle considère qu'ils doivent bénéficier de la réduction du temps de travail. Elle est partie en guerre contre les « forfaits jour », suspectés de permettre aux directions d'entreprise de ne pas respecter la loi sur les 35 heures. Elle a même attaqué la France devant les instances européennes.

Même vigilance concernant les rémunérations. Alors que les directions accroissent la part variable du salaire des cadres, la CFE-CGC exige que l'encadrement bénéficie des augmentations générales. Les augmentations individuelles ne doivent venir qu'ensuite et en plus. Elle alerte également ses militants sur la nécessité de signer d'abord un accord salarial dans les entreprises, avant de discuter de l'intéressement.

L'adhésion de la CFE-CGC au système économique n'en fait donc pas pour autant une partenaire facile sur les grands dossiers actuels : salaires, emploi, réduction du temps de travail.

Depuis les élections prud'homales de 1997, la CFE-CGC vit une crise interne existentielle. Alors qu'elle pensait incarner le syndicalisme de l'encadrement, elle découvre alors qu'elle arrive 10 points derrière la CFDT Cadres (31 contre 21 %). Aux élections suivantes, en 2002, elle se mobilise. Elle finance même une campagne de publicité à la radio. L'écart se restreint, mais la CFDT Cadres demeure en tête avec 28,6 %, contre 22,8 % à la

CFE-CGC. Les autres voix de l'encadrement se partagent entre la CGT (15,8 %), la CFTC (11,4 %), FO, l'UNSA et le groupe des 10. La CFE-CGC semble vouloir explorer une autre piste pour sa rénovation. Elle teste la voie des services offerts aux adhérents (conseils juridiques, accès gratuit à un cabinet spécialisé dans l'écoute et l'assistance pour les victimes du stress). Elle souhaite également négocier dans les entreprises des « contrats d'engagement social » qui permettraient aux membres de l'encadrement qui souhaiteraient consacrer du temps à du bénévolat d'avoir des disponibilités et des garanties de retour et de protection sociale.

SUD : l'émergence d'un syndicalisme radical

Né à La Poste en 1989, à partir d'un noyau de gauchistes de la CFDT, exclus de leur confédération, SUD (Solidaires, Unitaires, Démocratiques) entend rénover la vie syndicale française. Ce nouveau rameau du syndicalisme, pas encore reconnu à l'échelon national, commence à se développer dans le secteur privé, préoccupant ainsi les responsables d'entreprises et les autres confédérations.

SUD se présente comme un retour aux sources du syndicalisme. Il s'affiche anticapitaliste, tiers-mondiste et solidaire de tous les exclus. Il est opposé aux lois du marché et à l'esprit d'entreprise. Il propose une organisation sociale solidaire, dirigée par les travailleurs, en fonction des besoins sociaux et écologiques.

Dans le secteur public, il défend farouchement le statut de la fonction publique trouvant ainsi l'audience de tous ceux qui craignent les risques de l'entreprise privée. Il obtient après quelques années d'existence 25 % des voix à France Télécom.

Dénonçant l'embourgeoisement des autres organisations syndicales, SUD entend créer un pôle de luttes, sacralisant les conflits et, refusant de s'engager dans la politique contractuelle.

SUD dispose de nombreux atouts pour étendre son influence :

- une présence sur le terrain, avec des militants dévoués, compétents, attentifs aux besoins des salariés ;
- un langage simple, pas langue de bois ;
- une structure d'accueil aux déçus de tous bords, y compris de la CGT. Le langage de SUD parle aux jeunes non syndiqués, aux techniciens. C'est un peu la nouvelle classe, non pas ouvrière, mais salariale ;
- une grande habileté médiatique, SUD bénéficie d'une grande audience dans tous les médias, y compris à la télévision, où l'on voit ses leaders à la pointe de tous les combats : les exclus, les sans-papiers, Droit au logement ;
- un recours quasi systématique à la procédure juridique.

Encore très minoritaire, refusant de devenir une sixième confédération, SUD s'affiche comme le creuset d'une très lointaine recomposition syndicale. En attendant, son existence même renforce les conservateurs de la CGT qui redoutent que leur organisation soit doublée sur sa gauche. Paradoxalement, elle laisse au contraire la voix libre à l'orientation réformiste de la CFDT, puisque son aile gauche l'a quittée pour rejoindre SUD.

L'UNSA : un réformisme laïc

Relativement bien implanté dans le secteur public, l'Union nationale des syndicats autonomes a tout d'abord regroupé des fédérations qui, au moment de la scission de la CGT et CGT-FO, avaient refusé de choisir. L'UNSA affiche des valeurs plutôt consensuelles : justice sociale, respect des droits de l'homme, liberté, laïcité. L'UNSA commence à s'implanter parfois solidement dans le secteur privé.

Chapitre 29

Faciliter une négociation responsable : un engagement personnel et organisationnel

Alain LEMPEREUR

> « *Négocier sans cesse, ouvertement ou secrètement, en tous lieux, encore même qu'on n'en reçoive pas un fruit présent, et que celui qu'on en peut attendre à l'avenir ne soit pas apparent, est tout à fait nécessaire pour le bien des États.* »
>
> Richelieu, *Testament politique*, 1688.

Comme premier des ministres, Richelieu ne s'y trompait pas : « Une négociation continuelle ne convient pas peu au succès des affaires », même si, confessait-il, « j'avoue que je n'ai connu cette vérité que cinq ou six ans après que j'ai été employé dans le maniement des affaires » et que cette négociation doit être « conduite avec prudence » (34-35).

Cette corrélation entre négociation réussie au quotidien et succès des affaires en général n'a pas échappé aux responsables contemporains. Se profile ainsi un partenariat naturel entre dirigeants, DRH et cadres pour une montée en puissance d'une négociation performante chez tous les acteurs d'une organisation. Ce partenariat repose sur la nécessité pour chacun d'assumer sa part de responsabilité dans la réalisation de conditions, en matière de compétences, d'exigences, de performance, de reconnaissance et de congruence.

Montée en compétences de tous comme négociateurs

Les responsables RH sont sensibilisés depuis longtemps à la négociation, à sa complexité individuelle et collective et à ses divers enjeux (Lempereur, 2003). Avec le soutien des directions générales, ils facilitent la mise en place de plans de formation continue comportant des modules de négociation, auxquels participent les acteurs à tous les niveaux, y compris dirigeant et RH.

Ces actions de formation s'inscrivent dans une analyse en profondeur – dans diverses fonctions de l'organisation – des besoins en négociation (stratégique, sociale, juridique, commerciale, contractuelle, budgétaire, achats, fusions et acquisitions, etc.).

Les services RH sont amenés à choisir avec soin les prestataires de formation susceptibles de « donner une idée des qualités et des connaissances nécessaires pour former de bons négociateurs, de leur marquer les routes qu'ils doivent suivre et les écueils qu'ils doivent éviter » pour « se rendre capables de remplir dignement des emplois aussi importants et aussi difficiles, avant que de s'y engager », comme y invitait, dès 1716, François de Callières.

Tout en équipant de concepts d'analyse et d'outils de performance, ces actions de formation permettent à chaque responsable de s'interroger sur ses pratiques de négociation, de s'évaluer en identifiant ses points de force et ses défis et de se donner des objectifs d'amélioration. Les formations générales peuvent s'accompagner de séances de coaching personnalisé pour assurer un suivi dans le temps des plans d'action des négociateurs.

Cette montée en compétences suppose une approche méthodique de trois piliers de la négociation (Lempereur et Colson, 2010) : les personnes, les problèmes et les processus. Elle met aussi l'accent sur la recherche d'équilibres stables issus d'une complémentarité de compétences (Mnookin *et al.*, 1999) :

- *dans la communication et les relations entre personnes* (mandants, mandataires, parties prenantes), entre empathie et affirmation de soi, entre écoute et parole actives ;
- *dans la résolution de problèmes* entre coopération et compétition, entre divulgation d'informations créatrice de valeur et prudence pour une répartition juste de la valeur créée ;
- *dans la facilitation du processus* entre respect des accords et respect des contraintes de mandat, entre effectivité externe des engagements et loyauté du mandataire vis-à-vis du mandant.

Pour illustrer cet équilibre, pour chacun des couples de compétences, proposons de positionner les aiguilles à mi-chemin rappelant l'équilibre « gagnant-gagnant ».

Figure 29.1. – Triple équilibre de compétences

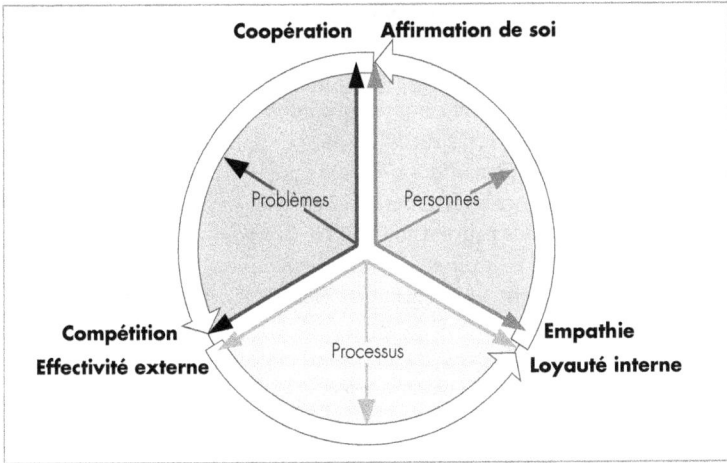

Ce schéma montre comment ces trois couples de compétences ont partie liée et emportent une double responsabilité : *responsabilité interne* vis-à-vis de sa propre organisation pour défendre ses intérêts et *responsabilité externe* vis-à-vis de son interlocuteur pour rechercher un accord négocié. Richelieu résume une méthode toujours opérationnelle : « Pour bien agir, il faut des gens qui tiennent le milieu entre ces deux extrêmes » (Richelieu, p. 40).

En revanche, un négociateur plus assertif (moins à l'écoute) et plus compétitif (plus préoccupé de la part du lion pour soi que de création de valeur commune) déporterait les aiguilles vers la gauche avec une responsabilité limitée à son organisation, avec soit un accord déséquilibré en faveur de son mandant, soit le risque d'aucun accord du tout, en raison d'un processus bloqué.

Faciliter une négociation responsable, c'est donc susciter un débat, notamment dans les ateliers de formation permanente, sur l'ampleur même pour un négociateur de sa responsabilité – simple (interne) ou double (aussi externe). Ce sera aussi étendre, notamment à travers les conditions explicitées aux points suivants, la responsabilité à d'autres champs et acteurs, pour inscrire notamment la négociation dans le champ de la responsabilité sociale des entreprises (RSE).

Montée en exigence
d'une organisation négociatrice

En dépit des bonnes intentions et de schémas théoriques créatifs, on admettra que les formations visant à une montée en compétences des négociateurs sont souvent sans grand effet sur le succès des négociations dans la pratique, si les *processus internes* aux organisations n'évoluent pas *en même temps* que les individus formés. Ici, l'intervention des dirigeants est primordiale, car par des priorités stratégiques, ils peuvent soutenir les RH pour aligner l'organisation avec les compétences et inversement, de telle manière que les cadres et leur organisation progressent dans un même mouvement (Susskind et Movius, 2009). Il s'agit de développer une *organisation négociatrice responsable*. De même qu'une évaluation des compétences de négociation est utile aux individus en vue de leur renforcement, de même un audit d'une organisation sur la mobilisation de telles compétences au quotidien l'est, ainsi qu'un plan de transformation subséquent où les dirigeants sont plus que jamais « tous DRH ». Ce plan aurait plus de chances de succès s'il se construisait par la concertation avec toutes les parties prenantes (Susskind, Duzert et Lempereur, 2009) et ménageait la diversité des acteurs (Lempereur, 2011).

À titre d'exemple, si la préparation d'une négociation est jugée indispensable à la performance de *tous* les négociateurs, imaginons une entreprise où elle n'est pas encore une habitude généralisée. Il se justifie alors de mettre en place une démarche de concertation susceptible de produire un consensus auprès de l'ensemble des acteurs « du système » pour qu'une préparation rigoureuse devienne un objectif stratégique pour tous, une habitude routinière au sein de l'organisation elle-même. Ainsi, de commun accord, les processus internes comporteront désormais l'utilisation de grilles de préparation induites par les formations. Ces documents de préparation pourraient être visés et annotés par le supérieur hiérarchique pour solenniser leur importance.

Faciliter une négociation responsable, c'est donc aussi « négocier la négociation elle-même » dans l'organisation, produire des instances internes de réflexion et d'action où la négociation est analysée et améliorée au quotidien. Cette métanégociation reconnaît la vertu de former des personnes, mais aussi de transformer les processus de l'organisation pour éviter toute dissonance. L'objectif est ainsi de renforcer un esprit de méthode au sein de l'organisation, car « il est enfin assez ordinaire que les négociations réussissent mal, parce qu'on y discute les affaires sans aucune méthode » (Mably, 1757).

Montée en performance des négociations

Si formation des cadres et transformation des processus internes marchent main dans la main, c'est-à-dire si dirigeants et DRH s'épaulent, le terrain est propice pour une autre tâche, le suivi dans le temps de la performance de négociation des individus et de l'organisation.

Pour reprendre notre illustration, à partir du moment où des processus de qualité sont établis et relayés par des formations à la négociation, ils peuvent s'inscrire dans un système assez fin de *reporting*, lui-même rendu plus responsable par le choix et la multiplicité des critères retenus. Les rapports *post-mortem* à la suite des négociations peuvent privilégier une mesure multifactorielle du succès. Par exemple, pour chaque négociation, seront dégagés les résultats :

▶ *quantitatifs* : prix ou coût d'un service, financement, avances et délais de paiement, marge dégagée, compensation, nombre d'emplois créés/préservés, etc. ;

▶ *qualitatifs* : produit ou service innovant proposé, options créatives, partage des risques, investissement de long terme, etc. ;

▶ *relationnels* : contacts ou prospects nouveaux, approfondissement de la connaissance du client, cartographie des relations affinées, identification de champions, etc. ;

▶ *processuels* : réunion préalable d'élaboration du mandat et de ses contraintes, grilles de préparation, processus de concertation mis en place, partage d'expériences, etc. ;

▶ *sociétaux* : dialogue apaisé entre partenaires, respect de la diversité, vérification des normes environnementales, emploi local, entreprise citoyenne, etc.

À partir du moment où un système agréé de *reporting* est instauré, ses résultats peuvent être consultés et analysés par tous les membres d'une même équipe dans un système commun de gestion de la connaissance (*knowledge management*).

Ces restitutions insistent sur la nécessité de reddition des comptes car en négociation, comme ailleurs, *être responsable*, c'est *répondre de ses solutions auprès des autres*. Se dessine ainsi un cercle vertueux d'apprentissage où les séances de négociation sont encadrées en amont par une préparation rigoureuse et en aval par un retour sur expérience tout aussi structuré. Cette dernière habitude renforce aussi le caractère apprenant des organisations.

En somme, faciliter l'émergence d'une négociation responsable suppose ici l'élaboration de techniques d'évaluation de la qualité des négociations, à l'aide d'indicateurs complexes de mesure de la performance et de tableaux de bord qui permettent à tous les négociateurs d'évaluer leurs performances individuelles et à l'organisation d'assurer le suivi de sa performance collective. Dans ce cadre, les directions générales et responsables RH agissent de concert pour assurer un accompagnement permanent du renforcement des compétences et de leurs performances.

Montée en reconnaissance des négociateurs

La formation aux compétences, l'exigence de processus alignés et un suivi de la performance des négociateurs impliquent tous les protagonistes d'une organisation et responsabilisent chacun au succès des négociations.

Il reste qu'« entre ses semences, il s'en trouve qui produisent plus tôt leur fruit les unes que les autres » (Richelieu, 1678, p. 35). Il reste à valoriser ceux qui au-delà du savoir formel acquis dans les formations se l'approprient comme *savoir-faire* par leur performance. Un système d'incitations doit permettre à ceux qui excellent comme négociateurs au sein des organisations d'être reconnus, d'inspirer des communautés de pratiques et d'accompagner comme mentors les négociateurs moins expérimentés dans leur apprentissage.

Callières (1716) reconnaissait déjà le rôle de *mentor* en diplomatie. « Pour affiner ses connaissances, le diplomate se doit de voyager, accompagné d'aînés avertis, faire son apprentissage de terrain, se familiariser avec les civilités de cette sociabilité européenne, exercer comme secrétaire d'ambassade pour affiner son oreille et sa plume, pour ensuite s'affermir par degrés, c'est-à-dire construire sa carrière diplomatique. » Il y va de la reconnaissance des négociateurs comme de nombreux métiers, on atteint rarement le sommet de son art en un jour. « On ne doit pas s'en étonner si on considère que nul homme de qualité ne peut devenir officier général dans les armées du roi, qu'il n'ait passé par les degrés où il a appris son métier, par le long exercice qu'il en a fait. »

L'expérience réfléchie et reconnue s'ajoute donc à la palette des conditions d'une négociation responsable, c'est-à-dire, en l'espèce, confrontée au terrain et à ses aspérités. Le partenariat entre RH et dirigeants s'approfondit ; il vise à « être exact aux choix des […] négociateurs » (Richelieu, 1678, p. 45).

Montée en congruence des négociateurs

S'engager dans une négociation responsable relève d'une mission solidaire pour toutes les parties prenantes d'une organisation. La mesure ultime du succès est que les techniques, au-delà du *savoir-faire* acquis, constituent une culture de négociation en partage, un *savoir-être* commun où « tous DRH » est synonyme de « tous négociateurs ».

Bien entendu, rechercher une négociation responsable, c'est enfin accepter les fourvoiements. « Il ne faut pas aussi se dégoûter par un mauvais événement, puisqu'il arrive quelquefois que ce qui est entrepris avec plus de raison réussit avec moins de bonheur » (Richelieu, p. 41). Il faut remettre cent fois son travail sur l'écheveau. « Les grandes négociations ne doivent pas avoir un seul moment d'intermission. Il faut poursuivre ce qu'on entreprend avec une perpétuelle suite de desseins, en sorte qu'on ne cesse jamais d'agir que par raison et non par relâche d'esprit, par indifférence des choses, vacillation de pensées et par résolution contraire » (Richelieu, p. 41). L'ensemble des négociateurs s'obligent à devenir des modèles de congruence en la matière, que leurs actes au quotidien soient en accord avec leurs paroles, que de manière inlassable ils négocient entre eux l'avènement même d'une négociation responsable, toujours un peu repoussée par les aléas du moment. « J'ai fait tant d'expérience de cette vérité qu'elle me contraint de finir ce chapitre en disant que quiconque manquera à être rigoureux en telles occasions manquera à ce qui est nécessaire à la substance des États » (46), de ses négociateurs et de son organisation.

Bibliographie

CALLIÈRE F. de (1716), *De la manière de négocier avec les souverains*, Droz, 2002.

LEMPEREUR A. (2003), « La négociation dans les relations sociales », Revue *Personnel*, ANDCP, n° 438.

LEMPEREUR A. et COLSON A. (2010²), *Méthode de négociation*, Dunod.

LEMPEREUR A. et PENVERN Y. (2010), « Le management de la diversité des parties prenantes », *Encyclopédie des diversités*, J.-M. Peretti dir., *Management et Société*, EMS Caen.

MABLY G.-B. de (1757), *Principes des négociations*, Kimé, 2001.

MNOOKIN R., PEPPET S. et TULUMELLO A. (2000), *Beyond Winning*, Harvard University Press.

RICHELIEU A.-J. du Plessis, Cardinal de (1688), *Testament politique*, Desbordes, Seconde partie, chapitre 6, p. 34-46.

SUSSKIND L. et MOVIUS H. (2009), *Built to Win*, Harvard Business School Publishing.

DUZERT Y. et LEMPEREUR A. (2009), *Faciliter la concertation*. Eyrolles.

Partie 8

CONTRIBUER AU DÉVELOPPEMENT DURABLE DE L'ORGANISATION

Les organisations doivent aujourd'hui avoir une politique et des pratiques de développement durable et de responsabilité sociétale et leur succès repose sur une forte implication des managers et des salariés.

Cette partie comporte deux contributions :

Développer compétences et comportements éthiques : Michel Joras et Michel Jonquières clarifient les sens, les concepts et référentiels de compétence, comportement, responsabilité, risque, éthiques avant d'exposer les raisons jugées bénéfiques d'un tel développement et proposer une boîte à outils.

Imposer l'homme dans la stratégie : Pour Jean-Michel Garrigues, le DRH, en prise directe avec l'opérationnel, nimbe les décisions sociales de bienveillance, il instille fermement une politique RH axée sur le bien-être des salariés et le mieux-vivre au sein des organisations, il investit dans la reconnaissance de la marque-employeur, bref, il joue chaque jour davantage ce rôle mi-Protée mi-Sisyphe qui rend sa mission passionnante et exemplaire.

Chapitre 30

Développer compétences et comportement éthiques

Michel JORAS et Michel JONQUIERES

Avant d'exposer les raisons jugées bénéfiques d'un tel développement et proposer une boîte à outils, il sera opportun de clarifier les sens, les concepts et référentiels de compétence, comportement, responsabilité, risque, éthiques.

Pour une clarification sémantique actualisée

Les mots naissent, vivent et meurent mais aussi s'acclimatent, mutent, divergent, selon un « darwinisme sémantique » permanent ; seul leur usage partagé en donne le sens réel. Les mots compétences et comportements éthiques s'adaptent aux modèles dominants de management et aux lois morales et exigences éthiques en cours qui s'appuient sur des valeurs universelles, voire absolues, et qui régulent si possible les sociétés humaines.

De quoi compétences sont-elles le nom ?

Compétences individuelles

Concept valise pour certains, attracteur étrange et objet de controverses récurrentes pour d'autres, dans un contexte consensuel international, la compétence des ressources humaines dans les organisations trouve dorénavant son expression référente dans le projet de norme ISO 10018 : 2011 – Lignes directrices pour l'implication et les compétences du personnel –, à savoir : « la compétence est une aptitude démontrée à mettre en œuvre des connaissances et savoir-faire pour obtenir les résultats souhaités ». Une note complète cette définition : « les exigences de compétence sont bien plus que des titres universitaires, une formation scolaire ou des années d'expérience.

Elles définissent tout ce qui est nécessaire à l'obtention des résultats ou des produits pour une tâche particulière, et également les critères ou les normes de performance, les preuves requises et leur méthode d'obtention».

Dans un souci d'harmonisation, le Conseil de l'Union européenne, dans sa recommandation du 18 décembre 2006 a énoncé : « les compétences clés pour l'éducation et la formation tout au long de la vie» (voir JO L394/30.12.2006) ; parmi lesquelles sont mises en exergue :

« Les compétences sociales renvoient aux compétences personnelles, interpersonnelles et interculturelles ainsi qu'à toutes les formes de comportement d'un individu pour participer de manière efficace et constructive à la vie sociale et professionnelle. Elle correspond au bien-être personnel et collectif. La compréhension des codes de conduite et des usages des différents environnements dans lesquels l'individu évolue est essentielle. Par ses compétences civiques, notamment sa connaissance des notions et structures sociales et politiques (démocratie, justice, égalité, citoyenneté et droits civils), un individu peut assurer une participation civique, active et démocratique».

Compétences collectives

Les compétences individuelles et professionnelles, de quelque nature que ce soit, doivent non seulement s'intégrer dans les compétences collectives des groupes et de celles de l'organisation, mais encore ajouter leur part de plus-value au capital technique, scientifique et/ou procédural (brevets, secrets de fabrication, recettes, etc.). Parmi les nombreuses approches, nous choisirons la définition proposée par Gérard De Montmollon (2005) : « ensemble de savoir/agir qui émergent d'une équipe de travail combinant des ressources endogènes de chacun de ses membres et créant des compétences nouvelles issues de combinaisons synergiques de ressources».

« Certaines conditions pour l'émergence de ces compétences collectives sont soulignées : représentations mentales communes des acteurs, organisation qualifiante par projet, langage commun des acteurs, management approprié des objectifs, résolution collective des problèmes, visibilité des contributions individuelles, coordination des savoirs des équipes, formation dans et par les situations de travail, anticipation collective des besoins, réseaux de communication internes et externes ».

Quatre notions s'enchevêtrent : la morale, l'éthique, la responsabilité et la responsabilité sociétale, et qui prennent sens au cours des temps.

De la morale

La morale correspond au questionnement « que dois-je pouvoir faire ? » ; elle est impérative et absolue. Adossée à un code moral (religieux ou laïc), elle dit ce qui doit être en distinguant le bien du mal ; elle est du domaine de la foi (*fides*), de la conviction intime, de l'émotion, de l'idéologie, etc. Quelles que soient les origines d'un individu, on évoquera souvent sa morale, son milieu, son cadre de vie.

Ainsi, tout individu tend à orienter et guider sa vie privée et/ou citoyenne à partir d'un code ou guide moral reconnu et déclaré, et encadré par le droit civil et pénal dont il dépend, selon son « identité nationale ».

De l'éthique

L'éthique, objet de la « philosophie morale », répond au double questionnement « comment vivre une situation, un événement, une action ? » et « quelle décision prendre face à une alternative, un dilemme ? ». Elle est du domaine de la raison (*ratio*). Appliquée à des situations qui peuvent être complexes, elle suppose un détour par le raisonnement ; dans ce sens, il n'y a d'éthique qu'appliquée à, spécifique. Quel que soit son champ d'application, on évoquera le plus souvent l'éthique d'un groupe, d'un collectif, d'une organisation.

Les modalités d'action de l'éthique sont diverses. Ainsi, une ethique peut être (Joras, 2011) :

- analytique, façon d'aborder le bon et le mauvais ;
- normative, prédiction de ce que l'on doit faire ;
- appliquée, comment l'on doit faire ;
- déclarative, affichage de ses engagements ;
- combative, mesures contre l'inéthique et la corruption ;
- de sûreté, protection contre les inéthiques des ressources humaines ;
- managériale.

Dans notre ancien monde, alors que la sphère anglo-américaine est nourrie de puritanisme protestant, l'éthique des entreprises est diligentée au double respect du droit et des engagements pris volontairement (compliance), en revanche en France, toujours sous l'emprise du droit napoléonien, ou germano-latin, l'éthique de l'entreprise ne répond qu'à la seule conformité au droit, avec néanmoins quelques traces de la culture catholique, et ce, malgré une certaine résignation à la séparation de l'Église et de l'État.

De la responsabilité en général

Le terme « responsable » qui éclaire la responsabilité est polysémique ; comme adjectif, c'est :

- répondre de ses actes, juridiquement et moralement ;
- être en charge de : métier, mission, fonction, projet ;

▶ répondre à des questions, des problèmes ;

▶ ne pas faire n'importe quoi.

Pris comme nom, il désigne un manager, un professionnel assumant une fonction, un métier, une mission, un projet.

André Comte-Sponville (*Challenges* n° 239, 13 janvier 2011), donne l'interprétation suivante au terme responsable : « De quoi est-on responsable ? De ce qu'on a fait, mais aussi de ce qu'on n'a pas fait, quand on aurait pu le faire, et de ce que l'on a laissé faire, quand on aurait pu l'empêcher. Vaste ensemble aux limites toujours floues. Pour être responsable de ses actes, il suffit de les avoir accomplis volontairement. Pour en être coupable, il faut avoir violé la loi (culpabilité juridique) ou avoir sciemment mal agi (culpabilité morale).

Aussi, n'est-on jamais coupable de ses erreurs, et pas toujours de ses fautes, quoi qu'on en soit le plus souvent responsable ».

De la responsabilité sociétale

Le concept de responsabilité sociétale (*corporate social responsibility*) est apparu dès les années 1950 aux États-Unis, et a ensuite été repris en Europe dans le Livre vert de l'Union européenne de juillet 2001, intégrant les triples préoccupations du développement durable : économie, social et environnement (rapport Brundtland, ONU, 1987). Face à la floraison des significations données au terme responsabilité et à la tendance anglo-américaine de lui conférer un statut quasi religieux, les experts de l'ISO (International Standard Organization) de plus de 90 pays, dans un esprit consensuel de neutralité laïque, mais opérationnel, ont publié à usage universel fin 2010, les « lignes directrices relatives à la responsabilité sociétale » (norme ISO 26000 : 2010).

Ces lignes directrices énoncent les principes fondés sur des comportements éthiques et des prises de décisions, soutenant un développement durable mis en œuvre, obligé par les organisations humaines au nom de leur responsabilité sociétale, à savoir « responsabilité d'une organisation vis-à-vis des impacts de ses décisions et activités sur la société et sur l'environnement, se traduisant par un comportement éthique et transparent qui :

▶ contribue au développement durable, y compris à la santé et au bien-être de la société ;

▶ prend en compte les attentes des parties prenantes ;

▶ respecte les lois en vigueur tout en étant en cohérence avec les normes internationales de comportement ;

▶ est intégré dans l'ensemble de l'organisation et mis en œuvre dans ses relations (activités de l'organisation au sein de sa sphère d'influence) ».

Un référentiel des compétences éthiques pour « tout DRH »

Le référentiel comprend en particulier :

- le cadre de la conformité règlementaire en France ;
- l'ensemble des conventions et engagements souscrits par l'entité mobilisatrice des ressources humaines impliquées dans la chaîne de valeur de l'organisation ;
- la cartographie des risques inéthiques et la sphère d'influence impactée.

Dans un souci de simplification, il peut être admis que le cadre de la conformité réglementaire en France est constitué de plusieurs composants :

- un cadre général reposant sur les traités internationaux et un bloc constitutionnel ;
- un corpus de lois regroupées dans des codes (codes civil, pénal, du travail, du commerce, etc.) et mises en application par des décrets ;
- un ensemble de directives, obligations émanant de l'administration et de ses entités, ses agences, dont la traduction des exigences normatives est fixée par des standards obligatoires (sur la sécurité, la santé, les conditions de travail l'environnement, etc.).

Membre de l'Union européenne et de la zone Euro, la France doit traduire dans son corpus législatif et administratif les directives édictées par l'Union.

Le socle constitutionnel et réglementaire français comprend en particulier :

- le texte de la Déclaration de 1789 des droits de l'homme ;
- le préambule de la constitution de 1946 ;
- le texte de la constitution de 1958 ;
- la charte de l'environnement de 2004, repris dans la constitution le 1er mars 2005 ;
- les modifications constitutionnelles de 2008 ;
- les articles du traité de l'Union européenne de Maastricht de 1992 et de Lisbonne de 2007 et de 2009.

Le cadre de la conformité réglementaire est ainsi constitué par un ensemble de « droits indérogeables » repris par le Conseil constitutionnel.

Pour compléter ce corpus réglementaire, le référentiel de chaque organisation devra reprendre les règles, à jour, qui lui sont spécifiquement dédiées. À titre d'exemple significatif concernant la protection de l'intégrité des ressources humaines :

- l'égalité des chances (31 mars 2006) ;
- le document unique sur les risques au travail (31 décembre 1991) ;
- la validation des acquis de l'expérience et l'accès au bilan de compétences ;

▶ la loi LME 2010, dite loi de modernisation de l'économie qui fixe une obligation de déclaration de soupçon (Tracfin) pour toute anomalie présumant blanchiment ;

▶ la loi sur l'égalité professionnelle (décret du 7 juillet 2011) ;

▶ la loi sur la prévention de la pénibilité (décret du 7 juillet 2011) ;

▶ la loi Grenelle 2 faisant obligation à certaines sociétés de réaliser un bilan sociétal.

Au regard des engagements volontaires et en dehors des conventions professionnelles signées et des conventions collectives imposées, toute organisation peut volontairement se soumettre à un cadre normatif privé, à titre d'exemple non limitatif :

▶ charte d'éthique, codes déontologiques, codes de conduite ;

▶ charte professionnelle spécifique (exemple : le Syntec) ;

▶ charte privée portée par des organisations ONG ;

▶ normes de type ISO (ex : normes ISO 9001, 14001, 26000, 31000…) ;

▶ labels éthiques (ex : QualEthique, label Diversité…) ;

▶ pacte Global Compact de l'ONU (2000) ;

▶ référentiels divers, tels que SA 8000, AA 1000, Investors in People…

Dresser la cartographie des risques inéthiques

Pour dresser une cartographie des risques inéthiques, dangers des acteurs internes, menaces exogènes, tout responsable du management éthique, qu'il soit DRH, déontologue, responsable des risques, devra repérer, analyser, mesurer, se prévenir de façon non limitative des comportements non-éthiques qui proviennent : des violations administratives (par exemple, le refus de produire des informations pour une institution publique, non-production de bilans sociaux), des violations environnementales (pollution chimique, marée noire…), des infractions financières (corruption, fraude fiscale ou comptable…), des infractions au droit social (discrimination à l'embauche, licenciement abusif, non-respect des règles de sécurité…), des violations dans le domaine de la production (usage de produits dangereux, non-respect des règles d'hygiène ou de sécurité, tests falsifiés…), des pratiques non concurrentielles (discrimination des prix, ententes illicites, publicité mensongère…), de déficits culturels (Kerven G.Y., 2007). Certaines professions, certaines communautés font preuve de paresse intellectuelle, de laxisme, d'esprit de connivence, de fatalisme, etc. ; d'autres, au contraire, font preuve d'orgueil, d'infaillibilité, de déficit de moralité des dirigeants. Poussés par cupidité, par un esprit de clan, par népotisme, nombre de dirigeants font preuve de favoritisme, de connivence, et même, de conflits d'intérêts, d'abus de droits, d'indécences et de « voyouterie », de déficits de contrôle : absence de dispositifs de contrôle du contrôle interne ; absence d'une fonction spécifique à la gestion du risque, d'un déontologue, d'un « compliance officer « (responsable de la conformité).

De quoi sont faits ces comportements éthiques ?

Pour exposer ce concept de comportement éthique, nous ferons référence à la norme de portée mondiale ISO 26000 : 2010 – lignes directrices pour la responsabilité sociétale –, le « comportement éthique est un comportement conforme aux principes acceptés d'une conduite juste ou bonne dans le contexte d'une situation particulière et en cohérence avec les normes internationales de comportement », c'est-à-dire « les attentes vis-à-vis du comportement d'une organisation en matière de responsabilité sociétale, procédant du droit coutumier international, de principes généralement acceptés ou quasi universellement reconnus ».

La norme ISO 26000 insiste sur l'obligation « d'un comportement transparent et éthique » comme traduction de la responsabilité sociétale de tout collectif, autour de 7 questions centrales, selon une approche holistique d'interdépendance :

▶ la gouvernance d'entreprise ;
▶ les droits de l'homme ;
▶ les relations et conditions démocratiques ;
▶ l'environnement ;
▶ les bonnes pratiques des affaires ;
▶ les relations avec les consommateurs ;
▶ l'engagement sociétal ;

et sur le respect de 7 principes :

▶ responsabilité de rendre compte ;
▶ transparence ;
▶ comportement éthique ;
▶ respect des intérêts des parties prenantes ;
▶ respect du principe de légalité ;
▶ respect des normes internationales de comportement ;
▶ respect des droits de l'homme.

Développer le binôme compétences et comportements éthiques

« Le développement d'une compétence est un processus de renforcement de la compétence des individus ou des groupes » (norme ISO 9000 : 2005).

Pourquoi développer ?

La mission de tout responsable RH est tant de maximaliser le capital humain placé sous sa sphère hiérarchique et d'influence que de conférer à son organisation une « sûreté éthique » pour épargner à son organisation des dommages conséquents, souvent destructeurs, tels que d'ordre réputationnel, opérationnel, financier, social, moral, stratégique, communicationnel... Selon J. Igalens et M. Joras : « la sûreté éthique traduit un état obligé de protection et conservation qu'une entité organisée peut démontrer par une assurance raisonnable que ses valeurs, ses objectifs, son intégrité, son image, sa réputation ne sont pas affectés ou ne peuvent pas l'être par des menaces et dangers, matériels et immatériels, venant de pratiques et conduites non-éthiques, individuelles ou collectives ». La sûreté éthique est une condition *sine qua non* pour que l'éthique du management soit performante, en offrant conjointement une garantie des libertés fondamentales données aux individus de la communauté de travail et déployant des mesures pratiques et légales destinées à empêcher ces mêmes individus de nuire, par des abus et déviances inéthiques.

Comment développer les compétences et comportements éthiques

Le responsable DRH, le déontologue, le *compliance officer*, le responsable des risques, tous en charge de la sûreté éthique et des risques humains, et par conséquence, du développement des compétences et des comportements éthiques, peuvent trouver des processus de mise en œuvre de ce developpement dans le projet de la norme FD ISO/DIS 1018 : 2011 – Lignes directrices pour l'implication et les compétences du personnel et les facteurs humains associés.

Les principes et exigences, dorénavant admis par la plupart des entreprises, de la norme ISO 9001 : 2008 – Management des systèmes de qualité, peuvent également servir de base au management éthique de l'organisation ; ce sont en particulier :

▶ *leadership* ;

▶ implication du personnel ;

▶ écoute client ;

▶ relations mutuellement bénéfiques avec les fournisseurs.

Le processus de développement des compétences et des comportements éthiques pourra ainsi être mis en œuvre en se rapprochant du modèle PDCA (*plan, do, check, act*) selon des phases d'analyse, de planification, de réalisation, d'évaluation et d'amélioration continue.

Une boîte à outils éthiques

Le développement des compétences et des comportements éthiques passe obligatoirement par un engagement éthique, clair et transparent pris par la plus haute hiérarchie ; engagement qui peut être accompagné de :

▶ déclaration de la vision et des valeurs éthiques transcrites dans une charte éthique en accord avec la représentation sociale et ou professionnelle ;

▶ mise en œuvre d'une politique éthique par l'adhésion à une norme de management de la qualité éthique, sur le modèle ISO 9001 reprenant les lignes directrices des normes ISO 14001, ISO 26000, ISO 31000, ou de normes et référentiels tels que SA 8000, Investor in People... ;

▶ pour les grandes entités : création d'un comité éthique ;

▶ choix et nomination d'un déontologue ou d'un responsable conformité, d'un représentant CNIL, éventuellement d'une personne « référent éthiques » ;

▶ adhésion à des ONG de défense des droits de l'homme, de l'environnement, etc. ;

▶ adhésion volontaire à des labels tels que le label QualEthique du CEA (cercle d'éthique des affaires), le label Diversité... ;

▶ mise en place d'un observatoire de l'éthique avec l'aide d'ONG spécialisées telles que l'Académie de l'éthique, Novethics, Transparency... ;

▶ en accord avec les instances représentatives du personnel, mise en place d'un dispositif de déclaration de soupçon Tracfin ;

▶ dans les bilans social (1997) ou sociétal (2010), présence d'indicateurs éthiques et de corruption ;

▶ aide des personnes à intégrer dans leurs réseaux sociaux des préoccupations éthiques ;

▶ obtention par les professions, les métiers mobilisés dans l'entreprise, si non obligatoire, de l'adhésion volontaire à des codes de déontologie professionnelle (ex. : acheteurs, GRH...) ;

▶ incitation des responsables et du personnel de l'entreprise à participer sur leur plan DIF, à des formations éthiques, ou de responsabilité sociétale...

Conclusion

Tout développement des compétences et des comportements éthiques, caution raisonnable d'une sûreté éthique et d'une cohésion sociétale, dépend de la capacité de l'ensemble de l'organisation à s'impliquer dans un renforcement des compétences personnelles, interpersonnelles, interculturelles et collectives.

Cet ensemble de talents, dûment accompagnés de compétences civiques et sociétales, devrait offrir aux responsables de la GRH un socle vertueux pour poser les fondements d'une éthique managériale, ouverte, transparente et performante, et qui puisse répondre aux incertitudes nées de la remise en question de l'État providence et du modèle économique néolibéral.

Bibliographie

ARBOUCHE M., « Développement des compétences éthiques », *Management et Avenir*, n° 20.

BELLIER-MICHEL S. (2004), *Le Savoir-être en entreprise*, Vuibert.

Collectif (2010), Ethique et responsabilité sociale, 78 experts en l'honneur de Michel Joras, EMS.

DE MONTMOLLON G. (2005), *Critique du travail de MM. Amherdt et alli*, Université de Laval.

HIRSH M. (2010), *Pour en finir avec les conflits d'intérêts*, Stock.

IGALENS J., DE BRY F., PERETTI J.-M. et al. (2010), *Éthique et responsabilité sociétale*, EMS

IGALENS J. et JORAS M. (2010), *La Sûreté éthique, du concept à l'audit opérationnel*, EMS.

IGALENS J. et GOND D. (2009), *La Responsabilité sociale de l'entreprise*, « Que sais-je ? », PUF.

IGALENS J. et JORAS M. (2002), *Responsabilité sociale des entreprises*, Éditions d'Organisation.

JONQUIÈRES M.(2006), *Manuel de l'audit des systèmes de management à l'usage des auditeurs et des audités*, Afnor.

JONQUIÈRES M. (2003), *Réussir les audits qualité et environnement*, Afnor.

JORAS M. (20011), « Vers la normalisation internationale », cahier n° 14, ESCE.

JORAS M. (1995), *Bilan de compétences*, « Que sais-je ? », n° 2979.

JORAS M. et LEPAGE J. (2005), *La Responsabilité sociale de l'acheteur*, Éditions d'Organisation.

KERVERN G.Y. et BOULANGER P. (2007), *Cyndinique*, Economica.

Norme ISO 9000 : 2005 – Systèmes de management de la qualité – Principes essentiels et vocabulaire.

Norme ISO 9001 : 2008 – Systèmes de management de la qualité – Exigences.

Norme ISO 14001 : 2004 – Systèmes de management environnemental – Exigences et lignes directrices pour son utilisation.

Norme ISO 26000 : 2010 – Lignes directrices relatives à la responsabilité sociétale.

Norme ISO 31000 : 2010 – Management du risque – Principes et lignes directrices.

PONS N. et BERCHE V. (2009), *Arnaques*, CNRS Editions.

Projet de fascicule de documentation FD ISO 10018, Systèmes de management de la qualité – Lignes directrices pour l'implication et les compétences du personnel.

Revue Esprit (1994), « Les équivoques de la responsabilité », n° 11.

Chapitre 31

Imposer l'homme dans la stratégie

Jean-Michel GARRIGUES

Les directions des ressources humaines sont au cœur des paradoxes :

- elles se sont transformées, à marches forcées depuis une quinzaine d'années, en parangons exemplaires de contrôle de gestion sociale, en gestionnaires de quotas, en comptables compétents des coûts sociaux globaux, en prévisionnistes appliqués de plans triennaux ou quinquennaux ;

- elles activent ou subissent des kyrielles de procédures surabondantes, surajoutées, surprenantes, des volumes entiers de méthodes de définition détaillée de postes, des encyclopédies de plans de gestion prévisionnelle des emplois et des compétences, des collections complètes de projets de plans de sauvegarde de l'emploi ;

- elles se sont pour beaucoup positionnées au sein des structures de gouvernance de leur entreprise (comité de direction, comité exécutif), en œuvrant pour un rattachement direct à la direction générale, et non à la direction financière ;

- elles sont souvent les pilotes des nouveaux horizons de la fonction, consanguins ou collatéraux, tels le développement durable, la responsabilité sociétale et environnementale, le triptyque social parité-égalité-diversité, les luttes contre le harcèlement et la discrimination.

Et pourtant :

- la France est toujours un des derniers pays aux classements de la confiance (en son pays, en ses dirigeants, en ses institutions, en ses entreprises, en soi-même) et de la qualité des relations sociales (dans le pays, dans l'entreprise) ;

- la complexité réglementaire et la judiciarisation toujours croissantes découragent chaque jour un peu plus les investissements (nouveaux entrants et développement de l'existant) ;
- le temps de les imaginer, de les formaliser, les *business plans* consciencieusement élaborés sont souvent dépassés dès leur imprimatur, suscitant de comiques processus permanents de mise à jour, course perdue d'avance contre l'accélération de l'histoire ;
- les valeurs les plus importantes pour les entreprises françaises sont le respect, l'intégrité et l'esprit d'équipe, alors qu'à l'étranger ce sont plutôt la qualité du produit ou du service, et la satisfaction du client ;
- le rattachement au directeur général ne résolvait pas vraiment la difficulté, puisque, au cours des vingt dernières années, le titulaire de cette fonction (ou de ce mandat) provenait le plus souvent de la fonction financière, dans laquelle il avait réalisé jusqu'alors la totalité, ou une grande partie, de sa carrière.

Bref, un existant source de tensions, de risques, de dangers qui explosent en situation de crise et se manifestent par l'omniprésence des risques psychosociaux, et l'irruption des suicides dans un contexte professionnel, notamment dans la fonction publique, hospitalière, territoriale, et les grandes entreprises.

Parmi les causes, on trouve naturellement l'irruption de l'incertitude économique permanente, la pratique du changement perpétuel, l'effacement progressif des repères traditionnels et, *de facto*, la pesée terrible du « more & less » (*more work, less time, less people*).

Ces tendances ont longtemps été irréversibles, mais la crise économique et financière de 2008, et ses conséquences sociales, ont suscité un sursaut de conscience vers des pratiques différentes.

Un titre évocateur ?

Finalement, l'évolution n'est pas nécessairement opportune : l'ancienne dénomination de la fonction « directeur du personnel » n'était pas très engageante et présentait une facette d'appropriation qui n'était pas de mise en la circonstance, mais avait le mérite de la simplicité.

Le titre « directeur des relations sociales », là aussi très évocateur, a été rapidement circonscrit au domaine de la représentation du personnel dans lequel il se cantonne encore aujourd'hui, avec celui de directeur des affaires sociales.

Puis est venue l'appellation, généralisée depuis lors, de directeur des ressources humaines, dans laquelle les représentants de la fonction ont vu une avancée importante, les collaborateurs étant reconnus comme une ressource, au même titre que les recettes de l'activité ou de la finance.

Le souci de ce vocable est que, justement, il incitait encore davantage à traiter la fonction comme soumise aux mêmes approches, et aux mêmes traitements, que les autres ressources de l'entreprise.

D'où la déshumanisation fréquente de la relation avec le corps social, les moindres moyens, le contrôle toujours plus accentué, la considération des collaborateurs comme un stock sujet à des flux. On se souvient même d'un directeur financier promu directeur général qui appelait l'ensemble des salariés le « passif social », appellation certes comptablement exacte, mais ô combien sujette à caution...

L'ambiguïté est là : comment nommer cette fonction essentielle, pour la valoriser au mieux ? De nouveaux titres foisonnent, français et anglais mêlés : directeur du capital humain, *Chief People Officer, Chief HR Officer*, sans compter la tendance à vouloir positionner au mieux son titulaire en le nommant directeur général en charge des RH (ou délégué aux RH), ou vice-président *Human Resources*, sans compter la version francisée du type vice-président RH (qui, entre parenthèses, crée une confusion pour un titulaire de la fonction qui n'est pas aussi mandataire social de l'entreprise concernée...).

Considérer d'un œil plus bienveillant l'appellation de « capital humain » par rapport à celle de « ressources humaines » n'est pas nécessairement aisé. Certes, le mot « capital » place l'apport des collaborateurs au même niveau que celui des actionnaires, mais est aussi étroitement lié à une notion purement capitaliste d'élément de profit, dont la réalité est souvent assez éloignée de l'idée généreuse de ses créateurs...

Pourquoi cette démarche étymologique ? Car l'intitulé de la fonction, dans l'entreprise, peut n'avoir aucun lien avec le positionnement de son détenteur. Or, la vérité de l'efficacité des ressources humaines vient pour beaucoup du rôle que lui confie la direction générale.

Le DRH : responsable, mais pas coupable ?

Depuis des lustres, on entend antiennes et couplets sur l'implantation du DRH dans la structure de gouvernance : la focalisation sur ce combat s'est renforcée avec la crise de 2008, certaines entreprises, considérant que le gestionnaire des temps orageux ne pouvait être le même que celui des temps cléments, en ont profité pour rattacher le successeur à la direction financière (fût-elle appelée direction générale financière pour sauver les apparences), et l'exclure au passage de la structure de gouvernance…

Mais cette quête d'appartenance au Saint-Graal est-elle vraiment opportune ? Une enquête récente indiquait qu'une large majorité des DRH interrogés considérait, non seulement n'avoir aucune prise sur les décisions stratégiques, mais, bien davantage encore, n'avoir aucun rôle réel à jouer au sein de ladite structure, cantonnée à un rôle d'enregistrement des données importantes et de vrais échanges sur des considérations secondaires…

Or, le DRH a une vraie responsabilité à jouer au sein du collège de ses pairs pour jouer le rôle de catalyseur réversible, la voix des salariés auprès du top management, et le relais des dirigeants auprès des équipes d'activité.

Et, n'en doutons pas, cette position singulière est par définition inconfortable si elle est correctement exercée. Comme l'indique très clairement François Eyssette (*Le DRH du 3ᵉ millénaire*, Village Mondial, 2007) : « il y a un prix à payer parce que la majorité des acteurs – les clients, les employeurs, les salariés – ne vous suit pas, et parfois même s'oppose à vous ».

Le courage réside donc dans cette capacité à faire prendre en compte la logique du capital humain dans la mise en œuvre des décisions stratégiques, et nombre de DRH n'ont d'autre volonté que d'appliquer ce qui leur est demandé, même si, au bas mot, l'intelligence de la décision est tellement réduite que son exécution demandera bien davantage de temps, d'énergie et d'argent que ce qui était prévu dans les pires hypothèses de travail. C'est peu glorieux, mais c'est humain. Les résistants sont toujours plus nombreux quand pointe la victoire…, même s'il vaut mieux des convertis tardifs que des collaborateurs intangibles.

Dans le même sens, ne serait-ce que pour ne pas se battre sur tous les fronts en même temps, nombre de DRH accompagnent le mouvement, voire se font les ardents prosélytes d'une externalisation de parties de la fonction RH, au prétexte d'ailleurs justifié qu'une réponse adaptée à une question technique peut être apportée par un éventail de solutions, allant du centre interne de services partagés, situé à quelques kilomètres, au *call center* slovaque, marocain ou même indien.

Or, sans ignorer les enjeux financiers qui peuvent accompagner ces transferts, le rôle du DRH est alors bien de rappeler l'enjeu essentiel, structurant, du lien social, du contact quotidien avec un membre de l'équipe RH, fût-il gestionnaire de paie, pour répondre à une question d'un collaborateur, résoudre une de ses problématiques, lui montrer *de visu* la solution à son souci de l'instant.

Cette détermination viscérale de la proximité professionnelle est aujourd'hui un besoin, réel, évident, absolu, dans un environnement de plus en plus incertain, dans une mondialisation qui tétanise les prises de risque et favorise les dangereux replis sur soi, dans une évolution des techniques de communication qui rend obsolètes des nouveaux outils auxquels on n'a même pas eu le temps de s'acclimater...

La stratégie de l'amont

Une réponse évidente à ces constats souvent frustrants est constituée par une démarche très volontaire du DRH pour remonter le courant, tel un salmonidé opiniâtre dans un flux pressant.

Comment optimiser les contraintes de l'environnement ? Pêle-mêle : démontrer un courage managérial, créer du lien social et prévenir les conflits, considérer les objectifs quantitatifs et qualitatifs de l'entreprise, être un vivant exemple d'éthique et d'exemplarité, et, ainsi, orienter peu à peu l'entreprise vers une organisation « people-minded » dans laquelle le salarié est au cœur de la réflexion stratégique ?

Une réponse opportune est certainement, pour le DRH, de se situer à l'aune même de la réflexion stratégique, à l'instar du directeur financier. Plus l'information est connue en amont, plus il sera possible d'en prévoir les incidences pour l'ensemble des collaborateurs de l'entreprise.

La détermination originelle des incidences sociales et sociétales d'une décision d'investissement, de désinvestissement, d'ajustement des structures, est un atout essentiel pour l'entreprise, car loin de ralentir les processus, cette rationalité constitue évidemment, si l'on considère l'ensemble du schéma stratégique, un gain significatif, et appréciable, de temps et de moyens.

Positionner le DRH à la source même de la réflexion est une valeur ajoutée déterminante pour l'entreprise, et constitue un facteur clé de succès pour la création d'un lien social fort : si le DRH a la capacité de faire entendre la voix de l'humain dès l'émergence de l'information, il transforme une contrainte de mise en œuvre en un atout de prise de décision.

En cela, l'existence d'une relation étroite avec la direction générale est indispensable : le DRH devient le plus proche collaborateur du dirigeant, encore plus que le directeur financier dont l'appréhension des enjeux est certainement moins complexe.

Il n'est certes pas pour autant cantonné dans ce rôle de stratège distant, il est en prise directe avec l'opérationnel, il nimbe les décisions sociales de bienveillance, il instille fermement une politique RH axée sur le bien-être des salariés et le mieux-vivre au sein des organisations, il investit dans la reconnaissance de la marque-employeur, bref, il joue chaque jour davantage ce rôle mi-Protée mi-Sisyphe qui rend sa mission passionnante et exemplaire.

Partie 9

UTILISER LE SIRH ET LES NTIC

L'importance croissante pour les managers des technologies nouvelles de l'information et de la communication concerne toutes leurs responsabilités et, notamment, celles en matières RH. Les trois chapitres de cette partie présentent l'utilisation par les dirigeants et les managers du Système d'information des ressources humaines, le SIRH, pour assumer leurs responsabilités RH.

Tous DRH autour d'un SIRH fédérateur : Bernard Merck présente une démarche pour mettre en place un système d'information des ressources humaines en s'appuyant sur les NTIC. Il propose d'aborder la construction du système en analysant les besoins des différentes sous-fonctions pour gagner en efficacité et en utilisant toutes les opportunités des NTIC.

Utiliser les SIRH : l'appropriation par les différents utilisateurs des systèmes mis en place est un défi pour les organisations. Brahim Temsamani et Youssef Mensoum présentent l'utilisation d'un système intégré.

Tous virtuels ! Quelles conséquences sur la fonction RH ? Les NTIC vont être encore plus miniaturisées, augmentées de puissance, être plus nomades, permettant une omniprésence de l'image et développer l'ubiquité. Elles vont ainsi faire émerger de nouveaux usages et modifier les comportements. François Silva montre comment les NTIC transforment le rôle du manager DRH et ouvre des pistes de réflexion.

Chapitre 32

Tous DRH
autour d'un SIRH fédérateur

Bernard MERCK

En Europe, un nombre important d'entreprises, de toutes tailles et tous secteurs confondus, ont procédé ces dernières années à la refonte de leur système informatique de gestion des ressources humaines (SIRH). Au-delà d'un changement d'outil, ce fut l'occasion de s'interroger sur la contribution stratégique des ressources humaines dans la réalisation des objectifs de l'entreprise, leur réelle valeur ajoutée spécifique, et l'efficacité de leurs process de gestion du personnel. Dans bon nombre de cas, ce changement d'outil a été la partie apparente d'un véritable *reengineering* de la fonction.

Dans la majorité des cas, cette évolution a eu pour but premier de faire des gains de productivité en réduisant les coûts RH (le fameux ratio RH/effectifs gérés). L'impact de la refonte du SIRH sur le fonctionnement de l'entreprise ne doit pas être sous-estimé. Selon que l'on retient un système centralisé, orienté vers les besoins de la DRH ou un système ouvert, tourné vers les utilisateurs, les rôles de l'encadrement, la responsabilisation des salariés, les conditions d'accès à l'information, la duré des cycles de production, l'organisation, la mission même de la DRH sont totalement et radicalement modifiés. Certaines entreprises se sont bornées à changer l'outil, réduire les effectifs RH, transférant au passage les opérations de saisie vers les managers ou les salariés. Pour d'autres, au contraire, la mise en place d'un SIRH partagé est l'occasion d'entrer dans une autre forme de pensée « tous acteurs de la réussite économique de l'entreprise » (*business partner*).

Figure 32.1. – Le système d'information de la DRH

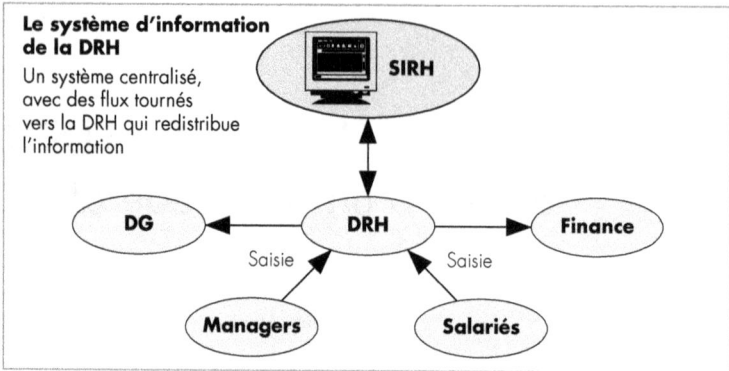

Le système d'information de la DRH

Un système centralisé, avec des flux tournés vers la DRH qui redistribue l'information

SIRH

DG ◄— DRH —► Finance

Saisie   Saisie

Managers   Salariés

Figure 32.2. – Le SIRH de l'entreprise

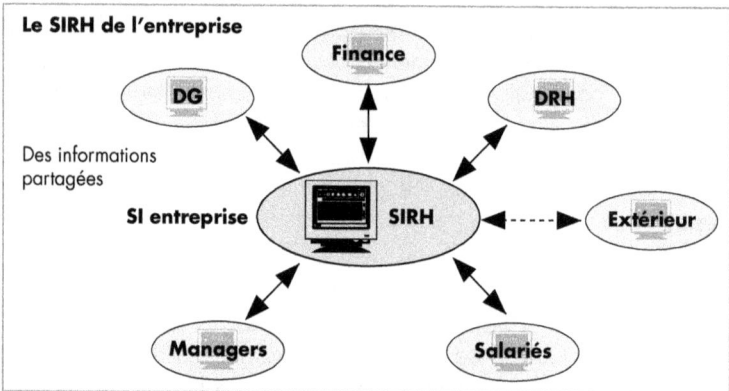

Le SIRH de l'entreprise

Des informations partagées

Finance

DG   DRH

SI entreprise   SIRH ◄----► Extérieur

Managers   Salariés

Pour ces dernières, tous ces changements sont vécus comme une formidable opportunité de développement. Pour les premières, cela est perçu comme une menace porteuse de remise en cause pour la DRH, comme un surcroît de travail par le management.

Pourquoi ces évolutions de SIRH ? Il est certain que beaucoup de systèmes centrés paie, conçus en traitement *batch*, arrivaient en bout de vie. Les TIC et surtout le développement des Intranets nécessitaient des adaptations trop onéreuses pour connecter de façon fiables applications *batch* et flux Intranet. Et puis il y a eu la crise, la recherche de gains de productivité. Mais beaucoup d'organisations se sont interrogées sur leur *business model*. L'accélération de l'évolution rend l'horizon prévisionnel de plus en plus réduit. L'incertitude devient un élément déterminant du management, qui nécessite la prise en compte d'aléas divers et nécessite des capacités de réactivité toujours renouvelées pour pouvoir assurer la croissance et la fidélisation des clients. La solution ne réside plus dans l'application de process bien rodés par un personnel dévoué et obéissant. Désormais, le lien entre stratégie et facteur humain apparaît comme essentiel, donnant lieu à l'émergence de nouveaux enjeux de management, ainsi qu'à un besoin de transformation de la fonction RH.

Tous ces aspects doivent être pilotés d'une façon cohérente, cadencés dans le temps et accompagnés auprès des différents acteurs (DG, hiérarchie, personnel de la DRH, salariés) afin d'éviter des perceptions par trop divergentes, de limiter certains traumatismes, éviter tout dérapage et permettre au personnel de suivre.

Les enjeux actuels de la fonction RH : une plus grande valeur ajoutée en soutien au *business*

On reproche souvent à la fonction RH de n'être qu'un centre de coût, sans réelle valeur ajoutée. Cependant l'importance accordée au personnel dans des organisations qui doivent rester flexibles et réactives, ainsi que la difficulté de trouver rapidement les ressources expertes militent pour un rôle plus actif des acteurs RH dans les choix stratégiques de l'entreprise. Dans un environnement incertain, le processus stratégique ne peut plus être réduit à une démarche descendante « top down » pensée par quelques cadres de direction. Ce doit être un processus interactif, impliquant à tous les niveaux concepteurs et exécutants. La performance économique de l'entreprise est corrélée à la mise en intelligence collective de l'ensemble de son personnel autour d'un projet, d'une ambition partagée.

Dans cette perspective, le facteur humain devient un moteur de la stratégie, apportant un véritable avantage concurrentiel car créateur d'innovation, d'écoute des besoins clients, d'amélioration des process, si leurs efforts sont intelligemment orientés et rapidement exploités. Les DRH deviennent alors des agents de changement, des accoucheurs d'innovations, agissant en soutien de la hiérarchie, travaillant au renforcement des avantages concurrentiels, participant aux côtés de la DG à la démarche stratégique, sachant la relier aux aspects collectifs et individuels de la gestion du personnel, pour rester le gardien de la dimension humaine.

Si les DRH sont, *a priori*, reconnus par les directions générales comme codécideurs de la stratégie de l'entreprise, ils doivent désormais faire la preuve que leur action contribue bien à l'amélioration de la position concurrentielle de l'entreprise. La crédibilité des DRH nécessite une dose de prise de risque dans la conduite du changement, lequel impose, nous l'avons vu, des délais de réaction de plus en plus courts, des réponses de qualité aux échelons les moins élevés possibles. L'enjeu pour l'entreprise est la qualité des réponses aux clients, mais aussi l'amélioration constante de ces réponses, pour rester « meilleurs » que les concurrents.

Traditionnellement, gérer le facteur humain suppose la maîtrise, par le DRH, de deux dimensions : la dimension collective (les populations, les métiers) et celle individuelle (les affectations, les carrières). Nous avons dit plus haut que le DRH doit devenir le partenaire stratégique de la Direction Générale, c'est-à-dire qu'il doit intégrer une troisième dimension, qui est celle de la stratégie (quelle organisation aujourd'hui ? Demain ? Quels besoins de compétences ?). Ainsi la fonction RH recouvre-t-elle cinq grands domaines :

▶ **la gestion de l'emploi et le développement collectif des compétences** (gestion prévisionnelle et stratégique de l'emploi par bassin d'emploi, plans d'adaptation et de reconversion, plans de montée en compétence dans les métiers en évolution, plan global de formation…) ;

▶ **la gestion individuelle des carrières** cadres et non cadres (évaluation des performances, évaluation du potentiel, actions de développement individuelles, conseil de carrière et orientation, coaching dans certains cas, recrutement, gestion des viviers, gestion des rémunérations, aspects juridiques…) ;

▶ **la conduite du changement** (analyse et régulation sociale, anticipation, développement et évolution des organisations, communication sociale pour faire adhérer aux évolutions de l'entreprise, développement du management et de la culture managériale…). Dans ce domaine, il appartient au DRH de mettre en œuvre des systèmes de renforcement des nouveaux comportements (autoévaluation, appréciation, rémunération, promotions, formation), de veiller au respect des libres arbitres individuels, de créer des espaces de débat sur les enjeux et les risques liés au changement, et enfin de vérifier que l'engagement de la ligne hiérarchique est suffisant. Il s'agit de créer une véritable culture de changement à un rythme aussi soutenu que possible, mais compatible avec la stratégie et la capacité du corps social à l'intégrer ;

▶ **les relations sociales** (veille sociale, relations avec les organisations sociales, tenue des instances, hygiène et sécurité, actions sociales…) ;

▶ **la gestion administrative** (saisie des événements individuels, calcul et édition de la paie, déclarations postpaie, information au personnel concernant les aspects administratifs, maîtrise de processus et contrôle interne, adaptation du SIRH…).

Traditionnellement, tous ces rôles étaient assurés de façon centralisée, au regard d'une conception mécaniste de l'entreprise. Désormais, dans un monde où les changements sont fréquents, où la flexibilité devient la règle, où l'incertitude domine, les limites du modèle inspiré de Fayol sont évidentes, ce qui génère d'importantes contre-performances. Aujourd'hui la centralisation du savoir et des décisions apparaît inefficace, ce qui remet en cause le mode de fonctionnement centralisé de la fonction RH et rejaillit sur sa légitimité. Dans un contexte concurrentiel plus soutenu, une attention accrue est portée au ratio « effectif DRH/effectif géré ». Ce ratio est périodiquement comparé à celui des principaux concurrents.

Dans le même temps, de nombreux facteurs montrent la nécessité d'une prise en compte de la dimension RH dans l'entreprise. On peut citer l'accélération des progrès technologiques et l'augmentation de la concurrence qui ont des conséquences directes sur le facteur travail (réduction des emplois, exigences accrues en termes de qualification et de formation), les nouvelles formes d'organisation, le nécessaire aménagement du temps de travail, le développement de la politique contractuelle, la régulation sociale, l'accompagnement des changements sur le terrain, la recherche de compétences et le désir de les développer (à travers la formation, l'*assessment*, la motivation, la communication, la participation à des groupes projets, la réflexion conjointe sur les carrières…) pour tendre vers la qualité totale : technique, service, humaine.

Ceci veut dire que les DRH doivent réorienter leurs activités vers les nouvelles attentes sociales de l'entreprise, pour « produire plus qualitativement » avec « moins de moyens ». Pour ce faire, ils doivent se dégager des tâches administratives, automatiser tout ce qui est standardisable. La diminution des effectifs DRH conduit à opérer une décentralisation vers les opérationnels de décisions traditionnellement du ressort des DRH. Ceci suppose des règles du jeu claires et simples et des outils informatiques en assurant la cohérence et peut-être le contrôle.

Ainsi, seuls les quatre premiers domaines présentent pour l'entreprise de la valeur ajoutée, et c'est là que la fonction RH doit s'investir, au plus près du terrain. Nous traitons ci-après les actions à mener pour se dégager de la partie administrative.

Aux domaines précités, il convient d'en ajouter un sixième, transverse, lui aussi à valeur ajoutée : **le contrôle de gestion RH**. En matière RH, et plus généralement en matière d'objectifs stratégiques, le problème vient souvent d'un manque de cohérence entre différentes actions de mise en œuvre laissées aux mains des managers, comme on le verra plus loin, et qui risquent de privilégier le court terme d'une structure particulière au détriment de la stratégie globale. Le contrôle de gestion RH doit tendre à optimiser le fonctionnement de l'entreprise en focalisant sur les données RH, mais en les situant dans la performance globale (commerciale, qualité, financière, organisationnelle). Le contrôle de gestion RH doit essayer de mettre en évidence les liens de causalité entre indicateurs RH et performance. Ce travail doit être complété par des entretiens avec les directeurs et chefs de service et faire l'objet d'échanges afin que les objectifs concrets de chaque structure soient bien en phase avec les objectifs stratégiques, et utilisent de façon optimale les différentes ressources dont celle qui nous intéresse ici. La gestion des ressources humaines laissera la place à un contrôle des RH, et à une véritable mise en valeur de ces ressources, c'est-à-dire au développement des compétences, des potentiels, à la généralisation du travail de groupe, à l'émergence des règles régissant l'entreprise réseau et à la mesure des résultats obtenus, dans un langage compréhensible par les managers, c'est-à-dire avec leur angle de vue. C'est aussi au niveau du contrôle de gestion RH que l'on devra intégrer la valeur ajoutée pour l'actionnaire, les fonds d'investissement commençant à prendre en compte les indicateurs sociaux dans leur appréciation de la valeur d'une entreprise. Ainsi Arese en France non seulement recueille et analyse différents indicateurs RH, mais se penche sur l'utilisation qui en est faite en interne. Dans le secteur des TIC et d'Internet, la valorisation des « jeunes pousses » par les investisseurs dépend plus des personnalités qui constituent l'équipe, que du projet économique lui-même, montrant ainsi leur croyance dans la capacité de réactivité et de créativité de celle-ci. De plus en plus la place prise par l'innovation dans le processus de création de valeur transforme la ressource humaine en actif stratégique.

Automatiser la gestion administrative des DRH

Différentes enquêtes faites en France au sein de la fonction RH (ANDRH, CEGOS, RENAISSANCE), mais aussi à l'étranger (SARATOGA) font apparaître que environ 60 % du temps de la fonction RH est consacré à des opérations administratives comme le traitement de la paie, l'édition d'états et de tableaux de bord, ou la manipulation de documents. Ceci signifie que près des 2/3 du temps et de l'énergie sont consacrés à des tâches à faible valeur ajoutée. La mise en place d'un SIRH et surtout des outils associés (libre-service salariés, *workflow*...) peut permettre d'obtenir des gains de productivité importants. Ainsi, la tendance émergente est de libérer le personnel de la DRH des aspects administratifs afin qu'il puisse consacrer environ 90 % de son temps à des aspects de gestion stratégique (alors qu'auparavant il ne pouvait y consacrer guère plus de 10 %).

Une autre piste permettant d'améliorer la productivité consiste à sous-traiter, voire « out-sourcer » certaines tâches (gestion du social, mutuelle, formations, visites médicales).

La fonction RH doit organiser sa révolution.

Les TIC sont déjà dans les entreprises européennes de formidables outils au service des RH : organigrammes détaillés, gestion des postes à pourvoir, cartographie des métiers et des compétences, autoévaluation, nouvelle approche de la formation (catalogue, inscription et formation en ligne, mais aussi développement d'autres actions professionnalisantes).

Le mouvement, parti des États-Unis, tend également à généraliser l'automatisation des procédures administratives, transférant sur le personnel une partie de la saisie. Ainsi, le personnel pourra autoévaluer ses compétences et demander son inscription à telle formation organisée par l'entreprise sans intervention de la fonction RH. Le nouvel embauché peut également commander ses cartes de visite, souscrire à des options de prévoyance, etc.

Une réflexion sur l'apport réel de la fonction RH est une magnifique opportunité pour que, dégagée des aspects administratifs, elle puisse apporter une réelle valeur ajoutée au *business* de l'entreprise et accompagner les transformations impulsées par un marché fortement concurrentiel.

Mais ce changement de socle de référence historique de la fonction RH lié à la maîtrise des processus administratifs va demander d'autres aptitudes et compétences des équipes RH. C'est donc un réexamen complet de la fonction auquel il faut s'attaquer, en intégrant toutes les nouvelles possibilités offertes par la technologie.

Les évolutions technologiques des SIRH

Avant de regarder l'impact d'un SIRH évolué dans le monde de l'entreprise, il convient de définir ce que l'on entend par SIRH.

Un SIRH est un ensemble de logiciels plus ou moins interconnectés qui permettent d'assurer de façon cohérente différents actes administratifs et des opérations de gestion appliquées aux ressources humaines.

Le point de départ de tout SIRH est la mise en place d'un ensemble de programmes permettant à partir d'un fichier du personnel d'assurer un certain nombre de tâches administratives appliquées aux ressources humaines gravitant généralement autour de **la paie**.

Il y a quelques années, ces programmes étaient réalisés **sur mesure** (programmes spécifiques). Cette pratique s'est révélée coûteuse, et la plupart des entreprises ont aujourd'hui recours à un **progiciel** du marché (ce terme a été introduit en France par le CXP). Aujourd'hui, le catalogue du CXP recense plusieurs centaines de progiciels de paie, certains spécifiques à une profession, d'autres plus généralistes. Longtemps, en France, les fonctionnalités de ces progiciels ont été majoritairement administratives, répondant bien aux différentes obligations légales, mais peu aux besoins de gestion des entreprises. Aussi a-t-on vu fleurir des progiciels sur micro-ordinateurs traitant spécifiquement d'un ou plusieurs aspects de la gestion, souvent avec des fonctionnalités remarquables (recrutement, formation, masse salariale, etc.) d'où une mosaïque de produits, communiquant plus ou moins bien entre eux, mais qui représentaient cependant un progrès indéniable par rapport à des traitements manuels.

L'arrivée sur le marché d'architectures informatiques client serveur et surtout des progiciels intégrés, les fameux **ERP** (*Enterprise Resource Planning*) a entraîné une nouvelle mutation des SIRH, l'objectif étant d'arriver à un système harmonisé faisant appel à une base de données unique. Beaucoup d'espoirs ont été mis sur les ERP, mais comme l'a fait apparaître l'enquête Renaissance déjà mentionnée, les résultats n'ont pas été à la hauteur des espérances, car insuffisamment d'attention a été portée aux processus de gestion de personnel, qui, hérités d'un passé où le traitement était à base de circulation de papier, se sont révélés inadaptés à un traitement informatique moderne. C'était l'époque où l'on croyait que l'outil informatique allait permettre de structurer les politiques RH. Or tout outil est neutre. Tout dépend de la façon dont il est utilisé, donc de la philosophie qui sous-tend son usage.

Désormais, l'évolution des technologies de l'informatique et de la communication permet aux SIRH d'utiliser les capacités des réseaux informatiques d'entreprise, pour communiquer plus d'informations RH à plus d'acteurs. C'est le cas de la **messagerie** qui permet des communications rapides entre la hiérarchie et la DRH et qui limite les flux de papiers. Liés à la messagerie sont aujourd'hui disponibles des **outils de libre-service** (*Employee Self Service*, qui permettent à des salariés de consulter leur dossier administratif et d'en modifier directement certaines informations : adresse, coordonnées bancaires) et des fonctionnalités de *workflow* qui permettent à différents acteurs de la GRH de travailler ensemble sur un même dossier, le système se chargeant de découper le processus en tâches et de les affecter aux responsables.

Les SIRH sophistiqués font appel à un *datawarehouse* (entrepôt de données : bases interconnectées, provenant de différents applicatifs, cohérentes entre elles et reposant notamment sur des référentiels communs) qui permet des interrogations multiples, et surtout de croiser des informations de différentes natures (administrative, commerciale, financière, technique…) permettant un pilotage fin, plus anticipateur, plus stratégique. Ce travail de mise en relation des différentes données entre elles est de plus en plus confié à des systèmes interactifs d'aide à la décision (**SIAD**) mis en œuvre par des cadres, dans le cadre de leur mission opérationnelle. Par exemple la mise en place expérimentale d'une nouvelle offre commerciale nécessite bien sûr de disposer d'éléments commerciaux pour définir une offre ciblée (segmentation), d'éléments externes (démographie, géographiques, concurrents…), mais aussi de disposer d'éléments de performances individuelles pour confier cette opération aux commerciaux ayant le profil adéquat. Le *data warehouse* couplé au SIAD permet d'imaginer des scénarios intégrant RH, finance et données commerciales et d'en imaginer les impacts en fonction de différentes hypothèses.

La forte réactivité que nous avons évoquée plus haut découle directement de l'existence d'outils de ce type en aval du SIRH, mais compatibles avec ce dernier. À noter la nécessité, pour la fonction RH, de manipuler ces outils avec la même aisance que les managers opérationnels, pour participer à la déclinaison de la stratégie en termes RH.

Enfin, la GRH, grande manipulatrice de documents, de déclarations et d'états divers pourra tirer profit de la **gestion électronique des documents** (GED) qui permet de numériser, stocker, indexer, récupérer et diffuser largement des quantités importantes de documents. Peu d'applications existent encore dans ce domaine, mais la tendance est d'intégrer ces fonctionnalités dans les futurs SIRH.

Les effets des TIC sur les organisations

Ces effets sont de trois ordres, directs, indirects et culturels.

Les technologies de l'information et de la communication (TIC) induisent une transfiguration des notions de temps et d'espace : désormais l'homme mondial vit dans l'instantané de tous les fuseaux horaires et dans la flexibilité horaire. Son lieu de travail peut être n'importe où – le télétravail en est un exemple – même mobile. Avec les TIC, le temps de travail se dissout dans l'espace de vie, ce qui a pour effet d'imbriquer vie personnelle et familiale. Tout ceci, si mal maîtrisé, peut être cause de stress.

Les TIC banalisent l'accès à l'information

Les TIC transforment la plupart des entreprises en réseaux. Effectivement, de plus en plus de salariés dans l'entreprise travaillent en coopération, les uns avec les autres *via* un réseau informatique. Ceci va avoir deux effets :

- certaines personnes occupant des bureaux voisins vont communiquer *via* le réseau, en mode asynchrone, comme si elles étaient éloignées ;

- paradoxalement, des personnes travaillant dans des sites éloignés vont se trouver rapprochées par la grâce d'une communication rapide, mais toujours asynchrone.

Ainsi les TIC (et les réseaux Intranet et Internet) vont-elles tout à la fois abolir les distances physiques entre des personnes éloignées et créer des distances virtuelles entre des personnes voisines, qui soit ne se déplaceront plus pour traiter les problèmes avec leurs voisins de bureau, soit utiliseront l'asynchronisme pour communiquer.

Autre effet à souligner, les TIC relient de façon transverse tous les salariés d'une entreprise et abolissent les barrières entre directions et divisions créant ainsi un maillage qui vient se superposer à l'organisation officielle. Ce maillage tend aussi à englober des acteurs externes : clients, fournisseurs, partenaires. Ainsi les réseaux (que ce soit Intranet ou Extranet ou Internet) font de toute entreprise une organisation en réseau.

Internet change la taille du marché. Ainsi, un producteur de santons qui vendait ses productions localement, et qui a créé un site sur Internet a vu ses produits visibles par la terre entière. Dans cet exemple qui nous a été donné il y a peu, le marché japonais a conduit notre producteur à multiplier par 10 son chiffre d'affaires et à se restructurer complètement.

Il en va de même dans l'entreprise. Implanter un système de messagerie change le périmètre d'action et modifie le rôle des acteurs. Cela change les process de fabrication, les relations avec les clients, leur implication même dans les process internes de l'entreprise.

Mettre en ligne l'ensemble des postes disponibles d'une entreprise, et surtout permettre à chaque salarié de postuler directement, voilà qui ne peut que bousculer les mentalités. Dans certaines entreprises, ne voit-on pas réagir très vivement le management sur cette faculté donnée aux salariés ? Apparemment, on **prête à l'outil plus de responsabilité qu'il n'en a**. Pourquoi ces réactions hostiles ? C'est sans doute que l'outil sert de révélateur sur l'impossibilité à maîtriser le processus de fuite de compétences et, qui plus est, cette dernière semble être organisée par la DRH !

Or, outil ou pas outil, ceci empêchera-t-il un salarié de postuler sur un autre poste sans mettre réellement au courant sa hiérarchie ? La connaissance par le management de ses équipes et de ses souhaits individuels d'évolution, la relation de confiance entre collaborateur et hiérarchie ne sont-elles pas indispensables ?

Un des impacts les plus visibles est sans aucun doute le fait que l'information, longtemps monopolisée par les différents départements dont elle est originaire, se trouve soudain diffusée à travers toute l'entreprise et au-delà. L'effet de réseau change le cadre de référence et ouvre l'entreprise sur l'extérieur (c'est la notion d'entreprise étendue) partenaires, clients, fournisseurs, candidats, prospects, banquiers, investisseurs…

Directement liées à ce qui précède, les nouvelles technologies de l'information constituent un puissant vecteur de communication au sein de l'entreprise. L'ensemble des collaborateurs peut avoir accès à la multitude d'informations qui auparavant étaient éparpillées dans toute l'entreprise sous différents supports (panneaux d'affichage, bulletins d'information, documents) et touchant à différents aspects (législation sociale, convention collective, règlement d'entreprise, plan d'intéressement, prestations du comité d'entreprise). Cependant, cette victoire sur l'inégalité information-nelle n'est pas sans risques. Face à l'augmentation du volume de l'informa-tion induite par sa diffusion, il est nécessaire d'améliorer la pertinence de l'information sous risque de se retrouver dans une situation où trop d'infor-mation tue l'information. Ensuite, chaque acteur devra être plus proactif dans la recherche de l'information. Tout le monde dans l'entreprise a accès à la même information dans les mêmes conditions. On ne peut plus dire « je ne savais pas » ou « on ne me l'a pas dit », on sera obligé de dire « je ne suis pas allé voir ». Cependant, des efforts sont à faire pour améliorer les moteurs de recherche et les filtres.

Toute mise en place d'un réseau génère trois effets d'externalité de réseau qui ne doivent pas être minimisés :

▶ pour un utilisateur, la valeur d'usage dépend du nombre des autres utili-sateurs (par exemple le téléphone). Ceci veut dire qu'un réseau sera d'autant plus apprécié qu'un nombre important des salariés de l'entre-prise seront connectés ;

▶ plus la taille du réseau est grande plus les créateurs et développeurs auront le réflexe d'y ajouter de nouvelles fonctionnalités ;

▶ enfin, plus le nombre d'utilisateurs sera grand, plus la culture réseau se développera par échange direct de trucs et d'astuces, qui feront de bon nombre d'utilisateurs des démultiplicateurs.

Pour utiliser positivement ces trois effets, il est important que la mise en place des nouveaux outils soit rapide, quitte à commencer avec peu de fonc-tionnalités, mais en assurant une forte communication.

Les TIC favorisent la décentralisation et le copilotage à plusieurs niveaux

On a vu dans le paragraphe précédent que l'information se trouve instantané-ment diffusée à travers toute l'entreprise. Le DRH d'une multinationale peut ainsi en temps réel depuis son bureau par une requête obtenir un tableau des effectifs des principales structures de la société ou consulter la rémunération moyenne d'une catégorie de personnel d'une filiale installée au Venezuela. Et ceci dans la devise de son choix, francs ou dollars même si l'information à la base a été saisie en pesos. Les mêmes transactions peuvent être réalisées par un directeur d'exploitation pour la partie du personnel dont il a la responsabilité. De même, ce responsable hiérarchique pourra lancer une requête lui permettant de comparer les rémunérations d'embauches pratiquées dans sa structure (pays par pays) comparées à celles de ses autres collègues selon des critères susceptibles de l'intéresser. Ce partage de la fonction entre responsables RH et encadrement crée une approche transverse de la fonction qui permet ainsi à différents utilisateurs d'accéder aux mêmes informations, de réaliser des simulations, de lancer des traitements, de produire des états sans passer par les titulaires « originaux » de la fonction.

Cela se traduit par un développement de la coopération entre structures, le meilleur partage des « best practices », encore faut-il qu'il y ait une forte impulsion de la direction générale pour encourager et reconnaître ce mouvement. Enfin, il appartient à la DRH de mettre en place des référentiels simples et partagés (postes, compétences, performances) et de tracer les grandes orientations (tendances naturelles, évolutions des concurrents, décisions stratégiques de la DG) afin que les managers et les gestionnaires RH puissent inscrire leurs décisions respectives dans des directions convergentes, en ligne avec la stratégie et les objectifs de l'entreprise.

Cela se traduit aussi par une meilleure réactivité globale, car le pilotage se faisant aux différents niveaux de l'organisation, la probabilité pour que l'un au moins réagisse est plus forte, d'autant plus que chaque niveau se sent plus impliqué.

Cela se traduit enfin par des décisions plus riches, prenant mieux en compte les contraintes des uns et des autres.

Les TIC permettent de responsabiliser les salariés

L'application des outils de libre-service et de *workflow* s'inscrit dans une tendance nouvelle de responsabilisation des salariés qui est à relier avec l'employabilité. La fonction RH passe alors d'une phase où elle gérait les ressources humaines de l'entreprise à une phase où elle soutient, apporte des éléments de réflexion, conseille et informe. Ainsi, si l'individu est responsable de son propre développement (et donc de sa carrière), il devient de plus en plus acquis qu'il est également responsable de sa gestion administrative (adresse, état civil, RIB, couverture sociale…) à partir d'outils et de services accessibles 24 heures sur 24 sur Internet. Si l'on prend l'exemple des congés payés ou des remboursements de frais, le salarié fait sa demande sur écran (le système vérifiant en temps réel ses droits et le bon respect des règles internes) dans un échange interactif avec le système. Ensuite, la demande est automatiquement acheminée sous forme électronique vers son responsable hiérarchique pour acceptation ou refus ou transmission au N+2 ou DRH pour avis. Dans ces exemples, il y a responsabilisation du salarié sur sa gestion administrative, information directe de l'intéressé sur ses droits, les règles, simplification du contrôle hiérarchique par standardisation des documents, possibilités d'enclencher des fonctionnalités spécifiques (par exemple : possibilité pour le manager de visualiser le planning des congés de son équipe, de le mettre en corrélation avec le cahier de commandes, ou possibilité d'obtenir un récapitulatif des frais du salarié ou de l'équipe). Autre avantage du *workflow*, c'est la possibilité offerte à plusieurs personnes de visualiser l'état d'avancement d'un dossier par consultation directe (où en est ma demande de congés payés ? quel sera le montant de mon remboursement de frais ? à quelle date mon compte a-t-il été crédité ?...) sans avoir à demander à un tiers. On touche à ce niveau un des avantages offerts par les SIRH intégrant les TIC : ils permettent des gains de productivité appréciables. Revers de la médaille, mais nous y reviendrons, ils risquent de déshumaniser les relations dans l'entreprise. Il faudra y être attentif. Cependant, dans tous les actes administratifs, où la valeur ajoutée des différents acteurs est très faible, les TIC se révèlent particulièrement adaptées. N'oublions pas que différentes enquêtes faites au sein de la fonction RH (ANDRH, CEGOS, RENAISSANCE), mais aussi à l'étranger (SARATOGA) font apparaître que environ 60 % du temps de la fonction RH ont consacrés à des opérations administratives...

Une grande partie du gain d'efficacité provient de la suppression des intermédiaires, et de la confiance que les salariés vont apporter au système. D'où l'importance de l'information et de l'accompagnement au départ. Récemment, on me citait le cas d'une société qui avait mis sur un libre-service Intranet les affectations de l'intéressement légal (possibilité de l'affecter à plusieurs PEE ou paiement en paie). Un pourcentage non négligeable de personnes, après avoir entré leur choix, ont téléphoné au service RH pour vérifier si l'information avait bien été enregistrée en paie... Corollaire de cette désintermédiation, les salariés sont conduits de plus en plus à prendre en charge des responsabilités qui jusqu'à présent n'étaient pas les leurs. Cette tendance est irréversible et, curieusement, les salariés y sont plutôt favorables. Mais l'accompagnement et le rôle de coach de la hiérarchie sont déterminants.

Quelles informations peut-on offrir en libre-service aux salariés ? Tout ce qui n'est pas de la responsabilité managériale (comme les primes, les augmentations de salaire et les promotions). Pour le reste, tout est question de culture d'entreprise et capacité du personnel à suivre (demande de congé, plan de formation, évaluation, frais, activité, état civil, souhaits de mobilité...). Le but recherché est de responsabiliser au maximum le salarié tout en déchargeant la DRH d'activités administratives sans valeur ajoutée.

Les TIC remettent en question le rôle traditionnel de la hiérarchie

Les TIC modifient la chaîne traditionnelle de transmission du savoir. En opposition tranchée avec les systèmes traditionnels de GRH, les dispositifs induits par les nouvelles technologies permettent une diffusion très large et plus complète de l'information. Ainsi, mettre en place un système de messagerie induit de fait un fonctionnement en réseau qui peut s'opposer à un fonctionnement traditionnel hiérarchique. Les responsables qui fondent l'essentiel de leur pouvoir sur le niveau hiérarchique qu'ils occupent et l'information qu'ils détiennent se trouvent ainsi, souvent brutalement, dépossédés de leur rôle. Le développement rapide d'Internet et des intranets d'entreprise mettent à mal le cloisonnement interservices. Il est ainsi de plus en plus évident que les sources de pouvoir traditionnelles fondées sur une étanchéité des unités organisationnelles sont contre-productives.

Ceci signifie que les conséquences sociales de la mise en place des TIC doivent être anticipées et les acteurs préparés car ce phénomène concerne tous les cadres de l'entreprise.

Des informations accessibles par tous et en même temps, le développement de relations transverses au-delà des relations hiérarchiques… voilà **des éléments qui nécessairement peuvent remettre en cause le pouvoir hiérarchique.** Le manager ne peut plus jouer le rôle exclusif de diffuseur d'information, voire de filtre, mais doit être en mesure d'apporter à ses collaborateurs un éclairage complémentaire de par son rôle de proximité. C'est sa valeur ajoutée. Si c'est ce qui est attendu traditionnellement du management vis-à-vis de ses équipes, l'Intranet sert en quelque sorte de révélateur de l'incapacité de certains à le faire. Qu'en est-il du manager qui n'apporte pas de sens à une information, ou ne sait ni en donner, ni la mettre en perspective ?

La mise en place d'un SIRH n'échappe pas aux risques évoqués ci-dessus. Un SIRH moderne remet en cause tout le système de pouvoir, au sein de l'entreprise. Le système RH cloisonné qui a longtemps prévalu, et qui prévaut encore dans nombre d'entreprises et non des moindres, disparaît devant les possibilités de transparence offertes par les nouvelles technologies, ce qui permet de travailler en parallèle et non simultanément. Les baronnies sont « cassées » et la collaboration interservices encouragée. Par exemple, le responsable de la formation qui doit élaborer le plan de formation de l'année n'a plus besoin de solliciter chaque responsable hiérarchique pour récupérer les besoins de formation : il accède directement à la partie des entretiens de progrès le concernant. Parallèlement, les responsables hiérarchiques pourront consulter ces mêmes entretiens et seront alertés si telle action envisagée n'a pas été ou pu être retenue au plan. Bien évidemment dans ce dernier cas, un échange en face à face avec le responsable formation sera indispensable, vraisemblablement avant même que le plan de formation ne soit arrêté.

Nous avons évoqué la possibilité pour l'encadrement d'utiliser des SIAD travaillant sur le *data warehouse*. Le fait de manipuler des informations concernant un secteur plus large que son cadre de travail traditionnel, le force constamment à décloisonner sa structure, à se rapprocher de ses collatéraux, à faire preuve de plus de créativité et d'innovation et donc à optimiser les décisions de l'entreprise.

L'application des outils de TIC favorise la responsabilisation de l'encadrement sur le développement de son personnel, parce que pour obtenir un résultat, il est désormais possible d'imposer à un personnel plus autonome et plus éduqué. Ainsi, chaque manager doit développer ses capacités de coaching (accompagnement individuel d'un collaborateur de façon à favoriser une meilleure expression de ses ressources et de ses compétences). L'objectif est clair : il s'agit pour chaque niveau de l'encadrement d'être à l'écoute de ses collaborateurs pour mieux développer leur potentiel, et donc améliorer leur réactivité et leur performance.

Les TIC favorisent l'émergence d'une compétence collective

Les TIC sont en passe de modifier l'organisation du travail. Désormais, les salariés communiquent et partagent des informations sans contrainte de temps et de lieu : des informations visent l'ensemble de l'entreprise (règles de gestion, catalogue de formation, liste des postes à pourvoir...), ou bien sont partagées par un service (commercial, marketing, gestion...), ou encore temporairement par un groupe projet.

C'est le passage d'une structure pyramidale à une structure en réseau, où chacun est un acteur plus responsable, plus autonome. Chacun prend l'habitude de chercher l'information dont il a besoin. S'il ne le fait pas, il y a un risque de marginalisation.

N'importe quelle personne isolée peut faire appel à l'ensemble des ressources de l'entreprise et atteindre l'interlocuteur approprié sans contrainte de temps et de lieu. Les équipes dispersées se rapprochent et peuvent mailler leurs compétences. Les TIC facilitent ainsi la mise en œuvre du concept de compétences collectives, qui prend ainsi tout son sens : les salariés communiquent et coopèrent en direct, chacun pour une part de sa compétence, les uns les autres s'enrichissant mutuellement de la compétence des autres. Or, la compétence collective ne naît-elle pas de l'interaction des individus les uns avec les autres et avec leur connaissance de l'environnement ? N'est-elle pas la combinatoire de savoirs différenciés, mis en situation, focalisant sur un objectif commun ?

Cela suppose des savoirs communs, une représentation mentale commune de la situation et de l'objectif à atteindre et un langage partagé. Bien sûr, l'émergence d'une compétence collective va avoir un impact sur l'organisation du travail (partage des connaissances favorisant la polyvalence, stratégies d'alliances, mais aussi renforcement des comportements professionnels) et sur le style de management (qui peut accélérer ou freiner cette émergence). L'existence d'une telle compétence collective favorise la complémentarité et l'interdépendance. Mais c'est un concept non figé, en évolution permanente.

Le développement des compétences collectives est stratégique :

▶ multiplier les occasions où les salariés pourront – avec des risques limités – affiner leurs compétences. Tenir un langage où l'apprentissage doit devenir permanent (notion d'organisation apprenante) ou même l'échec devient formateur. Développer les capacités à rebondir ;

▶ préparer psychologiquement le personnel à l'instabilité du travail de façon à éviter les frustrations engendrées par les ruptures de carrières souvent imaginées selon un modèle linéaire ;

▶ faciliter la mobilité et imaginer les outils, services permettant aux individus de se situer, de s'informer, de postuler. Encourager les gens à se poser des questions sur leur devenir, leur carrière (centres d'évaluation, observatoire des métiers…). Pour ce faire, il faut disposer de systèmes et de processus permettant de mettre en cohérence les objectifs individuels et ceux de l'organisation, d'évaluer le potentiel et les performances des personnes, et leur permettre de s'informer rapidement et simplement, d'échanger informations et questions avec les dirigeants et/ou les experts ;

▶ promouvoir le développement individuel à travers le travail d'équipe ;

▶ préparer à la complexité (on peut gérer dans la complexité…) ;

▶ développer des stratégies d'anticipation.

Mise en place d'un SIRH fondé sur les TIC

Cette mise en place doit être l'aboutissement d'un processus cohérent en cinq temps :

▶ cadrage politique ;
▶ refonte des process ;
▶ aménagement ou révision des organisations ;
▶ professionnalisation des acteurs ;
▶ mise en place des outils.

Nous allons dans ce chapitre aborder les trois points intermédiaires.

Sans refonte des process RH, pas de gains de productivité

Pourquoi analyser et revoir les process RH ? Parce que l'écart est énorme entre les pratiques constatées sur le terrain et les finalités attendues par l'entreprise. Les TIC sont l'occasion de mettre en place de nouvelles organisations du travail dans lesquelles l'accès à l'information est libre (moyennant des contrôles d'accès), partagé et instantané. L'enjeu n'est pas d'automatiser les process existants, mais d'inventer de nouvelles formes de relation entre le salarié acteur, le manager décideur et une fonction RH qui propose, coordonne, alerte. **Si l'on veut faire face aux enjeux de demain avec les process d'hier, on crée les difficultés d'aujourd'hui et les blocages de demain.** Les process traditionnels, souvent hérités du passé, sont linéaires et accordent une place importante aux contrôles hiérarchiques. Ainsi constate-t-on que les managers interviennent souvent plusieurs fois au cours du même process, ce qui leur permet de suivre l'avancement des dossiers et d'acquérir la connaissance de ce qui se passe dans leur service. Avec les TIC, il est possible de mettre en place des process opérationnels plus efficaces reposant sur une responsabilité accrue des personnels. Les TIC permettent d'offrir aux managers une visibilité synthétique sur les opérations, avec des possibilités de zoom si nécessaire, et de ne leur demander une validation sur certaines jugées importantes qu'une seule fois, en cours du process. À charge pour eux de garder une vision globale de l'activité, ce qui n'est pas toujours évident.

Enfin, comme on fait porter sur le client des tâches qui incombaient précédemment au fournisseur, on peut demander au salarié de prendre en compte une partie de sa gestion administrative. Cela introduit un nouvel acteur dans le circuit : le salarié.

Dans ce schéma, le rôle de la fonction RH est de veiller au bon équilibre entre besoins stratégiques et besoins opérationnels, qualité des prestations et coûts correspondants, respect et développement des individus et consolidation du collectif, vitesse de changement et capacité du corps social à évoluer.

Pour toutes ces raisons, une révision des process s'impose avant toute révision du SIRH. L'analyse déjà évoquée de Renaissance a fait apparaître que peu d'entreprises adoptaient spontanément une démarche de révision des process dans une telle optique. Or ce point est essentiel si l'on veut faire des gains de productivité. 20 % des entreprises avouent avoir modifié leur process au cours des cinq dernières années, mais 60 % prévoient de le faire dans les 24 mois qui viennent, et toutes prévoient de s'attaquer aux process administratifs et de gestion de leur personnel. Cela demande un certain courage (accepter de se remettre en cause) et génère une multitude de chantiers (analyse de l'existant, recueil des besoins, pistes de solution, tests, formation des acteurs, évolution des cadres de référence, renégociations avec les partenaires…) qui, si on veut les bien traiter, nécessitent d'y consacrer du temps. Or souvent on veut aller trop vite, et puis il y a la croyance que l'outil induira naturellement un changement des comportements, or l'outil est neutre.

La nécessaire révision des organisations

Pour qu'une structure se mette en mouvement, il faut qu'elle ressente avec une intensité suffisante, et collectivement l'impératif de changer.

Tout projet est initié par un leader, un responsable d'un certain niveau. Dans le domaine qui nous intéresse, ce rôle doit être joué par un DRH charismatique, en phase avec sa hiérarchie, tous deux porteurs d'une vision et des valeurs de la DG qui vont animer les actions de chacun. Ce chef de projet doit se singulariser par son enthousiasme, sa capacité à faire confiance, à se rendre disponible et surtout à entraîner l'engagement des autres.

La mobilisation consiste à rassembler et mobiliser l'énergie mentale nécessaire au processus de transformation. La motivation et l'engagement se développent d'abord au niveau individuel, puis à celui de l'équipe, et de proche en proche à l'organisation entière.

C'est donc au niveau des entités locales ayant une taille suffisante, un manager engagé et une certaine identité, que le mouvement peut s'initier reproduisant, à son niveau, la vision d'ensemble.

La mobilisation peut se faire à travers trois filtres complémentaires : la nécessité, l'utilité, l'intérêt.

▶ La nécessité répond à la question : « Que se passerait-il si l'on ne changeait pas ? »

▶ L'utilité répond aux questions : « Qu'est-ce que le changement apporte à chaque acteur ? Quel résultat ? Va-t-il prévenir un dommage ou apporter une amélioration ? »

▶ L'intérêt : « Qu'est-ce que chacun gagne à l'accepter ? »

Le moteur du changement est culturel. Il faut donc illustrer par des exemples la nécessité, l'utilité, l'intérêt. C'est donc l'application de la conduite du changement évoquée plus haut au sein même de la structure RH. C'est certes très difficile, mais comment peut-on être crédible si l'on n'applique pas soi-même les principes que l'on recommande aux autres ?

Pour amorcer cette refonte de l'organisation RH, il suffit de regarder les applications émergentes des TIC et d'en débattre. Au-delà de la refonte des politiques et des process RH, le travail majeur de la DRH consiste à arrêter le détail des prestations de services adaptées aux attentes des clients internes que sont la DG, les cadres opérationnels, le personnel et les différents organismes externes. L'objectif de service attendu étant arrêté, il faut ensuite rechercher quels couples organisation/TIC peuvent le mieux et à moindre coût répondre. Ainsi, en matière de recrutement pour renseigner en temps réel un candidat sur l'état de sa candidature, on peut imaginer :

▶ une secrétaire RH ayant accès à une base de données précisant à quel niveau la candidature se trouve ;

▶ une assistante dans un **centre d'appel** RH, avec un équipement adéquat spécialisé sur ce type de réponse et apportant plein d'autres informations aux candidats externes, mais aussi aux managers ;

▶ enfin, un serveur sur Internet où les candidats pourraient directement voir où en est leur candidature.

On voit donc que les nouveaux SIRH et l'utilisation qu'ils font des TIC est l'occasion de revoir les organisations traditionnelles RH et aussi les process RH. Toujours dans l'exemple du recrutement – mais cela est vrai dans tous les domaines RH (politiques salariales, information sur les politiques, formation, recrutement, notes de frais, temps de travail, épargne salariale…). Des organisations fonctionnant de cette façon existent actuellement, en particulier celles faisant appel à des applications de libre-service candidats (IBM, BULL…). Il est intéressant de les visiter avec le personnel de la DRH et quelques cadres concernés et ensuite d'en débattre avec eux, sous les trois filtres précédents. Ainsi faut-il examiner les avantages comparés et les performances des unités de service RH dédiées, des centres d'expertise, des centres d'appels RH, des plates-formes partagées, *work-flow*, *self-services*, serveurs d'information, automates vocaux et fax, des solutions de sous-traitance, d'externalisation ou d'*outsourcing*… Comme on le voit, la liste des solutions envisageables est longue et sans doute non exhaustive. Nous rappelons l'objectif qui est d'inventer de nouveaux modes de travail permettant de déléguer aux managers opérationnels certaines activités essentielles de GRH, de responsabiliser les salariés sur leur gestion administrative et de concentrer la fonction RH sur les domaines à valeur ajoutée tout en faisant des gains de productivité.

La nécessaire professionnalisation du management

Si l'introduction des TIC est un moteur de changements importants, dans les mentalités, les organisations, les méthodes de travail, d'apprentissage, tout n'est pas forcément simple : ainsi par exemple, un Intranet sur le champ des RH implique des managers une impérative montée en compétence sur le plan de la gestion des RH, n'ayant plus forcément à leur disposition une équipe RH dédiée sur les aspects administratifs.

Il ne faut pas sous-estimer l'appui à leur apporter sur le plan de leur propre professionnalisation sur les aspects RH pour éviter de les mettre en difficulté.

Comme premier interlocuteur de ses équipes, **la crédibilité du management passe par une connaissance minimum des bases de gestion des RH**, d'autant plus que l'utilisation d'un Intranet met en place un circuit court d' « information-validation», et que celui-ci ne peut raisonnablement pas s'allonger du fait du management, faute d'un *non-savoir* immédiat… Si le personnel d'une entreprise a accès à un service en ligne lui permettant par exemple de faire valider des demandes d'absence, encore faut-il que le manager concerné sache quels sont les droits applicables de par le statut du personnel, l'ancienneté dans l'entreprise, la nature d'absence, etc. Faute de quoi, le manager aura à chercher l'information auprès des équipes RH, ce qui empêche par ailleurs le traitement immédiat de la demande.

Et il ne pourra pas se retrancher sur le fait que sa secrétaire ne lui a pas transmis dans son courrier la demande d'absence...

Il ne s'agit pas de transformer le management en expert de l'ensemble des règles relatives à la gestion des RH, lesquelles peuvent être par ailleurs assez complexes, de par la cohabitation de plus en plus répandue de plusieurs statuts dans une même équipe (conventions collectives différentes par exemple). Comme il ne viendrait pas à l'esprit de demander à un responsable opérationnel d'être, sur le plan de la gestion financière de son activité, un expert-comptable, le raisonnement est le même en ce qui concerne ce qui est attendu du management sur la gestion des RH : le manager doit posséder un minimum de bases RH pour lui permettre de répondre aux quelques questions relatives à la gestion quotidienne de ses équipes, les experts de la fonction RH étant en appui, pour l'aider à traiter des aspects plus pointus.

L'apprentissage des quelques règles utiles ne peut être mis en œuvre par un programme pensé au niveau central (la DRH du groupe par exemple), tant au niveau de l'utilité que du contenu. Les problématiques de connaissances indispensables dépendent en effet pour une part non négligeable du contexte local dans lequel s'exerce l'activité : une équipe très syndiquée, par exemple, nécessite de la part du manager une connaissance plus approfondie des droits à absence pour raison syndicale, du fonctionnement des instances représentatives... Le temps d'apprentissage sur ces sujets ne sera pas le même dans le cas contraire.

En revanche, une mise en visibilité des meilleures pratiques sur la montée en compétences RH des managers doit être organisée par le niveau central pour faciliter la mise en réseau sur des problématiques communes, donner des idées de méthode, de contenu... La capitalisation des expériences permettra d'aller plus vite dans la mise en œuvre de démarches de professionnalisation du management dont les résultats sont marquants et d'être encore plus innovants en la matière par l'effet de stimulation induit.

Il va de l'intérêt pour l'équipe RH d'organiser le processus de montée en compétences RH vers les managers.

Animer en local, un processus de professionnalisation des managers, est une opportunité majeure pour la fonction RH de proximité de faire la démonstration de son expertise, de sa pédagogie et surtout d'établir une relation étroite avec la ligne managériale dans l'acte de transfert des compétences utiles.

Par ailleurs, nous avons vu que l'impact des TIC sur l'organisation de la fonction RH conduit à une réduction importante du volume des équipes RH dédiées à la gestion administrative au profit de missions plus stratégiques. Si des organisations RH antérieures permettaient de mettre à disposition du management des ressources spécifiques au traitement des aspects réglementaires, ce n'est plus le cas : la fonction RH reconfigurée, tant en termes de nombre de personnes que sur sa mission, doit tout faire pour éviter d'être sans arrêt interrogée sur des aspects administratifs quotidiens, alors que sa réelle valeur ajoutée est le développement de l'entreprise et de sa compétitivité.

Nous préconisons pour ces différentes raisons un travail de la fonction RH de proximité sur les attentes du management en montée en compétences RH sur la dizaine de questions récurrentes et pour lesquelles les managers expriment concrètement un besoin ciblé d'information-formation.

C'est sur cette base que les équipes RH locales auront à travailler de façon très pragmatique : des séances ciblées de formation, groupes de travail sur le traitement de cas réels rencontrés par le management, création de fiches simples reprenant les quelques points à retenir, etc.

Il ne s'agit donc pas de concevoir de grands programmes de formation sur tout ce que doit savoir un manager, ou lui mettre à disposition un recueil de l'ensemble des règles régissant le personnel... lesquelles actions auront un seul effet : lui faire peur... de par le volume des éléments à acquérir alors que la réalité est tout autre.

Par ailleurs, une réelle connaissance sur un domaine ne s'acquiert pas par un apprentissage intensif de principe, pensé par d'autres, mais plutôt par le traitement des questions que le manager est conduit à traiter de façon quotidienne.

On pourrait, à ce titre, méditer ce que dit Jean de La Fontaine, dans la fable *Le Chat et le Renard* : « Le trop d'expédients peut gâter une affaire. On perd du temps au choix, on tente, on veut tout faire. N'en ayons qu'un, mais qu'il soit bon ».

La formation des managers doit être progressive pour donner des résultats et doit être surtout immédiatement applicable. Il est par exemple relativement simple de relier une formation spécifique à chaque ouverture de services RH offerts sur Internet.

Si les systèmes mis en œuvre sont aujourd'hui relativement simples en termes de navigation informatique et ne nécessitent pas forcément de formations spécifiques en termes d'utilisation, en revanche, les éléments de contenu doivent être dans la mesure du possible simultanément maîtrisés. Ceci est nécessaire pour éviter au management d'être rapidement dépassé et d'introduire des délais de traitement dus à une méconnaissance des règles basiques de gestion des ressources humaines, comme les droits à congés, les autorisations d'absence…

Il n'y a pas de solution miracle en matière de professionnalisation. Le temps passé en formation n'est pas le seul paramètre à prendre en compte. La montée en compétence passe également par un temps d'assimilation, d'utilisation, mais également par un travail au quotidien avec les équipes RH ou chaque règlement de cas doit entrer dans une logique *apprenante*.

La professionnalisation RH n'est donc pas un domaine réservé ou l'affaire de spécialistes, ce qui ne pourrait qu'entretenir une certaine déresponsabilisation de la ligne managériale. Chaque manager de l'entreprise possède ainsi un socle de connaissances communes à égalité avec les spécialistes RH (création d'une culture RH).

Voire mieux : **l'introduction des TIC ne fait qu'encourager le partage, la capitalisation des expériences**, comme la mise en réseau des meilleurs pratiques sur des activités RH vues comme *critiques*, c'est-à-dire comme marquant une évolution significative des pratiques managériales, dans la gestion des ressources humaines.

Cette mise en réseau peut prendre la forme de modes opératoires simples, réalisés à partir d'une observation terrain de mise en œuvre de quelques pratiques, dans des lieux indiqués par le réseau RH et par les managers. Ces modes opératoires mis en ligne, sont complétés et enrichis par des expériences remontées au fur et à mesure par les acteurs eux-mêmes. Ces activités ne sont en aucune façon une référence, mais plutôt des pistes d'actions entrant dans une logique d'accès à la compétence collective.

La professionnalisation doit tirer parti des possibilités offertes par les TIC. La mise en place d'un SIRH qui fédère l'ensemble des domaines RH permet de créer des tableaux de bord offrant au manager RH une meilleure visibilité de son domaine. Ainsi, un responsable « mobilité et carrières » peut être automatiquement alerté lorsque des postes vont se libérer, lui permettant ainsi d'activer des plans de carrière déjà établis. Il pourra ainsi réaliser des simulations lui permettant d'étudier les conséquences en chaîne de tel ou tel choix afin d'apporter une aide précieuse au management dans sa prise de décision.

Les TIC et la protection des données individuelles

L'obligation en France d'assurer la protection des données personnelles, moyennant risque pénal, rend les entreprises assez frileuses à l'idée de laisser les salariés accéder directement à leur dossier individuel. Si la confidentialité des informations n'est pas parfaitement assurée, un système intégré utilisant des bases de données interconnectées peut faire courir un risque au respect de la vie privée. L'employeur a une obligation de moyen pour assurer une identification absolue des personnes qui accèdent à la base de données du personnel. Il ne suffit pas d'attribuer des codes d'accès, mais d'en vérifier la bonne utilisation et d'en codifier l'emploi. Qu'il s'agisse de données médicales, de fichiers d'évaluation ou d'informations relatives au CV, le SIRH recèle des informations sensibles. Il suffit de penser, par exemple, aux informations issues du système de paie (absences) ou du dossier administratif (mesures disciplinaires) dont l'usage peut être détourné lors de décisions de promotions. L'assujettissement des entreprises françaises à la déclaration obligatoire à la Commission nationale informatique et libertés (CNIL) constitue une première réponse aux risques de dérives, mais la facilité croissante avec laquelle il est possible de transférer des données nominatives d'un fichier à l'autre (par exemple, les données de la paie vers le fichier des comités d'entreprise, médecine du travail) exige beaucoup de vigilance. Dans le cas de la médecine du travail, il est impératif que le progiciel utilisé par le service médical ne soit pas accessible aux autres services de la DRH ou au management. Dans le cas d'un progiciel intégré, ce qui est de plus en plus souvent le cas, il convient d'être particulièrement attentif aux procédures d'accès et de ne pas déléguer cette fonction vitale. Enfin il faut être attentif à toutes les évolutions du SIRH pour informer la CNIL de toute modification de l'exploitation qui pourra être décidée de ces données. Ce dernier point est souvent oublié.

Il convient de noter que l'internationalisation des bases de données du personnel entraîne des problèmes spécifiques. En effet, dans la mesure où un groupe multinational est présent dans plusieurs pays dont les différentes législations permettent des niveaux de protection différents, certains salariés se retrouvent mieux protégés que d'autres. C'est ainsi que l'Union européenne a passé une directive restreignant le transfert de données relatives aux salariés d'un pays vers un autre n'offrant pas les mêmes garanties (application depuis l'Europe de la protection privée la plus forte).

Conclusion

Mettre en place un SIRH partagé ne se pose plus en termes d'opportunité, car il s'agit d'une nécessité vitale pour l'entreprise, mais plutôt en termes de limitation des dysfonctionnements et des impacts négatifs, bien réels afin d'en tirer le meilleur profit. L'entreprise devra donc relever plusieurs défis non limités à la GRH car transverses à l'ensemble de l'entreprise, mais ayant un impact direct sur la GRH. En particulier, il lui faudra repenser ses process et modes d'organisation, le rôle de la hiérarchie et du salarié, les pouvoirs que l'on souhaite leur accorder et les accompagner dans leurs nouveaux rôles. C'est donc une démarche cohérente en quatre temps qu'il y a lieu d'adopter, la mise en place du SIRH ne venant qu'en dernière phase, sorte de clé de voûte de tout le dispositif :

◗ process : révision, légèreté, souplesse, simplification, évolutivité ;

◗ organisation : redéfinition et nouveaux objectifs, complémentarité des acteurs en réseau ;

◗ professionnalisation : multitude des moyens ;

◗ système d'information.

Le grand défi pour l'entreprise est d'instaurer un large dialogue afin de prévenir la résistance naturelle à tout changement. Cela permet d'introduire davantage de transparence dans le processus en expliquant clairement les objectifs poursuivis, en évoquant ouvertement les risques à éviter et en impliquant un maximum d'acteurs dans différents groupes de travail.

Mettre en place un SIRH, c'est piloter le changement, c'est intégrer la complexité, veiller à la cohérence des actions, régler la vitesse des changements, gérer l'information et enfin apprendre à apprendre continuellement. Les conditions de succès nécessitent de reconnaître les bouleversements ainsi occasionnés afin de sensibiliser les collaborateurs aux changements induits par un SIRH. Un effort conséquent en termes de communication et de conduite du changement devra donc être clairement pensé et mis en place.

Le travail change de nature avec une dématérialisation du travail, des acteurs plus autonomes, une place accrue des services et son évolution est permanente (rien n'est plus acquis).

Les TIC ne doivent pas être la solution unique. La mise sous tension que peut générer le travail coopératif à distance nécessite que l'on crée des moments d'échange et de détente. Ce doit être un point de vigilance pour l'encadrement comme déjà indiqué.

Chapitre 33

Utiliser les SIRH

Brahim TEMSAMANI et Youssef MENSOUM

Les technologies du réseau (Internet, Intranet et Extranet) ont intégré le champ de la fonction et des métiers ressources humaines et cette intégration a, d'une part, révolutionné certains modes de fonctionnement des entreprises et, d'autre part, fait évoluer les pratiques managériales liées au management et au développement du capital humain de l'entreprise.

Les systèmes intégrés et les solutions progicielles actuelles sont fondés sur des bases de données uniques et partagées. Leur intégration dans les rouages de la gestion des ressources humaines implique une réingénierie profonde et radicale de la fonction, des processus et activités RH. Il ne s'agit pas d'une simple informatisation de la fonction ressources humaines, mais bel et bien d'un système d'information intégré des ressources humaines.

Ce chapitre s'articule autour de quatre points. Nous présenterons d'abord quelques définitions de la notion de système d'information des ressources humaines (SIRH). Dans un second temps, la structure d'un SIRH sera comparée à celle de l'e-RH. Utiliser un SIRH pour optimiser les processus RH et partager la fonction RH fera l'objet du troisième moment. Dans un quatrième temps, nous décrirons la solution HR Access et présenterons les fonctionnalités du module de gestion de la formation. En conclusion, nous présenterons les conditions préalables pour une mise en place efficace et réussie d'un projet SIRH.

Qu'appelle-t-on un SIRH ?

D'une manière générale, un SIRH est un progiciel informatique qui automatise l'ensemble des processus de la gestion des ressources humaines. Il s'alimente d'un système de gestion de bases de données ressources humaines unique qui alimente en informations les différentes fonctionnalités qui le constituent. Pour Bournois, le SIRH est un système intégré qui regroupe les applications informatiques qui gèrent les ressources humaines, des plus classiques telles que la paie ou la gestion des temps et des activités jusqu'aux systèmes d'appréciation ou de formation les plus complexes et sophistiqués. De son côté, Tannenbaum (1990) considère les SIRH comme étant des systèmes permettant d'acquérir, de stocker, de manipuler, d'analyser, d'extraire et de distribuer des informations pertinentes au regard des ressources humaines d'une organisation donnée.

Une définition plus structurelle a été formulée par Bellier et Trapet (2001) selon laquelle un SIRH comporte plusieurs applications ressources humaines qui se déclinent ensuite en une série de processus et procédures RH. À ce niveau, une précision : il ne faut pas confondre le SIRH avec l'e-RH. En effet, pour Ruël (2005), le SIRH est un outil de la fonction (ou direction) ressources humaines alors que l'e-RH vise les collaborateurs de l'entreprise en dehors de la direction (ou département) des ressources humaines.

À partir de ces différentes définitions, nous retenons celle qui consiste à dire que le SIRH est un système d'information intégré réservé aux domaines des ressources humaines et permettant d'aider les DRH à prendre aussi bien des décisions opérationnelles, fonctionnelles que stratégiques en se basant sur des données et des informations pertinentes se caractérisant par des niveaux de fiabilité, de sécurité et de confidentialité très élevés.

La définition qui fait autorité, la plus utilisée dans le domaine des systèmes d'information, est celle retenue par Robert Reix (2005). Selon lui, le SIRH inclut la gestion de l'emploi, de la rémunération, de la valorisation des ressources humaines et ce, à travers un découpage en quatre parties : transactionnelle, opérationnelle, tactique et stratégique. Nous avons complété le modèle de Reix en dégageant trois niveaux : système d'information logistique (Temsamani, 2008), système d'information stratégique et système d'information décisionnel ou SIBI – Système d'information *business intelligence* (voir figure 33.1).

Le SIRH fonctionne à partir d'une base de données décrivant les caractéristiques de chaque salarié de l'entreprise.

Figure 33.1. – Les éléments d'un système d'information ressources humaines

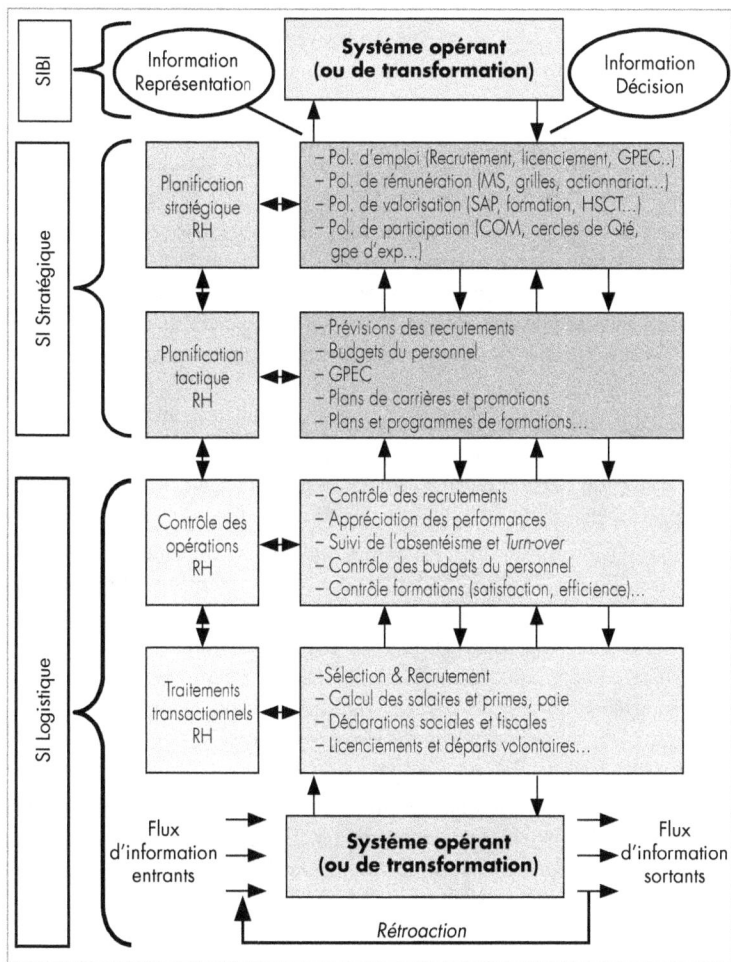

Source : adapté de Temsamani (2009)

La structure d'un SIRH

L'architecture globale d'un SIRH est souvent constituée d'une panoplie d'applications et de modules peu ou prou complète et nettement influencée par les précédents de l'entreprise en matière d'organisation, de management des ressources humaines, de management de projets (Temsamani, 2009) et de système d'information. Les principaux outils et applications que l'on peut trouver sont les suivants :

▶ des bases de données du personnel qui regroupent toutes les informations relatives aux ressources humaines de l'entreprise depuis la date d'embauche jusqu'au départ (volontaire ou à la retraite) du collaborateur. Ces bases de données peuvent également contenir d'autres informations telles que les règles de gestion, les règles de calcul, les données relationnelles, etc. ;

▶ une application gestion administrative et paie qui représente le « cœur de métier » d'un SIRH. Les principaux modules sont la gestion administrative du personnel, la gestion de la paie, les accidents de travail, les actions sociales, etc. ;

▶ une application ressources humaines qui a plutôt un caractère qualitatif et stratégique. Dans ce cas de figure, nous trouvons essentiellement le recrutement, la formation, la gestion des emplois et compétences, la rémunération (par opposition à la paie, la rémunération est appréhendée comme une stratégie répondant aux questions fondamentales suivantes : Que veut-on payer ? Pourquoi veut-on payer ? Qui veut-on payer ? Quel horizon temporel vise-t-on ? Combien veut-on payer ?), etc. ;

▶ des applications spécifiques comme le *Social Intelligence* qui est un ensemble de moyens permettant de qualifier et d'appréhender les indicateurs de performances les plus importants du domaine des ressources humaines ;

▶ *datawarehouse* qui regroupe une description des bases d'infocentres[1], des cubes ressources humaines multidimensionnelles, des outils OLAP[2] de

---

1. Créé par IBM Canada et introduit en France en 1981, l'infocentre est une collection de données destinées à l'aide à la prise de décision, orientées sujet, intégrées, volatiles, actuelles et organisées pour le support d'un processus de décision ponctuel. Deux points caractérisent l'infocentre : d'une part, les données sont volatiles et actuelles, c'est-à-dire qu'il n'y a pas de gestion d'historique des valeurs – ce qui signifie également qu'il est très difficile de retrouver les valeurs calculées antérieurement et maintenir à jour, par la même occasion, des valeurs agrégées –, et, d'autre part, l'objectif principal de l'infocentre est de permettre aux utilisateurs de prendre des décisions opérationnelles basées sur des valeurs courantes.

2. OLAP: *On Line Analytical Processing*. Aujourd'hui, plusieurs systèmes existent : MOLAP, ROLAP et HOLAP.

Cognos ou des univers de *Business Objects*, des outils de requêtes et *reporting*, etc. ;

◗ des applications pour le *Knowledge Management* RH qui sont rassemblées dans un système d'information et de capitalisation des connaissances et du savoir sur les ressources humaines.

En règle générale, chaque application est décomposée en plusieurs modules et chaque module est décomposé en processus, chaque processus regroupant un certain nombre de procédures et ainsi de suite jusqu'à la tâche la plus simple et élémentaire. À titre d'illustration, le module formation est décomposé en trois processus : la stratégie de formation, l'ingénierie pédagogique et l'ingénierie de formation. L'ingénierie de formation contient cinq grandes procédures qui sont :

◗ les règles de formation ;

◗ l'offre de formation (catalogues de formation en interne ou en achat, stages, etc.) ;

◗ la planification de la formation (besoins, plans, budgets, etc.) ;

◗ les actions de formation (mise en œuvre du plan de formation, suivi budgétaire, etc.) ;

◗ l'évaluation de la formation (formes d'évaluation, enregistrements et analyse des résultats, etc.).

La structure du SIRH doit être prévue le plus tôt possible, c'est-à-dire pendant la phase du cadrage du projet et plus particulièrement lors de la phase de la conception générale et celle détaillée. Toutefois, il faut rappeler que la structure définitive du SIRH dépendra essentiellement des choix organisationnels de l'entreprise, de sa stratégie et des moyens humains et financiers déployés.

Pourquoi utiliser un SIRH ?

Les utilisateurs d'un SIRH sont nombreux et leur exploitation dépend de leur positionnement hiérarchique et de leur métier, mais en général, on peut les regrouper dans une pyramide à cinq niveaux allant des spécialistes et experts RH aux acteurs extérieurs à l'entreprise comme précisé dans la figure 33.2.

Un SIRH peut être utilisé pour optimiser les processus RH, partager la fonction avec les autres parties prenantes, mettre en place des référentiels, moderniser et professionnaliser la gestion des ressources humaines, améliorer le pilotage des activités RH, etc. Dans ce chapitre, nous retenons les deux premiers points.

Figure 33.2. – La pyramide des utilisateurs d'un SIRH

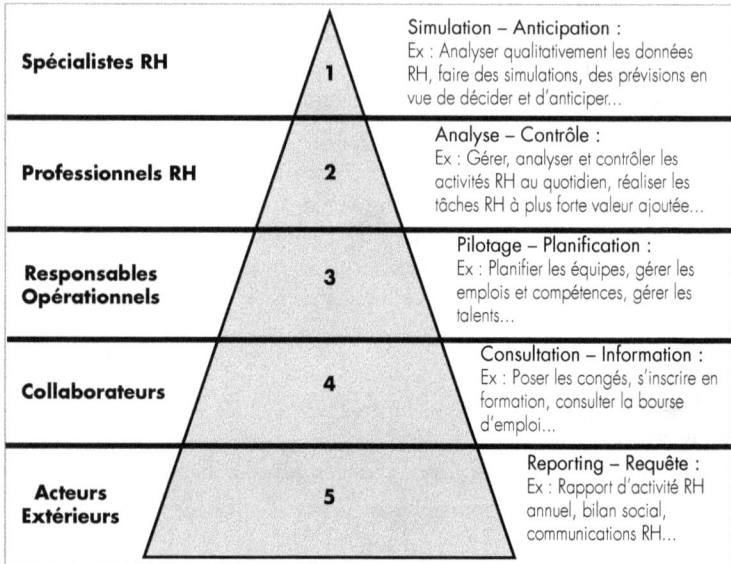

Spécialistes RH	1	Simulation – Anticipation : Ex : Analyser qualitativement les données RH, faire des simulations, des prévisions en vue de décider et d'anticiper...
Professionnels RH	2	Analyse – Contrôle : Ex : Gérer, analyser et contrôler les activités RH au quotidien, réaliser les tâches RH à plus forte valeur ajoutée...
Responsables Opérationnels	3	Pilotage – Planification : Ex : Planifier les équipes, gérer les emplois et compétences, gérer les talents...
Collaborateurs	4	Consultation – Information : Ex : Poser les congés, s'inscrire en formation, consulter la bourse d'emploi...
Acteurs Extérieurs	5	Reporting – Requête : Ex : Rapport d'activité RH annuel, bilan social, communications RH...

Optimiser les processus ressources humaines

La mise en place d'une solution progicielle pour la gestion du capital humain revient avant tout à chercher les moyens d'optimiser les activités ressources qui ont un caractère administratif, notamment la gestion des dossiers administratifs du personnel, la paie, la gestion sociale, etc. Cette optimisation peut se réaliser à travers plusieurs moyens :

▶ automatiser et alléger les tâches administratives routinières et répétitives ;

▶ réduire de façon considérable le temps socialement alloué pour saisir et ressaisir les données ainsi que la correction des erreurs et anomalies lors des traitements manuels ;

▶ accélérer la vitesse et augmenter le volume des données et informations traitées ;

▶ standardiser les modes de traitement et les rendre davantage rationalisés et optimisés ;

▶ formaliser les procédures et les activités de la gestion des ressources humaines de telle sorte que chaque département ou service de la direction des ressources humaines ait la possibilité et l'opportunité de revoir ses propres pratiques ressources humaines permettant ainsi de restructurer la réalisation de sa mission ;

) adopter un langage unique, commun et uniforme assurant une meilleure compréhension par tous les utilisateurs concernés.

Dans une solution comme HR Access, l'optimisation des processus peut se réaliser également à travers deux autres fonctionnalités essentielles : le portail RH qui offre à chaque utilisateur (acteur interne ou externe moyennant un *login* et un mot de passe) un accès personnalisé et sécurisé aux informations ou processus RH recherchés, et le *self-service* RH qui permet aux managers d'optimiser leurs propres process et procédures de management.

En libérant une partie des utilisateurs clés des tâches fastidieuses et répétitives, le SIRH permet aux responsables RH de se recentrer sur leur cœur de métier et sur les activités RH stratégiques créatrices de valeur ajoutée.

Partager la fonction ressources humaines

Le partage de la fonction RH est souvent assimilé à un ensemble de mécanismes mis en place afin que les managers (en dehors de la DRH) deviennent coproducteurs et coresponsables avec la DRH des principales activités RH de l'entreprise, notamment la gestion administrative et sociale et la gestion qualitative et stratégique des RH. Dans ce nouveau contexte, même les rôles du management seront modifiés pour assurer de façon efficace et efficiente le partage. En effet, les managers se positionneront en première ligne des activités RH alors que la DRH jouera des rôles nouveaux tout en intégrant de nouvelles missions d'animation, de conseil et d'expertise.

En outre, le partage de la fonction RH avec les opérationnels permettra à l'entreprise de :

) responsabiliser les opérationnels et les fonctionnels en leur donnant des rôles plus valorisants et plus professionnalisants ;

) enrichir leur travail et en faire les principaux développeurs de compétences ;

) renforcer la décentralisation de la FRH vers les autres entités et unités organisationnelles de l'entreprise (filiales, succursales, réseau, etc.) ;

) impliquer et dynamiser les équipes et groupes de travail à travers la prise en compte de leurs attentes en matière de développement professionnel, de la formation et de la gestion individuelle des carrières ;

) améliorer, finalement, l'efficience des collaborateurs, la synergie des équipes et la performance organisationnelle de l'entreprise.

Ainsi, en favorisant le partage de la FRH, le SIRH facilitera le pilotage des activités RH sur plusieurs niveaux : suivre d'une manière personnalisée les objectifs des collaborateurs et des équipes, apprécier la performance et les compétences individuelles et collectives, identifier les besoins en matière de formation… le tout dans un environnement de travail collaboratif caractérisé par de bonnes conditions de réactivité, de fiabilité et de convivialité.

Un exemple de solution intégrée

Avant de voir en détail comment un utilisateur pourra manipuler et utiliser un module HR Access, nous allons présenter l'offre globale de cette solution intégrée.

Une solution intégrée

HR Access est l'une des solutions qui intègre toutes les activités RH d'une entreprise. Sa couverture couvre trois paliers à la fois et selon les besoins des utilisateurs. Le palier 1, qualifié aussi de « Gestion administrative et sociale », correspond aux fonctionnalités basiques d'une gestion des ressources humaines. Dans le cas monographique[1] que nous avons retenu, il y a sept modules : la gestion administrative du personnel ; la paie ; les avances au personnel ; les frais de déplacement ; la gestion sociale ; les accidents de travail ; la gestion des temps et activités.

Le palier 2, dénommé « Gestion qualitative et stratégique des RH » contient quatre modules : le recrutement ; la rémunération ; la formation ; la gestion des carrières.

Le palier 3, appelé aussi « HR Warehouse » ou « palier décisionnel », offre une solution de la *Business Intelligence* complète et intégrée depuis la modélisation de l'infocentre jusqu'à la fourniture d'analyses standard. Trois domaines fonctionnels ou modules sont offerts en standard à travers des outils partenaires comme Cognos ou Business Objects. Ces trois modules sont : la gestion des effectifs ; l'absentéisme ; les rémunérations.

Pour la présentation d'un module parmi les quatorze offerts, nous avons retenu la gestion de la formation, fonctionnalité simple, facilement exploitable par les utilisateurs et pouvant se présenter dans les trois paliers de la solution.

---

1. Nous avons retenu le cas monographique d'une banque marocaine. La solution HR Access qui a été mise en place contient des fonctionnalités standard et des développements spécifiques.

Utiliser le module : gestion de la formation

Le module permet de gérer la formation à la fois d'un point de vue administratif et d'un point de vue stratégique et décisionnel en permettant de définir la politique de formation à partir des règles de gestion des différents éléments intervenant dans la gestion de la formation.

◗ Ainsi, il permet facilement la description des :
- nomenclatures des formations, des stages et séminaires : thèmes, domaines et axes de formation qui seront utilisés pour la description des stages et des plans de formation ;
- organismes de formation, cabinets et écoles pouvant intervenir au niveau de l'organisation d'une action de formation ;
- organismes collecteurs pouvant intervenir au niveau des versements ;
- règles de suivi des dépenses et des règles d'évaluation qui pourront être appliquées aux stages.

◗ D'autres règles de gestion telles que celles liées aux lieux de formation peuvent être précisées au fur et à mesure qu'elles interviennent dans la gestion des stages, des demandes... Un recensement des souhaits et attentes des collaborateurs, des responsables opérationnels et/ou des responsables de formation, est effectué à travers la notion de demande de formation.

◗ Chaque besoin, qu'il s'agisse d'un besoin individuel ou collectif, se décline selon la durée souhaitée, la population concernée (individu et/ou groupe, structure, niveau hiérarchique...), le caractère de priorité... Dans le cas d'une approche « Compétences », les besoins pourront être exprimés directement à partir du référentiel de compétences ou du système d'appréciation du personnel. La centralisation des vœux peut servir à l'élaboration de tout ou partie de l'offre de formation. Si le besoin correspond directement à des éléments d'une offre de formation existante, un accès direct au détail de l'offre permet de remplir la demande de formation (à partir de stages ou de filières). Une fonction de recherche d'adéquation entre les ressources et les besoins, basés sur la compétence, est mise à disposition des gestionnaires. Ainsi, des analyses sont réalisées, soit pour trouver les individus qui correspondent le mieux au profil d'un poste nouvellement créé ou d'un poste vacant, soit pour comparer les niveaux de compétences d'un collaborateur par rapport aux niveaux requis par son poste actuel ou futur. L'identification des écarts aide à la détermination des programmes de formation les plus adaptés. D'un autre côté, le calcul du budget prévisionnel de formation dépend de l'organisation, de la période considérée recensant ainsi les besoins non seulement d'un point de vue qualitatif, mais aussi d'un point de vue quantitatif, c'est-à-dire en prenant en considération les coûts, le nombre de collaborateurs à former, etc. Le budget prévisionnel

408 UTILISER LE SIRH ET LES NTIC

peut alors être établi en fonction de la priorité des demandes qui constituent le plan de formation.

▶ Une fois le plan de formation validé, l'utilisateur peut planifier et organiser les actions de formation en fonction des objectifs retenus. Il correspond à la liste des moyens prévus pour atteindre les objectifs fixés par l'entreprise et peut se concrétiser au niveau du collaborateur par la définition d'un plan de formation individuel. Le système permet ainsi de faire des évaluations des coûts relatifs aux :

– programmes de formation ;

– logistiques pédagogiques ;

– honoraires des formateurs privés ;

– honoraires (ou primes) des formateurs internes.

▶ Mettre en œuvre des programmes de formation passe normalement par six étapes :

– **L'inscription des stagiaires** : le système permet de gérer l'inscription des stagiaires. Un collaborateur ou une personne (interne ou externe) peut être inscrit(e) à une session de formation en fonction des places disponibles. L'inscription est effectuée sur la liste définitive ou sur la liste d'attente. Le suivi des sessions de formation consiste à gérer les inscrits et la liste d'attente : désistement, annulation de session, etc. Les informations pratiques sont communiquées au collaborateur *via* sa messagerie d'entreprise (courrier électronique) ou *via* un courrier traditionnel. Par exemple, la convocation, le report ou l'annulation d'une session, etc.

– **Le planning de formation** : d'un point de vue opérationnel, HR Access facilite la mise en œuvre des actions de formation *via* la notion de session de formation. Le pilotage pédagogique peut s'appuyer sur des règles de gestion telles que des thèmes, des axes de formations, des critères d'évaluation, des lieux de formation, des types de coûts à prendre en compte ainsi que des règles de suivi des coûts. La planification des sessions de formation se fait à tout moment en s'appuyant sur les besoins exprimés, analysés et complétés par la date et le lieu de réalisation de la session.

– **Le choix des formateurs** : le système propose par thème une liste de formateurs internes ou externes. Le formateur pouvant assurer la formation sera choisi à partir de cette liste.

– **Le suivi et la mise à jour des programmes** : le système permet de faire le suivi et la mise à jour des programmes *via* les procédures standard du progiciel.

– **La gestion des contrôles de connaissances** : le système offre la possibilité de faire des contrôles de connaissances et d'affecter des niveaux : élémentaire, moyen, expert, etc.

– **L'élaboration de la fiche historique du stagiaire :** le système met à jour l'historique des formations suivies par le collaborateur ainsi que son profil. Les informations concernant les formations que celui-ci a suivies et qu'il va suivre ainsi que son plan individuel de formation sont mémorisés dans son dossier administratif du personnel. Les coûts de formation sont aussi mémorisés dans le dossier du collaborateur.

▶ Lorsque la session de formation est terminée, un certain nombre de traitements doit être réalisé comme la saisie des coûts individuels, le calcul des coûts collectifs et la gestion des différentes évaluations (de la session, des participants, de l'animateur, du prestataire de formation). Ces coûts tiennent compte de la présence des participants pendant la session. À la fermeture des sessions, un certain nombre d'évaluations doit être réalisé. Il s'agit plus particulièrement de l'évaluation :

– des participants pour vérifier l'acquisition des compétences et les nouveaux acquis ;

– de l'animation réalisée par le (ou les) animateur(s) de la session de formation, de la pédagogie adoptée, du comportement et des résultats obtenus ;

– qualitative du contenu du stage et des programmes de formation pour vérifier qu'ils répondent parfaitement aux objectifs préalablement fixés.

▶ L'outil permet d'établir des bilans annuels de la formation. L'utilisateur gestionnaire suit session par session les coûts engagés et peut, à la demande, obtenir une consolidation des coûts prévisionnels, engagés et réalisés au niveau des stages et du plan de formation.

▶ Des états sont également livrés en standard à cet effet. Ils peuvent être exploités tels quels ou faire l'objet de personnalisation :

– stages de l'offre de formation ;

– liste des sessions par stage ;

– liste des demandes par critères (emploi…) ;

– liste des plans par critères (unité organisationnelle…) ;

– liste des budgets et leurs ventilations.

Conclusion

Pour mieux partager la fonction RH, optimiser les processus RH, mettre en place des référentiels adaptés et améliorer qualitativement et quantitativement le pilotage des activités RH, la mise en place d'un SIRH est non seulement une opportunité, mais une nécessité. Pour réussir le projet de mise en place d'une solution RH intégrée, un certain nombre de conditions prérequises doivent être réunies :

▶ définir et présenter aux utilisateurs de façon claire et précise la vision, la finalité et les objectifs que cherche l'entreprise à travers la mise en place d'un SIRH ;

▶ mettre en place un plan d'action opérationnel et concret auprès des utilisateurs pour les aider à suivre l'évolution de leur métier ;

▶ s'assurer de l'engagement inconditionnel de toutes les parties prenantes dans le projet SIRH et notamment le sponsor ;

▶ écouter les utilisateurs et prendre en considération à la fois leurs besoins fonctionnels et techniques et leurs motivations individuelles et collectives ;

▶ veillez stratégiquement sur les événements internes et externes pouvant impacter positivement ou négativement la mise en œuvre du projet SIRH ;

▶ recueillir le *feed-back* des utilisateurs potentiels pour améliorer et adapter les fonctionnalités de la solution aux réalités et contextes de la DRH et des autres unités organisationnelles ;

▶ prendre en compte les valeurs culturelles et les habitudes managériales de l'entreprise pour réussir la conduite du changement ;

▶ travailler en étroite collaboration avec des partenaires externes et profiter de leur savoir-faire et de leur expertise (éditeurs, intégrateurs, assistance à la maîtrise d'ouvrage externe et accompagnateurs dans la conduite du changement).

Le SIRH doit être intégré de façon progressive et cumulative selon les besoins des utilisateurs, et notamment suivant la maturité et l'expérience de la DRH (Temsamani, 2011). La mise en place d'un projet SIRH est sans nul doute un travail de longue haleine, il ne s'arrête pas une fois les phases de déploiement de la solution et la formation des utilisateurs lancées et achevées, au contraire, le plus dur vient de commencer. Il faut assurer la pérennité de la solution, réussir les interfaces et les reprises, mettre en place la tierce maintenance applicative, réaliser les nouvelles mises à jour, suivre les nouvelles versions et couvertures fonctionnelles, intégrer les nouveaux domaines RH et réadapter les structures organisationnelles.

Bibliographie

BELLIER S. et TRAPET H. (2001), *Panorama de la GRH : Définitions, questions et convictions*, Éditions Liaisons, p. 223 et s.

REIX R. (2005), *Systèmes d'information et management des organisations*, Vuibert, p. 90-91.

TANNENBAUM S.-I. (1990), « Human Resource Information Systems : User Group Implications », *Journal of System management*, n° 41, p. 27-32, cité par Tixier J., « Le SIRH comme révélateur de la contextualisation des pratiques de gestion des ressources humaines au sein des firmes multinationales », *in* Kalika M. *et al.* (2005), *E-RH : Réalités managériales*, Vuibert/ AGRH, p. 47.

TEMSAMANI B. (2008), « La logistique RH », 1er Colloque national, La chaîne logistique au Maroc, pratiques, enjeux et perspectives, Fès, 28 et 29 mai 2008.

TEMSAMANI B. (2008), « Le management des projets SI entre méthodologie et pratique », 10e Université de printemps de l'audit social, Tanger, 8-10 mai 2008, p. 383-398.

TEMSAMANI B. (2009), Les impacts organisationnels du système d'information ressources humaines sur la fonction ressources humaines, Thèse de doctorat en sciences de gestion, École nationale de commerce et de gestion de Tanger.

TEMSAMANI B. (2011), *À propos des ressources humaines*, Éditions du JDT.

Chapitre 34

Tous virtuels : quelles conséquences pour la fonction RH ?

François SILVA

Les nouvelles technologies n'en sont qu'au début de leur développement. On commence à maîtriser les nanotechnologies que l'on utilisera dans les 10 à 15 prochaines années[1]. Déjà des chercheurs travaillent sur une nouvelle grande mutation technologique que connaîtra le XXIe siècle : l'informatique quantique. Ainsi, les NTIC vont être encore plus miniaturisées, augmentées de puissance, être plus nomades, permettant une omniprésence de l'image et développer l'ubiquité. Elles vont ainsi faire émerger de nouveaux usages et modifier les comportements. Nous ne sommes qu'au commencement de ces changements qui vont concerner les organisations et le monde du travail tout autant que le quotidien personnel de chacun et la personne elle-même. Peu à peu, les nouvelles technologies basées sur le numérique développent leur miniaturisation générant plus de mobilité nomade, et d'intégration et de diffusion du son, de l'image et des données. Ces technologies vont développer les supports permettant une systématisation de l'image qui va envahir le monde du travail. La virtualité[2] va s'appuyer sur un certain nombre d'outils nouveaux qui vont permettre de développer la communication relationnelle autour de l'image avec en premier lieu les quasi-objets.

---

1. Voir les prévisions faites par des experts technologiques proposées par TechCast.org de février 2006. Depuis une dizaine d'années, TechCast propose des prévisions concernant l'intégration des technologies dans nos sociétés. À 2 ou 3 ans près, leurs prévisions se sont avérées exactes.
2. Groupe ECRIN, groupe de recherche du CEA et du CNRS, *Technologies du futur – Enjeux du futur*, OMNI-Science, 2005.

Mais faire des prévisions relève d'une démarche particulière. Comme le remarque Michel Godet[1], « de même que l'on peut résumer l'histoire passée par une série d'événements marquants, on peut repérer les futurs possibles par une liste d'hypothèses traduisant, par exemple, le maintien d'une tendance, sa rupture ou le développement d'une tendance encore en germe. La réalisation ou non de ces hypothèses, à un horizon donné, fait l'objet d'une incertitude que l'on peut réduire à l'aide de probabilités subjectives exprimées par des experts. En effet, face à l'avenir, le jugement personnel est souvent le seul élément d'information accessible pour prendre en compte les événements qui pourraient survenir : il n'y a pas de statistiques du futur. Aussi les méthodes d'experts sont très précieuses pour réduire l'incertitude et pour confronter le point de vue d'un groupe à celui d'autres groupes et, du même coup, prendre conscience de la plus ou moins grande variété d'opinions ». Ainsi, cet expert en prospective propose *in fine* une méthode centrée sur le jugement voire l'intuition du spécialiste, certes à partir de données et d'information. Lucien Févre et Henri-Jean Martin[2] se sont intéressés, dans les années 1950, à l'apparition du livre au XVe siècle et en ont étudié les conséquences sur la société féodale. Cet ouvrage analyse la naissance et la diffusion du livre dans toutes ses dimensions : intellectuelle, culturelle, économique, sociale, esthétique. Ils expliquent l'émergence de cette technique en décrivant toutes ses dimensions : la production de la connaissance, la relation qu'ont les hommes avec la connaissance, les ateliers typographiques, l'invention des caractères, l'édition des textes, la mise en pages… Quelques siècles plus tard, nous assistons aux mêmes mutations avec les NTIC. « De fait, les nouveaux livres vont déterminer des changements profonds non seulement dans les habitudes, mais dans les conditions de travail intellectuel […]. Et ces changements (ne parlons pas de révolution) dépassant leur cadre d'origine, vont bientôt marquer leurs effets dans le monde […]. Né au cours d'une de ces périodes de création et de transformation que connaissent toutes les civilisations susceptibles de durée. Le Livre fait ainsi partie d'un ensemble de puissantes transformations qu'il faut se garder sans doute de croire nées le même jour et de façon telle qu'elles aient pu cumuler instantanément leurs effets bouleversants.[3] »

1. Godet Michel, *Manuel de prospective stratégique*, Dunod, 2001.
2. *Apparition du livre*, Albin Michel, 1958 et réédité en 1999.
3. *Op. cit.* in préface écrite par Lucien Févre en 1953, p. 11 et 13.

Remplaçons « livre » par « NTIC ». « De fait, les NTIC vont déterminer des changements profonds non seulement dans les habitudes, mais dans les conditions de travail intellectuel [...]. Et ces changements (ne parlons pas de révolution) dépassant leur cadre d'origine, vont bientôt marquer leurs effets dans le monde [...]. Nées au cours d'une de ces périodes de création et de transformation que connaissent toutes les civilisations susceptibles de durée. Les NTIC font ainsi partie d'un ensemble de puissantes transformations qu'il faut se garder sans doute de croire nées le même jour et de façon telle qu'elles aient pu cumuler instantanément leurs effets bouleversants. »

« On peut imaginer que si ces outils d'aujourd'hui ne concernent encore que les secteurs de la recherche et de la conception, demain des modes de fonctionnement identiques vont se développer dans les autres fonctions de l'entreprise. Vont ainsi apparaître des besoins potentiels de ces "quasi-objets" spécifiques à chaque fonction. Mais avant d'y arriver, que de travail d'un côté organisationnel et sociologique, et de l'autre matériel, technique et environnemental. Internet, Web caméra et téléconférence ne sont que des succédanés de l'évolution future. »[1]

Les NTIC contribuent à transformer les relations de chaque personne dans cinq dimensions : sa relation au temps, à l'espace, à autrui, au savoir et à lui-même. Le monde du travail commence à connaître des transformations majeures.

De l'émergence de la virtualité

« Le problème de la simulation et de la réalité virtuelle gagne à être reposé à partir d'une expérience du temps ou d'une perception tirée dans les plis de la réalité [...] plutôt que du rapport entre l'original et la copie, la chose et la représentation »[2]. C'est toute cette problématique que développent un certain nombre de philosophes et de sociologues. En premier lieu, Jean Baudrillard[3], qui a développé l'idée de médiatisation et de simulation généralisées de la vie. Un film, Matrix, est devenu un film culte et il en est le

---

1. Article de F. Silva, « La Matrix organisation », *Le Monde Initiatives*, novembre 2004.
2. Livre collectif sous la direction d'Alain Badiou, *Matrix, machine philosophique*, introduction de Elie During, p. 17.
3. J. Baudrillard, *Simulacres et Simulation*, Galilée, 1981 ; La *Transparence du mal, essai sur les phénomènes extrêmes*, Galilée, 1990 ; *Le Paroxyste indifférent*, entretiens avec Ph. Petit, Grasset, 1997.

véritable inspirateur. Jean-François Lyotard[1], dans le sillage de la pragmatique anglo-saxonne du langage, a montré la façon dont notre société déploie une production sociale qui débouche aujourd'hui pour chaque individu sur des « micro-récits » à l'opposé de ces « grands récits », porteurs de sens, qui structuraient chacun. C'est toute cette « construction » sociale qui est en train de s'effriter rapidement. Ainsi, notre vieux substrat[2] monothéiste est en train de basculer au profit d'une vision païenne[3], où coexistent et s'affrontent les multiples jeux et perspectives sur ce réel virtuel. C'est le basculement de ce qu'il appelle l'émergence de la société postmoderne.

En bref, quelles sont les perspectives et vers quoi débouche cette période de mutation dans lequel la virtualité joue un rôle central ? La plupart des auteurs ont un regard pessimiste (lucide ?) sur notre situation historique. Ainsi, Gilles Lipovetsky voit la société s'enfoncer vers l'ère du vide[4] et Paul Virilio[5] s'inquiète des conséquences de la façon dont la vitesse instantanée des technologies de la communication nous fait perdre tout repère.

Il existe des dérives potentiellement dangereuses des NTIC pour la vie personnelle. « Ainsi, les conséquences de la gestion du temps réel avec les décalages horaires ; quand il est 5 h du soir à Tokyo, 7 h du matin à Paris et 2 h du matin à Boston, l'organisation du travail doit rester compatible avec la vie personnelle du salarié (et bien évidemment avec le droit du travail). Ainsi, cette nouvelle façon de travailler doit être accompagnée de règles compatibles avec une éthique de l'Homme, afin que comme pour le héros de Matrix, Néo, les salariés soient en situation de maîtriser leur travail et [...] leur vie.»[6] Mais la possibilité pour un salarié de résister à la pression des sollicitations de ces outils qui comme le souligne Jean-Emmanuel Ray, font éruption « au domicile, sanctuaire de l'intimité de la vie privée, qui est ainsi envahi par le travail ». Le salarié n'a pourtant reçu « nul ordre comminatoire, ni sub/ordination aggravée dans ces pratiques qui se banalisent ; mais au-delà d'une réelle dépendance psychologique sinon addictive pour certains, une sub/organisation collectivement valorisée, et intériorisée par chacun ».[7]

---

1. *La société postmoderne*, Minuit, 1979.
2. Substrat au sens philosophique de « ce sans quoi une réalité ne saurait subsister ».
3. Il n'est que de voir les grands succès mondiaux dans l'édition dont les livres *Le Seigneur des anneaux* ou *Da Vinci Code* sont un assemblage construit sur le fond mythologique occidental englobant le monothéisme tout comme les mythologies « païennes » ; le tout constitue une idéologie de pacotille.
4. *L'Ère du vide*, Gallimard, 1984.
5. *La Vitesse de libération*, Galilée, 1995.
6. *La Matrix organisation*, op. cit.
7. *Droit du travail à l'épreuve des TIC*, Liaisons, 3e éd., 2005.

Quel relationnel dans la communication virtuelle ?

Les nouvelles technologies induisent chez leurs utilisateurs le don d'ubiquité. Mais pour qu'un travail à distance soit efficace, il doit s'appuyer sur une (re)connaissance des personnes entre elles. Ainsi, une entreprise comme Oracle qui intervient dans le même secteur *high-tech*, est très attentive à ce que ses collaborateurs se rencontrent régulièrement physiquement. En paraphrasant Montaigne, c'est la nécessité de frotter son esprit contre celui d'autrui. Qui plus est, quand on manage des collaborateurs à distance, les nouvelles technologies ont leurs limites dès que l'on doit réguler des conflits.

Les limites de la communication et du management virtuel

Le livre « imprimé » participa au développement de l'intériorité de chacun et d'une façon générale à l'individualisme qui fut une des dimensions importantes de l'émergence de la modernité. Cet individualisme développe l'intériorisation des sentiments et le développement d'une dimension intérieure intime. Au contraire, nous assistons maintenant à une situation inverse avec une revendication de transparence. Ainsi le mode de fonctionnement sur lequel s'appuient les NTIC est qu'elles sont un système qui propose des informations qui ne peuvent être ignorées des utilisateurs. Elles veulent décrire la réalité tout entière et elles ont la qualité de laisser tout paraître et d'exprimer la vérité sans l'altérer. Ces nouvelles technologies donnent l'illusion de la limpidité et que tout est visible par tous. Cette idée de transparence est symbolisée par le développement des blogs et de Facebook dans lesquels chacun se décrit avec délectation. À l'opposé, l'écriture d'un journal intime sur un cahier était une démarche très personnelle ayant pour objectif d'exprimer son être le plus profond, le fameux « moi ». Écrire un journal intime est un acte tout à fait privé et généralement tenu caché aux autres qui exprime donc le caractère très personnel, intérieur, profond et secret. D'une façon générale, la modernité a développé l'intimité de la conscience comme elle a favorisé les relations étroites et familières entre certains êtres choisis. « Ce désir du contact, du coudoiement, de l'intimité qui sommeille en tout cœur » (Maupassant).

Au contraire aujourd'hui où l'on recherche à s'extérioriser et à rendre publique sa vie intime et privée dont on aurait rien à cacher. Autour des nouvelles technologies se développe l'idée que l'on peut communiquer avec tout le monde. Mais communiquer signifie maintenant que l'on peut contacter directement quelqu'un. Mais cette communication interpersonnelle immatérielle est fondamentalement une relation entre des anonymes. C'est ainsi que l'on entre en contact avec quelqu'un que l'on ne connaît pas et avec lequel on va pouvoir se livrer et transmettre.

Qu'est ce que l'être humain ?

Quand on s'interroge sur les objectifs de la communication, nous devons en fait évoquer les finalités de cette action qui est de relier des hommes entre eux. Il faut donc définir les modalités permettant ou non qu'il y ait une bonne communication entre eux. C'est-à-dire de s'interroger sur le « fonctionnement » d'un être humain. Pour y répondre, il est nécessaire de s'appuyer sur les neurosciences[1]. Or, elles sont en train de nous obliger à revisiter le regard que nous avons sur l'Homme. En effet, elles renouent avec le débat qui entre et Aristote, qui avait rebondi au XVIIe siècle entre un Descartes et un Spinoza. Les premiers affirmant la primauté de la pensée et de la raison (ou âme) et sa claire séparation avec le corps, tandis que les seconds en voyaient une claire unicité entre les deux. Les neurosciences tranchent clairement ce débat en affirmant la relation « fusionnelle » entre la pensée et le corps. La raison est clairement en interaction avec les affects qui sont constamment en action. Grâce aux travaux basés sur l'IRM sur le fonctionnement du cerveau, ces recherches sont en train de démontrer que la rencontre avec autrui passe aussi par la dimension émotionnelle. Communiquer avec autrui en utilisant seulement les outils technologiques sur un registre rationnel, c'est faire abstraction de toute la dimension sensorielle. La recherche du plaisir en essayant d'éliminer le plus possible tous les éléments générant de la crainte, de la peur ou de la colère. Il va donc être important d'être attentif à ce que la communication, à travers ces outils, n'oublient pas ces dimensions émotionnelles. Nous constatons effectivement qu'une bonne partie de ces outils de communication deviennent de plus en plus sociaux, c'est-à-dire élément d'échange pour ensuite que chacun puisse mieux partager avec autrui. Il faut rajouter aux neurosciences, les travaux de l'école de Palo Alto sur les fondements de la communication qui ne sont pas seulement verbaux et rationnels mais passent par le corps, le langage corporel.

C'est ainsi que les usages qui se développent sont de plus en plus axés sur ces logiques de convivialité et d'échanges liées aux intérêts personnels de

---

1. Se reporter aux livres de Antonio Damasio : *L'Erreur de Descartes*, Odile Jacob, 1995 et *Spinoza avait raison*, Odile Jacob, 2003.

chacun. Nous retrouvons aujourd'hui dans ces outils l'idéal de vie en société que nos contemporains expriment. Ces outils favorisent aujourd'hui une communication où l'on peut être à la fois anonyme ou non, et en même temps où chacun veut se singulariser ou au contraire être membre de communautés. Si les individus peuvent ainsi se connaître (ou pas), en revanche, ils continuent à avoir besoin de parler et d'être entendus. « Le problème aujourd'hui se représente plutôt dans une quête identitaire permanente, qui s'exprime par les appartenances multiples, successives, concomitantes, sans que l'individu veuille ou puisse se fixer durablement[1]. » Ainsi, la communication entre deux êtres n'est pas seulement un échange d'informations « lisses » mais aussi des moments émotionnels. Il est difficile de faire passer par des mots sur un écran des sentiments dont le corps est le « support ». Avec la virtualité, on ne se touche pas. Mais maintenant, de plus en plus, ces outils permettent un échange par une image de plus en plus fidèle. Les technologies 3D font des progrès considérables et bientôt les écrans seront disponibles pour tous. Le corps va être de moins en moins absent dans la communication interpersonnelle.

Enfin, on surfe constamment, c'est-à-dire que l'on peut changer à tout moment d'interlocuteurs. On se livre à autrui mais c'est sans conséquence car les relations sont anonymes. L'anonymat est ainsi la garantie de sa tranquillité mais aussi du non engagement de chacun.

Mais comment peut-on se confier et partager si l'on ne cherche pas à connaître autrui ? Car dans la communication, il y a l'idée de transmettre pour partager quelque chose de **commun**. Nous voyons ainsi apparaître des technologies basées sur les notions de bien commun[2]. Ces technologies sont créées et partagées par la communauté des informaticiens et internautes apportant ainsi leur contribution sans chercher à déposer un brevet pour lui-même[3]. Google fonctionne aujourd'hui sur les technologies dites de logiciels libres développés par cette communauté virtuelle de milliers d'informaticiens. C'est pourquoi cette communication qui s'appuie sur des dimensions virtuelles peut générer des logiques collaboratives ou, *a contrario*, fait entrer les personnes dans « l'autisme », c'est-à-dire l'incapacité à communiquer car il n'y aurait rien à communiquer. Nous rejoignons ce que développe Gilles Lipovetsky : le vide. Est-ce cette mue dans laquelle notre société « préfère l'image à la chose, la copie à l'original, la représentation à la réalité, l'apparence à l'être »[4] ?

---

1. Vincent de Gaulejac, « Le sujet manqué », *in L'individu hypermoderne, op cit.*, p. 132.
2. Concept popularisé par Elinor Ostrom, Prix Nobel d'Economie 2009.
3. Voir les travaux de Benjamin Stora et le numéro de l'automne 2011 de la revue *Régulation* qu'il coordonne sur Bien commun et logiciels libres.
4. Guy Debord, *La Société du spectacle*, 1967, Citation de Feuerbach, placée en exergue du premier chapitre.

Émergence de la virtualité dans l'organisation du travail

Les nouvelles technologies sont en train de transformer l'organisation du travail[1]. Une dimension majeure concerne la virtualité aux conséquences anthropologiquement « révolutionnaires ». L'éditeur de 3D Dassault Systèmes développe des logiciels en 3D qui génèrent des objets virtuels qui devraient faire basculer à terme l'organisation d'entreprises dont l'activité est centrée autour de la recherche, du développement et/ou de la conception. La maîtrise de leurs processus est au cœur du fonctionnement des grandes entreprises. En effet, leur compétitivité réside en premier lieu dans leur capacité à être les premiers à sortir de nouveaux produits. Par exemple, dans l'automobile, le travail de conception d'un nouveau modèle est passé en dix ans de plus de 4 ans à moins de 3 ans. Les logiciels en 3D ont supprimé les allers-retours incessants entre les différents spécialistes et/ou sous-traitants, permis la disparition des maquettes. Tout cela génère ainsi une façon différente de travailler de façon coopérative (ou collaborative). C'est le travail en réseau qui développe *l'intelligence collective*[2]. La capitalisation et le partage des connaissances visent ensemble la réutilisation de ces connaissances dans un objectif d'amélioration de la performance. Les communautés de pratiques que permettent ces outils se développent de plus en plus dans les entreprises. Pour faire face à la surabondance des informations et accéder rapidement et simplement aux connaissances dont les personnes ont besoin, il faut être capable de s'adapter à des situations différentes : gérer la multiplication des échanges et des réseaux, savoir se repérer et se placer dans les espaces de connaissance[3]… « Les personnes auront de plus en plus besoin d'avoir recours à des outils de cartographie des connaissances et des informations afin de pouvoir répondre à une triple nécessité :

▶ pouvoir accéder au patrimoine de connaissances ;

▶ arriver à obtenir une compréhension fine pour capitaliser, partager ou innover ;

▶ savoir utiliser ces informations. »[4]

La fonction RH devient un acteur majeur de ces questions. En effet, nous avons observé que dans beaucoup d'entreprises les problématiques d'organisation entrent de plus en plus dans le périmètre de la fonction RH. Ainsi,

1. *La Matrix organisation, op. cit.*
2. Pierre Lévy, *L'Intelligence collective*, La Découverte, 1994.
3. Michel Authier, *Le Pays de connaissances*, Ed. du Rocher, 1998 ; Michel Authier et Pierre Lévy, *Les Arbres de connaissances*, La Découverte, 1993.
4. I. Boughzala, J.-L. Ermine, *Management des connaissances en entreprise*, Hermès/Lavoisier, 2004.

les informations à la base des connaissances n'ont de sens pour une entreprise que si elles se transforment en compétences pour leurs salariés. Ils doivent être mis en situation pour être efficaces. Ce n'est pas en premier lieu une question personnelle (de volonté et de motivation) mais la capacité de mettre en place un *urbanisme* des communautés de pratique s'appuyant sur des nouvelles technologies[1]. Ce sont ce que certains appellent les outils sociaux ou Web 2.0 avec des conséquences majeures sur l'ensemble du fonctionnement de la société. « La société de la connaissance fondée sur les communautés, facilitera l'échange des connaissances et transformera les principes de l'économie de marché »[2].

En quelques années, la fonction RH se retrouve progressivement au cœur de ces changements, en particulier liés à la dématérialisation des relations entre les personnes. Les nouvelles technologies concourent à ce repositionnement. Depuis 3-4 ans, les technologies IP (Internet Protocol) commencent à déployer des applications RH directement gérées par des salariés et leurs managers de proximité. Ces derniers peuvent gérer leurs collaborateurs en s'appuyant sur un certain nombre d'outils que la fonction RH met à leur disposition : le dossier individuel, la Gestion des temps et des activités (GTA), l'entretien individuel et son suivi, des outils d'autoévaluation, des cours en *e-learning*, des bases de données porteuses d'informations pertinentes c'est-à-dire personnalisées... Une partie de ces outils sont disponibles sur un portail RH, porte d'entrée vers des applications RH et des bases de données. Mais ce sont aussi des tableaux de bord sur le suivi d'objectifs personnalisés. Cet encadrement doit savoir maintenir un minimum de motivation de leurs collaborateurs dont le niveau de compétences doit être au pire maintenu. La difficulté aujourd'hui est que les entreprises dans le domaine du High Tech et/ou les secteurs R&D et conception/développement ont des équipes disséminées entre plusieurs pays. Cet éclatement géographique est gérable maintenant grâce aux NTIC qui permettent aux membres d'une équipe de se relier en temps réel, de créer et de partager des informations à l'instant. Ces nouvelles technologies font entrer l'organisation du travail dans la virtualité et la dématérialisation des relations entre les personnes. Nous n'en sommes qu'au tout début. Nous en voyons les premières conséquences au cours de cette décennie 2010. La fonction RH doit donc se déployer sur de nouveaux champs afin d'assurer ces nouvelles missions organisationnelles :

▶ des salariés en dynamique de création collective du savoir, la cointelligence ;

---

1. Michel Authier, *op. cit.*
2. Rapport du Commissariat général du plan, « La France dans l'économie du savoir : pour une dynamique collective », Documentation Française, 2002.

▶ la gestion d'équipes qui sont de plus en plus disséminées aux quatre coins de la planète qui a pour conséquence un management « virtuel » ;

▶ la mise à disposition par la fonction RH des outils et des méthodes s'appuyant sur le libre service RH permettant un management « virtuel ».

Le déploiement de la fonction RH vers une mission de proximité : le RRH

La fonction RH accompagne le basculement vers un nouveau type d'organisation comme nous l'avons indiqué plus haut. Nous avons développé cette problématique autour de la virtualité[1] du management en nous appuyant sur la situation que nous avons découverte chez Cisco France concernant l'ampleur de leur management virtuel. En effet, en quelques années, les entreprises dans le High-Tech ont évolué vers ce management virtuel. Un nombre de plus en plus grand de leurs salariés sont maintenant gérés à distance. Cette situation nouvelle a des conséquences importantes sur la nature de la fonction RH et les attentes que ces entreprises en ont. Ainsi, chez Cisco France, 70 % des managers ne sont pas physiquement présents en France, ce qui signifie que 70 % des salariés ont un management virtuel. Nous avons ainsi pu observer que la directrice des ressources humaines de Cisco France, en fait la RRH, gère au quotidien ces 70 % de salariés (et les 70 % de managers) qui n'ont pas leurs managers. Mais peut-être sommes-nous en train de vivre une période de transition dans laquelle les hommes et les femmes ont encore besoin d'une dimension relationnelle qui passe par la présence physique. Peut-être que les futures générations sauront vivre virtuellement des relations à distance.

Une nouvelle fonction dans les entreprises se développe : le responsable de ressources humaines (le RRH). Elle est au cœur du paradoxe de la fonction RH d'être à la fois de plus en plus décentrée avec des principes d'homogénéité, et, d'autre part de s'appuyer de plus en plus sur les nouvelles technologies tout en développant des relations interpersonnelles « physiques ». Le RRH est au contact direct des salariés et des managers en étant chargé de suivre un groupe entre 400 et 500 personnes en moyenne. Il est un généraliste, relais et accompagnateur auprès d'eux. Cette fonction s'est développée

---

1. François Silva, « La fonction Ressources Humaines chez Cisco dans le paradoxe des nouvelles technologies », *Le Monde Initiatives*, novembre 2004.

depuis quelques années afin de prendre en compte la mutation des entreprises liée aux développements des nouvelles technologies :
Une hiérarchie réduite, qui a pour corollaire une grande autonomie des salariés dans la gestion de leur temps. Leurs profils correspondent à des personnes responsables et porteurs d'un niveau élevé de compétences. Les grandes entreprises, en premier lieu américaines, sont soumises au temps réel et au dictat du « quarter » que la communauté financière leur demande. En cascade, du haut au bas de l'entreprise, cela se concrétise par un système de *reporting* quasi en temps réel afin de connaître au plus juste la situation et de pouvoir réagir au plus vite. Chacun se retrouve avec une pression importante car les objectifs sont ambitieux. Mais en même temps, cela doit faire évoluer ses compétences. La fragilité des organisations concerne la capacité à savoir conserver les salariés porteurs de compétences.

Les grandes entreprises mettent à disposition d'un nombre de plus en plus importants de leurs salariés toute une gamme d'outils de communication : son, image, traitement de l'information, liaison avec des bases de données. Ce dernier point est important car suivant la qualité de l'information proposée (pertinence des informations, des facilités d'accès, ergonomie proposée, évolution des informations de la base…) les salariés seront plus efficaces dans leur travail. Ainsi chez Cisco, 15 millions de pages d'informations sont à la disposition de leurs salariés.

Partie 10

VEILLER

À travers ces trois chapitres, de nombreuses pistes de réflexion sont proposées aux dirigeants et managers pour développer leurs compétences managériales.

Avoir une vision stratégique des RH. Charles-Henri Besseyre Des Horts, professeur à HEC, propose au responsable hiérarchique une approche globale, cohérente et prospective dans le domaine des ressources humaines : Comment mieux intégrer la dimension « ressources humaines » dans les décisions stratégiques ? Comment développer les actions RH qui permettent d'anticiper les évolutions et d'accroître la cohérence stratégique ?

Activer l'intelligence économique et stratégique dans l'entreprise. Frank Bournois, directeur du CIFFOP, montre la nécessité de développer, chez chaque collaborateur, le réflexe de l'intelligence économique et stratégique qui permet d'accroître la compétitivité de l'entreprise en apportant les informations pertinentes à l'équipe dirigeante.

Être un auditeur responsable : auditer différemment demain. Zahir Yanat, professeur à BEM Bordeaux, met les démarches et outils de l'audit social au service des managers.

Chapitre 35

Avoir une vision stratégique des RH

Charles-Henri BESSEYRE DES HORTS

Ce chapitre a l'ambition de proposer au responsable hiérarchique de développer une approche globale, cohérente et prospective de ses actions dans le domaine des ressources humaines. Avoir une vision stratégique des RH ne signifie nullement défendre l'idée d'une planification stratégique dont on a vu, depuis de nombreuses années, les limites importantes[1]. Il s'agit, au contraire, d'amener le dirigeant ou le cadre en situation de responsabilité hiérarchique à envisager les prérogatives qui sont les siennes dans le domaine des RH, telles qu'elles sont décrites dans les chapitres précédents (choisir, gérer l'emploi et les temps, orienter, former, rémunérer, mobiliser, négocier...), dans une perspective que l'on pourrait qualifier de « systémique » et « anticipatrice ».

Systémique, puisqu'il est impératif pour le responsable hiérarchique de considérer que ses décisions RH sont étroitement liées les unes aux autres et dépendantes des décisions d'autres responsables, voire de la DRH. *Anticipatrice*, car il s'agit pour ce responsable d'envisager les conséquences prévisibles de ses décisions au niveau de son unité (ou département) et de l'entreprise toute entière en fonction de l'évolution de certains facteurs externes (marché, technologie...) et internes (culture et valeurs, objectifs stratégiques, ressources humaines actuelles...). Cette double perspective est particulièrement importante dans un contexte de plus en plus marqué par la révolution apportée par Internet, les réseaux sociaux (LinkedIn, Viadeo, Facebook...) et l'explosion des technologies mobiles[2].

---

1. Voir à ce sujet J. Barney et T.G. Clifford, *What I didn't Learn in Business School, How Strategy Works in the Real World*, Harvard Business Press, 2010 et H. Mintzberg, *Grandeur et décadence de la planification stratégique*, Dunod, 1994.

2. C.H. Besseyre des Horts, *L'Entreprise mobile*, Pearson, Village Mondial, 2008.

Avoir une vision stratégique des RH se traduit concrètement, pour le responsable hiérarchique, par la volonté de répondre aux deux questions fondamentales suivantes qui structurent ses décisions et actions ultérieures dans ce domaine :

– Comment mieux intégrer la dimension « ressources humaines » dans les décisions stratégiques que je suis amené à prendre pour assurer la pérennité et le développement de mon unité, mon département, voire de mon entreprise ?

– Comment développer des actions RH qui me permettent d'anticiper les évolutions (de marché, technologiques, sociales, législatives...) et d'augmenter la cohérence globale de ce que j'entreprends dans ce domaine ?

Les réponses apportées par le dirigeant ou le cadre en situation de responsabilité hiérarchique seront bien évidemment dépendantes de la qualité du dialogue qu'il entretient avec la DRH car il est illusoire d'inciter le responsable hiérarchique à avoir une vision stratégique des RH en absence de soutien réel de la DRH sous la forme d'une expertise reconnue et d'un conseil apprécié. Les quelques pistes qui sont proposées dans les pages suivantes pourront aider le responsable hiérarchique à avoir cette vision stratégique des RH sous réserves d'un dialogue utile et efficace avec la DRH, seule garante des grands équilibres internes et externes.

Intégrer la dimension RH dans les décisions stratégiques

Tout dirigeant ou cadre en situation de responsabilité hiérarchique est amené à prendre des décisions qui engagent l'avenir de son unité, département ou entreprise sous la forme du rachat d'une activité externe (intégration d'un sous-traitant), de nouveaux investissements significatifs (mise en œuvre d'un intranet/extranet), voire, comme on l'a souvent vu au cours des années 2000, de redéploiements d'activités qui sont souvent synonymes de réductions d'activités et donc de plans sociaux. Confronté à la prise de telles décisions, le responsable hiérarchique doit pouvoir intégrer la dimension RH suffisamment tôt dans le processus qui le conduit à faire le choix stratégique le plus opportun.

Concrètement, cette intégration de la dimension RH suppose à la fois un système d'information RH (SIRH) adéquat et une évaluation des enjeux et conséquences RH des décisions stratégiques qui seront prises pour assurer la pérennité et/ou le développement de l'activité de l'unité, du département et de l'entreprise.

Une information sociale fiable et validée

L'intégration de la dimension RH dans le processus stratégique suppose que le responsable hiérarchique puisse disposer d'une information sociale d'une qualité comparable à celle dont il dispose souvent déjà dans les domaines financiers, commerciaux ou techniques (production). Faute, en effet, de disposer d'une information relativement exhaustive sur des aspects RH aussi variés que la structure des emplois, des âges et anciennetés, des compétences, des rémunérations... pour ne citer que certains aspects parmi les plus courants, le dirigeant ou le cadre en situation de responsabilité hiérarchique ne pourra envisager les enjeux et conséquences RH des décisions stratégiques qu'il peut être amené à prendre pour son activité[1].

À cet égard, le développement des Intranets RH durant les années 2000 a fourni aux managers la possibilité de disposer « on-line » d'un ensemble d'informations riches, fiables et surtout adaptées à leurs besoins grâce à un kiosque d'accès dédié. Mais la technologie ne résout pas tous les problèmes car l'établissement d'un système d'information sociale fiable suppose une implication forte du responsable hiérarchique qui est le premier « fournisseur » de cette information dont la synthèse est souvent effectuée par la DRH en position, comme nous l'avons déjà souligné, d'expert et de conseil. La qualité globale de l'information et son utilité réelle dans la prise des décisions stratégiques seront largement dépendantes de la perception qu'en aura le responsable hiérarchique dans le cadre du dialogue qu'il entretient avec la DRH

Évaluation des enjeux et conséquences RH dans les décisions stratégiques

Au delà de la nécessité d'un système d'information sociale fiable et validée, condition nécessaire mais non suffisante de l'intégration de la dimension RH dans les décisions stratégiques, il est crucial pour le responsable hiérarchique d'en évaluer les enjeux et conséquences sur le plan RH. Dans le cas, par exemple, d'une acquisition (ou de fusion) d'activités, le dirigeant sera nécessairement amené à identifier, entre autres choses, les éléments culturels (quelle différence dans les valeurs et normes de deux entités ?), les caractéristiques des ressources humaines directement concernées (compétences, âge, ancienneté...), le climat social et la nature des relations sociales qui prévalent dans les entités. La prise en considération de ces facteurs RH dans le processus de décision stratégique peut l'amener à modifier assez

© Groupe Eyrolles

---

1. J. Fitz-Enz, *The New HR Analytics*, Amacom, 2010.

sensiblement, voire à annuler, la décision initiale d'acquisition ou de fusion[1].

Ce qui est vrai pour les décisions de rapprochements d'activités ou d'entreprises l'est tout autant pour les autres décisions stratégiques majeures que peut être amené à prendre le dirigeant ou le cadre en situation de responsable hiérarchique. Ne pas s'interroger, par exemple, sur la nature des compétences nécessaires et les moyens de faire évoluer celles dont on dispose aujourd'hui, en cas d'introduction d'une nouvelle technologie de l'information et/ou de changement d'un processus de production, conduit le plus souvent à des situations difficiles dans lesquelles la DRH est appelée à la rescousse pour fournir dans les meilleurs délais les compétences indispensables. Ces situations peuvent être largement évitées si le responsable hiérarchique est à même de s'interroger sur les enjeux et conséquences RH de l'introduction de la nouvelle technologie et/ou du nouveau processus de production. Le dirigeant ou le cadre hiérarchique est alors amené à répondre à certaines des questions suivantes : quelles sont les compétences nouvelles nécessaires ? Comment obtenir ces nouvelles compétences : par un recrutement approprié, par un programme de formation adapté ? Quelles sont les compétences qui sont rendues obsolètes ? Quelles sont les difficultés prévisibles ? Quels sont les gains escomptés par rapport aux coûts générés par la décision ?

Cette évaluation des enjeux et conséquences RH est effectuée sur la base de l'information sociale évoquée plus haut mais aussi et surtout à partir d'une sensibilisation du responsable hiérarchique à l'intégration de la problématique RH lorsqu'il est amené à prendre une décision stratégique « business », décision qui aura fatalement des conséquences sur le plan des ressources humaines. La prise en compte, en effet, trop tardive de la dimension RH dans le processus stratégique risque de limiter considérablement, comme le démontrent les décisions d'acquisition et de fusion, l'effet bénéfique attendu quant à la pérennité et le développement des activités.

On pourra sans doute objecter qu'un grand nombre de managers ne sont que très indirectement concernés par des décisions véritablement stratégiques. L'objection est fondée si la notion de décision stratégique est réduite seulement à celles qui engagent l'avenir de l'entreprise à moyen et long termes. Mais, si la décision stratégique est aussi celle qui influence de façon significative le fonctionnement de l'unité ou du département (par exemple, la mise en place d'un nouveau réseau informatique), alors de nombreuses décisions prises par des responsables hiérarchiques à leur niveau peuvent

1. G. Merdassi et K. Berrached, *Les Fusions-acquisitions et leurs conséquences*, Ressources Humaines, Éditions Universitaires européennes, 2011.

être qualifiées de « stratégiques » et nécessitent donc une évaluation de leurs enjeux et conséquences RH. En outre, dans le cas d'une stratégie d'entreprise véritablement partagée, des cadres ne participant pas directement à la prise de décisions stratégiques, peuvent être amenés à évaluer pour leur unité ou département les enjeux et conséquences RH de certaines de ces décisions et alerter les décideurs sur les risques (et avantages) encourus par la décision susceptible d'être adoptée.

En conclusion, avoir une vision stratégique des RH signifie tout d'abord pour le dirigeant ou le cadre en situation hiérarchique une véritable intégration de la dimension RH lorsqu'il est amené à prendre, à son niveau, une décision qui engage l'avenir de son unité, département ou entreprise. Le facteur RH doit être perçu et pris en compte, par le responsable hiérarchique, au moins au même niveau que le facteur financier, commercial ou technique dans son propre processus de décision. L'importance cruciale des ressources humaines, souvent classées dans les « intangibles » par les investisseurs, comme un facteur clé créant de la valeur pour les parties prenantes est de plus en plus reconnue[1].

Développer des actions RH cohérentes et anticipant les évolutions

Comme l'introduction de ce chapitre le souligne, avoir une vision stratégique des RH signifie également pour le responsable hiérarchique de développer des actions cohérentes entre elles et anticipant les évolutions de l'environnement interne et externe. Pour ce faire, on pourra s'inspirer d'une démarche résumée dans le schéma suivant.

Figure 35.1. – Analyse de l'environnement interne et externe

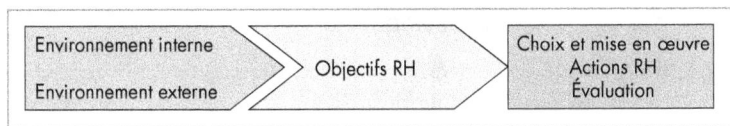

Environnement interne / Environnement externe	Objectifs RH	Choix et mise en œuvre Actions RH Évaluation

Afin de développer des actions cohérentes et anticipant un certain nombre d'évolutions, le responsable hiérarchique doit être à même de s'informer sur les défis, menaces, opportunités et contraintes aussi bien dans l'environne-

---

1. P. Sparrow, M. Hind, A. Heskett et C. Cooper, *Leading HR*, Palgrave Macmillan, 2010.

ment interne propre à son unité, son département ou son entreprise que dans l'environnement externe local, régional voire national. Il s'agit pour lui d'identifier assez rapidement ce qui va favoriser, ou au contraire être susceptible de freiner, les actions RH dont il a la maîtrise d'œuvre.

Sur le plan interne, tout d'abord, le dirigeant ou le cadre en situation hiérarchique doit être conscient des valeurs et croyances fondamentales qui définissent la culture de son organisation pour éventuellement chercher à les faire évoluer par les actions RH qu'il sera amené à mettre en œuvre. Ce sont aussi les règles, procédures et pratiques RH actuelles qui délimitent le champ d'intervention du responsable hiérarchique qui sera susceptible de les faire évoluer sur la base de ce diagnostic initial. Il serait vain, par exemple, pour un dirigeant d'un établissement important d'une grande entreprise de chercher à mettre rapidement en place une flexibilité salariale dans une culture très hiérarchique et dont les règles et pratiques RH ont depuis toujours privilégié la rigidité des augmentations générales. L'objectif de changement peut être cependant atteint en transformant progressive-ment la règle générale au niveau de l'entreprise.

Sur le plan externe, ensuite, le responsable hiérarchique s'intéressera en priorité aux principaux défis auxquels il a à faire face pour assumer ses prérogatives dans le domaine RH, par exemple : à quelle concurrence doit-il faire face pour attirer et retenir les meilleurs de ses collaborateurs dans un contexte où la guerre des talents est redevenue une réalité ? quel est l'impact des réseaux sociaux (Linkeldn, Facebook…) sur le recrutement dans son entité ? quelles sont les attentes des personnes recrutées, la plupart apparte-nant à la génération Y, en termes de rémunération et, plus largement, de reconnaissance ? Les réponses à ces interrogations, et à bien d'autres, consti-tuent l'essentiel du diagnostic de l'environnement externe qui concerne le dirigeant ou le cadre en situation hiérarchique soucieux de développer des actions RH cohérentes et anticipant les évolutions.

Fixer des objectifs RH spécifiques

Après avoir identifié les principaux défis et contraintes de l'environnement interne et externe, le responsable hiérarchique est amené à proposer, dans le cadre du dialogue avec la DRH, des objectifs RH spécifiques de son unité, département voire de l'entreprise toute entière. Il est clair que la DRH joue ici pleinement son rôle de conseil et d'expert pour apporter son aide à la formulation d'objectifs RH spécifiques clairs et surtout cohérents sur un plan global (entreprise). En effet, rien ne serait plus absurde de laisser diffé-rents responsables hiérarchiques, dont ce n'est souvent pas la première des responsabilités, proposer des objectifs RH contradictoires entre les unités ou les départements d'une même entreprise.

Ces objectifs RH permettent au responsable hiérarchique d'affirmer claire-ment les priorités qu'il se donne dans le domaine des ressources humaines dans son unité, département ou entreprise. Ils sont également susceptibles d'apporter une information précieuse sur le niveau d'efficacité et les résul-tats des actions RH qui sont engagées : en tant qu'instruments de mesure de la performance RH, ils constituent des guides particulièrement utiles pour l'action. Le recours à l'Intranet peut ici s'avérer extrêmement intéres-sant car le responsable hiérarchique peut partager, dans le cadre de forums intranet, ses expériences et sa connaissance avec d'autres responsables hiérarchiques. On assiste alors à l'émergence d'une dynamique de manage-ment des connaissances (*knowledge management*)[1].

Choix et mise en œuvre des actions RH

Lorsque les objectifs spécifiques (de gestion de l'emploi, de recrutement, de rémunérations, de formation, d'orientation…) ont été formulés, le respon-sable hiérarchique est amené à effectuer des choix entre plusieurs actions possibles pour atteindre un même objectif : utilisera-t-il plutôt le e-recrute-ment ou une procédure traditionnelle pour effectuer les recrutements nécessités par le développement de son unité ou département ? Faut-il flexi-biliser les rémunérations par des formules individuelles ou d'équipes ? La formation doit-elle être réalisée par des modules e-learning et/ou des approches utilisant le présentiel ? Les différents choix donnés ici à titre d'exemple constituent autant de solutions possibles entre lesquelles le responsable hiérarchique devra nécessairement faire un choix. L'essentiel reste que le responsable hiérarchique puisse faire preuve de créativité et de réalisme dans les choix des actions RH qu'il aura décidées.

Les actions retenues seront alors validées par la DRH dans le cadre du dialogue que le responsable hiérarchique entretient avec celle-ci. Il reste au manager à mettre effectivement en œuvre les actions RH qui auront fina-lement été retenues. La plupart des chapitres précédents apportent les éclairages techniques indispensables pour réaliser les actions dans les domaines de la gestion de l'emploi, du recrutement, de la rémunération, de la formation, de l'orientation, de la mobilisation ou de la négocia-tion… L'intérêt principal de l'approche proposée ici est de développer la cohérence globale des actions mises en œuvre tout en anticipant les évolu-tions importantes pour l'unité ou le département dont le responsable hiérarchique a le *leadership*.

---

1. M. Roulleaux-Dugage, *Organisation 2.0 : Le Knowledge Management nouvelle génération*, Éditions d'Organisation, 2007.

Évaluation des actions RH

Les objectifs RH constituent pour le responsable hiérarchique un moyen privilégié pour évaluer l'efficacité des actions qu'il a décidées et mises en œuvre pour les atteindre. Il est crucial de pouvoir mesurer si les résultats obtenus correspondent bien à ce qui était attendu au niveau de l'unité, du département, voire de l'entreprise toute entière. En cas d'écart trop important, la recherche des causes peut permettre au responsable hiérarchique soit de modifier sensiblement des actions entreprises pour atteindre certains objectifs soit même de changer des objectifs RH qui ne semblent plus adaptés à la situation locale ou plus globale. Sans parler véritablement de contrôle de gestion sociale, on pourra évoquer plutôt une démarche de gestion comparable à celle que le dirigeant ou le cadre en situation hiérarchique connaît dans son activité principale en tant que, par exemple, directeur d'usine, responsable commercial ou chef du service comptable.

Au terme de ce chapitre, il est utile de souligner, une dernière fois, qu'« avoir une vision stratégique des ressources humaines » signifie pour le responsable hiérarchique une conception plus globale et anticipatrice des actions RH dont il a la maîtrise à son niveau. Dans le cadre des décisions stratégiques qui engagent l'avenir de son unité, de son département ou de son entreprise, il doit particulièrement veiller à y intégrer systématiquement la dimension RH. Par ailleurs, les actions décidées par lui doivent pouvoir répondre à des enjeux identifiés dans l'environnement interne et externe, correspondre à des objectifs clairement formulés et être évaluées pour mesurer leur efficacité. C'est à ces conditions que le manager pourra avoir cette vision stratégique des RH.

Chapitre 36

Activer l'intelligence économique et stratégique dans l'entreprise

Frank BOURNOIS

Après avoir précisé les contours du concept d'intelligence économique et stratégique, il montre la nécessité, pour le DRH, de bien évaluer les principaux risques encourus si l'entreprise ne dispose pas d'un dispositif efficace dans ce domaine. Il suggère de développer des outils et des réflexes en direction de chaque collaborateur et, plus largement, à travers l'ensemble de l'organisation. Il souligne aussi en quoi les ressources humaines sont au cœur de la question de la prise de décision des dirigeants. Il invite finalement le DRH à suivre plusieurs pistes d'actions concrètes qu'il a repérées dans l'entreprise performante en matière d'intelligence économique et stratégique.

Activer l'intelligence économique et stratégique des ressources humaines

On attribue souvent à Xénophon, disciple de Socrate, le premier manuel de gestion *(L'Économique)* dans lequel Critobulus expose les principes du management efficace de l'époque, parmi lesquels figure la recherche d'informations sur le monde extérieur afin de prendre les bonnes décisions pour la gestion de son domaine foncier, agricole et humain. Avec la parution du rapport Martre (1994), les années 1990 caractérisent le recours accru, en France, au concept d'intelligence économique que les Anglo-Saxons appellent *competitive* ou *business* ou *corporate intelligence* ; en anglais, la notion d'intelligence renvoie à la capacité d'élaborer des renseignements utiles pour les décideurs.

L'intelligence économique et stratégique (IES) : de quoi parle-t-on ?

Une recherche conduite en 2000 dans le cadre de l'Institut des hautes études de défense nationale met en évidence que les 1 200 dirigeants interrogés préfèrent définir la notion d'intelligence économique et stratégique comme « une démarche organisée, au service du management stratégique de l'entreprise, visant à améliorer sa compétitivité par la collecte, le traitement d'informations et la diffusion de connaissances utiles à la maîtrise de son environnement ; ce processus d'aide à la décision utilise des outils spécifiques, mobilise les salariés, et s'appuie sur l'animation de réseaux internes et externes ».

Cette même recherche a prouvé 1) que sur les entreprises de plus de 200 salariés, la moitié seulement dispose actuellement d'une politique d'IES et 2) que les entreprises qui investissent dans la mise en œuvre d'une politique d'intelligence économique et stratégique dégagent **des résultats financiers bien supérieurs** à celles qui ne font rien.

Étant donné la définition et les attentes des dirigeants, un véritable défi est adressé à la fonction Ressources Humaines : permettre aux salariés de mieux collecter les données, de mieux traiter l'information et de mieux diffuser les connaissances utiles à la prise de décision. La puissance des systèmes d'information progresse sans cesse mais, à un niveau technologique donné, nous sommes convaincus que ce sont uniquement les hommes et les femmes de l'entreprise qui peuvent faire l'excellence d'un dispositif d'IES. Les gisements de progrès sont considérables et une étude KPMG évaluait en 1999 :

▶ le coût du clic (*click cost*) : « 80 % des salariés perdent en moyenne 30 minutes par jour à naviguer entre différentes applications afin de retrouver l'information recherchée » ;

▶ le coût de réinvention de la roue : « 60 % des employés d'organisations européennes passent une heure par jour ou plus à refaire le travail d'autres salariés » parce qu'ils ne disposent pas de l'information nécessaire et pourtant existante quelque part dans l'entreprise. Ainsi, en moyenne, ce serait près de 15 % du temps de travail annuel qui serait perdu par le salarié utilisant un ordinateur.

La fonction Ressources Humaines a un rôle essentiel à jouer dans le développement et la mise en œuvre d'une politique d'IES.

Les risques liés aux pratiques offensives d'intelligence économique et stratégique (IES)

La bonne connaissance des risques et leur prévention sont au cœur de la mise en œuvre des dispositifs d'IES et il est habituel de ranger les pratiques de l'IES en trois catégories :

▶ **des pratiques « offensives »** consistant à concevoir et mettre en place des manœuvres pour récupérer, exploiter ou faire circuler des informations qui vont nuire directement ou indirectement aux concurrents. Dans cette catégorie, on peut facilement identifier les pratiques offensives illégales (poses de microphones, tentatives de concussion…) et les pratiques offensives légales (avoir des conversations avec des fournisseurs, repérer et débaucher des compétences clés chez les concurrents) ;

▶ **des pratiques « défensives »** organisant des mesures spécifiques ou permanentes pour déjouer les attaques potentielles de ce qui est décrit au paragraphe précédent (changement régulier des mots de passe, insertion de clauses de confidentialité dans les contrats avec les fournisseurs…). Ces pratiques peuvent exister « en réaction à une attaque ciblée » sur le court terme ou en « protection d'intérêt » pour le moyen/long terme ;

▶ **des pratiques « courantes »** visant à optimiser la compétitivité de l'entreprise (recouper des données sur les concurrents, limiter la circulation d'informations sensibles aux acteurs concernés…).

Tableau 36.1.

Pratiques associées à de l'IES offensive	En pourcentage
Désinformation	13,7 %
Interception d'informations noires	12,7 %
Lobbying, influence	30,8 %
Infiltration	5,7
Intrusion	3,4
Manipulation	4,8
Débauchage de cadres	11,1
L'entreprise ne distingue pas l'IES défensive et l'IES offensive	8,7
Autres	9,1
Total	100

Le DRH a tout intérêt à bien saisir la nature et l'ampleur de ce que les dirigeants français redoutent tout particulièrement :

▶ le *lobbying* et l'influence (30,8 %) ; de très loin, ceci apparaît comme la première des pratiques offensives et non pas comme la méthode douce que l'on décrit parfois. Cela traduit aussi la montée en puissance du *lobbying* à travers le nombre de « lobbyistes » et l'efficacité perçue de leurs actions. L'anticipation est le maître-mot et celui qui décèle les projets sensibles le premier peut d'autant mieux les influencer. La prise en compte par le DRH de cette question ancre son action au cœur de la gestion stratégique de l'entreprise ;

◗ la désinformation (13,7 %) ressort comme la pratique offensive et pernicieuse avec des effets diffus et à brève échéance. En matière commerciale mais aussi sociale, l'adage, « il n'y a pas de fumée sans feu » peut conduire à des ravages importants. Comme le rappelle Rémy Kauffer dans un ouvrage consacré à cette arme économique redoutable, « dans une campagne de désinformation, les informations fausses sont dissimulées dans le tissu des 90 à 95 % d'informations exactes ». Il est fondamental que les salariés puissent alerter l'entreprise dès qu'ils ont connaissance d'une opération de ce type et qu'ils ne se laissent pas abuser par cette méthode ancienne revigorée par l'Internet ;

◗ l'interception d'informations noires (12,7 %), c'est-à-dire provenant d'un acte illégal, constitue aussi une vraie préoccupation des dirigeants. Certains assimilent volontiers à ce risque la récupération d'informations grises, c'est-à-dire non ouvertes (non confidentielles) et non obtenues dans l'illégalité. Il importe que les collaborateurs respectent absolument la confidentialité des informations confiées, qu'ils ne confondent pas les compartiments du TGV ou les salons VIP des aéroports avec des salles de réunion discrètes et que l'entreprise investisse parfois dans l'acquisition de machines à déchiqueter les documents ;

◗ le débauchage de cadres (11,1 %) est aussi rangé parmi les quatre premières pratiques offensives contre lesquelles il faut se prémunir. Le DRH, à travers une gestion individualisée des cadres, est de plus en plus amené à veiller à la motivation et à l'équité de traitement des ressources vives de son entreprise. Il peut être utile d'alerter le personnel de l'existence de fausses annonces-offres d'emploi visant à rencontrer des candidats potentiels afin de les faire parler des projets sur lesquels ils travaillent ;

◗ l'intrusion dans les systèmes informatiques, l'infiltration de personnes dans les locaux de l'entreprise et la manipulation de collaborateurs concernant leur vie privée (14 %) représentent des préjudices réels même s'ils sont cités moins souvent. N'oublions jamais que les fuites d'informations sensibles ou de savoir-faire sont toujours le fait de l'homme et non des technologies !

Plus globalement, face à une prise de décision stratégique de plus en plus exigeante, ces résultats confirment que l'arme la plus redoutable est devenue la capacité à organiser le management de la connaissance (*knowledge management*) : il s'agit d'une véritable compétition « pour, contre et par » l'information.

La valeur ajoutée de la GRH à l'intelligence économique et stratégique

Le DRH sensibilisé à ces préoccupations va contribuer au management transversal de l'entreprise en veillant à :

▶ **repérer les attaques dont l'entreprise a été victime** au cours des dernières années. C'est une source d'apprentissage organisationnel et de capitalisation d'expériences pour le futur si on sait exploiter ces failles collectives, à l'occasion des séminaires de formation par exemple ;

▶ **disposer constamment des formes d'organisation les mieux adaptées.** Les études montrent qu'une gestion avancée de l'IES est plus fréquente dans les entreprises dont le mode d'organisation est « moderne » : structure divisionnelle par produit, matricielle, par projet, en réseau… Les entreprises les plus dynamiques et innovantes (celles dont l'environnement sollicite la combativité pour survivre) pratiquent plus souvent l'intelligence économique et stratégique. L'IES est alors un outil, une méthode et une *organisation pour lui permettre de s'adapter plus vite et de manière plus adéquate aux turbulences engendrées par l'environnement économique mondial.* Des cabinets de conseil en stratégie opérationnelle comme Miallot et associés ont une longue expérience de l'ingénierie nécessaire pour aboutir au système optimal ;

▶ **favoriser l'apparition d'un nouvel acteur dans l'entreprise : le responsable de l'IES.** Que l'entreprise ait désigné ou non un responsable IES, le directeur général apparaît comme l'acteur clé de la coordination de la fonction IES (40,1 % des entreprises). Jouent aussi un rôle le directeur marketing/commercial, le directeur de l'informatique et des systèmes d'information. Progressivement, la fonction de responsable de l'intelligence économique et stratégique (RIES) se structure. Le RIES est recruté en interne dans 90,5 % des cas. Ses compétences, encore en pleine évolution, correspondent au profil suivant : c'est encore largement un ingénieur de formation (45 %) même si les diplômés de gestion s'imposent de plus en plus (22 %). Il appartient au comité de direction restreint (51,7 %) ou élargi (16 %) et représente une véritable force de proposition stratégique. Il est rattaché généralement au directeur général ou au directeur de la stratégie et parfois au DRH. À cet égard, citons l'exemple de Schneider Electric où le DRH supervise la fonction IES et les questions de sécurité. Il s'agit là d'un exemple stimulant où la fonction RH contribue pleinement à l'intelligence économique et stratégique ;

▶ **anticiper les risques liés aux mouvements de compétences.** Il s'agira, entre autres, d'organiser plus systématiquement la transmission du savoir et du savoir-faire des hommes clés quand ils partent (30,5 %). *Knowledge management* et IES sont intimement liés et la rédaction de plans de crise (10,3 %) permet de mobiliser immédiatement les ressources humaines critiques en cas d'urgence ; on peut même envisager de les réunir alors au sein de *war-rooms* (pratique encore marginale en France de la cellule de crise réunissant les décideurs et les détenteurs de compétences clés). Il importe de constituer et de renforcer constamment la qualité des propositions des groupes de travail permanents qui existent déjà dans 29,2 % des entreprises de plus de 200 personnes et dans 49 % de celles de plus de 10 000 salariés. À une époque où le *turnover* des cadres supérieurs et dirigeants est plus élevé que dans les années 1990, on comprend pourquoi ces outils ont tendance à être de plus en plus utilisés. Ils visent à limiter la perte d'informations sensibles, à garantir la qualité de la mémoire de l'organisation et à réduire les risques liés au départ de cadres à haut potentiel. Dans sa forme la plus sobre, l'outil consiste à identifier les postes clés (du fait de leur importance hiérarchique ou d'expertise), à organiser des plans de succession, à formaliser par écrit les procédures essentielles et à ne pas laisser les informations stratégiques dans la seule tête de celui qui est le titulaire du poste à un moment donné. Cet exercice s'effectue en liaison avec la direction des Ressources Humaines mais il est souvent mal perçu et considéré comme superflu au moment où il est réalisé ; les acteurs le vivent même comme une intrusion dans leur autonomie et comme une opération visant à réduire leur pouvoir (précisément lié à la détention des informations sensibles). Dans une forme plus sophistiquée, de rares entreprises, sous la supervision du DRH, font appel à des cogniticiens qui procèdent à la capitalisation des informations stratégiques ;

▸ **impliquer l'ensemble des salariés en faveur de l'IES.** Rappelons l'estimation communément admise selon laquelle 60 % des incidents ou des vols d'informations électroniques sont le fait de salariés en place ou d'anciens salariés. En croisant des faisceaux de « signaux faibles », les fuites d'informations « mineures » peuvent devenir des sources d'informations majeures pour celui qui a ciblé une recherche. Les spécialistes regorgent d'anecdotes mettant en scène des concurrents conduisant de faux entretiens d'embauche dans le but de faire parler les candidats ou reconstituant les thèmes de recherche à partir des emprunts d'ouvrages techniques, de salariés naïfs bavardant dans les transports en commun ou de dirigeants n'arrivant pas à contenir leur vanité et explicitant leurs projets stratégiques dans les rapports d'activité ou les documents promotionnels de l'entreprise sur le *web*. Une véritable sensibilisation pédagogique nationale semble s'imposer. Les salariés sont insuffisamment sensibilisés à la nécessité d'une meilleure IES. Seulement 6,7 % des dirigeants français estiment que leurs salariés sont bien ou très bien sensibilisés aux enjeux de l'IES. Les efforts les plus importants en la matière restent à réaliser dans le cadre de la préparation des déplacements professionnels et des rapports de fin de mission. D'ailleurs, des entreprises n'hésitent pas à rendre conditionnels les remboursements de frais de mission à la remise d'un rapport d'étonnement ;

▶ **stimuler, chez chaque collaborateur, les comportements de veille et de mise en réseau de l'information.** Par ordre décroissant d'utilisation, les veilles les plus pratiquées sont : la veille concurrentielle, la veille marketing, la veille réglementaire et, plus loin derrière, la veille sociale qui mériterait d'être développée. Les sources d'informations restent classiques (périodiques, les congrès, colloques, expositions, foires, informations informelles, sources internes, Internet, bases de données, rapports annuels, normes…) et l'Internet est encore loin d'être la source principale de l'information : seulement 6,7 % des entreprises déclarent obtenir plus de 30 % de l'information grâce à l'Internet, 79,2 % utilisent l'Internet pour des recherches ponctuelles, 16,7 % sont engagées dans une veille permanente et seulement 4,1 % utilisent des systèmes intelligents (du type PERICLES, SAMPLER…) ;

▶ **récompenser les salariés pour leurs efforts au profit de l'IES.** Seulement, 11,1 % des entreprises ont pensé à un système de récompense des salariés. Si l'objectif est de faire contribuer le maximum de salariés à cet effort, il est important de mettre en avant un dispositif de stimulation/ incitation des comportements (surtout pour la phase de démarrage). Nous pensons qu'il s'agit aussi d'un levier essentiel pour la réussite de la conquête de parts de marché à l'échelle mondiale.

Tout indique le long chemin de sensibilisation à parcourir auprès de ceux qui sont au contact quotidien des clients. La formation des vendeurs et de la force de vente en général est un facteur clé de réussite qui est rappelé par les directeurs des ventes de tous les pays. On constate aussi la force de l'adage « nécessité fait loi » : les entreprises confrontées aux attaques extérieures ont été conduites, pour améliorer leur défense, à mettre au point un dispositif de récompense. Les dispositifs habituels de récompense des salariés concernent avant tout le triptyque : 1) accélération de carrière ; 2) rétribution monétaire (prime) et 3) rétribution symbolique (mise en valeur et distinction de l'individu).

En conclusion, retenons que deux descripteurs principaux permettent de dresser la carte de l'intelligence économique et stratégique des grandes entreprises françaises :

▶ le degré d'autonomie stratégique. Il correspond « à la priorité stratégique que la direction générale attribue à l'IES, à la place centrale accordée au coordonnateur de l'IES et à la capacité de l'entreprise à transformer rapidement sa politique IES en fonction des attaques subies » ;

◗ le degré d'ingénierie qui correspond « à la hauteur des moyens humains et techniques ainsi qu'à la qualité des méthodes utilisées pour définir la politique IES, la mettre en œuvre et évaluer les fruits des actions ».

Permettre le développement de l'IES est un défi que la fonction Ressources Humaines devra relever si elle veut effectivement se prévaloir de sa dimension stratégique.

Chapitre 37

Être un auditeur responsable : auditer différemment

Zahir YANAT

Dans un contexte de crises mondiales et locales répétitives, le champ de l'audit social s'enrichit depuis quelques années de l'activité de responsabilité sociale des organisations lucratives, ou non, et de la logique des acteurs. L'auditeur social est interpellé sur la nature des compétences à mobiliser.

Dans ce qui suit, nous défendrons le parti pris d'une méthode d'approche empruntant aux disciplines proches de l'ethnologie et de l'anthropologie. Cette méthode – l'observation participante – nous paraît la plus pertinente pour identifier la complexité des organisations et améliorer la qualité de nos investigations en nous plaçant tout à la fois dans une logique de process de travail et une logique d'acteurs éthiques et responsables.

Si l'on admet[1] que les dysfonctionnements repérés au sein des organisations sont le résultat de « pulsations d'activités » issues de relations entre des comportements et des structures, la connaissance intime de ces paramètres nous semble nécessaire pour réduire l'atrophie des organisations et favoriser leur développement.

Il est reconnu depuis quelques années – sous l'impulsion de Raymond Vatier[2] et des nombreux experts lui emboîtant le pas – que la démarche d'audit, procédant par l'approche systémique et se

---

1. Comme le font particulièrement H. Savall et V. Zardet, *Maîtriser les coûts et les performances cachées*, Paris, Economica, 1989, et l'équipe de l'Iseor qu'ils animent.
2. R. Vatier fut le fondateur et premier président de l'Institut international de l'audit social en 1982.

fondant sur une méthodologie éprouvée, a pour objet d'observer une organisation afin de vérifier qu'elle délivre effectivement – et selon les modalités prévues – les produits et services.

L'apport de l'observation participante

La démarche classique d'audit social, empruntant les principes et la méthodologie de l'audit comptable, s'attache à porter son regard sur l'ensemble de la « fonction personnel » en ne retenant que les « faits avérés ».

Elle traque la complexité organisationnelle pour mieux voir[1]. Elle analyse chaque facteur de risque et propose les recommandations de nature à les réduire. Elle s'appuie pour ce faire sur des référentiels normatifs construits sur des normes juridiques ou sur des procédures.

Pendant et après toute opération d'audit, de la phase de diagnostic à la phase de proposition d'actions, une question se pose à nous en permanence : a-t-on tenu compte de toute la réalité « objective » du champ observé ? L'audité est-il satisfait ? A-t-il reçu la ou les bonnes réponses aux questions posées ? Pour exemple, nous avions été chargés, dans les années 1970, de concevoir un schéma directeur de la fonction personnel pour le compte d'une entreprise sidérurgique de 20 000 personnes. L'identification des points d'insuffisance de la méthode classique nous éclaire sur la nature des améliorations à y apporter. À la lumière de cette expérience et de celles qui ont suivi, des limites méthodologiques sont apparues. Pour prétendre saisir la réalité sociale de l'entreprise, des interviews et questionnaires, aussi nombreux soient-ils, sont nécessaires mais pas suffisants.

Ces insuffisances ne sont pas apparues de façon brutale, si bien que les solutions pour y remédier n'ont pas été introduites en termes de substitution mais en termes de complémentarité à la méthode traditionnelle utilisée jusqu'alors.

La solution a consisté à introduire, en complément des techniques de questionnaires et interviews, une méthode empruntée aux ethnologues.

De quoi s'agit-il ? Nous pouvons résumer cela en une méthode « d'observation *in vivo* ». Il s'agit d'une immersion totale dans l'entreprise, d'un vécu pour une meilleure écoute. Écouter mieux cela signifie aller constater soi-même, en partageant la vie de l'entreprise auditée, la réalité quotidienne du comportement des salariés. Les interventions d'audit effectuées récemment

1. R. Vatier, « Un nouveau champ d'observation pour l'audit », *in* « L'audit social », numéro spécial de *Liaisons sociales*, 1989.

peuvent être qualifiées de « séjour anthropologique » dans le sens où, en qualité d'observateur, nous nous sommes engagés dans le processus de travail pour rendre compte, de l'intérieur, de phénomènes observés.

L'étude « intimiste » des comportements individuels, pour analytique qu'elle soit, s'intègre toutefois dans une vue synthétique et holographique. Notre « nouvelle » pratique n'a, en réalité, rien de révolutionnaire. Pour comprendre et « voir clair pour réussir mieux »[1], les ethnologues ont fondé la démarche dite « d'observation participante ». Nous empruntons à Bruyn[2] les trois axiomes qui constituent l'essentiel de la méthode :

▶ l'observateur participant partage la vie, les activités et les sentiments des personnes, dans une relation de face à face ;

▶ l'observateur participant est un élément « normal » (non forcé, non simulé, non étranger à) dans la culture et dans la vie des personnes observées ;

▶ le rôle de l'observateur participant est un « reflet », au sein du groupe observé, du processus social de la vie du groupe en question.

La méthode consiste donc, comme Malinowski[3] le dit lui-même, « à participer à ma façon à la vie du village, à attendre avec plaisir les réunions et les festivités importantes, à prendre un intérêt personnel aux palabres et aux petits incidents journaliers : lorsque je me levais chaque matin, la journée s'annonçait pour moi plus ou moins semblable à ce qu'elle allait être pour un indigène ».

Il n'est pas besoin de remonter si loin dans l'histoire pour témoigner d'autres pratiques d'observation participante.

Ainsi, un chercheur[4] de l'École des hautes études sociales a choisi en 1983 un terrain d'étude original : une « tribu » de 40 000 salariés dispersés d'une entreprise de restauration collective. L'entreprise, de simple objet d'étude, est devenue peu à peu un partenaire de la recherche. Il témoigne : « Les salariés ne sont pas des machines qui obéissent aux ordres venus d'en haut. On peut toujours leur promettre des primes et des sanctions : si on ne comprend pas leur mode de fonctionnement, on ne saura jamais pourquoi les décisions de la direction ne sont pas appliquées ».

---

1. Thème de l'Université d'été de l'IAS, Aix-en-Provence, août 1991.
2. S. Bruyn, *The Human Perspective in Sociology, the Methodology of Participant Observation*, Englewood Cliffs, Printice Hall, 1966, p. 10, cité par O. Aktouf, *in La Rupture entre l'entreprise et les hommes*, Paris, EO, 1985.
3. P. Malinowski, *Les Argonautes du Pacifique Sud*, Londres, G. Rowtledge, 1922, p. 45.
4. P. Feneyrol, interviewé par *L'Express Réussir*, 26 septembre 1991.

Pour comprendre ce mode de fonctionnement, ce chercheur a enregistré les données selon le procédé recommandé par J. P. Spradley[1] et reposant sur les principes suivants :

- principe d'identification de langage ;
- principe d'enregistrement littéral ;
- principe du concret ;
- principe du rapport condensé ;
- principe du rapport élargi ;
- principe du journal quotidien.

Au cours de nos interventions-diagnostic, nous nous sommes nous-mêmes attachés à respecter ces principes « d'implication ». Salariés de l'entreprise, il nous était facile de nous intégrer à la culture ambiante. Rouages de la structure de l'entreprise, nous avons effectué des travaux identiques à ceux des personnes objet de notre observation.

Ayant à observer le travail d'un tourneur, nous avons pendant trois semaines, pointé et opéré sur tour. Nous avons ainsi perçu en direct les difficultés de réalisation en conformité avec les prescriptions du bureau d'études. Nous avons ressenti également le plaisir d'appropriation du travail bien fait mais aussi, parfois, la crainte d'une réalisation défectueuse.

En fin de journée, nous notions régulièrement sur le journal de bord l'ensemble des faits observés et des perceptions et appréciations « engrangées ». Ces faits, ces perceptions, les paroles des uns et des autres, ont permis la rédaction de la partie de notre rapport consacrée aux conditions de travail.

S'il est permis de conclure à la pertinence de cette approche, il nous paraît juste de lui reconnaître quelques inconvénients. Il convient donc d'identifier ces inconvénients en attirant l'attention sur quelques précautions à prendre.

Les critères d'efficacité d'une opération d'audit

L'apport de l'observation participante doit s'apprécier en termes de qualité et de quantité d'informations recueillies par l'auditeur durant la phase diagnostic et nécessaire à l'audité pour agir et maîtriser les problèmes humains et sociaux de son organisation.

---

1. J. P. Spradley, *Participant Observer*, New York, Holt Rinehard and Winston, 1980, p. 53 et s., cité par O. Aktouf.

Quatre critères sont généralement retenus par les experts en audit social pour apprécier ces qualités et quantités d'informations. Ainsi convient-il de retenir les caractères d'objectivité, d'indépendance et de discontinuité. R. Vatier y ajoute la question de la finalité, ce que nous appellerons le caractère téléologique.

Une opération d'audit doit être **objective** : l'auditeur ne retient que les faits dûment vérifiés. Utilisant une méthodologie précise, s'appuyant sur des techniques éprouvées, il utilise des indicateurs qu'il va comparer à des normes ou standards pour apprécier des écarts qui seront autant de clignotants d'alerte significatifs de l'existence de problèmes.

Nous prétendons que « l'observation participante » constitue bien une technique éprouvée pour rendre compte de la réalité de l'entreprise. On pourrait objecter que cette technique ne se contente pas des faits sociaux objectifs, existants comme des choses : qu'elle fait « accoucher » les individus non seulement pour connaître des comportements explicites mais aussi des non-dits enfouis dans la conscience et que seuls des gestes symboliques trahissent.

L'observateur fait appel à ses capacités d'interprétation pour lire ces gestes symboliques. Ce faisant, l'observateur participant utiliserait une démarche « subjective ». Mais, précisément, est-il possible, concevable, d'exclure l'observateur-auditeur du champ social audité ? Obtiendra-t-il des informations complètes s'il n'est pas lui même une partie, parmi les autres, de l'observation ?

Pour complets qu'ils soient, les questionnaires ne demeurent-ils pas « froids », incapables de recueillir la vérité du vécu ? Les questionnaires ne médiatisent-ils pas la réalité sociale qu'on veut connaître ?

Pour les plus sceptiques, nous pouvons rapporter ces quelques réflexions[1] faites auprès d'un chercheur/observateur/participant, par certains ouvriers. À la question de savoir s'ils renseigneraient un questionnaire éventuel, voici l'intégralité de leurs réponses :

« Moi, si tu m'avais envoyé un questionnaire, je me serais dit : celui-là, il ne donne pas lui-même assez d'importance à ce qu'il fait en m'envoyant un questionnaire, alors pourquoi moi je vais y répondre ? »

---

1. O. Aktouf, Une approche observation participante des problèmes relationnels théoriques et épistémologiques liés aux aspects relationnels et organisationnels dans les rapports de travail. Avec référence aux cas de deux usines de l'industrie du brassage, Thèse présentée à l'École des hautes études commerciales de l'Université de Montréal, 1982.

« Remplir un questionnaire ? Pour quelqu'un que je ne connais pas, que j'ai jamais vu, qui reste derrière son bureau ? Je sais pas ce qu'il veut faire moi, pourquoi je vais lui dire des choses ? »

« Avec un questionnaire tu apprendras rien ! Si je te mets : voilà, je passe huit heures sur le miroir, qu'est-ce que tu comprendras ? Rien. »

« Un questionnaire ? À la poubelle ! Encore du papier, c'est une perte de temps pour moi et pour celui qui l'envoie ! »

Les faits recueillis par la technique de l'observation participante sont conformes à la qualité exigée par les tenants de l'orthodoxie de l'objectivité. Si le critère de l'objectivité est respecté, qu'en est-il du deuxième, **le critère d'indépendance** ?

« La démarche d'audit est indépendante en ce sens que l'auditeur ne doit jamais être en même temps l'audité, n'en dépend pas et ne met pas en œuvre ses recommandations. »

La démarche ethnologique n'est pas à l'abri d'une confusion auditeur/ audité. Il convient de reconnaître, en effet, que l'on observe rarement les choses en soi mais pour soi. Certes, notre démarche prend acte de ce « pour soi » mais cela ne la transforme pas en « en soi ». Il y a donc un grand danger de transfert de sa propre subjectivité d'auditeur à celle d'audité.

On peut alors s'inquiéter de ce que, inévitablement, l'observateur (l'auditeur) modifie le champ observé et change les choses au point de travailler sur une situation à peu près totalement artificielle.

Dans ce cas, quelle valeur peut-on donner à des événements qui se produisent uniquement parce que l'auditeur est dans le champ observé et qui ne se produisent plus dès qu'il sort de ce champ ?

Pour contourner, mieux supprimer ce risque, des précautions doivent être prises. Ainsi, Fridrichs et Lüdtke préconisent[1] de :

» « Définir le rôle de l'observateur en ayant soin de faire en sorte que ce rôle, dans le champ observé, soit "congruent" avec les attitudes et attentes des observés et avec les attributs et qualités de l'observateur.

» Se faire accepter par les personnes clés du groupe observé : ceci facilite l'intégration, la confiance, et encourage les personnes à agir comme elles l'ont toujours fait.

» Contrôler l'intensité de la participation (passif-actif, *inner-outer*) de sorte que l'influence de l'observateur ne diminue pas trop sa capacité d'observation par trop de participation et *vice-versa*.

---

1. Fridrichs et Lüdtke, *Participant Observer Theory and Practice*, Famborough Lesington Books, 1975, p. 25, cité par O. Aktouf.

- Contrôler le degré d'identification avec les observés (*going native*) de peur de ne plus être capable d'effectuer réellement une observation par l'adoption inconditionnelle du point de vue des valeurs et des normes indigènes. L'impartialité du chercheur s'en trouverait grandement réduite.
- Enfin, "gérer" de façon adéquate le conflit de rôle ainsi créé chez l'observateur. »

Si la démarche de l'observation participante peut donc éviter le piège de la confusion observateur/observé, elle peut également satisfaire au troisième critère de fiabilité des informations retenu par P. Candau, le **critère de discontinuité**.

Reconnaître à la démarche de l'audit social le caractère de discontinuité signifie que l'audit « est toujours une opération ponctuelle durant de quelques jours à quelques mois ». Le séjour dans l'entreprise n'est pas un séjour définitif ! L'entreprise reste un objet d'étude. Elle peut devenir un partenaire mais pas un objet d'appartenance. Elle reste autre que soi-même, on y séjourne pour étudier un problème particulier et répondre à une demande ponctuelle.

Mais on peut se demander si le prix à payer en temps passé sur le terrain n'est pas disproportionné avec le résultat obtenu. Est-il possible pour l'auditeur de faire des séjours ethnologiques dans l'entreprise auditée ? A-t-il le temps d'en faire fréquemment ? Quels en seraient alors les coûts financiers et psychologiques ?

L'ensemble de ces questions renvoie au problème de la finalité d'une opération d'audit social et au **caractère téléologique** de l'organisation identifié par R. Vatier et par les experts de l'Institut international de l'audit social.

Nous entendons par conception téléologique de l'organisation le fait que la coordination des hommes et des activités est orientée vers la réalisation de certains buts et objectifs. Ces buts sont vus comme communs et partagés.

Les auditeurs ont le souci – en premier lieu – d'apprécier les règles de fonctionnement des mécanismes de gestion et de vérifier la conformité de ces règles aux objectifs, buts et finalités de l'organisation. En cela, les auditeurs sociaux valorisent, dans leur pratique, l'équilibre, le *statu quo*, le maintien des structures existantes, la stabilité. Ils se préoccupent des conditions d'existence et de maintien de la cohésion sociale de l'organisation. Ils ne favoriseraient donc pas l'innovation.

Il faut alors reconnaître une contradiction entre un des buts recherchés par l'audit – l'amélioration de l'efficacité et de l'efficience organisationnelle – et le résultat obtenu – la légitimisation de la finalité de l'organisation.

En réalité, cette contradiction n'est qu'apparente. Il ne faut pas négliger le fait que les propositions de l'auditeur ont pour fonction de permettre à l'audité « d'agir mieux », ce qui suppose, inévitablement, une remise en cause du *statu quo* et une adaptabilité des objectifs aux perturbations de l'environnement.

Il serait donc plus juste de reconnaître à l'auditeur social classique et à l'observateur participant des missions complémentaires.

En refusant la séparation entre l'observateur et l'observé, en faisant de l'observateur lui-même une part de l'observation, en refusant le déterminisme et l'analyse causaliste, en réhabilitant l'intentionnalité toujours présente chez l'être humain, l'observation participante se démarque des méthodes classiques d'investigation sociale.

En garantissant l'objectivité de l'observation, l'indépendance de l'observateur par rapport aux responsables opérationnels, en illustrant leurs propositions par des indicateurs de performance, les méthodologues classiques se démarquent du risque d'ingérence de l'auditeur dans le champ social audité.

Ce double éclairage, apportant aux responsables de l'entreprise à la fois une vision objective du système, et une vision du « vécu » des acteurs (qui, bien que subjectif, est une dimension importante à prendre en compte dans l'action) est certainement un apport essentiel pour enrichir la réflexion sur les décisions à prendre à l'issue de la mission d'audit.

En définitive, il conviendrait de retenir trois leçons utiles à la fois pour le gestionnaire d'entreprise et le chercheur académique, trois leçons qui permettraient de construire le référentiel de compétences d'un auditeur responsable.

1) Savoir complémentaire pour un sens commun

L'approche par l'observation participante mobilise un savoir complémentaire à celui mobilisé par l'approche classique. Elle s'appuie sur les sciences humaines plus que sur les sciences de gestion, sur le « mou » plus que sur le « dur », sur le « qualitatif » plus que sur le « quantitatif ».

L'apport de l'ethnométhodologie est plus particulièrement sollicité. L'ethnométhodologie est l'étude (logos) des méthodes que Garfinkel appelle « raisonnement sociologique pratique », « ethno » suggérant qu'un membre extérieur dispose d'un savoir de sens commun de sa société en tant que savoir de quoi que ce soit.[1]

---

1. Garfinkel, *Studies in ethnomethodology*, Cambridge, Polity Press, 1984. Cité par Z. Yanat, in « L'ethnométhodologie, démarche pour un audit social », *Revue GRH*, n° 3, avril 1992.

Selon le témoignage de Coulon[1], la méthodologie dans le mot « ethnométhodologie » est considérée comme un thème d'étude mais n'est pas réduite à un appareillage scientifique. Il s'agit, bien au contraire, de rechercher chez les opérationnels, leur logique de « sens commun », ce qu'ils ont en eux-mêmes incarnés.

Ceci s'avère un réel terrain de coopération entre le gestionnaire et le chercheur.

2) Immersion pour une mise en relief des faces cachées

L'immersion dans le champ audité permet à l'auditeur une proximité riche d'enseignement, de renseignements, grâce à une écoute plus attentive, une confiance établie, un travail pédagogique. Nous voyons bien que cette méthode ne s'intéressera pas uniquement aux structures ou comportements observables. Elle « traquera » le non-dit et les faces cachées de l'organisation. Elle en tirera d'autant plus de bénéfices que le séjour ethnométhodologique sera plus long au sein de l'entreprise. Le commanditaire en tirera profit et l'auditeur-chercheur enrichira sa base de données et ses grilles de lecture.

3) L'auditeur : du poisson pilote à l'obstétricien

Il importe pour le gestionnaire commanditaire d'être sécurisé par les qualités affichées par l'auditeur pour l'intervention projetée. Outre des qualités relationnelles, l'auditeur doit être non seulement un détecteur de dysfonctionnements mais aussi un révélateur de sens. Son expérience de situations diverses vécues dans différentes entreprises va légitimer son action. Confronter des équipes, conduire des réunions, stimuler, va mettre en évidence le sens et les valeurs de la structure et ainsi ouvrir une voie, donner une impulsion.

Les qualités attachées à ces rôles auront un impact réel pour autant que les acteurs de l'entreprise se réapproprient le contenu des conclusions de l'auditeur pour agir ensuite.

---

1. A. Coulon, *L'Ethnométhodologie*, Paris, Puf, 1990.

Composé par Sandrine Escobar